社会工作专业发展研究

杨常宝 罗 阳◎著

Professional Development Research in Social Work

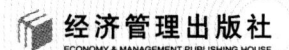

经济管理出版社

图书在版编目（CIP）数据

社会工作专业发展研究／杨常宝，罗阳著. —北京：经济管理出版社，2023.12
ISBN 978-7-5096-9527-2

Ⅰ.①社… Ⅱ.①杨…②罗… Ⅲ.①社会工作—研究—中国 Ⅳ.①D632

中国国家版本馆 CIP 数据核字（2024）第 012804 号

组稿编辑：任爱清
责任编辑：任爱清
责任印制：许　艳
责任校对：王淑卿

出版发行：经济管理出版社
　　　　　（北京市海淀区北蜂窝 8 号中雅大厦 A 座 11 层　100038）
网　　址：www. E-mp. com. cn
电　　话：（010）51915602
印　　刷：唐山昊达印刷有限公司
经　　销：新华书店
开　　本：787mm×1092mm /16
印　　张：18.5
字　　数：471 千字
版　　次：2024 年 3 月第 1 版　2024 年 3 月第 1 次印刷
书　　号：ISBN 978-7-5096-9527-2
定　　价：128.00 元

·版权所有　翻印必究·

凡购本社图书，如有印装错误，由本社发行部负责调换。
联系地址：北京市海淀区北蜂窝 8 号中雅大厦 11 层
电话：（010）68022974　邮编：100038

本书获得内蒙古大学"部省合建"科研专项高端成果培育项目资助

本书为内蒙古大学"铸牢中华民族共同体意识研究"系列丛书

本书为内蒙古自治区基本科研业务费项目"中国式现代化视域下内蒙古文化建设现状及成效研究"(项目编号：20300-54230327)的阶段性成果

前言 PREFACE

本书由社会工作专业发展现状个案研究和社会工作介入个案研究两部分组成。第一篇社会工作专业发展现状个案研究由社会工作专业实习个案研究、社会工作项目团队发展个案研究、社会工作人员高流动性个案介入研究、一线社会工作实务个案介入研究组成。第二篇社会工作介入个案研究由叙事治疗模式个案介入研究、社区网格员职业压力个案介入研究、照顾脑瘫儿童者的亲职压力个案介入研究组成。

第一章为社会工作专业实习个案研究，以美国社会学家乔治·里茨尔提出的"麦当劳化"现象作为分析路径，以"麦当劳化"的理论为基础，采用文献研究法和个案研究法，结合 X 高校 MSW 专业实习现状，从效率至上、可计算性、可预测性与可控制性这四个层面对 MSW 专业实习的现状进行探究。并针对 MSW 专业实习中出现的"麦当劳化"现象进行了发展性思考，让社会工作专业教育者能够客观地了解社会工作实习的现状，同时提出了完善社会工作专业实习的合理化对策和建议，对今后更好地减少或避免专业实习过程中的"麦当劳化"倾向具有一定的借鉴意义。

第二章为社会工作项目团队发展个案研究，通过实地研究法，采用参与式观察及无结构访谈收集大量的第一手资料，对 Z 机构 W 区"2018~2019 年三社联动项目"团队展开研究。首先，结合团队生命周期理论，呈现 H 项目团队在项目周期内的发展过程；其次，笔者综合团队内外部环境，检视 H 项目团队在发展过程中的问题，对问题、原因及影响进行探究，发现团队中存在社工角色定位模糊、团队应对人员流动的能力不足等问题，并相应地提出扭转偏差定位、提升工作热情、提升社工综合能力、促进团队凝聚等解决措施；最后，笔者希望社工机构和社工从发展的角度看社工项目团队的演进历程，机构与社工共同打造具有社会工作专业特色的团队发展模式，推动社工项目团队良好发展，最大化地发挥社会工作服务项目的价值。

第三章为社会工作人员高流动性个案介入研究，通过文献研究的方法总结了社工人员的职业流动情况，并以成都市 X 社工站点为例，通过实地研究的方法对涉及的工作人员和服务对象展开研究。首先，在社会流动理论的基础上，将 X 社工站点人员的流动方向进行划分，并在此基础上发掘宏观层面的社会现实性阻碍、中观层面的机构制度性困境和微观层面的社工人员个人主观性因素对社工人员流向的具体影响；其次，通过访谈内容和参与式观察的所思所感总结社工人员高流动性现象给社工个人、社工机构以及社会带来的负面影响，并在综合原因及影响的基础上提出社工行业高流动性的预防措施和应对方法。笔者希望本研究能够唤起社工人员的自主发展意识；促使社工机构建立规范有效的管理体制；创建有益社会工作发展的社会大环境。

第四章为一线社会工作实务个案介入研究，以笔者暑期实习参加的生活垃圾分类进社区项目作为研究基础，通过实地研究法，运用参与式观察和访谈法进行资料的收集，并借用新管理主义的理论视角，对项目下一线社工实务所面对的现实问题进行分析。通过研究发现，项目下的一线社工，在项目服务目标的设定、服务对象的确定、服务内容的安排、服务类型的选择和服务计划的制订上都受到不同程度的局限。在项目筹备时，政府作为项目的发起人和购买者，对项目服务目标的设定和服务对象的确定有着绝对的话语权和决定权；在项目开展的过程中，迫于时间紧、任务重的要求，街道和居委一方对于项目的服务内容、服务计划进行干预；社工为了能够达到上一级的要求标准，在"程序的层面"上完成项目的服务内容，不得不按照街道和居委固有的"管理模式"进行项目服务活动。最后对于项目下一线社工实务的现实困局，笔者认为政府应当积极调整，定位准确，明晰权责，既要做好管理又要做好监督；社工机构应该增加自身实力，打造出具有特色的社工服务机构，为一线社工实务提供更多的物质和精神上的支持；社会工作者更应当加强自律，不断在理论与实践中提高自身的知识素养和实务技巧。

第五章为叙事治疗模式个案介入研究，以叙事治疗模式介入高中生厌学个案，并对个案开展过程进行研究。在具体的研究过程中，笔者使用个案研究法开展社工实务研究，并利用观察法、文献法、访谈法进行资料收集。在叙事治疗的具体实务方法和社会建构理论、标签理论的指导下分析高中生厌学问题，首先了解主流叙事和自我叙事，分析主流对于自我的宰制，寻找原因，将问题外化为一个客观故事。其次在访谈过程中及时敏锐地发现例外事件，以此为切入点，寻找独特结果，对过去的生活经历赋予新的意义，建构新的故事，使案主发挥自己问题的主人身份优势，自我剖析，自我审视，发挥自己的能量解决问题。在研究中，笔者致力于实践探索社工使用叙事治疗模式对高中生厌学问题进行介入的有效性和适用性。

第六章为社区网格员职业压力个案介入研究，以呼和浩特市 X 社区网格员为研究对象，在暑期专业实习工作中通过非参与式观察发现该群体存在职业压力问题，具体表现在生理、心理、行为等方面，并设计问卷量表验证社区网格员职业压力程度，测量结果显示有 2/3 的网格员存在较大的职业压力。再而，结合半结构式访谈了解社区网格员职业压力产生的成因，并以生态系统理论将其分为微观、中观、宏观三个层面来分析，进一步探讨了社会工作介入社区网格员职业压力的必要性与优势。在此基础上，设计"艺术疗愈"小组活动，通过小组工作的专业方法介入社区网格员的职业压力问题。最后，笔者针对社区网格员职业压力情况从个体、社区、社会等角度提出调适对策，以期社会各界对社区网格员这一群体给予更多的关注与鼓励，从而使社区网格员更好地为社区基层治理和社会发展贡献力量。

第七章为照顾脑瘫儿童者的亲职压力个案介入研究，以北京市 M 区 T 机构儿童福利项目个案为例，个案工作介入脑瘫儿童照顾者的亲职压力研究。在专业实践中，通过当地的儿童福利项目接触到脑瘫儿童的个案案例,将关注点落在照顾者身上,主要运用个案工作的方法介入,在对个案进行需求分析时采用生态系统理论视角,将照顾者的亲职压力放在微观、中观、宏观三个层面分析,探讨脑瘫儿童照顾者的亲职压力情况。在实务过程中,结合优势视角理论,利用照顾者自身的优势为更多人带去帮助;利用社会支持网络的力量,通过资源的链接使其获得新的社交圈,增强社会适应的能力;挖掘照顾者的潜在能力,提升照顾者自身独自面对困难和解决问题的能力,为照顾脑瘫儿童者制定专属的缓解亲职压力的方案。从整体来看,通过个案工作方法的介入,亲职压力值降幅明显,为缓解亲职压力制定的服务方案效果显著,使服务对象各方面都发生了积极的转变。根据个案工作方法的运用和理论视角的分析,从新的视角分析了他们的亲职压力,希望通过独特的案例,使社会工作实务在他们的亲职压力这一领域有所贡献,为社会工作介入脑瘫儿童照顾者提供模式参考。

　　本书内容具体撰写分工如下:第一章由徐扬(中共准格尔旗委员会党校)撰写;第二章由马文静(内蒙古自治区人民医院)撰写;第三章由熊婧姝(内蒙古包头市稀土高新区)撰写;第四章由张卓(内蒙古党校(行政学院))撰写;第五章由罗阳(北京交通大学)撰写;第六章由撒力木格(兴安盟科右前旗民族事务委员会)撰写;第七章由王哲(内蒙古大学社会工作专业硕士研究生)撰写。

杨常宝
2024 年 2 月 16 日

目录 CONTENTS

第一篇 社会工作专业发展现状个案研究

第一章 社会工作专业实习个案研究 / 003

第一节 绪 论 / 003

一、研究背景 / 003

二、研究意义 / 004

三、国内外研究综述 / 005

四、研究方法 / 010

五、概念界定 / 011

第二节 社会工作专业实习：现实背景与具体要求 / 012

一、社会工作专业实习现实背景 / 012

二、社会工作专业实习具体要求 / 013

第三节 X大学MSW专业实习现状分析 / 014

一、X大学MSW培养方案及实习要求 / 014

二、X大学社会工作专业实习安排 / 016

三、MSW对专业实习的感受 / 017

第四节 基于"麦当劳化"视角对MSW专业实习的解读 / 020

一、"速成"之下的高效率 / 020

二、"数字"之下的可计算性 / 021

三、"预见"之下的可预测性 / 022

四、"服从"之下的可控制性 / 023
第五节 结论与讨论 / 025
一、追求"质"而不是"量" / 026
二、开辟专业实习新评价路径 / 027
三、研究反思 / 028

第二章 社会工作项目团队发展个案研究 / 029
第一节 绪 论 / 029
一、研究背景 / 029
二、研究意义 / 030
三、文献综述 / 030
四、研究方法与研究思路 / 036
五、研究创新点和难点 / 038

第二节 H项目团队发展过程 / 039
一、H项目及团队概况 / 039
二、H项目团队发展过程 / 040

第三节 H项目团队发展过程中的问题检视 / 051
一、H项目团队发展过程中存在的问题 / 051
二、H项目团队发展过程中问题产生的原因 / 056
三、H项目团队发展过程中问题所带来的主要影响 / 057

第四节 H项目团队发展过程中问题的解决路径 / 058
一、共同参与目标制定，提升成员积极性 / 058
二、建立有效沟通机制，提升成员接纳度 / 059
三、扭转偏差定位，提升工作热情 / 060

第五节 社工项目团队良好发展的思考建议与结论 / 064
一、社工项目团队良好发展的思考建议 / 064
二、结论 / 065

第三章 社会工作人员高流动性个案介入研究 / 066
第一节 绪 论 / 066
一、研究背景 / 066
二、研究目的及意义 / 067
三、研究综述 / 068
四、研究方法 / 071
五、研究设计 / 072

第二节　X社工站点人员流动现状分析 / 076
　　一、社工行业的人员流失现状 / 076
　　二、X社工站点情况简介 / 078
　　三、X社工站点人员流动现状 / 079

第三节　X社工站点人员高流动性产生的原因 / 081
　　一、在宏观层面：社会环境的现实性阻碍 / 081
　　二、在中观层面：社工机构的制度性困境 / 083
　　三、在微观层面：社会工作者个人的主观性因素 / 086

第四节　X社工站点人员高流动性产生的影响 / 090
　　一、对社会的现实影响 / 090
　　二、对社工机构的多元影响 / 091
　　三、对社工人员的影响 / 093

第五节　社工人员高流动性的预防措施及应对方法 / 095
　　一、创建有益的社会工作发展大环境 / 095
　　二、规范社工机构的管理体制 / 096
　　三、培育社工的自主发展意识 / 100

第六节　结　论 / 101

第四章　一线社会工作实务个案介入研究 / 103

第一节　绪　论 / 103
　　一、研究背景 / 103
　　二、研究问题的由来 / 104
　　三、研究意义 / 105
　　四、文献综述 / 106
　　五、研究方法 / 115

第二节　B区生活垃圾分类进社区项目启动 / 116
　　一、生活垃圾分类进社区项目简介 / 116
　　二、T社工服务站简介 / 118
　　三、小结 / 119

第三节　B区生活垃圾分类进社区项目的执行 / 120
　　一、缺乏调研的布局 / 120
　　二、义工招募与蹲点宣传 / 121
　　三、夜晚"扫楼"大作战 / 124
　　四、小结 / 127

第四节　B区生活垃圾分类进社区项目结束 / 129
　　一、检查 / 129

二、一期项目的结项 / 131
　　三、小结 / 134
第五节　新管理主义对一线社工实务的影响 / 135
　　一、对一线社工实务中服务目标的影响 / 135
　　二、对一线社工实务中服务对象的影响 / 135
　　三、对一线社工实务中服务内容的影响 / 136
　　四、对一线社工实务中服务计划的影响 / 136
　　五、对一线社工实务中服务类型的影响 / 137
第六节　结论：项目下的一线社工实务该何去何从 / 138
　　一、政府的积极调整 / 138
　　二、机构的自身建设 / 139
　　三、社会工作者加强自律 / 140

第二篇
社会工作介入个案研究

第五章　叙事治疗模式个案介入研究 / 143
第一节　绪　论 / 143
　　一、研究背景 / 143
　　二、研究意义 / 144
　　三、文献综述 / 145
　　四、概念界定 / 150
　　五、理论视角 / 151
　　六、研究方法 / 151
第二节　个案的介入 / 153
　　一、接案和建立良好的专业关系 / 153
　　二、收集资料 / 154
　　三、外在环境分析 / 154
　　四、厌学问题分析 / 157
第三节　叙事治疗模式介入个案 / 158
　　一、主流叙事 / 158
　　二、自我叙事：懂事与叛逆情绪交织的"问题孩子" / 161
　　三、问题外化，解构旧有叙事 / 163
　　四、探寻边缘叙事，发现切入点 / 165
　　五、建构替代叙事，丰富生命故事 / 166
　　六、邀请局外人见证，巩固新故事 / 169

七、评估与结案 / 170

第四节 结 论 / 171

一、结论 / 171

二、研究局限与反思展望 / 172

第六章 社区网格员职业压力个案介入研究 / 174

第一节 绪 论 / 174

一、研究背景 / 174

二、研究意义 / 175

三、文献综述 / 176

四、概念界定与理论基础 / 181

五、研究方法 / 183

六、研究设计与创新点 / 185

第二节 社区网格员职业压力现状及其成因分析 / 187

一、X 社区及社区网格员基本情况 / 187

二、X 社区网格员职业压力现状 / 189

三、X 社区网格员职业压力成因分析 / 191

第三节 小组工作介入网格员职业压力的必要性及优势 / 194

一、小组工作介入社区网格员职业压力的必要性 / 194

二、"艺术疗愈"小组介入 X 社区网格员职业压力的优势分析 / 196

第四节 "艺术疗愈"小组工作介入社区网格员职业压力的实务过程 / 199

一、小组工作准备阶段 / 199

二、小组工作设计阶段 / 201

三、小组工作介入阶段 / 202

四、小组工作评估阶段 / 212

第五节 社会工作介入社区网格员职业压力的反思与建议 / 216

一、反思 / 216

二、建议 / 217

第六节 结 论 / 219

第七章 照顾脑瘫儿童者的亲职压力个案介入研究 / 220

第一节 绪 论 / 220

一、研究背景 / 220

二、研究意义 / 221

三、文献综述 / 222

四、概念界定 / 228

五、研究方法 / 229
　　六、研究思路 / 230
　　七、理论视角 / 230
第二节　机构项目简介与脑瘫儿童照顾者概况 / 232
　　一、机构项目简介 / 232
　　二、脑瘫儿童照顾者概况 / 233
第三节　脑瘫儿童照顾者个案需求分析及介入的必要性 / 234
　　一、脑瘫儿童照顾者个案需求分析 / 234
　　二、社会工作介入脑瘫儿童照顾者亲职压力的必要性 / 236
第四节　个案工作介入脑瘫儿童照顾者的实务过程 / 237
　　一、接案与建立关系 / 237
　　二、预估 / 239
　　三、介入 / 243
　　四、评估 / 253
　　五、结案 / 255
第五节　总结及反思 / 256
　　一、研究总结 / 256
　　二、服务反思 / 257
第六节　对策建议 / 257
　　一、个人层面 / 257
　　二、社会层面 / 258
　　三、国家层面 / 259

参考文献 / 260

第一篇
社会工作专业发展现状个案研究

- 第一章　社会工作专业实习个案研究
- 第二章　社会工作项目团队发展个案研究
- 第三章　社会工作人员高流动性个案介入研究
- 第四章　一线社会工作实务个案介入研究

第一章 社会工作专业实习个案研究

第一节 绪 论

一、研究背景

2006年中共十六届六中全会通过的《中共中央关于构建社会主义和谐社会若干重大问题的决定》(中发〔2006〕19号)提出了"建设宏大的社会工作人才队伍"。[①] 我国社会工作专业的发展在党和政府的大力推动之下,在国家社会事业大力发展的今天呈现出一片蓬勃发展的图景。2011年11月,中央组织部、民政部等18个部门和组织联合发布《关于加强社会工作专业人才队伍建设的意见》(中组发〔2011〕25号)作为我国社会工作专业人才队伍建设的指导性纲领,对社会工作的发展提出了详细的意见。[②] 2012年党的十八大为我国社会工作的发展提供了新前景。[③] 2013年党的十八届三中全会指出在建立现代治理体制的过程中,社会工作的发展、社会工作人才队伍的建设占有重要地位。[④] 2017年党的十九大提出:"发展社会工作是更好地改善民生和创新社会管理的必然选择,也是全面建成小康社会的必然选择。"除了上述政策导向之外,如今我国社会工作专业发展态势迅猛,还与我国的社会工作专业人才教育提升息息相关。2009年国务院学位委员会办公室设置了全国社会工作硕士专业学位教育指导委员会,开始试办社会工作硕士专业学位(Master of Social Work,MSW)。[⑤]

[①] 中共中央关于构建社会主义和谐社会若干重大问题的决定(2006年10月11日在中国共产党第十六届中央委员会第六次全体会议通过)[EB/OL]. 中国政府网,https://www.gov.cn/gongbao/content/2006/content_453176.htm?ivk_sa=1024320u.

[②] 中华人民共和国民政部. 民政部关于贯彻落实《关于加强社会工作专业人才队伍建设的意见》的通知[EB/OL]. 中华人民共和国民政部官网,https://xxgk.mca.gov.cn:8445/gdnps/pc/content.jsp?mtype=1&id=116633,2011-12-28.

[③] 中国共产党新闻网,http://cpc.people.com.cn/.

[④] 王思斌. 社会工作参与社会治理创新研究[J]. 社会建设,2014,1(1):8-15.

[⑤] 国务院学位委员会办公室,http://www.moe.gov.cn/s78/A22/.

社会工作专业与其他专业有所不同，其主要目标是培养学生的应用性和实务性能力。为实现这一目标，专业实习成为必不可少的重要组成部分，通过实习，学生能够更好地将专业理论、服务技巧和社工伦理应用到实际场景中。社会工作专业的学习理念是"助人自助"，学生需要熟悉社会工作的专业知识、理论和技巧，并运用专业工作方法来解决社会问题和提升服务对象的能力。学习过程是理论和实践相结合的过程，学生首先学习专业理论知识，其次结合实际工作和技巧运用，从而形成完整的社会工作服务体系。这也是社会工作专业注重实务能力培养的重要原因，尤其对于社会工作专业硕士来说，实际操作能力尤为重要。通过专业实习，学生可以培养实际操作能力，提升实务技巧，增加实习经验，并不断获取新的知识。然而，目前我国社会工作专业实习仍存在许多问题，包括实习时间不足、实习质量不高、实习机构有限或不规范、实习工作行政化严重、机构管理人员不重视、学生角色定位不明确、学校督导力度不够、学生参与度不高等。目前学者们主要研究实习模式和实习督导，对于实习质量的研究相对较少。然而，实习质量直接影响专业能力的提升和社会工作专业的发展。总之，研究社会工作专业实习的现状有助于提高专业质量和促进专业化发展。

笔者的社会工作专业实习经历是笔者进行本研究的重要原因之一。在经历本科专业实习和硕士专业实习后，笔者深刻认识到社会工作专业实习质量的重要性。在与同学们交流实习感受时，大多数同学认为实习任务导向严重，甚至有些同学的实习经历仅仅是为了应付任务。这些回应引发了笔者对以下问题的思考：目前的社会工作专业实习模式是怎样的？实习生在实习中从事哪些工作，有什么样的体会？实习工作对实习生的专业能力学习和提升有多大的作用？基于以上思考，笔者产生了对社会工作专业硕士（MSW）专业实习中存在现象进行研究的想法。

本章以 X 大学 MSW 专业实习为例，试图通过运用美国社会学家乔治·里茨尔提出的"麦当劳化"现象作为分析框架，对社会工作专业实习的现状和存在的问题进行深入研究，并提出具体的措施和建议以改善社会工作专业实习中的"麦当劳化"现象。

二、研究意义

（一）理论意义

在全球化发展时代，麦当劳餐厅在世界各地迅速扩张，并且在社会发展的多个领域和层面产生深远影响。麦当劳餐厅的经营原则创造了半个多世纪的辉煌，其成功之处在于"麦当劳化"现象的应用，可以使各种事物更加合理、可控和有效。尤其是在其他领域受到"麦当劳化"现象影响较深的情况下，这一现象对其造成了不可逆转的影响。因为"麦当劳化"现象一味地追求看似合理的"合理性"，实际上是不合理的，而许多时候社会中的各个领域却盲目效仿，不知不觉地造成了更严重的危害。同样地，作为一门应用型社会科学的社会工作专业也无法幸免于此。在"麦当劳化"发展理念的引领下，研究 MSW 专业实习中存在的现象有助于扩展对"麦当劳化"现象的分析视角。此外，在研究过程中结合"麦当劳化"现象的特征对 MSW 专业实习现状进行总结和反思，有助于丰富社会工作专业研究的理论建设。

（二）现实意义

一方面，社会工作专业实习是社会工作专业教育中至关重要的一部分，尤其对实习效果的掌控是教育的重要衡量标准。本书旨在通过研究社会工作专业硕士专业实习中的"麦当劳化"现象，提供具体的对策和建议，以完善和改进社会工作专业实习。这为社会工作专业硕士教育的发展提供了新的思路和方法，同时也为社会工作领域的优化建设提供了专业路径。

另一方面，通过研究社会工作专业实习中的"麦当劳化"现象，能够更好地使社会工作专业教育者客观地了解实习的现状，从而改进实习中的不足之处。这对于消除实习中的"麦当劳化"现象具有一定的借鉴意义。同时，这有助于社会工作专业硕士人才培养，使实习生能够更好地将理论知识与实际工作相结合，从而提高实习的动力，并得到社会的认可。此外，这还有助于提升实习生对专业的认同感，促进其专业能力的提升和职业素养的强化。

三、国内外研究综述

（一）"麦当劳化"的国内研究现状

"麦当劳化"的快餐文化准则以迅猛的速度传播到美国社会及至世界各地的各个层面。随着当代社会的不断变化，"麦当劳化"现象也大量渗透到社会的各个领域。"麦当劳化"现象是社会不断发展的过程中产生的一种普遍现象。随着"麦当劳化"的到来，它通过推动和影响其他产业的发展，进而衍生出伴随各行各业发展的"麦当劳化"范式。

第一类学者的研究是消费产业中的"麦当劳化"现象。戴剑岚（2019）认为，在当前的消费过程中弥漫着的"麦当劳化"现象是合理化现象在当代社会的表现形式。这种看似合理化的行为，却反映了现代化进程中社会对于物质和效率的推崇与依赖。[①] 张敦福（1999）总结年轻一代已经成了麦当劳等西式快餐的主要消费者群体，原因是它的新奇、地位和象征意义。这警醒着国人吸取外来文化所创造的现代制度及其产物的同时也要保持清醒的头脑。[②]

第二类学者的研究是旅游产业中的"麦当劳化"现象。刘刚等（2017）总结了邮轮旅游的"麦当劳化"现象，分析"麦当劳化"邮轮旅游的弊端，为我国邮轮旅游可持续发展提出邮轮旅游产品多样化、差异化，创新邮轮船票销售模式与分销渠道的建议。[③] 除此之外，在民族旅游业蓬勃发展的同时，也出现"民族旅游的麦当劳化"现象，刘志扬等（2012）认为，"麦当劳化"的这种趋势削弱了民族文化的创新和自主能力，与此同时对民族旅游发展产生了一定的不良影响。[④]

第三类学者的研究是教育产业中的"麦当劳化"现象。刘益东（2017）认为，高等教育

[①] 戴剑岚. 消费的麦当劳化——对网络购物成交量攀升的研读[J]. 市场研究, 2019 (23): 62-63.
[②] 张敦福. 年轻一代消费者与"麦当劳化"的社会[J]. 青年研究, 1999 (1): 3-7.
[③] 刘刚, 谢丹. 麦当劳化对邮轮旅游可持续发展影响研究[J]. 纳税, 2017 (31): 111-114.
[④] 刘志扬, 更登磋. 民族旅游及其麦当劳化：白马藏族村寨旅游的个案研究[J]. 文化遗产, 2012 (4): 53-61.

现代化中的"麦当劳化"现象导致高等教育现代化进程中出现诸多危机，并从推动高校行政管理现代化、积极探索和落实以代表作制为基础的学术评价制度、开展特色办学、大力发展人文学科等方面提出对策和建议。① 陈涛（2017）在对于慕课教学的研究中发现，慕课教学中存在的主要问题其实就是"麦当劳化"的结果，因此他提出以学习者为中心而不是以课程为中心、追求"质"而不是"量"、线上线下相结合、建立相应的激励机制来应对慕课教学中的"麦当劳化"现象。② 张磊等（2015）总结了当前高职院校教学管理中"麦当劳化"带来的不合理性，并引发反思，最终从推进高校教育理念创新、坚守高职教育的教育性、普及多元化评价方式这三个方面得出对策和建议。③ 潘玉驹（2016）针对高校教育中学生评价被"麦当劳化"的现象提出要坚持学生评价的"生命"立场、"对话"立场、"终身化"立场，认为这是走出学生评价"麦当劳化"铁笼的可为之举。④ 舒婷婷（2013）提出了高等教育在保持自身独立性的同时，要在一定程度上与社会保持适当的距离才能避免大学的功利性和市场化，做到限制教育的过度"麦当劳化"现象。⑤ 高晶晶（2013）通过研究高等教育"麦当劳化"带来的危害对高校工作者起到警示作用，避免它给我国高校工作带来这样或那样的麻烦，为广大学生的成长开辟一条健康的成长道路。⑥ 李宁宁（2010）总结了"麦当劳化"的特征，分析了研究生教育"麦当劳化"的主要表现，并针对存在的问题提出改革研究生教育的建议措施。⑦

第四类学者的研究是艺术传媒产业中的"麦当劳化"现象。韩春萌（2012）总结出，谍战影视文学要向前发展，就要不断总结过去的经验教训，研究观众的审美心理，在艺术上不断加以创新，从而有效避免"麦当劳化"现象的再发生。⑧ 徐媛（2015）借用"麦当劳化"理论，结合"麦当劳化"的四个特征延伸分析出电视媒体中的某些现象，期待能够警醒人们时刻保持理性的头脑，避免陷入"理性之铁笼"的非理性当中。⑨

综上所述，我国学者对"麦当劳化"现象的研究既有经验研究，也有理论研究，涉及的领域类型广泛，除了在上述四大类领域进行研究的数量较多之外，还在传播领域、学术期刊领域、医疗领域、图书馆领域、社会及公共组织领域、高尔夫顶级赛事领域、档案管理领域、课堂教学领域、教师行为领域、婚恋交友相亲会领域、班级管理领域、餐饮行业领域、时尚领域、音乐艺术领域等方面有涉及。可以说，"麦当劳化"已经肆意横扫着各行各领域各部门，"麦当劳化"所产生的深远影响是不可否认的。

但是笔者研究发现，在查阅了大量文献之后仅有两篇文献是关于社会工作专业中的"麦当劳化"研究，真正探讨社会工作专业硕士实习中的"麦当劳化"现象，探讨专业实习发展困境，对这样的做法进行实地、深入研究的文献十分稀缺。

---

① 刘益东. 高等教育现代化中的"麦当劳化"及其消解 [J]. 现代教育管理，2017（10）：6-11.
② 陈涛. 慕课教学的"麦当劳化"倾向及其超越 [J]. 教学研究，2017（4）：49-52.
③ 张磊，李柱梁. 高职院校教学管理中的"麦当劳化"现象及其规避 [J]. 池州学院学报，2015（5）：155-157.
④ 潘玉驹. 高校学生评价的"麦当劳化"及其超越 [J]. 高等工程教育研究，2016（6）：133-137.
⑤ 舒婷婷. 高等教育的麦当劳化思考 [J]. 传承，2013（13）：140-141.
⑥ 高晶晶. 试论高等教育的麦当劳化 [J]. 价值工程，2013（14）：288-289.
⑦ 李宁宁. "麦当劳化"的研究生教育探微 [J]. 重庆科技学院学报，2010（12）：161-162.
⑧ 韩春萌. "麦当劳化"与谍战影视文学的突围 [J]. 创作评谭，2012（6）：58-59.
⑨ 徐媛. 社会的麦当劳化呈现——对电视业"合理化"现象的分析 [J]. 视听界，2015（3）：73-75.

（二）"麦当劳化"的国外研究现状

在餐饮领域，Svetlana Davydova（2019）研究"麦当劳化"作为一种特殊的理性类型在现代和后现代时代的表现，并研究这种理性在高等教育领域是如何发挥作用的，同时也考虑麦当劳元素渗透到俄罗斯和中国公共空间的特点。俄罗斯遭麦当劳快餐店的攻击及"麦当劳化"在社会其他方面的侵入，作者曾指出"麦当劳化"是一种新的囚禁俄罗斯公民的系统，也是一种新的"铁笼"。[1] 在高校图书馆领域，David A Cabonero 等（2019）在对于高校图书馆的"麦当劳化"研究中总结出了高校图书馆员对"麦当劳化"的认知程度，及"麦当劳化"作为一种管理策略在高校图书馆的适用程度，并发现图书馆员对麦当劳的概念有很高的认识，揭示了"麦当劳化"作为一种管理策略在高校图书馆中具有很强的适用性。[2] 在旅游业领域，Adam Weaver（2004）揭示了当前邮轮行业的趋势在多大程度上体现出支撑"麦当劳化"理论的五个核心原则。有些船舶具有与核心原则一致的属性——效率、可计算性、可预测性、控制性和"理性的非理性"，以及这些船只也表现出某些方面不符合这些原则的品质。[3] 在医疗领域，Justin Waring（2013）总结了私人医疗的扩张可能涉及更极端的"麦当劳化"形式，而对其他人来说，这可能涉及商业重新分层的机会。[4] 农业领域也不同程度地受到"麦当劳化"的影响，Carol Morris 等（2007）从"麦当劳化"自然保护方法的社会、自然和农民的影响以及相关不合理现象进行了分析和讨论，并指出了替代性的农场自然保护模式的出现，可以提供一种抵抗和替代"麦当劳化"方法的途径。[5]

根据以上学者的综合论述，结合本书中所涉及的"麦当劳化"现象在相关餐饮、旅游、医疗等领域的研究，并对 MSW 专业实习中的实习现状展开分析，笔者发现其影响的方面也不尽相同，因此研究 MSW 专业实习中的"麦当劳化"现象对社会工作专业领域的研究开展具有重要意义。

（三）社会工作专业实习的国内研究现状

1. 关于社会工作专业实习的研究

关于社会工作实习，学术界对其界定颇多。游洁（2007）认为，社会工作实习是社工人才根据学习专业系统的方法和技巧，在社工专业相关领域或者机构，同时在教师与督导的有效指导下，引导教育社会工作实习生将所学的社会工作专业价值、理论、技巧与方法进行整合应用于真实的专业场景中，是一个学与做相结合的专业反思的过程。[6] 王立平等（2012）认为，社会工作实习是指社会工作专业学生被学校统一地、有组织性地安排进机

---

[1] Svetlana Davydova. The McDonaldization of Society：Irrational Rationality [J]. Atlantis Press，2019（5）：27-28.

[2] David A Cabonero，Rosielyn M Austria. The Awareness and Applicability of McDonaldization in an Academic Library in the Philippines [J]. Library Philosophy and Practice，2019（16）：81-84.

[3] Adam Weaver. The McDonaldization Thesis and Cruise Tourism [J]. Annals of Tourism Research，2004（6）：132-137.

[4] Justin Waring. McDonaldization or Commercial Re-stratification：Corporatization and the Multimodal Organisation of English Doctors [J]. Social Science & Medicine，2013（4）：22-26.

[5] Carol Morris，Matt Reed. From Burgers to Biodiversity? The McDonaldization of on-farm Nature Conservation in the UK [J]. Agriculture and Human Values，2007（24）：112-113.

[6] 游洁. 对社会工作实习教学的反思 [J]. 湖北财经高等专科学校学报，2007（2）：42-45.

构或社区等实习领域，完成专业技能的训练和专业价值观的培养过程。①

有学者还从社会工作实习参与者的角色与责任角度对社会工作实习的内涵进行界定。李青霞（2011）认为，社会工作实习是多主体共同参与下的不同以往的学习形式，这种学习形式是在合理的安排下将社会工作实习者安排到工作机构与领域中，使学生将课堂上所学的知识、理论、价值观能应用于在未来可能遇到的专业情景和实际服务过程中。② 眼下社会工作专业结合所在区域进行融合发展的模式也逐渐形成，有学者还从社会工作专业发展与民族地区相融合的创新实践角度进行研究，张群（2017）总结了基于社会工作与民族地区实现边界跨越的实践教学策略以及课程体系构建与创新实践研究，很好地为民族地区高校社会工作专业体系的建设提供了本土化社会工作专业发展意见。③

通过对有关社会工作专业实习的研究梳理能够看出，社会工作专业作为一门应用社会科学，具有很强的实践性和可操作性。培养社会工作专业的应用型人才是社会工作专业教育的最终目标，而社会工作实习为专业型人才培养提供了一个良好的机会，同时也是社会工作专业教育的重中之重。

2. 关于MSW专业实习的相关研究

社会工作专业是对实践和操作能力要求很高的一门学科，这也是专业实习在社会工作专业人才培养过程中占有很重要位置的原因。④ 笔者研究发现，国内学者对于MSW的研究主要集中在硕士生对社会工作专业的认同度、职业选择以及专业人才教育培养环节等方面，对MSW专业实习方面的研究较少。

张群（2019）认为，社会工作专业硕士培养过程中的核心就是专业实习环节，同时专业实习对于高级社会工作专业人才树立专业价值观和强化专业技能非常重要。⑤ 何彦婷（2014）针对MSW在实习过程中出现的问题进行研究，在研究过程中将专业实习分为四个阶段来探究，并提出了完善社会工作专业实习的可行性对策和建议，⑥ 使整个MSW专业实习过程更加清晰明了。蔡雨娟（2017）通过研究MSW实习中的角色冲突，深刻研究了MSW在这一过程中扮演的角色存在的问题与角色冲突所产生的原因，并从社会、学校、社工机构和MSW个人这几个方面提出了对策和建议。⑦ 杨雅瑛（2012）研究MSW在养老服务机构中的角色定位，分析了在实习中MSW由于扮演多种角色导致角色定位不准的困境，从政府、实习机构、社工教育高校和社工专业实习生自身这四个层面提出解决问题的对策。⑧

笔者查阅了大量文献之后发现，国内学者们主要集中于社会工作实习方面的研究，大

---

① 王力平，许晓芸. "政校合作模式"下社会工作实习的实践及规范[J]. 社科纵横，2012（10）：162-165.
② 李青霞. 社会工作实习参与者的角色与责任分析[J]. 科教导刊，2011（8）：182-183.
③ 张群. 民族地区高校社会工作课程体系构建与创新实践研究——以X大学社会工作专业为例[J]. 内蒙古农业大学学报，2017（2）：57-61.
④ 姜地忠，曲岩. 社会工作专业实习的实施样态、客观约束与完善路径[J]. 教育教学论坛，2019（33）：30-32.
⑤ 张群. 社会工作硕士专业研究生文化敏感能力培养研究[J]. 内蒙古农业大学学报，2019（4）：21-24.
⑥ 何彦婷. 社会工作专业硕士（MSW）的实习过程研究——以H高校为例[D]. 华东理工大学硕士学位论文，2014.
⑦ 蔡雨娟. 社会工作专硕学生在专业实习中的角色冲突及其调适——以H高校为例[D]. 华东理工大学硕士学位论文，2017.
⑧ 杨雅瑛. 社工专业实习生在养老服务机构中的角色定位——以A福利院为例[D]. 首都经济贸易大学硕士学位论文，2012.

多数学者研究的是 MSW 在实习中的某一方面或以实习项目为案例进行研究，目前很少有学者对 MSW 专业实习中的"麦当劳化"现象进行研究。

（四）社会工作专业实习的国外研究现状

1. 关于社会工作专业实习的研究

在西方的社会工作专业教育中，对不同层次学生在专业服务机构中开展社会工作实习的时间都有明确的要求，本科生进行专业实习的时长在 400 小时以上，硕士生进行专业实习的时长在 900 小时以上；并为学生开设与提供各种不同类型的实习模式和实习机构。[①]

关于社会工作实习的重要性方面的研究。Arnon Baron（2001）认为，只有在实习的过程中，才知道自己需要做什么并怎样做更好的研究。这是唯一一种构建专业知识的方式。[②] Di Gursansky 等（2012）认为，社会工作专业实习是社会工作专业教育中占大量比重的部分，是学生将理论知识运用到实际服务场景中，能够亲自对工作进行实践的过程。[③] Royse D 等（1995）认为，美国社会工作专业教育存在"三步分级法"的形式，首先，让学生自己申请学习社会工作专业，然后进行必要的基础知识的学习；其次，安排学生对专业课程进行系统的学习；最后，学校再安排学生到各个专业机构进行专业实习。[④]

关于社会工作实习现状的研究。Ron Baker（1977）认为，应该采取一些适当的措施针对社会工作实习教育在整个社会工作教育过程中不被重视的问题进行改善。[⑤] Collings J 等（1996）认为，学生在专业实习中其实面临着很大的压力，社会工作者面临的最大的压力是在计划和实现工作目标方面。[⑥] 针对这个问题，Christa Fouche 等（2011）指出，社会工作实习教育课程还应当加入个人幸福感、平衡感和生活满意度等方面的考量，针对这一问题提出了一些有效建议，例如，轮换制度以及接受多个督导的指导教育的方式或许更有效。[⑦]

2. 关于 MSW 专业实习相关研究

在西方国家，社会工作专业服务在社会中被大众的认同度很高，很多西方国家将社会工作服务作为一项神圣的职业。随着大量的社会工作专业实习的出现，与社会工作专业实习有关的研究也逐渐多了起来。Christa Fouche 等（2011）认为，幸福感和满意度等方面的考量应该被增加到实习考核标准之中，老师可以通过制订学习计划的方式，提升实习生在

[①] 张荣，龚晓洁. 高校社会工作专业本土化实习模式初探[J]. 黑龙江教育（高教研究与评估），2009（12）：78-79.

[②] Arnon Baron. When Assumptions on Fieldwork Education Fail to Hold: The Experience of Botswana [J]. Social Work Education，2001（1）：123.

[③] Di Gursansky, Eddie Le Sueur. Conceptualising Field Education in the Twenty-First Century: Contradictions, Challenges and Opportunities [J]. Social Work Education，2012（37）：914.

[④] Royse D, Dhooper S, Rompf E. Field Instruction: A Guide for Social Work Students [M]. London: Longman Publishi Group（2nd edition），1995.

[⑤] Ron Baker. Fieldwork Teaching in Social Work: Some Concepts, Strategies and Issues [J]. Australian Social Work，1977（2）：11.

[⑥] Collings J A, Murray P J. Predictions of Stress Amongst Social Workers: An Empirical Study [J]. British Journal of Social Work，1996（35）：43.

[⑦] Christa Fouche, Kathy Martindale. Work-Life Balance: Practitioner Well-Being in the Social Work Education Curriculum [J]. Social Work Education，2011（6）：137.

实务中对专业知识和理论的认识，经过不断地反思和学习最终达到符合社会工作服务的规范。[1]

四、研究方法

本章研究从资料的收集到分析，笔者主要采用的研究方法是文献研究法和个案研究法，个案研究法运用访谈法来进行资料收集。

（一）文献研究法

笔者在研究过程中使用的文献研究法主要运用在以下两个方面：一是对既有研究的回顾和总结，包括查找、阅读和整合国内外各个学者对社会工作专业实习和社会工作专业硕士实习的相关研究以及"麦当劳化"引领下其他方面的相关研究。二是对相关资料的梳理和分析，包括对X高校社会工作专业硕士专业实习背景、实习安排等材料的收集。

（二）个案研究法

本章研究中的个案研究将研究对象分为两组：第一组为对X大学社会工作专业教师的访谈；第二组为对X大学社会工作专业硕士生的访谈。在了解硕士生们的专业实习现状后，进一步了解他们对专业实习现状的看法和感受，以评估"麦当劳化"现象对社会工作专业实习的影响。本章研究共选取了X大学15名社会工作专业硕士生进行个案研究（见表1-1），并进行了编码化处理。这15名硕士生涵盖了本次专业实习中所有实习地点，为确保样本选择的全面性，笔者采取每个地点选择一名的方式。根据预先设计好的访谈提纲（见表1-2)进行了访谈，每位访谈对象的访谈计划进行1~2次，访谈的场所是办公室、班级、自习室等。笔者本人也是社会工作专业硕士生，并且与X大学社会工作专业的教师和同学建立了深厚的友谊，这为开展个案研究提供了基础，同时也保证了获得真实的访谈内容。通过这种方式，我们能够更加详尽地研究各个地区的社会工作服务工作模式情况。

表1-1 访谈对象基本情况

编码	性别	本科阶段所学专业	实习时间	实习地点
MSW1	女	社会工作	3个月	广东省广州市
MSW2	女	社会工作	3个月	福建省厦门市
MSW3	女	社会工作	3个月	重庆市
MSW4	女	社会工作	3个月	上海市
MSW5	女	社会工作	3个月	北京市
MSW6	女	社会工作	3个月	内蒙古呼和浩特市
MSW7	女	社会工作	3个月	内蒙古四子王旗
MSW8	女	工商管理	3个月	广东省深圳市

---

[1] Christa Fouche, Kathy Martindale. Work-Life Balance: Practitioner Well-Being in the Social Work Education Curriculum [J]. Social Work Education, 2011 (6): 137.

续表

编码	性别	本科阶段所学专业	实习时间	实习地点
MSW9	女	社会工作	3个月	湖南省长沙市
MSW10	女	社会学	3个月	内蒙古鄂尔多斯市
MSW11	女	社会学	3个月	四川省成都市
MSW12	女	社会工作	3个月	湖北省武汉市
MSW13	男	社会学	3个月	四川省成都市
MSW14	女	社会工作	3个月	北京市
MSW15	女	社会工作	3个月	广东省广州市

表1-2 访谈提纲

问题编号	问题
1	你在本科阶段是否做过相关专业的实习？
2	你参加实习的最主要目的是什么？研究生实习之前对实习有什么期待？如何理解学校对实习生的期待与实习要求？
3	你是怎样选择实习机构的？
4	如果按照自己的情况把整个实习过程分成几个阶段，你是怎么划分的？
5	每个阶段都做了什么工作？有什么样的感受？是否有收获？
6	在实习过程中督导和老师的指导频率怎样？有怎样的帮助？
7	你认为专业实习与专业理论学习是否有关联？
8	在实习中，你对社会工作的认识（服务内容、专业伦理、职业评价）有没有改变？如果有，是哪方面的改变？引起这样变化的原因是什么？
9	在实习过程中，是否遇到困难？如果有，是怎么解决的？
10	实习经历对你是否有影响？如果有，有哪些影响？
11	在整个实习中你有什么看法？
12	你觉得参与实习最大的收获是什么？
13	提出一些关于完善实习的建议。

五、概念界定

（一）"麦当劳化"

社会学家乔治·里茨尔在其《社会的麦当劳化——对变化中当代社会生活特征的研究》一书中引入"麦当劳化"这一概念。该概念描述了社会经历速食餐厅特点的过程，以及从传统思维向理性思维和科学管理的转变。它是一个理性化的再概念化说法。[①] 在该书

---

① 麦当劳化[EB/OL]. 百度百科, https：//baike. baidu. com/item/%E9%BA%A6%E5%BD%93%E5%8A%B3%E5%8C%96/10736697? fr=ge_ala.

中，乔治·里茨尔总结了"麦当劳化"的四个特征，包括高效率、可计算性、可预测性和可控制性。高效率通过流水作业、简化产品和顾客自助等方式实现。可计算性与麦当劳化的各个方面相互交织，例如，通过量化产品和过程来实现可计算性。可预测性是麦当劳创造的一种环境，使许多事情变得可预测。可控制性是通过使用非人技术来控制人，以提高生产率、质量和降低成本。

本章中，笔者将社会工作专业实习与"麦当劳化"相结合有助于客观理性地分析和研究当前社会工作专业硕士实习的现状。同时，这也有助于避免社会工作专业硕士实习中存在的"麦当劳化"风险，改善实习现状，并提出对策和建议。

（二）社会工作实习

社会工作实习可分为广义和狭义两种：广义的社会工作实习指的是学生在课堂之外参与各种服务社会的专业实践活动。狭义的社会工作实习是学校有计划、有督导地组织学生到机构或社区中接受社会工作实务技能训练和价值观培养的过程。

由于 MSW 专业实习能够全面展示本专业的专业自主能力，因此在 MSW 专业实习中，除了要求学生进行必要的社会工作专业实习外，还要求学生将所学的专业理论知识和技能应用到社会工作专业实习中，真正做到理论知识和工作方法的灵活运用，最终内化专业知识。因此，社会工作实习在社会工作专业训练中具有重要意义。

第二节　社会工作专业实习：现实背景与具体要求

一、社会工作专业实习现实背景

党中央、国务院高度重视社会工作专业人才和社会组织人才队伍建设工作。党的十六届六中全会作出建设宏大社会工作人才队伍的决策部署；《国家中长期人才发展规划纲要（2010~2020年）》将社会工作人才明确为我国六类主体人才队伍之一；2011年，中共中央组织部、民政部等18个部门和组织联合印发《关于加强社会工作专业人才队伍建设的意见》，提出了加强社会工作专业人才队伍建设的目标任务，明确了需要解决的重点问题；2016年，中共中央办公厅、国务院办公厅印发的《关于改革社会组织管理制度促进社会组织健康有序发展的意见》指出，要"把社会组织人才工作纳入国家人才工作体系，对社会组织的专业技术人员执行与相关行业相同的职业资格、注册考核、职称评定政策"。[①]

根据2015年最新版国家职业分类大典，社会工作专业人员已被明确归类为"专业技术人员"大类，其中包括社会工作者、社会组织专业人员和心理咨询师三个职业。这一举措提升了社会组织和社会工作专业人才的职业地位。2019年的全国民政工作会议强调要持续深化改

---

① 史伯年，侯欣. 社会工作实习 [M]. 北京：社会科学文献出版社，2003.

革创新,推出更多改革创新举措,提升慈善社工志愿服务等领域的发展质量。① 全国人大《政府工作报告》和相关文件多次提到发展专业社会工作的重要性。② 目前,在政府的引导下,社会工作专业、社会工作组织和社会工作服务已成为"共建、共治、共享"的社会治理创新模式中不可或缺的重要力量。

就内蒙古自治区而言,根据民政部、财政部共同发布的《关于政府购买社会工作服务的指导意见》,内蒙古自治区各级政府计划购买 1 万~1.5 万个社会工作服务性岗位。2013 年,内蒙古自治区发布《"草原英才"工程社会工作人才培养计划》,每年培养 1 万名社会工作人才,并制订 10 项社会工作人才培养计划,要求每个街道、苏木乡镇(1010 个)和城镇社区(2044 个)以及 30%的嘎查(村)设立 1~2 个社会工作岗位。2014 年,内蒙古自治区人才强区工程领导小组发布《关于加强社会工作专业人才队伍建设的实施意见》,提出到 2020 年,在全区建立较为完善的社会工作服务运行机制,社会工作专业人才的数量、结构、素质和能力要与人民群众的社会服务需求相匹配,社会工作人才总量要达到 4 万人。到 2022 年,内蒙古自治区已建成 850 个社工站,已实现旗县(市区)社工服务中心、街道社工站全覆盖,社工站数量占苏木乡镇(街道)总数的 83%。全区聚焦"老小困残"、基层社会治理、乡村振兴等领域,组织实施社会工作专业服务项目,全区社工人才队伍近 3 万人,其中持证社工 1.21 万余人,形成了决策共谋、发展共建、成果共享、生机勃勃的全区社会工作发展态势。此外,内蒙古自治区还颁布《内蒙古京蒙区域合作人才培训项目和资金管理办法》,每年需要培养中高端社会工作人才 300 人以上。

根据以上中央及内蒙古自治区有关社会工作人才培养的指示和精神,提高内蒙古地区社会工作人才培养水平,扩大内蒙古地区社会工作人才培养规模已迫在眉睫。在内蒙古自治区经济社会快速发展的背景下,如何应对基于民族文化多元性的多样化社会服务需求,成为内蒙古地区社会工作教育,尤其是社会工作专业硕士教育所面临的挑战。一方面,许多从事社会福利、社会服务相关工作的基层和牧区工作者希望在高校获得培训和学习的机会,以提升工作技能和扩展知识储备;另一方面,从内蒙古自治区内高校的情况来看,在学院化的社会工作硕士培养工作中,从课程设计、师资配置到对服务实践模式的探索,培养本土化的社会工作人才仍存在需求回应不足的现实情况。在这种情况下,为了填补这一缺口和满足这一需求,X 大学发展了以响应民族地区多元人才需求为办学宗旨的社会工作硕士专业教育,具有广阔的前景。

二、社会工作专业实习具体要求

根据《教育部、国家发展和改革委员会、财政部关于深化研究生教育改革的意见》,针对进一步推进社会工作专业学位研究生培养模式改革,提出以下四条建议:①明确社会工作专业学位研究生的实践内容和要求,注重实践基地建设,改进实践管理方法,加强实践考核评价,以确保实践质量;②推动实践、课程教学与论文工作的紧密结合,注重培养社会工作专业学位研究生在实践中解决实际问题的意识和能力;③推动研究生全面

---

①② 十年擘画踏征程 奋楫扬帆再向前——党的十八大以来我国社会工作发展综述[EB/OL]. 中华人民共和国民政部, https://www.mca.gov.cn/n152/n166/c46067/content.html, 2022-09-21.

发展，努力增强其为国家和人民服务的社会责任感、勇于探索的创新精神和解决实际问题的能力；④还应鼓励社会工作专业学位研究生进行多次实践，通过实践提高专业能力，构建一个多集成合作培训的人才培养模式，以提高社会工作专业学位研究生的人才素质。①

此外，全国教育专业学位教育指导委员会在2009年的会议上强调社会工作硕士专业学位教育作为社会工作人才培养体系的重要组成部分，必须在社会工作硕士专业学位教育的过程中努力提高质量，以质量求发展，在发展中不断提高水平。为确保社会工作人才培养质量，必须采取以下五项措施：①加强专业理论培养；②加强实习基地建设；③加强实务研究；④完善双师队伍；⑤开发实务教材。针对教育指导委员会作为协调性组织，特别强调需要做好三方面的沟通协调：①与试点高等院校之间的沟通协调；②各试点院校之间的沟通协调；③试点院校与社会工作实际部门之间的沟通协调。②

为了深入贯彻科学发展观和以人为本的要求，国家决定设立社会工作硕士专业学位，以发展建设庞大的社会工作人才队伍和促进社会主义和谐社会建设为根本目标。据了解，全国已经有超过400所本、专科院校开设了社会工作专业。2019~2021年，全国近60所院校的社会工作本科专业荣获了"国家一流专业建设"称号。目前全国已有348所高校开设社会工作专业本科教育，并且开设社会工作专业硕士的院校已经达到180多所。这表明我国的社会工作人才教育培养发展机制已经基本建立起来，社会工作正在社会政策的大力推动和支持下快速发展，并且正逐渐在基层治理和全面小康建设的初期阶段发挥专业力量。在这个基础上，社会工作专业实习的具体要求也应运而生。

专业学位注重专业实践，特别重视实践和应用，它的突出特点是学术性与职业性紧密相关。社会工作专业硕士学位也是如此。自2009年教育部决定扩大招收全日制硕士专业学位研究生以来，我国高校研究生教育结构也进行适当的调整，将专业型硕士改革作为提升专业硕士的专业实践能力的新方式。③

下面以X大学社会工作专业培养为例进行研究。

第三节 X大学MSW专业实习现状分析

一、X大学MSW培养方案及实习要求

（一）X大学MSW培养方案

X大学社会工作本科专业成立于2004年，是内蒙古自治区最早设立社会工作专业的学校之一。2011年，X大学该专业首次在全国招收蒙古语授课的学生，并采用少数民族语言进行教学。2014年，X大学获批社会工作硕士专业学位授权点。

为了适应我国经济与社会发展的大环境，结合内蒙古自治区的经济和社会文化发展脉

---

①②③ 国务院学位委员会办公室，http://www.moe.gov.cn/s78/A22/.

络，该学位点于 2014 年制定《X 大学社会工作硕士专业学位培养方案》，遵循社会工作学科研究生教育的一般规律。该学位点致力于培养具备社会工作专业价值观的人才，掌握社会工作理论和方法，熟悉我国社会政策和民族政策法规，具备社会服务策划、执行、督导、评估和研究的能力，并能胜任不同民族、人群和领域的社会服务与社会治理工作，有民族社会工作实务与方法、民族地区社会服务与社会治理、民族地区社会政策与社会福利三个研究方向。

该学位点具有明显的民族特色，主要体现在以下两个方面：一是教学内容突出民族地区特点。课程设置充分吸收国内外社会工作前沿理论和方法，同时注重学生对民族地区政治经济、历史文化和社会发展现状的了解，为培养应对民族地区基层牧区和少数民族应用型高级社会工作专业人才提供知识储备。二是教学环节突出民族地区特点。通过在民族地区建立多个实践基地，进行广泛的田野调查和社会实践，注重提高学生的实践能力，使他们能够真切地感受到民族地区社会建设和社会服务发展中所面临的问题，并提出针对性强、可行性高的解决思路。

（二）X 大学 MSW 实习要求

专业硕士学位点建设的核心关注点是实践教学和专业实习，注重在实践教学和专业实习方面的资金投入、制度建设与流程管理。专业实习包括课程实习和集中实习两部分。其中，集中实习包括四子王旗的牧区社会工作实习和广东等区外实习单位的跨地域实习，旨在培养民族地区社会工作专业人才。近几年，该学位点已建立 16 个专业实习基地，主要集中在南方地区，这些地区的社会工作发展势头好，实务经验丰富。实习工作克服了经费筹集、学生动员、巡查督导等一系列难题，不仅达到实习时数要求，也保证了实习质量。

在实习资金保障方面，近几年，在 X 大学校级领导的支持下，该学位点获得专项实习经费。学校支持的经费主要用于学生的往返交通、保险和日常补贴等项目的支出。

在学生的组织和动员方面，该学位点给予学生双向选择的机会，一方面为学生联系可能的机构和岗位，另一方面也关注学生的个性化需求，对需要跨地域、跨文化、跨语言障碍的蒙古族学生进行了充分的动员与沟通。

在巡查督导方面，由负责实习工作的教师在各个实习城市、实习单位进行巡查和督导，与实习学生交流实习经验。每年的实习督导工作已列入教师工作量，并进行单独计算。该学位点还与 8 家机构签约督导，确保督导人数与学生人数比例不超过 3∶1。

在实习计划方面，根据社会工作教学指导委员会要求，制订详细的专业实习实践计划。专业实习由课程同步实习和集中实习组成。实习方案安排合理，实习手册内容完整，指引清晰。每年利用 16 个固定的实践基地和实验室，以及根据课程内容确定的非固定实习基地，开展学生实习活动，学生实习时数均不少于 800 小时。

在实习档案方面，分别派遣 2015 级、2016 级、2017 级和 2018 级社会工作专业硕士生赴自治区外多省多家社工机构和内蒙古四子王旗牧区社会工作实践基地进行为期三个月的实习。学生在实习活动结束后，都上交了内容完整、与社工专业实习相符的实习记录、实习报告、影像或录音等资料。X 大学研究生院制定专门的文件对学生的实习情况进行评估，每年在实习结束后专门召开实习分享会。

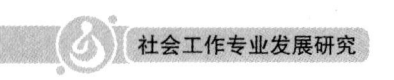

二、X 大学社会工作专业实习安排

X 大学对社会工作专业硕士的实习教育非常重视。在研究生一年级下学期，学校会提前向学生告知即将开始为期三个月的专业实习，以便学生提前做好准备。

在机构选择方面，随着日程的推进，专业实习的带队老师会发布一些实习机构供学生参考。有意向的学生可以报名参与或自行联系，选择他们感兴趣的实习机构。表 1-3 是 X 大学 MSW 专业实习的区域分布情况。

表 1-3　X 大学 MSW 专业实习区域分布（2019 年）

区内/区外	城市	实习生人数（人）
区外实习	广州市	7
	深圳市	4
	厦门市	4
	武汉市	2
	长沙市	2
	上海市	1
	北京市	8
	天津市	2
	成都市	9
	都江堰市	4
	重庆市	2
区内实习	呼和浩特市	5
	赤峰市	1
	四子王旗牧区	8
	鄂尔多斯市	1

一旦学生确定自己的意向实习机构，实习带队老师会组织专业实习动员大会。在第一次动员大会上，带队老师确认学生的实习机构和实习时间。在第二次动员大会上，带队老师向学生明确实习的规则和相关注意事项。在整个实习过程中，学生需要记录实习日记和实习周记，并与带队老师及时沟通和交流，及时反馈问题。在第三次动员大会上，带队老师对学生的论文选题、资料收集和实习成果进行指导。

三次的专业实习动员大会结束后，实习工作将有条不紊地进行。在为期三个月的专业实习结束后，学生将总结和汇报自己的实习情况。每位学生通过 PPT 形式向大家汇报实习工作，并分享他们在实习中所做的工作以及一些心得体会。专业老师将进行点评。

总的来说，X 大学的社会工作专业实习过程要求明确，循序渐进，并安排多样化的实习内容。

三、MSW 对专业实习的感受

（一）在盼望中到来

社会工作专业实习是培养合格社会工作者专业实践能力的关键环节。在研究生阶段，学生会经历为期三个月的专业实习。这是社会工作专业硕士教育中不可或缺的学习内容。尽管本科阶段有实习经历，但多数社会工作专业硕士的本科实习时间较短且缺乏连贯性。此外，部分跨专业的同学表示没有接触过社会工作专业实习。因此，几乎每位社会工作专业硕士生对专业实习都怀有期待，希望体验研究生阶段的社会工作专业实习，并亲身感受其中的挑战和收获。以下是部分社会工作实习者的访谈摘录。

在本科阶段，我曾做过两个月的毕业实习。实习地点是乌拉特前旗民政局，主要从事民政局的工作，接触社工一线的机会很少。大部分工作与行政有关。（对 MSW3 的访谈）

我本科期间有一个月的"三下乡"实习，其余大部分实习都是以志愿者的身份参与活动，如残联运动会志愿者。没有真正以社会工作者身份实习。（对 MSW4 的访谈）

本科期间，学校每学期安排 1~2 次实习，最长的是毕业实习，需要一个月，在社区实习。但那时几乎没有与专业相关的工作，只是帮社区做点杂事，实习期间没有什么收获。（对 MSW6 的访谈）

同学们通过本科实习经历，结合知识的积累和专业素养的提高，尤其是研究生阶段的学习和深造，理论知识得到了提升。因此，多数社会工作专业硕士对研究生阶段的专业实习期待更多。

希望通过实习学习高水平的专业知识，参与专业性较高的社工活动，学习小组开展等方面的技能。同时，也希望了解大城市的工作环境。（对 MSW10 的访谈）

由于本科阶段没有经历过如此长时间的实习，最专业的一次实习是课程实习，以模拟个案和小组的方式进行，这给我留下深刻印象。得知研究生阶段有三个月的实习后，我非常期待将所学的理论知识运用于实践中，真正接触个案工作和小组工作，了解它们的真实面貌。（对 MSW5 的访谈）

我有些期待，希望能独立开展一个项目。因为这次实习的机构与本科实习完全不同，是社会组织发展中心，我还查了一下，它很有名，是孵化组织。所以，我很好奇它的工作环境。（对 MSW11 的访谈）

从访谈中可以看出，这些同学在本科阶段实习培训后，对社会工作专业有一定的理解。作为社会工作专业人才，他们对专业的兴趣和方向更加明确。进入研究生阶段后，他们期望通过深入和持续的学习，在社会工作领域获得更多的专业能力。

（二）敢想不敢做

确定实习机构后，实习生在盼望中迎来为期三个月的社会工作硕士研究生专业实习。在完成他们研究生一年级的全部课程之后，他们背起行囊离开校园的象牙塔奔赴各自的实习城市时，也意味着这是各位实习生脱离学生角色进入工作角色的一次转变，同时也是要独立面对各种问题的开始。

我像其他同学一样盼望专业实习早点到来，但是这一天真的到来时，我的心情却很复杂，除了好奇、兴奋之外，还有一些不安和担心。虽然听学长、学姐和同学们谈论过专业实习，都说有一种"很不一样的感觉"，但是当我自己真正接近它时，却发现很模糊、很不确定，不知道自己到底该做什么，自己能做什么，心里还挺没有底的，在刚开始的这段时间只是听从安排，让干什么就干什么，和想象中有点不一样。(对 MSW9 的访谈，实习日志)

刚开始就是一个适应期，因为需要适应一个新的环境，适应一个新的工作集体，需要适应一个新的机构，就是所有的东西都需要适应，因为刚开始时是适应期，然后机构的驻点同事也不会硬性地要求你去干什么，就是给你时间来熟悉，主要是以熟悉工作为主，给你看他们以前的和现阶段的工作资料，包括纸质版和电子版的档案，了解现阶段和接下来需要做的事情，刚开始处于了解阶段。(对 MSW15 的访谈)

我实习的机构有一个暑托班项目，我们前一个半月都是在给它们带孩子，就是当那种托管班老师，啥都得我们管，我甚至在怀疑我自己是不是在社工机构进行实习。(对 MSW12 的访谈)

无论是面对生活还是工作，对于各位社会工作专业硕士来说都是一个崭新的开始，俗话说得好——"万事开头难"，这在这次专业实习中体现得淋漓尽致。大多数社会工作专业硕士是在省外实习，听不懂当地方言成为实习生们最棘手的问题。除此之外，实习生们在工作中需要熟悉工作环境、熟悉同事、熟悉工作内容，在生活中还需要自行解决住宿、出行、饮食习惯和当地文化等一系列随之而来的各种问题，很多实习生表示刚开始实习的这个月是最难熬的，觉得这一个月过得很漫长。很多时候，当离开校园面对社会现实的时候才发现现实和想象中有太多不一样。

(三) 感受与收获

笔者的访谈结果显示，在 15 名访谈对象中，只有 2 名实习生能够以一线社会工作者的身份进入工作岗位。这 2 名实习生在专业实习中获得直观的收获和感受。另外 13 名实习生在专业实习过程中发现实习工作与专业相关度不高。在这三个月的实习中，这些实习生更多地提升了自身其他方面的能力，并没有真正运用社会工作领域的专业知识和技巧。尽管他们在社工机构进行实习，但实习生的工作主要集中在维护机构日常运营和行政类工作，几乎没有接触到一线社会工作者的工作。所有社会工作专业硕士实习生回顾这三个月的专业实习，都有类似的感受。

我在广东进行实习，这三个月的工作主要是行政类工作，如发放宣传手册、组织讲座活动和电话回访等日常机构运营工作。通过这次实习，我发现专业实习与专业理论学习的相关度不高。在课堂中学到的知识与实际运用相距甚远。这三个月的实习使我在处理工作方面的能力有了很大提升。通过专业实习，我提前感受到了职场，并更加现实地了解了我们这个专业。(对 MSW1 的访谈)

我在进行实习时，我认为专业实习与在学校学到的专业理论知识相关性很大。理论学习非常重要，因为我们的评估工作主要依赖于文书资料。文书资料的撰写体现了我们的专业理论知识功底。例如，写小组工作计划书时，需要运用小组工作的理论，并加以撰写。然后根据所写内容开展活动，从前期策划到小组成员招募、活动开展以及后续收

尾工作，都由我独立完成。对我来说，这三个月的专业实习让我收获很大。(对 MSW3 的访谈)

我在深圳进行实习，这三个月我主要做的工作是打杂、整理和协助活动开展。有时人手不够，我会帮忙拍照片、写新闻稿并发布到微信公众号上。这些都是一些日常行政类的工作，与社会工作专业关联不大。除非写活动计划，否则很少有专业性的体现。对我来说，专业实习给我最大的收获是学会与人沟通。之前我不太愿意主动与人沟通，但在实习过程中，我不得不与服务对象交流。作为工作人员，我需要多与他们交流，引导他们进行更多的交流，以更好地为他们提供服务。此外，我的其他方面的个人能力也有所提升。但是我在专业方面的收获相对较少，因为实习时间不长，无法接触到完整的项目，并且不可能独自负责项目的实施。因此，我在专业方面的收获有限。(对 MSW8 的访谈)

我的实习机构位于厦门。整个实习可以分为两个阶段：第一个阶段是参与实习机构的暑托班项目，前一个半月的任务是担任托管班老师，需要负责孩子们的各项事务。第二个阶段是参与实习机构的工会项目和活动策划书的撰写。通过这三个月的实习，我意识到只具备社会工作的技能在很多情况下是不够的，有些技能无法通过书本学习获得。例如，当遇到有心理或情绪问题的案主时，只有在熟悉之后才能进行更多的交流。然而，社会工作者并非心理咨询师，无法解决案主的实际问题，这时社会工作只能链接心理咨询师的资源来帮助案主。这给社会工作者带来了一种无能为力的感觉。(对 MSW2 的访谈)

我在武汉实习。通过实习，我发现专业实习和专业理论学习之间存在很大的差异。理论和实践并非一回事，我觉得无法将理论应用到实际中。在三个月的实习中，我最大的收获是感受到实习就像真正的工作，仿佛进入了职场。一开始只是观察和学习，慢慢地才有机会担任一些任务。当实习结束时，感觉就像离职一样。我还了解了机构的运营和驻点管理，学到如何做项目以及与服务对象和同事相处的技巧。可惜的是，我的专业收获不多，没有直接接触个案工作和小组工作，这让我感到遗憾。(对 MSW12 的访谈)

我在呼和浩特实习，实习部门是项目部。刚开始的第一个月，我的主要工作是整理社会组织的项目资料，并参加工作坊的活动准备。第二个月，我进行入户问卷调查和数据录入工作，还负责文案工作。第三个月，我参与公益创投项目的筹备工作，主要是行政方面的工作。我没有接触到直接体现社工的工作，主要做的是资源链接方面的工作。因此，我在这三个月的实习中主要提升了工作能力和职场能力，专业相关的知识收获很少。(对 MSW6 的访谈)

我在牧区实习，原本是为了论文选题前往的，但实际上在牧区的资料非常有限，没有收集到我想要的论文素材。因此，我不得不改变选题方向。通过这三个月的实习，我意识到牧区存在很多问题，但由于我们社会工作者的能力有限，无法给牧民提供实质性的帮助。在牧区开展实习是有一定困难的。这次实习让我感受到理想和现实之间的差距很大，最大的收获是锻炼了自己解决问题的能力。(对 MSW7 的访谈)

我在成都一家平台类的社会工作发展中心进行实习。刚开始阶段，我负责审核项目预算，并参与筛选项目和实地考察。实习中期，我开始进行入户问卷调查和数据录入，还负责文案工作。实习期结束前，我主要做一些杂务工作。我发现一些理论知识实际上在工作中用不到，无法将其应用到实际操作中。在这三个月的实习中，我最需要的是办公软件方面的知识，通过工作中的摸索，我学到了很多。对我来说，这次实习对我的专业能力提升和毕业论文的研究方向没有起到作用，更多的收获是在职场能力方面，让我提前体验了职场环境，并学会与人沟通的技巧。（对 MSW13 的访谈）

综合社会工作专业硕士实习生的感受，可以清楚地看出社会工作专业硕士实习生在专业实习质量方面的收获不够满意。虽然社会工作专业硕士专业实习教育培养看起来似乎很专业、丰富、全面，可以在学习要求计划范围内有把握地、有效率地完成专业实习任务，但实际上专业实习的质量却难以保证。这种看似合理的专业实习培养教育模式实际上存在着一些困境。在研究的前期，通过对众多文献的梳理以及结合自身的实习经历和对选取个案的深度访谈，笔者发现当前社会工作专业实习所呈现的现状与事实情况高度契合乔治·里茨尔在《社会的麦当劳化》一书中提到的"麦当劳化"的特征，即强调效率、可控制、可预算和可预测。

第四节　基于"麦当劳化"视角对MSW专业实习的解读

一、"速成"之下的高效率

在乔治·里茨尔的著作中，他指出在被"麦当劳化"的社会中，效率对消费者有很大的好处，因为他们可以更快地获得所需的物品，而且付出的努力更少。同样地，工人也可以更快、更容易地完成任务。而经理和业主也会受益，因为他们可以更有效地完成工作，给顾客提供更好的服务。在当今社会，效率已经成为一种人们普遍追求的目标，人们更加关注如何实现效率。[1]

在《社会的麦当劳化》一书中，乔治·里茨尔提到"麦当劳化"的第一个特点：高效率。这意味着以最简单和快捷的方式完成任务，追求短时间高产量、低成本，但往往忽略了服务质量。[2]教育领域也存在这种现象，且已经引起人们的警觉和批评，即使在社会工作专业硕士教育中也无法幸免。社会工作专业硕士研究生只有两年的培养时间，必须实现"速成化"，特别是在社会工作理论课程和 800 小时的专业实践结合的培养目标下，这无疑给原本时间紧张的 MSW 人才培养增加了难度。此外，近年来社会工作专业高级人才的培养需求不断增长，社会工作专业硕士教育正处于社会公众认可的快速发展阶段，只有提高人才培养效率才能满足社会对社会工作人才的需求。因此，近年来许多学生通过考取社会工作专业硕士研究生来提升自己的专业能力，以满足社会需求和进行专业深造。然而，高校面临着研究生数量激增、培养时间紧张的严峻挑战，只能按照以往的成功经验继续实施社会工作专业实习的教学模式，以体现社会工作人才培养的高效性，并在规定时间内完成硕士人才的培养目标。这样一来，在短时间内追求高产出很容易导致社会工作专业实习质量的下降。

---

[1][2] ［美］乔治·里茨尔. 社会的麦当劳化——对变化中的当代社会生活特征的研究［M］. 顾建光译. 上海：上海译文出版社，1999.

根据笔者了解，X 高校采用往届社会工作硕士的专业实习教学培养模式，用于培养新一届学生的专业实习教育。作为社会工作硕士人才培养单位，X 高校负责提供专业实习单位供学生参考，并与社工机构或社会工作实践基地进行对接，将专业学生送到各个培养单位进行规定时间的专业实习。专业实习地点包括区内和区外，区外实习地点分布广泛，遍布全国多个省份的社工机构。区内实习主要在内蒙古四子王旗牧区社会工作实践基地和 H 市的社会工作发展中心进行，实习时间为三个月。通过这种方式达到教学目标，实现了对社会工作硕士人才的教育培养。这种教学培养模式不仅能满足当前社会对社会工作人才的需求，还能在短时间内培养出社会工作专业硕士人才。在这样的背景下，高校一直延续着这种专业实习教育培养模式。然而，由于这种模式的设定，高校教师常常忽视实习生的反馈和实际掌握的专业实习情况。实习生即使有自己的专业想法或能力，也只能接受和服从高校和社工机构的实习安排。尽管社会工作专业实习时间仅有 800 个小时，与理论学习课堂的课时相差很大，但对于这个实操性很强的专业来说，实习生在实习过程中所学到的专业实务方面的知识点也不一定比理论方面的知识点少。

社会工作专业实习本身是一种特殊的学习形式，是在实践中学习的形式，旨在强化实习生的理论知识、专业态度和工作技能。此外，社会工作专业实习还是让实习生走出课堂、融入社会工作中，感受专业价值，提升专业方法、技能和知识，认识和思考现实社会的专业化过程。然而，在现实情况中，高校依赖社工机构提供专业实习机会，派遣社会工作专业硕士到机构进行实习，以完成专业教学计划。社工机构则期望学校派遣实习生帮助完成机构自身的日常运营工作。虽然这种做法看似是满足各方需求的好形式，但忽略了因材施教，没有从实习生的个别需求和特性出发。实习生对于社会工作专业实习的想法各不相同，如今在追求高效率人才培养的框架下，高校很难全面考虑。由于课程安排紧张，实习生数量众多，高校在安排社会工作专业硕士专业实习之前难以充分了解每个实习生的专业实习需求，因此在实习过程中专业实习的质量也难以保证。这使实习生的专业能力提升微乎其微。此外，MSW 实习生在三个月的实习过程中，由于忙于实习机构的日常运营工作，所学到的主要是职场和工作技巧相关的知识，由于缺乏深入接触专业性较强工作的机会，很难解决在实习过程中遇到的问题。

综上所述，社会工作专业硕士专业实习追求的是高效完成教学计划和课程安排，但实际上并没有提高实习质量，只是形成一种假象，似乎社会工作专业硕士人才培养变得更加高效。

二、"数字"之下的可计算性

可计算性是"麦当劳化"的第二个特点，它强调对量化的重视。在"麦当劳化"的社会中，人们过于关注产品的数量，而忽视产品质量的控制。这种趋势表现出人们追求数量幻觉的广泛努力，以及将生产过程和服务过程还原为数字的倾向。通过这种将过程和产品量化的方式，人们实现数字化的管理与评价。[①]

---

① [美]乔治·里茨尔. 社会的麦当劳化——对变化中的当代社会生活特征的研究[M]. 顾建光译. 上海：上海译文出版社，1999.

根据《社会工作专业硕士指导性培养方案》规定，社会工作专业实习时间为800个小时，而进行专业实习的时长必须达到三个月才能获得相应的学分并毕业。因此，社会工作专业硕士必须认真履行并完成学习任务，以满足社会工作硕士教育培养要求。在对社会工作专业硕士进行访谈时，他们普遍认为专业实习的主要目的是完成学校和专业的教学安排。

我的实习参与主要目的是完成学校的学习任务和教学安排，并通过实习为毕业论文积累素材。（对 MSW4 的访谈）

我认为参加实习最主要的目的是满足学分要求，因为毕竟是学校要求的专业实习，主要以听从学校安排为主。（对 MSW14 的访谈）

参加实习的主要目的有两个：一是满足学校和专业的要求；二是为了亲身体验三个月的专业实习，因为之前没有过这么长时间的实习经历。（对 MSW1 的访谈）

显而易见，社会工作专业硕士实习生的主要目标是完成专业要求的 800 小时实习。因此，实习的开始和结束时间已经形成固定的模式，根据以往的实习经验确定。在这种标准化的实习时长要求下，实习过程几乎没有变化，除非有特殊情况。对于社会工作专业硕士实习生来说，他们的目标是完成学校和专业的教学要求，大多数实习生只是为了获得学分才参加实习。然而，社会工作专业是一门实践性很强的专业，与其他专业不同，它更需要在实际的服务和工作中展现其真正的价值。学生通过在学校学习理论知识，为更好地应用于实际专业工作做准备。然而，社会工作专业硕士学生在实习过程中却只是机械地完成任务，因此他们在社会工作专业能力方面的提升微乎其微。另外，对于学校来说，以快速简便的方式培养社会工作硕士人才不仅是实现社会工作人才需求的最有效方法，也是对社会工作硕士人才进行最有效保障的方式。然而，在追求教育过程数字化、客观化和量化的同时，忽视专业实习质量的表现，这对社会工作硕士学生的学习效果和专业能力提升是不利的，也无法实现良好的实习效果。

与此同时，只追求数量而不追求质量的社会工作专业实习现象也违背社会工作专业实习的初衷，正如《社会的麦当劳化》所述的那样。

三、"预见"之下的可预测性

可预测性是"麦当劳化"的第三个特点。它强调纪律、系统化和常规等方面，以确保在任何地点、任何时间都能呈现一致的结果。通过标准化和简化服务，以加快结果复制的速度为导向，但在一定程度上抑制了个性化的创新。[1]

自从高校设立社会工作硕士点并形成了独特的社会工作硕士人才培养体系之后，每年所招收的社会工作硕士研究生都采用固定的社会工作专业实习教育形式，在规定的时间内完成固定的专业实习任务和内容。教学安排和教学流程大致相似，社会工作实习教育在专业实习模式和安排方面很少有较大的改进和创新，很容易忽视社会工作硕士的个别需求，并且没有根据个体差异提供因材施教的教学。这导致专业实习形式单一化，难以满足学生

---

[1] [美]乔治·里茨尔. 社会的麦当劳化——对变化中的当代社会生活特征的研究[M]. 顾建光译. 上海：上海译文出版社，1999.

个人需求。在社会工作专业实习教学中存在一种误解，即无论在何种情境下，学习都是有用的，例如，在专业实习过程中，许多实习生主要从事行政类型的工作，如撰写新闻稿、撰写活动通知、运营微信公众平台或整理资料等。

  实习这三个月做的最多的工作是打杂、整理、协助一些活动开展工作，有时人员不够，帮忙拍照、写新闻稿、发布微信公众号，都是一些日常行政类的工作，与社会工作专业其实没有很大的相关性，如果不写活动计划，其实没有什么专业性的体现。（对MSW8的访谈）

  在实习过程中我所在的实习部门是项目部，刚开始实习的第一个月主要工作是整理一些社会组织的项目资料，以及对社会组织进行实地考察，参加系列工作坊的活动准备工作。第二个月主要工作是入户问卷调查和问卷数据的录入工作，以及一些新闻稿和活动通知的文案工作。第三个月主要工作是公益创投项目的筹备工作，我做的都是一些行政方面的工作。（对MSW6的访谈）

  整个实习对于我来说，可以按照工作任务分成两个阶段：第一个阶段是我所在的实习机构有一个暑托班项目，我们一开始前一个半月是去带孩子的，给他们当托管班老师，啥都得需要我们管；第二个阶段，也就是后一个半月时跟着实习机构一起做了几场工会项目，有几场活动，最后就是撰写活动策划书之类的工作，然后就没干什么了。（对MSW12的访谈）

  对于实习生而言，实习情境中所获得的经验是丰富而复杂的。如果这种经验与实习生的理论知识和学习经验无法联系起来，那么专业实习就会变得机械化。特别是在社会工作专业中，专业实习本身就是一个不断学习新知识的过程。社会工作硕士通过将传统课堂的理论内化并应用于实习过程中，然后通过总结和反思已学知识，并结合实际工作情况发表不同的见解，最终形成新的专业能力。然而，从访谈中得知，社会工作专业实习在开展专业性相关工作时并没有展现出很强的专业性，而是按部就班地通过标准化的实习模式和单一化的工作方式进行，从而导致可复制的实习经验。这样一来，社会工作专业实习的可预测性明显违背了其初衷，也无法充分发挥其应有的作用和意义。

  然而，对于社工机构而言，实习机构都是与高校多年合作的社工机构。根据以往的经验，社工机构与高校进行对接，明确自身对实习生数量的需求。高校结合实习生的意愿和实习人数要求，并在规定的时间内将实习生派往各个社工机构进行专业实习。同时，社工机构也清楚面对高校的社会工作实习生应该分配什么样的任务，能预测这将对机构产生什么样的效果和作用，以及对实习生在本机构进行专业实习会有什么样的实习效果等问题有所预测。

  麦当劳餐厅通过可预测性确保其产品和服务在任何时间和地点都具有相同的结果，从而实现效益最大化。这种可预测性正是人们对合理化社会的期望和追求。然而，社会工作专业实习在这种环境下往往存在不合理性，尽管一切安排看似合理。

四、"服从"之下的可控制性

  在"麦当劳化"的快餐店里，店内的雇员和顾客都被高度控制着，通过控制雇员和顾客的方式形成一种流水线一样的经营模式，从而保持顾客在店内的流动，达到提高工作效率的目的，这也是"麦当劳化"现象的第四个特点，即可控制性。

同样在社会工作专业实习中，社会工作专业硕士作为实习生也经历着被高校和社工机构所控制的专业实习模式。在社会工作专业实习中，这种"控制"主要表现在对实习生的行为控制和对社工机构工作人员的任务控制两个方面。对于社会工作专业的实习生来说，高校在安排专业实习之前往往仅限于强调实习生对既定的社会工作专业行为规范、社会工作专业伦理、社会工作专业价值观的认同与遵守，而不是真正从实习生的实习需求角度出发，例如，控制实习生在实习过程中需要按时完成学校的实习要求，实习日志、实习周志、实习报告等实习材料需要在规定时间内完成，督导老师在实习生实习过程中要做到及时对各位实习生的实习材料给予远程点评和指导，告诉实习生在实习工作中应该怎样、应该做什么，即便在了解了实习生在实习过程中的真正想法之后，也很难做到改变现状。因为这一强大的控制体系早已形成一种固定的经验模式。

与此同时，对于社工机构的工作人员而言，面对来自高校的社会工作专业实习生，虽然在专业实习这段时间内为社工机构注入新的活力，但是面对实习生们这样"短暂性"的工作人员，社工机构往往只是以强调保证实习生的稳定大局为主，即"管自己的人，看自己的门"，一方面安排实习生做一些力所能及的工作，另一方面保证实习生在岗和安全性的同时还能够完成社工机构所承接的任务。至于实习生在实习过程中自身内心的需求，以及对专业领域方面更深层次的想法和问题、各位社会工作专业硕士毕业后是否会从事社会工作领域的相关工作等，社工机构在这些方面上不会有太多的关注，因此也不会对实习生有更多的专业性要求。在这种强调"控制"的专业和实习环境中，社工机构的工作人员为了"保证"实习生的实习工作，大多数情况下没有把社会工作专业实习生当作有一定的专业能力和执行能力的人，并且没有当作有一定选择判断能力、可以信赖的人，仅仅是在"以机构为中心"安排实习工作。基于这样的现实情况，社工机构常常会自觉或不自觉地减少将社会工作专业相关的一线工作交给实习生，而只把自认为简单的、没有太多技术含量的工作安排给来自高校的社会工作专业实习生，以向高校保证"完成"收纳实习生的工作。

在这三个月当中我主要做书写投标文案、外展活动、参与评审、整理逐字讲话稿、运营微信平台、资料整理等行政类的工作，专业相关的工作没有接触过，都是在做一些运营类的工作。我身处的角色就是哪个工作需要我，我就去做哪里的工作，没有具体我负责的部分。(对 MSW9 的访谈)

在专业实习工作期间，我的日常工作是不确定的，只要哪个岗位缺人手，我就以一个全能者的身份随时候补，入户走访、建立档案、开展活动、资源链接、财务整理和对外沟通等一系列工作我都做过，唯独没有参与过真正的社会工作专业服务的工作，我也很郁闷。(对 MSW13 的访谈)

在访谈过程中，社会工作专业实习生将专业实习的三个月总结为"哪里需要去哪里"的专业高学历"行政"人员，从事一系列的行政类工作，如活动拍照、写新闻稿、写通知文案、会场布置、会议准备、工作材料整理、撰写评估材料和策划书、做问卷调查和数据录入等。这让社会工作专业实习生对社会工作的专业工作产生质疑，不知道社会工作者到底是"做活动"还是"写活动"。在社会工作专业工作中，的确有一部分工作是需要书写完成的，同时这也是开展社会工作实务活动过程中必须做的，能够起到记录工作与督促反思总结的作用。然而，社会工作者撰写的大多数文案和专业服务相关不大，且近乎占据工作当中90%的时间。

然而,这一"控制"现象却在很大程度上忽略每个社会工作实习生有各自想要学习的工作领域和部分。有的实习生想参与到一线实务工作的领域中,认识那些在书本上学习过的社会工作在现实中究竟是什么样子,有的实习生想学习社会工作的机构运行流程和运作机制。对于实习生来说,他们各有不同的需求,虽然说工作本质上不该有高低之分。然而,目前大量的行政文书工作占据所有社会工作专业实习生的工作时间,导致想参与实务工作的实习生难以学习到真正的知识。社会工作不是"写"出来的,而是"做与写"相结合得出的。然而,标准化、流程化的项目内容与形式限制了社工的服务能力创新,很多过去的形式化的经验仍然延续使用,难以真正满足社会工作专业实习生的实习需求,使与社会工作专业实习教育的本质要求偏差越来越大。在这样的模式下,实习生们更像是传送带上的产品,在经过一道道设定好的工序之下完成专业实习工作。

第五节 结论与讨论

社会工作者被称为"社会工程师"或"社会医生",社会工作专业实习与医学专业临床实习非常相似。没有经过临床实习的医生无法为病人提供治疗,因此社会工作专业实习必须规范,并确保实习质量。对社会工作专业硕士而言,专业实习至关重要,它是一次亲身体验和专业化的机会,不仅是对自身专业知识的考量,也能评估社会工作专业发展的水平。在党和国家高度重视社会工作专业发展的当代,社会工作专业实习也具有全球化的特征。而"麦当劳化"现象最准确地描述了当今全球化时代的特征,将社会工作专业实习与"麦当劳化"相结合,有利于对社会工作专业硕士实习现状的理性分析,同时也有助于规避"麦当劳化"风险,推动社会工作专业教育的进步。

通过对MSW的研究分析,发现社会工作专业硕士的专业实习不仅在整体安排上与"麦当劳化"现象相符,而且在实习过程中和工作细节上也存在"麦当劳化"的特点。观察MSW专业实习中的"麦当劳化"现象,发现其存在的主要原因有两个方面:一方面,高校和社工机构在社会工作专业硕士的专业实习和培养方面往往继续使用过去的实习教学经验,缺乏实质性的改变和创新,导致专业人才培养缺乏创新性;另一方面,高校和社工机构忽视实习生自身实习需求,过于追求人才数量,而忽略实习质量的重要性。这导致MSW专业实习中的"麦当劳化"现象。

社会工作专业硕士的专业实习强调将学术理论知识应用于实际社会工作服务过程。与其他专业不同的是,社会工作注重理论与实践相结合,理论知识与实际工作相辅相成,两者不可分割。通过这一过程,学生能更好地领会社会工作专业的核心。因此,专业实习是社会工作人才培养中不可或缺的一门课程。然而,实际情况是专业实习的质量下降,相关性不高,导致社会工作专业硕士在整个硕士学习过程中对社会工作专业产生巨大的学习落差。学生在校学习的知识无法应用于实习工作中,而实习工作中最需要的办公技能却未在学校的理论知识中学习到。因此,对于为期三个月的专业实习,X大学的社会工作专业硕士均表示，尽管他们在办公能力、工作能力、撰写文案、职场适应能力以及与同事合作、独立生活能力等方面有了显著提升，但在社会工作专业方面的能力提升微乎其微。面对社会工作实习中的"快餐式"现象，如何解决这一问题，真正实现社会工作专业实习的价值，是值得深入思考的。

一、追求"质"而不是"量"

近年来，我国社会发展迅速，正处于对社会工作高级专业人才有大规模需求的关键时期。截至2018年，我国共有105所高校设立社会工作硕士专业，根据近年来各高校招生情况来看，每年的招生规模都在扩大，导致每年的招录量也在增加。

随着各高校招生规模的不断扩大，社会工作人才数量呈逐年增长的趋势。尽管这体现了社会工作专业发展的良好势头，但对于社会工作专业硕士来说，保障实习生的专业实习效果和实习质量并不容易。这主要是因为在当前追求高效和数量的全球化时代的动机下，社会工作专业实习质量下降。培养模式和过程的僵化使专业实习难以达到专业学习效果，呈现严重任务化的现象。

一方面，根据以往的实习经验，无论是高校教育还是社会工作专业机构的工作人员，都倾向于将社会工作专业硕士实习生视为一个整体，忽略实习生个体之间的差异。每个实习生的成长背景、能力经验、智力、兴趣和个性差异导致他们在学习需求、学习方式和学习偏好等方面存在着巨大差异。

另一方面，高校教师的时间和精力都是有限的。除了日常教学任务外，他们还有其他教学和研究工作要处理。因此，高校教师能够用于学生身上的时间和精力是有限的。尤其是在社会工作专业硕士专业实习中，由于追求某种教育体制下的学生数量和任务安排，很容易忽视对社会工作专业实习质量的把控。

此外，研究发现，许多社会工作专业硕士反映在实习开始之前，学生被过快地安排到外部实习机构。这导致实习生没有足够的时间来筛选适合自己的专业实习机构。有些学生在看到实习机构有空缺名额时盲目报名，还有一些跨专业的学生对于自己和社会工作专业都缺乏了解就开始实习。

因此，对于高校和社会工作实习机构来说，它们都应该以追求专业实习质量为出发点，确保社会工作专业硕士的专业实习效果。

首先，作为社会工作专业教育者，在教学过程中必须始终将每位实习生视为独立个体，从他们不同的需求和个性出发，先全面了解每位社会工作专业硕士的个体情况和学生的需求，然后根据每位实习生的情况，制定相应的个性化专业实习目标。

其次，根据学生的需求原则对实习机构进行匹配。社会工作专业实习教育应积极突破原有的经验教学模式，充分利用个性化的学习理念和以人为本的社会工作专业原则。高校应该从学生自身的需求出发，以实习者为中心，以促进专业能力提升为目标，而不是以完成学分和课程安排计划为目标。了解学生究竟想通过专业实习获得什么样的知识，因为每位学生的想法不同，有的侧重于论文的题材，有的想要学习真正的专业社工的服务工作，有的想了解社工机构的组织架构或运营模式等。为不同的学生设计适合其特点的最佳实习方案，同时改变原有的专业实习模式，以社会工作专业硕士实习生的需求为导向，注重实习生的专业能力提升，提高实习生的专业实习效果，使实习生在专业实习过程中获得真正的专业知识。

最后，在研究生一年级的课程安排上可以适当增加一些小规模的实训课程或实操课程，了解实习的大概内容和流程之后，在进行专业实习时更容易选择和研究。这样，专业老师既能在讲授课程的同时了解每位学生的个体情况，为专业实习提供明确指导，同时也能全面照顾到一些跨专业的学生，让他们对社会工作专业有更好的了解，进而选择适合自身的实习机构，为今后有条不紊地开展专业实习提供有力保障。通过努力发掘每位实习生最大的专业学习潜力，使每位社会工作专业硕士实习生都能够在专业实习过程中获得更多专业知识。

二、开辟专业实习新评价路径

社会工作专业本身具有实践性和指向性。为了大量培养出社会工作专业人才，高校和社工机构需要共同努力。社会工作专业强调资源整合，在实习过程中也是如此。高校和社工机构之间的协调是社会工作硕士专业实习效果的关键。社会工作专业硕士的培养目标是成为兼具研究型和服务型的复合型人才。高校除了承担教学、人才培养和学术研究的责任之外，还为社会工作输送专业人才并提供智力支持。社工机构为高校专业人才提供了良好的实习平台和就业环境。为了破除社会工作专业实习中的标准化现象，需要充分利用高校和社工机构的资源优势，共同发展一个结合教学和研究的新的评价途径，使社会工作专业实习成为高校教学研究和社工机构发展的助推器，而不仅仅是任务化和模式化的存在。

在高校层面，其作为社会工作硕士人才培养的输送单位，充分了解学生在社会工作专业实习过程中的动向和反馈。实习生的反馈对于社会工作专业教学和研究提供了新的思路和模式。高校可以在实习前、实习中和实习后的三个不同时间段与社会工作硕士学生进行沟通和了解，包括他们的实习内容、专业想法和原因，增加实习生与高校专业老师之间的交流和反馈，将原本只有一次的实习分享会增加到三次。这样做可以全面了解实习生在不同阶段的心理想法、专业感知度和专业体验，及时解决他们遇到的问题。这不仅可以增加高校社会工作专业人才培养的多维度研究方向，还可以打破传统的专业实习模式，为社会工作专业的实习教育提供新的改进方式和想法，为实习注入新的活力，还可以真正实现与专业实习的同步发展。社会工作是一门具有应用性和实践性的专业，通过社会工作专业实习，实习生的及时反馈和交流可以加强社会工作专业理论指导与实践的结合。高校及时了解社会工作人才需求的动向，可以在授课过程中更有针对性地传授新知识和明确培养方向，也可以为我国社会工作专业的发展提供专业性的研究成果。

在社工机构层面，其作为社会工作专业硕士人才培养的接收单位，给社会工作专业实习生提供很好的实习平台与实习环境。实习生的工作实际上是社工机构对专业人才进行专业化吸收的过程。社工机构需要运用社会工作专业的方法和技巧来有效展示服务的专业性。这些专业的方法和技巧是通过社会工作专业实习生将在学校中学到的知识、方法和技巧准确地应用于社工机构的工作实践中。实习生将学校所学的知识传授给社工机构有助于提升社工机构的专业性，促进专业服务的开展。同时，社工机构是展现专业性的最有力平台，只有社工机构的服务越专业，社会工作专业的推广才能更好地满足社工机构自身的发展需求。实习生在工作中的专业性需要被充分挖掘和发挥，打破原有的标准化和单一化的实习模式，将实习生的需求和能力作为分配工作岗位的标准。社工机构应该加强对社会工作专业实习生的关注，以实习生为中心，尽量将专业相关的工作交给实习生完成。实习生不仅可以将所学的理论应用于工作中，还能结合实际情况进行专业反思和提升。实习生可以及时与社工机构交流和反馈工作中遇到的问题以及所运用的社会工作专业的技巧和方法，促进社工机构在专业能力方面的提升和强化。

通过社会工作专业实习这一实践活动，高校与社工机构可以互联互通，改善过去单一的专业实习模式，开辟一条新的社会工作专业实习评价路径。这不仅可以有效消除社会工作专业硕士专业实习中的"麦当劳化"现象，打破可预测性和控制的特点，还可以为专业实习注入新的活力，真正实现社会工作专业实习模式的创新。

三、研究反思

首先，在研究过程中笔者发现的社会工作专业硕士专业实习中的"麦当劳化"现象这一问题，究竟是因为社会工作专业硕士自身专业能力不强，还是因为忽略社会工作专业机构的需要和发展所造成的难以发现专业实习工作中的专业性？这一问题值得进一步思考和讨论。

其次，虽然笔者在研究时主要是通过X大学MSW的专业实习现状所进行的分析研究，因为X大学的社会工作专业实习发展在全国高校具有一定的代表性，例如，有几个不同性质的实习基地或者实习点、在实习内容和督导老师等方面普遍反映社会工作实习的情形，但是每位实习生在接受访谈过程中难免会出现带有个人感情的主观性评价，因此本书此部分研究存在一定主观因素。

最后，笔者不是对社会工作专业实习的现状进行批评，而是对于一直强调保持文化敏感性的社会工作专业本身来说，当看到社会工作专业实习中"麦当劳化"倾向明显的同时，只有警惕有数量、无质量的发展，才能守住理性之光，冲破"麦当劳化"的"铁笼"，从而真正做到提升社会工作专业人才培养和教育的品质。

第二章 社会工作项目团队发展个案研究

第一节 绪 论

一、研究背景

2006年,《中共中央关于构建社会主义和谐社会若干重大问题的决定》中提出要"建设宏大的社会工作人才队伍"。培育社会工作人才队伍对社会发展具有重要意义。随着社会的发展,社会问题呈现多样化特征,仅依靠政府单方面行动已无法解决这些问题。因此,一些专业社会组织需要及时加入,而社会工作机构(以下简称"社工机构")作为社会组织的一种形式,对预防和解决当前社会发展中存在的各种矛盾和问题、推动政府转变职能、创新社会管理和公共服务方式具有重要意义。

社工机构的有效运作是社会工作服务顺利开展的前提。然而,社工机构在快速发展的同时,也面临一系列问题,如专业化运作不足、社会工作人员流动率高等,这些问题阻碍了社工机构的发展。要想跨越这些阻碍、突破发展瓶颈,社工机构不能忽视机构中的人力资源。团队作为机构和人的结合,在一定程度上推动着社工机构的良好运行。

目前,社会工作行业的发展主要依靠服务外包、项目购买的方式,以项目的形式开展社会工作服务,这已经成为社工机构普遍接受和认可的实践途径。而随之而来的是项目团队的出现。项目管理过程由启动过程组、规划过程组、执行过程组、监控过程组和收尾过程组组成。[①] 采用项目化管理方式的社工机构通过人员招聘、岗位变换等方式组建一支正式的社会工作项目(以下简称"社工项目")团队,负责项目计划书的实际落地工作。

在社会工作专业教育中,实习是至关重要的一部分。学生通过实习,能够将所学到的理论知识和技巧应用于实践中,将理论与实践相结合,真正体验社会工作的实际情况。在本章中,笔者以项目社工的身份参与Z机构W区"2018~2019年三社联动项目"团队(以

---

① 冯俊文,高朋,王华亭. 现代项目管理学[M]. 北京:经济管理出版社,2009:33.

下简称 H 项目团队）的工作。在实习过程中，笔者看到 H 项目团队成员之间的相互支持和陪伴，也得到服务对象、机构和派驻单位的认可。然而，笔者也意识到 H 项目团队在发展过程中面临的一些困难，这些问题和困难阻碍了项目的推进，给社工项目团队带来了压力。

团队生命周期理论可以解释一般团队的发展过程，帮助我们更好地理解和解释社工项目团队内部的发展和变化，并让我们认识到社工项目团队的阶段性发展。因此，在本章中，笔者回顾并分析 H 项目团队的发展过程，综合考虑团队内外部环境，审视 H 项目团队在发展过程中遇到的问题，并对问题、原因和影响进行了探究。笔者还相应地提出解决措施，旨在探索社工项目团队的良好发展，提升社工机构中项目团队的实践能力，并为社工机构中的团队组建、管理和团队发展提供借鉴。

二、研究意义

（一）理论意义

首先，本章研究将聚焦于社工项目团队的发展，可为日后与社工团队发展有关的研究提供理论支撑。在社工机构以项目的形式开展社会工作服务下，更多学者将关注点集中于社会工作服务项目运行过程中的项目服务的群体上，即当项目社工运用个案工作、小组工作和社区工作等专业方法开展专业服务时，会对服务对象产生何种影响以及怎样产生影响，而对于参与并负责项目工作的社工团队的关注极少。然而，社工项目团队是负责项目的启动、规划、执行、监控与收尾等工作，是整个项目的运行主体，是社会工作服务项目推进过程中不可忽视的力量。

其次，本研究推动团队生命周期理论在社会工作中的应用研究做一些理论参考，为跨学科的理论借鉴提供可能性。笔者在查阅文献后发现，团队生命周期理论在社会工作领域的研究较少，因此在团队生命周期理论视角下进行社会工作的相关研究时，希望该研究能提供一定的理论参考。

（二）现实意义

研究社工项目团队对社工机构在承接项目或以项目形式开展社会工作服务时项目团队的组建、管理以及团队发展具有借鉴意义，对社会工作相关团队的建设和发展具有实践意义，对实现社会工作服务项目社会价值有重要意义。社工项目团队作为社工机构项目中负责项目启动、规划、执行、监控与收尾等全部过程的主体，作为项目计划书的实际落地方，是社会工作服务项目中重要的一部分，是社会工作服务顺利开展的必要条件，是社工机构中重要的一部分，因而社会工作相关团队的组建和管理尤为重要。

三、文献综述

（一）团队生命周期理论

1. 团队生命周期理论的产生

每个群体都不是静止的，而是在不断变化发展的。[①] 自 20 世纪 50 年代以来，以生物

---

① 关培兰. 组织行为学 [M]. 武汉：武汉大学出版社，2008.

进化论为基础的生命周期理论逐渐成为众多国内外学者进行理论研究时极其有效的工具，并不断被广泛应用于多个领域中，众多优秀的研究成果不断涌现，诸如企业生命周期理论、产品生命周期理论等。根据这一理论，团队也具有生命周期，拥有不同的生命阶段。在"团队"日益为组织的高效运作发挥巨大作用的过程中，与团队生命周期相关的研究也逐渐进入众多国内外学者的视野中。

对于团队中的生命周期的划分国内外学者有不同的观点，其中包括J.E.琼斯的四阶段说和杰沃、瑞茨提出的六阶段说，其中，被公认为较完善的是布鲁斯·塔克曼在1965年发表的《小型团队的发展序列》一文中所提出的四阶段团队生命周期理论。1965年，布鲁斯·塔克曼博士在美国俄亥俄州从事群体动力学的开创性研究，研究了团队从组建到完成一项任务的全过程，并确定了团队生命周期中的几个关键阶段，认为团队发展要经历形成阶段、风暴阶段、正常化阶段及发挥作用阶段。而后在1977年，布鲁斯·塔克曼和詹森回顾理论，增加了第五阶段，并且后来逐渐演化为组建期、震荡期、规范期、执行期和修整期这五个阶段[①]，对后来的组织发展理论产生了深远的影响。

2. 团队生命周期理论的实践应用

在探究不同类型团队的发展（如高管团队和虚拟团队）以及在进行有关团队绩效、团队文化、团队信任以及群体社会互动等方面的研究时，一些学者将团队生命周期理论应用于其中，不断充实和完善团队生命周期理论，为团队的发展提供理论基础。

朱美娟等（2014）在研究高管团队的生命周期时运用布鲁斯·塔克曼的理论观点，结合高管团队的特性，分析高管团队生命周期的阶段性特征，指出高管团队生命周期的各阶段所表现出的特征与一般团队有较大的差异，他们在团队工作、沟通、冲突及建设的方式和内容上都具有不同的特征。[②] 郭秀丽等（2014）指出，在不同的团队生命周期中，团队特征会对团队氛围、信息交换、决策质量、工作效率、团队适应性等方面产生不同的影响，进而影响到高管团队的绩效水平。[③] 王振宁（2014）在团队生命周期理论的基础上，分别从横向和纵向的视角进行团队学习对团队绩效的影响研究，指出团队学习对团队绩效的影响会因不同生命周期阶段而发生变动。[④]

唐桂芳等（2012）从项目经理的角度出发，建立了结合项目团队生命周期的情景领导模型，并明确描述情境领导模型在项目团队生命周期各阶段的应用，以提高团队成员的积极性和工作效率，更好地实现项目目标。[⑤] 张世雯（2015）在个人—团队价值观匹配是构建团队文化的核心的前提下，基于团队生命周期理论，通过探究不同团队生命周期阶段中个人价值观实现度和团队价值观实现度的差异，研究个人—团队价值观实现度匹配对团队成员满意度以及团队绩效的影响。[⑥] 苗凤祥（2011）在研究趣缘群体的社会互动时，参照布鲁斯·塔克曼的五阶段观点，按照时间的顺序研究了一个趣缘群体的发展过程。通过对趣缘群体的互动状况

---

① 黄文静，梁艳嫦，王运转等. 塔克曼团队发展模型分析社区多学科临终关怀团队的发展研究 [J]. 中国全科医学，2021，24 (S1)：1-5.
② 朱美娟，葛玉辉. 高管团队生命周期研究 [J]. 江苏商论，2014 (1)：69-71.
③ 郭秀丽，葛玉辉. 团队生命周期视角下TMT特征与团队绩效的关系研究 [J]. 科技与管理，2014，16 (6)：86-91.
④ 王振宁. 基于团队生命周期的团队学习对团队绩效的影响研究 [D]. 天津财经大学硕士学位论文，2014.
⑤ 唐桂芳，王林雪. 情境领导模型在项目团队生命周期各阶段的应用 [J]. 经营与管理，2012 (6)：105-107.
⑥ 张世雯. 个人—团队价值观实现度匹配对团队效能的影响研究 [D]. 天津财经大学硕士学位论文，2015.

及群体凝聚力的调查，苗凤祥认为，趣缘群体的发展也基本上是按照形成阶段—动荡阶段—规范化阶段—发挥作用阶段—终止的模式发展的。[1] 邓靖松（2005）在团队生命周期理论的基础上，研究虚拟团队的信任管理。在区分虚拟团队生命周期中的五个阶段后，归纳出不同阶段中的团队状态和信任特点，例如，在虚拟团队发展的第一和第二阶段，成员互动的基础以谋算为主，从第三阶段开始才逐渐出现信任。并且邓靖松针对虚拟团队的阶段特点提出相应的信任管理措施，以改善虚拟团队的信任状况。[2] 赵芳（2015）在划分小组不同发展阶段时也将布鲁斯·塔克曼的观点应用其中，将小组的发展阶段总结为形成小组、小组风暴阶段、小组规范形成阶段及实现阶段。[3] 张金华（2010）基于团队生命周期理论在研究成员合竞行为时，指出团队的变化过程经过了组建期、磨合期、规范期以及执行期。[4]

3. 团队生命周期理论评价

自布鲁斯·塔克曼的团队生命周期理论提出后，部分学者完全认同团队发展有组建期、震荡期、规范期、执行期和解散期五阶段，认为该理论有一定的特别之处和实践意义；部分学者在基本认同的同时认为该理论有一定的缺陷，并且纷纷提出自己对于五阶段的不同见解，不断完善充实理论。

一部分学者和专业人士对布鲁斯·塔克曼的团队生命周期理论高度认可，并一直沿用至今。迈克·克莱尔顿（2015）在其《管理模型》一书中指出该理论如此盛行的原因，提到布鲁斯·塔克曼意识到团队生命周期理论不仅是用于诠释和预测行为的，其中措辞也是非常重要的，布鲁斯·塔克曼擅长为他所定义的不同阶段选择最佳的术语，并极其准确地概括出理论的内涵与精华。[5] 崔佳颖（2015）认为，布鲁斯·塔克曼的团队生命周期理论可以用来辨识出团队构建与发展的关键性因素，并可以解释团队历史发展中的生命周期。根据布鲁斯·塔克曼的理论，所有五阶段都是必需的、缺一不可的、不可逾越的，当团队在经历成长、迎接挑战、处理问题等过程时必然要经历五个阶段。[6] 陈学军（2015）提到可以将团队生命周期理论用来指导团队建设的一个基本观念。另外，陈学军提到布鲁斯·塔克曼团队生命周期理论的研究支持，通过研究总结出布鲁斯·塔克曼的团队生命周期理论是十分符合群体的实际发展情况的。[7]

部分学者在基本认同的同时也加入自己的见解，有学者认为五阶段有时可能会出现各阶段跳跃融合的现象，也有学者认为团队在每一个阶段都有可能终止，还有学者认为并不是每个团队最后都会以解散终止，可能还会修整或整顿，也有学者将团队生命周期分为组建期、磨合期、规范期和执行期。彼得·凯普泽奥（2001）在其《打造一流团队——团队管理技巧（第1版）》一书中指出，当团队的发展一帆风顺时，团队将经历婴儿期、少年期、青年期和成年期这四个阶段。[8] 李伟（2012）在描述团队发展阶段时，分别列出布鲁

---

[1] 苗凤祥. 趣缘群体的社会互动研究 [D]. 浙江师范大学硕士学位论文，2011.
[2] 邓靖松. 虚拟团队生命周期中的信任管理研究 [J]. 中山大学学报（社会科学版），2005（1）：109-113+128.
[3] 赵芳. 小组社会工作、理论与技术 [M]. 上海：华东理工大学出版社，2015.
[4] 张金华. 基于项目团队生命周期的成员合竞行为分析 [D]. 西安电子科技大学硕士学位论文，2010.
[5] [英]迈克·克莱尔顿. 管理模型 [M]. 国洪伟译. 上海：上海交通大学出版社，2015.
[6] 崔佳颖. 组织行为学（双语教材）（第二版）[M]. 北京：经济管理出版社，2015.
[7] 陈学军. 心理学经典理论应用书系——管理心理学 [M]. 杭州：浙江教育出版社，2015.
[8] [美]彼得·凯普泽奥. 打造一流团队——团队管理技巧（第1版）[M]. 赵丰跃译. 长沙：湖南科学技术出版社，2001.

斯·塔克曼的团队生命周期模型和间断—均衡模型，团队生命周期模型所体现出的是团队发展渐进演化，而间断—均衡模型所呈现出的是团队发展会经历两个阶段和一次飞跃，表明在团队发展的过程中并非总是遵循从混乱到有序的渐进演化过程，而是在团队发展的最初就会立有规矩，过程中会使规矩重构。[1]

王青（2003）基本认同布鲁斯·塔克曼的观点，但他在《团队管理》中指出，当团队度过在混乱中理顺头绪的形成期之后，会先步入开始产生共识与积极参与的规范期，而后再进入公开表达不同意见的震荡期。[2] 宋月丽（1994）也认为，布鲁斯·塔克曼团队生命周期理论大体上揭示了从不成熟到成熟的发展过程，但并不是所有团队都是朝前发展的，如过程中出现更换领导者，或领导者有疏忽都可能导致倒退现象的发生。[3] 章义伍（2004）做了进一步的解释，他认为团队最后的阶段不一定以解散告终，团队最后可以有三种不同的结束方式：解散、修整和整顿，同时对三种方式逐一进行解释。[4] 阎剑平（2005）也就团队生命周期理论中的五个阶段提出自己的见解，认可五个阶段反映的是团队建设的一般过程，但当团队在团队建设实践过程中往往会存在偏差，即团队建设过程中的阶段有时会出现跳跃或各个阶段融合的现象。[5] 苗青（2007）认为，尽管布鲁斯·塔克曼将团队的生命周期明确为五个连续的过程，但如果想要在现实中区分出明显的分界点是较为困难的，关键还是要把握团队发展的关键要素。[6] 金辉等（2006）以团队的发展时间和团队的绩效水平为横纵坐标，总结出团队在发展过程中遇到困难的可能性一直存在，因此在团队发展的过程中团队的绩效并不一定是不断上升的，团队可能随时结束，认为团队并非一定按照五阶段过程来发展，在每个阶段团队都有解散的可能性。[7]

结合以上有关团队生命周期理论的相关研究，笔者也逐渐认识到团队在生命周期中的不同阶段，并且团队一直处于一个动态变化的过程中。尽管布鲁斯·塔克曼提出的"五阶段发展"观点有一些局限性和缺点，例如，用于描述小型团队的、忽视组织的背景、发展轨迹未必完全遵循线性发展以及在阶段发展跨越上没有明确时间框架，是主客观相结合的观点等。但对于社工项目团队来说，该理论中的五阶段观点与本章所研究的 Z 机构 W 区 H 项目团队的发展过程是有关联的，是可以被用来解释团队的历史发展的，也可以为团队发展予以阶段指导，因而本章在描述社工项目团队发展的过程中在从 H 项目团队实际情况出发的前提下尝试借鉴团队生命周期理论的基本观点，探究社工项目团队的发展。但在理论借鉴的同时并非直接照搬理论，生硬嵌入，而是在团队生命周期理论基础上根据研究对象的实际情况进行相应调整，实现理论的本土化个性化应用。

（二）社工项目团队发展研究

1. 社工项目团队的理论内涵

一般意义上的项目是指一个组织为实现自己既定的目标，在一定的时间、人员和其他

---

[1] 李伟. 组织行为学 [M]. 武汉：武汉大学出版社，2012.
[2] 王青. 团队管理（第1版）[M]. 北京：企业管理出版社，2003.
[3] 宋月丽. 学校管理心理学：理论·应用·研究 [M]. 南京：南京大学出版社，1994.
[4] 章义伍. 如何打造高绩效团队 [M]. 北京：北京大学出版社，2004.
[5] 阎剑平. 团队管理 [M]. 北京：中国纺织出版社，2005.
[6] 苗青. 团队管理——理念与实务 [M]. 杭州：浙江大学出版社，2007.
[7] 金辉，钱焱. 团队生命周期的模型修正 [J]. 科学学与科学技术管理，2006：123-126.

资源的约束条件下所开展的一种有一定独特性的、一次性的工作，可以划分为四个阶段：项目定义与决策阶段、项目计划与设计阶段、项目实施与控制阶段以及项目完工与交付阶段。① 越来越多的社工机构选择以项目的形式开展社会工作服务，随之出现项目社工这一社工岗位。项目的运作过程包括识别需求、提出解决方案、执行项目、结束项目四个阶段。② 在社工机构选择以项目的形式开展社会工作服务时，项目运作的全过程可以由一个或多个项目团队来完成。

团队是由两个或两个以上的人组成，团队成员之间相互影响和作用，是在行为上有共同规范的介于组织与个人之间的一种组织形态，为共同目标的实现而努力，承诺共同的规范，一起分担责任和义务。③ 项目团队更是不同于一般的群体或组织，是为实现特定的项目目标并完成共同的项目任务而组建的，按照团队模式开展项目工作，完成共同的项目任务。④

在对项目和团队的理论内涵进行总结后，社工项目团队参与并负责社工项目运作全过程，它是贯穿整个项目的运行主体。

2. 社工项目团队相关研究

有关社工项目团队发展的研究较少。王德洲等（2018）指出，项目团队人员具有不稳定的问题，并分别从规章制度、目标与职责、沟通及领导者角度探讨了带领社工项目团队应注意的方面。⑤ 杨兰（2017）基于项目发展的前、中、后期，探讨社工项目实施团队在项目不同阶段中的团队发展。⑥

除关于社工项目团队发展的研究外，有关社工团队的研究相比稍多，但具体探讨的方面也较为单一。笔者查阅到的文献分别从社工团队的建设与管理、加强项目服务质量和效果、社工团队的独特性、社工项目团队的社工机构项目化管理研究以及社工机构内部管理可能出现的问题五个方面进行探讨。

在探讨社工团队建设与管理方面，何杰（2012）研究了社工组织及团队建设问题，指出良好的制度安排与确定的目标对于完善社工团队建设是不可忽视的。⑦ 耿立（2013）基于社会工作者能力建设项目，在分析研究项目运作时所遇到的问题时，提出应适度优化项目团队的双重管理模式。⑧

在加强项目服务质量和效果方面，王新平（2017）指出，社会工作者专业化水平不足及社工和志愿者队伍流动性大是影响项目服务质量和效果的社会工作者层面的因素。⑨

相较于其他专业团队，社工团队中的成员有其独特的专业价值观，"助人自助"的专业理念作为团队的理念支撑，对于不同类型、不同需求的服务对象，社工团队遵循不同的方

---

① 戚安邦. 项目管理学 [M]. 北京：科学出版社，2007.
② 陈为雷. 社会服务项目制的建构与效应分析 [D]. 南开大学硕士学位论文，2011.
③ 苗青. 团队管理——理念与实务 [M]. 杭州：浙江大学出版社，2007.
④ 苏超. 从团队发展模型看项目团队管理策略 [J]. 水电站机电技术，2019，42（10）：67-69.
⑤ 王德洲，魏龙群. 带好社区服务项目团队的初探 [J]. 中文科技期刊数据库(全文版)社会科学，2017（9）：122.
⑥ 杨兰. 团体动力学视角下社工项目实施团队发展 [D]. 兰州大学硕士学位论文，2017.
⑦ 何杰. 社工组织及团队建设问题研究 [D]. 华南理工大学硕士学位论文，2012.
⑧ 耿立. 社工团队建设项目运作分析——以X机构扬帆项目为例 [D]. 兰州大学硕士学位论文，2013.
⑨ 王新平. 项目制下政府购买社会工作服务研究——以南昌市福彩公益金项目为例 [D]. 江西师范大学硕士学位论文，2017.

法与工作手段，适时需要和不同专业人士合作。向艳（2014）在探讨跨专业团队中社工的角色时，描述了社工团队所扮演的多样角色，体现了社工团队在跨专业团队和服务中所发挥的作用。① 胡真一（2018）在研究跨领域团队中社工角色弱化的困境时呈现出社工团队的专业角色所遭受的"全能化"误解和"取代"危机，分别从政策、跨专业团队及社会工作团队角度提出迫切的应对方法，体现出社工团队所不同于其他专业人士的独特性。②

在社工项目团队的社工机构项目化管理研究方面，胡文彬（2013）基于本土社工机构项目化管理的实务过程，以项目化管理的具体过程组为研究对象，在项目团队管理中指出项目管理团队应该观察团队行为、管理冲突、解决问题，并评估团队成员的绩效。③ 桂如新（2015）基于生态系统理论的视角，研究社会工作专业团队在公益孵化器所发挥的作用，认为社会工作团队具有"学历高，年轻化，业务能力强，价值认同"等特点，提出社会工作团队对于社会组织、公益孵化器自身及社会工作专业本土化发展都有极大的作用。④

在社工机构内部管理可能出现的问题方面，思培琴（2013）指出民办社工机构在迅速发展的同时，主要从团队管理经验匮乏、团队内部沟通缺失及管理理念模糊等方面，探讨社会工作专业价值观审视内部管理所存在的问题。⑤ 于鸽（2013）指出，社工机构团队内部人员稳定性不足、绩效评估系统不够完善、薪酬较低的问题，同时提出在社会工作服务机构建立之初就建立规范的行政管理体系，发挥社会工作专业凝聚力强、专业水平高、工作氛围相对良好的优势，建立完善的内部管理和激励体制。⑥ 张瑛（2014）从现有社工队伍特点、人员结构、管理制度、选拔考核制度及薪酬标准等方面对于社工队伍问题现状进行研究，形成解决问题保持发展的管理策略及保障措施。⑦ 杜国宝（2018）提出民办社工机构在选人、用人、育人方面都呈现出项目需求导向的策略，以此保证项目落实、按时保质完成项目指标，强调社工机构应注重以项目为主的管理策略，形成单人驻点、团队管理的形式，既激发个人的潜能，又加强团队成员之间的联系，形成对机构的认可和归属感。⑧

在社工项目运行过程中，更多学者关注的是项目中的服务对象，对参与项目的社工团队发展的关注极少，尽管有关社工团队的研究相比较多，但具体探讨的方面也十分有限，其中主要涉及的方面包括社工团队中社工角色与定位的探析和社工项目团队的社工机构项目化管理研究等方面，并且大部分研究的出发点都是在社工机构，将目光聚焦于社工项目团队发展的研究较少。本章将把目光聚焦于社工项目团队，从团队生命周期理论视角出发，结合本章所研究的Z机构W区"2018~2019年三社联动项目"团队（H项目团队）的

---

① 向艳. 跨专业团队合作模式中社工角色的探讨［D］. 华中科技大学硕士学位论文，2014.
② 胡真一. "出院计划"跨领域团队中社工角色弱化的困境研究［D］. 吉林大学硕士学位论文，2018.
③ 胡文彬. 项目化管理在本土社会工作机构的应用探究［D］. 复旦大学硕士学位论文，2013.
④ 桂如新. 公益组织孵化器中的社会工作团队研究［D］. 安徽大学硕士学位论文，2015.
⑤ 思培琴. 从社会工作专业价值观解析民办社工机构团队内部的有效管理问题［J］. 杨凌职业技术学院学报，2013（12）：77-82.
⑥ 于鸽. 社会工作服务机构团队激励机制研究［D］. 西北大学硕士学位论文，2013.
⑦ 张瑛. 深圳市南山区社工队伍建设问题及策略研究［D］. 哈尔滨工业大学硕士学位论文，2014.
⑧ 杜国宝. 民办社工机构项目化运作中人力资源管理策略研究［D］. 华中科技大学硕士学位论文，2018.

基本情况以及访谈资料中访谈对象的观点，探究社工项目团队的发展。

四、研究方法与研究思路

（一）研究方法

本章采用实地研究法，通过参与式观察和无结构访谈两种方式收集所需资料。

1. 参与式观察

笔者作为实习生，自 2019 年 7 月 1 日至 10 月 1 日实践于 Z 机构 W 区 "2018~2019 年三社联动项目" 团队，逐步了解团队并参与 H 项目团队收尾阶段中的每一项任务、决策和行动，也参与了 H 项目团队伊始的每一项相关工作，并在参与的同时见证了 H 项目团队在发展过程中所遇到的冲突和问题。实习期间，与团队成员建立了深厚的信赖关系。笔者也有幸在实习期间参加多次有关团队发展的相关培训，丰富的实习经历帮助笔者真切实在地感受到 H 项目团队的发展历程，并为获得真实的、直接的、详尽的研究资料提供保障。

在三个月的实践中，笔者带着对 H 项目团队发展的好奇，在和 H 项目团队成员、Z 机构同工以及街道和社区相关人员的相处、交流互动的同时，笔者通过实习日志的方式将每天的相关细节记录下来，以便于资料的收集和分析。

笔者在作为"完全的参与者"运用此方法的过程中，谨慎自省判断是否在过程中有为了研究目的而损害研究对象权利的情况发生，并真切地体验"融进去""跳出来"的过程，当工作时间内作为团队中一员时，完全地将自己融于团队，在工作之余对资料进行分析时，适时从团队中跳脱出，以客观、实事求是的态度完成资料的分析和研究。

2. 无结构访谈

无结构访谈，即深度访谈或自由访谈。通过无结构访谈，笔者可以获得较为生动的资料信息，在运用该方式时，笔者主要通过对访谈对象谈话、举止的细致观察和分析，进而归纳和概括某些结论。

笔者在实习期间已了解机构和团队基本情况的基础上，利用工作中的休息时间，通过面对面和线上结合、正式访谈与非正式访谈结合的方式分别对 H 项目团队的区域主管、项目主管（中途离职）、人事专员以及共同工作过的 8 名项目社工（包括 2 名已离职的项目社工、3 名实习社工和 3 名全职项目社工）进行无结构访谈，访谈对象的基本信息如表 2-1 所示。

表 2-1 访谈对象的基本信息

编号	性别	年龄	职务	专业
A	女	25	街道驻点社工	会计学
B	女	24	项目社工	社会工作
C	女	26	项目社工	社会工作
D	女	24	项目社工	社会学
E	女	25	实习社工	社会工作

续表

编号	性别	年龄	职务	专业
F	女	39	项目社工	人力资源管理
G	男	39	区域主管	汉语言文学
H	男	26	实习社工	社会工作
I	女	27	实习社工	社会工作
X	男	29	人事专员	人力资源管理
Z	男	28	项目主管	公共管理

资料来源：表格中人员资料信息来自访谈，且相关信息的披露获得被访者的许可。

笔者对于大部分访谈对象分别采用正式访谈模式，在了解访谈对象基本情况和特征的基础上，首先与访谈对象提前预约时间，交代目的和保密原则，获得访谈对象的允许；其次按照既定访谈框架和约定时间地点进行访谈并做好记录；最后对访谈记录进行客观分析。对区域主管、项目主管和人事专员的访谈因工作不便而采用非正式访谈。了解访谈对象对于H项目团队发展过程的想法，明晰H项目团队发展中所遇到的问题。访谈提纲如表2-2所示。

表2-2　访谈提纲

主题	问题
个人基本信息	姓名、年龄、毕业院校、就读专业、职务、工作时长、主要工作内容等
团队人员结构	人员变动情况等
需求和目标	①个人的需求与目标；②团队的目标
团队决策	团队的决策过程，谁决策，怎么决策，你的感受如何（以前和现在）
领导（工作方式、个人风格特点）	对项目主管、区域主管领导方式及特点的感受
困难及应对	①个人在工作中遇到的困难、问题、压力来源及应对方式；②团队遇到的困难、问题及应对
个人与团队的互动	①从事社工原因，H项目团队工作的原因（最初的过程）；②目前对于机构和H项目团队的感受；③对团队感受气氛、凝聚力等（之前和现在）；④个人和团队相处中，发生的冲突、情绪改变、快乐、困难、合作、竞争等
社区、社会组织等外部因素对团队内部发展的影响	①机构领导和其他项目点对个人和H项目团队的影响；②街道领导（个人特质、领导方式）、街道工作对个人和H项目团队的影响；③驻点的堤东社区及其他社区（领导、工作）对个人和H项目团队的影响

（二）研究思路

基于H项目团队的实践，以笔者参与的负责该项目落地的社工项目团队为研究对象，采用实地研究法，通过参与式观察和无结构访谈方式收集大量的第一手资料。以阶段化的方式呈现并分析H项目团队在项目周期内的发展过程，包含从组建期、磨合期、规范期、执行期到整顿期的整个发展过程。综合考虑团队内部和外部环境的因素，探究团队在发展过程中遇到的问题，对 H 项目团队的良好发展提出思考建议，旨在对社工机构在提供专业服务时的团队组建、管理以及团队发展提供借鉴（见图 2-1）。

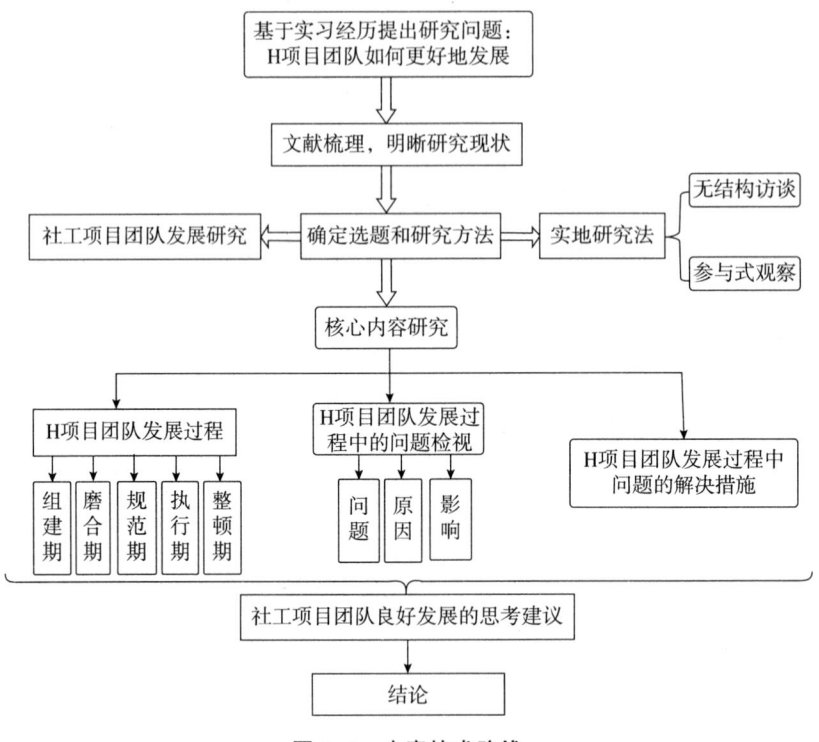

图 2-1 本章技术路线

五、研究创新点和难点

（一）研究创新点

本章研究在探究社工项目团队发展时，大胆尝试借鉴跨学科理论——团队生命周期理论，将理论与本土化社会工作特征相结合，与本研究的研究对象——H 项目团队的实际情况相结合。在进行社会工作领域相关研究时，借鉴跨学科的理论是较少的，但笔者认为，探究社会工作的发展不能仅仅站到社会工作领域中看，应尝试跳出圈子或许可有不一样的收获。

（二）研究难点

本章研究的创新之处在于在探究社工项目团队的发展时借鉴跨学科理论，但因而也为本研究带来研究难点。首先，进行社会工作相关研究时借鉴团队生命周期的文献较少，可参考和学习的成功经验较少；其次，研究的开展必须在对跨学科理论充分了解的基础上严谨客观地完成；最后，在借鉴跨学科理论的过程中，笔者必须在深刻内化社会工作专业价值观的前提下，客观地将社会工作专业知识与跨学科理论相结合，从而实现研究目标。

第二节　H 项目团队发展过程

一、H 项目及团队概况

（一）项目概况

Z 机构在 W 区政府购买了社会工作服务，即"三社联动"社会工作服务项目，旨在积极贯彻国家社会管理创新政策，推动社会工作事业的发展。徐永祥等（2016）指出，"三社联动"对社区具有有效作用。一方面，社会组织和社工通过专业服务和组织化的方法满足居民个性化需求，增强居民解决问题等能力；另一方面，在社会组织、社工和居委会的合作过程中改善传统的居委会工作中存在的问题，并提升人员的服务质量和组织工作效率。[①]

H 项目团队以一年（2018 年 8 月～2019 年 7 月）为一个周期。在项目启动后，区民政局高度重视项目工作发展，在区民政局的指导下、街道和社区的协作下，以 D 社区为中心，向周围社区辐射推进开展"三社联动"社会工作服务，并推动 E 街道社会工作的发展。E 街道辖区内共有 12 个社区居委会，包括单位型社区、新建小区型社区和城乡结合型社区。在区局、街道和社区的指导和配合下，Z 机构组建了 H 项目团队，驻点于 E 街道下的 D 社区，为 E 街道提供专业社会工作服务。该项目的主要负责人是 Z 机构 W 区区域主管。

（二）团队概况

2018 年 8 月，Z 机构通过招标获得实施三社联动项目的立项，项目团队开始项目的建设和推进工作。该项目团队由区域主管领导，共有 5 名成员，包括 1 名项目主管、3 名项目社工和 1 名街道驻点社工（见表 2-3）。该团队的主要职责是负责项目的规划、执行、评估和收尾等工作。其中，3 名项目社工和 1 名街道驻点社工是在项目招投标前由 Z 机构招聘的新员工，而项目主管则是一名有三社联动项目经验的老员工。

从 2018 年 8 月开始，H 项目团队经历一系列阶段性的发展。在 2018 年 8 月到 2019 年 7 月的项目运行过程中，团队经历了团队组建、适应并问题凸显、成熟并规范、稳定执行以及最终伴随项目结束而解散或整顿的阶段。

2019 年 6 月，通过社工机构和学生的双向选择，笔者与一位同学一起进入 H 项目团队。当笔者加入 H 项目团队时，正值该项目进入最后收尾阶段，也是 H 项目团队发展的最后阶段。在这个阶段，团队经历了人员大幅度流动，并且无法有效应对，笔者亲眼见证了团队在整顿中前进的过程。

[①] 徐永祥，曹国慧. "三社联动"的历史实践与概念辨析［J］. 云南师范大学学报（哲学社会科学版），2016，48（2）：54-56.

表 2-3　H 项目团队组建时基本情况

编号	性别	职务	专业
Z	男	项目主管	公共管理
A	女	街道驻点社工	会计学
B	女	项目社工	社会工作
C	女	项目社工	社会工作
D	女	项目社工	社会学

资料来源：表格中人员资料信息来自访谈，且相关信息的披露获得被访者的许可。

二、H 项目团队发展过程

H 项目团队以时长为一年的"W 区"为依托，伴随项目的规划、执行到评估及收尾，H 项目团队也处于发展中。团队发展指团队的发展阶段和生命周期，一般情况下，团队不会一直停滞于一个状态中，由于团队内部如团队成员等因素的变化和团队外部如人力支持等客观环境的变化，团队会有所改变。由于团队目标、团队性质、团队类型等因素的差异，团队在发展的历程中有所差异，但一般来说团队的生命周期大体遵循团队组建、适应并凸显问题、成熟并规范、稳定执行及团队最后以解散或整顿结束等发展历程。

社工项目团队的生命周期就是项目团队随着项目的发展，从建立到结束而解散的整个生命过程。本章所研究的 H 项目团队也在随着项目的发展，从团队组建与形成第一阶段进入第二个发展阶段——磨合期。在第二个阶段中，布鲁斯·塔克曼提出的震荡期并不能完全适用于 H 项目团队，H 项目团队是在磨合中发展，而非到达"震荡"的程度，因而本章将用磨合期来描述第二个发展阶段。在团队的不断磨合后，H 项目团队逐渐规范并稳定，到最后团队伴随项目的结束而进入团队生命周期的尾声。社工项目团队生命周期的最终发展走向有两种可能：一种可能是会因客观因素的影响，因社工机构中项目的延续而发展为负责新项目的团队；另一种可能是项目不会延续，也不会负责新的项目，团队彻底解散，而本章所研究的 H 项目团队为前一种情况，因而将团队的最后一阶段确定为整顿期。依据所研究 H 项目团队的实际情况，根据团队成员与团队领导的不同表现以及访谈对象的观点，本章将从五个阶段（组建期、磨合期、规范期、执行期、整顿期）来呈现 H 项目团队的发展过程（见表 2-4）。

表 2-4　H 项目团队的发展阶段

阶段	阶段特征	需解决的核心问题	阶段结束的表现
组建期	成员尝试解除，初步了解；团队的目标、任务、结构、领导不确定；相对含蓄地展现自己	确定团队目标、任务、结构、领导	成员开始把自己看作群体一员
磨合期	适应团队；明确角色与职责，能力提升；抗拒团队约束，冲突开始出现	认识与直面冲突	团队领导层次相对明确

续表

阶段	阶段特征	需解决的核心问题	阶段结束的表现
规范期	踏实、前进、团结一心；高产出高效率	共同建立规范	团队结构明确，团队对于什么是正确的成员行为达成共识
执行期	踏实、前进、团结一心；高产出高效率	个人和团队共同进步	意识到项目的结束
整顿期	人员流动大；工作效率和团结士气变化	及时应对人员轮换	明确个人和团队下一步发展

具体发展过程如下：①组建期：团队的形成与组建阶段，团队成员彼此较陌生，互相熟悉与了解，为了加强自己在团队中的地位并且避免和团队中其他成员发生冲突，在表达和展现自己的过程中会相对含蓄，有选择性地突出自己身上的优势，弱化自身缺点，在与团队的互动和沟通中逐渐对团队的机构、目标、任务、领导等方面有清晰的认识。②磨合期：团队成员不断适应，自主接受团队的存在，认同自己是团队一员的角色，一方面依然不愿被团队的限制拘束，冲突、矛盾与问题不断显现；另一方面在团队不断磨合适应的过程中，团队成员对自己和他人的角色和职责及团队的目标更加明确，团队在不断处理冲突的同时也在磨合中发展着。③规范期：成员经历了不断的磨合，团队人员结构稳定，团队逐渐成熟，亲密的团队关系和凝聚力出现于团队中，成文或不成文的规范在团队中发挥着越来越大的作用。④执行期：较为成熟的团队在此阶段中处于踏实做事、团队前进的状态，团队成员团结一心，共同致力于团队和项目的稳健发展。⑤整顿期：团队人员的变化影响并阻碍团队的发展，工作效率和团队士气有明显的变化，对于当下所面临的状况团队需要整顿，经历再适应及凝聚力的再培养。

（一）团队组建期

1. 阶段特征

（1）团队的"不断确定"。在团队刚形成组建时，团队的目标、任务、结构、领导都是不确定的。然而，团队组建期是一个团队不断确定的过程，即在这一阶段中团队逐渐确定目标、任务、结构和领导。对于H项目团队来说，组建期也不例外地经历着不断确定的过程。在平时的接触与互动中，团队成员之间不断了解熟悉，逐渐清晰自己在团队中的角色，并逐渐了解团队的人员结构和工作任务。成员在与团队的互动中会逐渐察觉到可以信任的人，并逐渐建立信任关系。

（2）团队成员的个性化展现。在这一阶段中，权威的指导和支持在团队的运行中发挥着巨大的作用，团队成员在努力工作，展现自己个人能力的同时也会观察其他成员的能力，以评判自身的优劣之处。

2. 发展过程

（1）团队成员从陌生到初步相互了解。对于大多数团队来说，新成员刚进入团队时通常会表现得小心翼翼，非常谨慎，时刻担心他人对自己的看法，并努力展现自己最好的状态。在H项目团队中，除了项目主管之外，其他4名成员都是通过机构招聘进入的，对于团队、机构和工作环境等方面都比较陌生。H项目团队成员在团队成立初期，在项目主管的引导下,通过与其他成员的互动和沟通,经历从陌生到初步相互了解的过程。根据成员 A 的访谈,可以了解到,A 在加入团队时感到拘谨,但也意识到互动和交流的重要性。

一开始大家都比较拘谨,交流是必要的第一步。刚开始时,我们都比较谨慎,表现得很乖巧和虚心。但是随着沟通的积累,我们逐渐打开了心扉。慢慢地,我们开始开起了玩笑,甚至还有一些打闹的互动。(对成员 A 的访谈)

去年团队到岗的第一天,我们彼此介绍了基本信息,包括名字、年龄和毕业学校。由于工作任务繁多,我和项目主管先开了个会,进行人员分工。大约第三天,当手头的工作完成得差不多时,我们花了一个下午的时间进行了详细的自我介绍,相互了解了更多信息,例如可以以后称呼自己的小名。从那天开始,大家逐渐放松下来,在工作和午休过程中逐渐熟悉起来。(对区域主管 G 的访谈)

根据对 W 区区域主管 G 的访谈,了解到 H 项目团队在到岗后的几天内利用碎片时间和系统的时间进行了详细的团队自我介绍。这些活动让团队成员参与其中,相互了解和熟悉。通过这些活动,团队成员对其他成员也有了一定的了解。

(2)确定团队人员结构。H 项目团队由区域主管、项目主管和 4 名项目社工组成。项目主管具有丰富的项目经验,而 4 名项目社工也都拥有专业知识和相关工作经验。区域主管负责统筹 Z 机构在 W 区承接的项目,而 H 项目团队负责的三社联动项目只是其中之一。因此,区域主管并不驻点于固定地方,项目的实施和团队运作主要由项目主管负责。在 H 项目团队最初到岗后,为了满足项目中需要派驻 1 名社工驻点于街道的要求,区域主管和项目主管共同考虑了 4 名社工的综合情况,并询问了社工们的意愿。最终决定派驻成员 A 驻点于街道。另外,其他 3 名项目社工和项目主管驻点于 D 社区,负责推进项目和推动街道辖区内的社会工作事务。

(3)明晰工作任务。在 H 项目团队到岗后,通过会议等方式明晰每位的工作任务和职责。区域主管负责项目整体监控及项目质量提升,此阶段中区域主管相较于团队其他发展阶段所发挥的支持和指导作用较大。

在团队刚组建时,大家对于工作任务还不够明确,主要依靠区域主管的指导。首先,我明确了自己应该负责的事项以及不需要负责的事项。在我明确自己的职责后,区域主管鲲哥帮助我和其他 4 位团队成员确定了他们的工作任务。这个明确的过程是一个动态的过程,尽管一开始大家心里有一定的了解,但在实际工作中还会遇到许多问题。不过,总体而言,团队的工作顺利进行。(对项目主管 Z 的访谈)

项目主管负责协调对接区民政、街道、社区等各方面的工作,并管理项目的具体开展和团队。成员 A 驻点于街道,主要负责社会组织及三社联动工作的沟通和推进。3 名项目社工负责推进社会组织服务板块的工作,并通过团队合作模式推进外出走访和活动开展。为了提升团队成员的素质,机构针对团队社工的特点,每月开展培训,涵盖规范文案工作、实务技巧和沟通协调等方面,全面提升社工素质,以确保服务成效。

(4)澄清目标。H 项目团队在发展过程中受到多种目标的影响。首先,在招投标工作前,项目目标已确定。根据政府购买社会服务文件的要求,项目目标主要是助力和孵化社会组织,推进社会组织参与社区服务,以实现"三社联动"模式下的共创社区品牌,以达到"1+1+1>3"的效果,为街道社区居民提供实际、有效且符合居民需求的服务项目。其次，在项目运作过程中，机构目标从多个角度出发。项目旨在推进以政府购买服务为引导、以社区为平台、以社会组织为载体、以社工为骨干的三社联动项目，最大限度地满足居民需求。通过引入社会组织的外部资源和社会力量，以及社工的专业化服务，解决社区内的矛盾，打造一支专业化的社工队伍。

（5）H项目团队的目标不仅包括项目目标和具体方案的策划，还涵盖了每个团队成员的个人目标的集合。一方面，根据项目目标和具体方案的策划，H项目团队的目标是了解辖区内社区居民和社会组织的基本情况，建立居民需求档案和社会组织档案，整合现有资源，开展活动以满足居民需求并提高社区凝聚力与归属感，培训社区居民骨干，打造品牌社区以提升为民服务水平。在完成项目任务的同时，团队还负责相关文书和宣传工作，为项目的评估和指标分解打下基础。另一方面，每位H项目团队成员的个人目标在团队目标中得到集合。随着团队和项目的发展，如果个人目标与项目、机构或团队的目标发生冲突，将对团队和项目带来不利影响。因此，澄清项目目标、机构目标、团队目标和个人目标的关系，可以在一定程度上减少不利影响。然而，在团队组建阶段，我们只对项目目标和机构目标进行了澄清，而对团队目标和个人目标尚未充分思考和讨论。但团队成员普遍认为有必要对这个问题展开讨论和澄清。

我们在组建团队时已经了解到项目目标和机构目标，因为我们都参与了完善项目书的过程。然而，团队目标和个人目标还没有专门思考过，团队内也尚未讨论过这个问题。我认为我们应该进行讨论，毕竟团队刚刚组建起来，需要共同努力来加强团结。（对成员B的访谈）

（二）团队磨合期

在组建期，团队成员满怀热情地投入工作，相对保持谦虚和低调，但这种状态通常不会持续太久。当团队成员开始认识到自己是团队的一员时，意味着团队进入了磨合期，也就是团队内部冲突开始出现的阶段。

1. 阶段特征

（1）冲突出现。H项目团队成员逐渐接受了团队的存在，但在团队运行过程中，H项目团队正处于开始阶段，需要完成的工作和任务多而繁重，大家的工作热情会相较于组建期而下降，H项目团队成员发现工作和自己最初的期待不同，并且团队信任在成员个体之间尚未建立，因而成员在工作中可能会与其他成员发生不愉快的事情，使团队内部和外部冲突和矛盾开始逐渐凸显。

（2）缓中发展。在这一阶段中，H项目团队成员尽管在多而繁重的工作任务中工作热情降低，团队内部和外部的冲突和矛盾开始出现，但在团队不断磨合适应的过程中，团队成员对自己和他人的角色和职责更加明确，在还未明确团队目标的时候成员个人会对团队的目标有自己的认识，并且愿意尝试更多的团队角色，团队成员的工作技能有所提升，随之团队的工作效率在稳中发展。另外，H项目团队尚未形成一定的规范，大家对于团队给成员的约束会有不同的看法，更加倾向于表达自己的个性，会在磨合中不断地对团队的领导层次加以明确。

2. 发展过程

（1）直面冲突。在这一发展阶段，H项目团队内部和外部开始出现冲突。团队冲突主要涉及团队成员之间的冲突、成员与领导之间的冲突，以及成员在工作中的冲突。面对冲突的出现，H项目团队成员渴望解决当前所面临的每一个矛盾和冲突。然而，从另一个角度来看，冲突的出现也说明团队成员开始表达不同的意见和观点，这对团队的进步是有利的。因此，相较于解决眼前的冲突，更关键的是认识冲突发生的原因和必要性。对于冲突的应对和解决，很多人认为把冲突和不悦都放在心里，通过时间的冲淡会逐渐消散。H项目团队的成员也选择了这样的方式来面对冲突。然而，在实际工作中，将冲突放在心里只会在内心滋生不满的种子，最终可能导致更大的矛盾。

C：今天我们是需要完成这个计划书，是吧？

B：是的，我们怎么做？

C：我们要不先一起讨论一个框架，然后各自领几部分分头写？

B：可以。

C：那你觉得第一部分是什么为好？

B：（沉默）

C：那我觉得第一部分是项目背景。

B：行吧。

C：你认为第一部分是什么比较好？我们一起讨论，如果你觉得我说的不太对的话。

B：没事，就这样吧，都行。

C：你别这样呀！咱俩不是讨论吗？一起完成的任务。

B：在讨论呀，你说呗。

C：我说了你好像不太同意，你不同意那你把你的想法说出来啊，不能都按我的来啊。

B：没事，都行，你的也对。

这是两名成员合作完成任务时的对话片段。从对话中可以看出，成员B在言语中一直跟随成员C的想法，但并不真正认同成员C的观点。同时，成员B也没有表达自己的观点，或者告知伙伴自己没有更好的观点。在沟通中，成员C作为主动方，而成员B则选择被动地隐藏了自己不太赞同的想法。在之后的笔者访谈中，成员B提及了自己对于合作中冲突的看法。

在与他人合作时，我经常会遇到一些冲突，比如在分工和信息共享方面。可能是因为对方的思维方式与我不同，所以很难说清楚。在这种情况下，我通常会选择各自做好自己的工作，互相不干涉。（对成员D的访谈）

在H项目团队的磨合期中，存在着许多冲突，而我们通常选择以逃避的方式来解决，默默将这些冲突放在心中。然而，这种处理冲突的方式对团队的工作效率、工作热情和团队氛围都有严重的影响。在这种情况下，项目主管在H项目团队中扮演了重要的角色。他鼓励团队成员表达观点和想法，并努力与其他成员进行有效沟通。他还为项目计划书的撰写提供建议，并约定了处理正面或侧面冲突的方式，以理智和平的态度解决问题。通过举例等方式，他让团队认识到成员在各个方面的差异性以及冲突在团队磨合期内不可避免地发生，从而促使团队正确认识冲突。然而，从另一个角度来看，无论是项目主管还是H项目团队的成员，似乎都忽略了去探究冲突发生的原因。

H项目团队正在经历着"冲突的发生—冲突的处理"的过程，这是每个团队在发展阶段中都会遇到的情况。然而，冲突只是团队磨合期的核心内容之一，因为在团队刚组建后，团队还没有建立起有效处理冲突的规范，团队内部的凝聚力也还不够强大，无法有效对抗冲突。因此，冲突并不会成为团队每个阶段的核心内容，它会随着团队的发展而得到适当的应对和处理。

（2）磨合中的发展。H项目团队成员在面对冲突的同时也在不断磨合适应，大家逐渐对工作环境和周边环境愈加熟悉。对自己在工作和团队中的角色和职责更加清晰。

刚开始来的时候，我感到非常慌乱，跟着别人做什么就做什么。然而，随着对这里的熟悉，我渐渐发现自己可以主动地找到适合自己的角色和位置，不再感到慌乱和迷茫。举个例子，以前我不敢或者说不知道自己是否应该负责办公室烧水，每次都是项目主管在处理。但是现在，我知道自己在何时应该做什么事情，而且如果其他成员需要帮忙，我也可以提供帮助。（对成员B的访谈）

随着团队成员逐渐明确自己的职责和角色，他们的工作技能也在应对各种繁重任务中得到提升，例如文书能力和与社区街道沟通的能力等。这进一步提高了团队的工作效率。尽管团队成员接受了团队的存在，但他们仍然对团队的限制持抵制态度。此外，团队成员之间也会在心中对谁能够控制团队产生争执。然而，当这个阶段结束时，团队的领导层次会相对明确确定。

（三）团队规范期

经过不断磨合，团队逐渐进入规范期，这个阶段团队中的成文或不成文规范发挥着重要作用。H项目团队在规范期的阶段特征和发展与其他团队类似，展现了凝聚力和规范性。

1. 阶段特征

（1）亲密与凝聚。在经历了冲突频发的磨合期和激烈的竞争后，团队成员之间对彼此的沟通和互动方式有了更深入的了解。随着沟通的加强，团队内建立了良好的人际关系，成员之间开始互相理解和关心，形成了亲密的团队关系。同时，团队的信任也在这个阶段逐渐建立起来。团队成员之间的合作关系得到改善，能够有效地相互配合和解决问题，团队的凝聚力和向心力也逐渐显现出来。

（2）规范与发展。在经历了不断磨合后，团队在处理冲突的过程中逐渐确立了行为规范，团队成员开始认同并遵守这些规范。随着团队关系的亲密化，团队内部逐步形成了一致认同的团队文化和价值观，团队凝聚力得到增强，团队成员的归属感也日益增强。这种情况下，团队成员的士气和工作热情提高，个人工作效率得到提升，同时团队整体的工作效率也随之提高。

2. 发展过程

（1）凝聚力的形成。在团队的磨合期中，团队成员之间经历了冲突和矛盾，这也符合俗语"不打不相识"的道理。在矛盾和冲突中，团队成员之间的沟通频率增加，彼此更加了解对方的性格特点和沟通方式。随着H项目团队成员之间的沟通加强，团队的工作氛围也发生了变化，彼此之间建立了亲密的关系。在完成工作后，团队成员之间开始出现了更多之前未曾有的互动，比如相互开玩笑、坦诚相待、解释和道歉之前发生的冲突，一起聊天等。随着亲密的团队关系的形成，团队的凝聚力和向心力也随之增强。

我还记得刚开始上岗的那段时间，我们之间似乎只有工作关系，很少主动聊其他话题。但是有一段时间，我们的沟通变得特别频繁，尤其是在午休时，我们都不愿意回家，开始放松地开玩笑，聊人生和感情等各种话题。每天最期待的就是中午和大家一起聊天，感觉我们不再只是同事，而是朋友了。(对成员 B 的访谈)

通过沟通，我们团队建立了凝聚力，这让我们不再需要额外的努力去维持凝聚力。只要我们保持良好的沟通，及时解决问题，就能保持团队的凝聚力，不会出现什么问题。(对成员 D 的访谈)

(2) 规范的建立。经过冲突的磨合期后，H 项目团队的领导和成员都意识到团队内存在的问题。项目主管对这些问题进行了分类，主要包括沟通问题（成员与领导之间的沟通、成员之间的沟通、团队与社区街道之间的沟通）、团队领导和决策问题、与社区街道关系的维护问题以及工作中出现的问题。

项目主管将问题分类后向区域主管汇报，区域主管通过团队督导的方式与团队成员一起讨论这些问题，并探讨解决类似问题的方法，约定建立相应的制度规范。例如，明确了请假事宜的规定，要求项目主管每天在工作群中汇报每个人的工作分工和完成情况，要求每个团队成员平衡好个人事务和工作，以避免相互冲突。另外，约定每周五街道驻点社工回到团队进行督导会议，与团队交流一周的工作情况。同时，再次明确了团队成员、项目主管、区域主管、社工、社区、街道等各方在工作中的角色和责任，以防止更多的冲突和问题发生。

除了通过团队督导形成的一些书面规范外，在团队的互动中，受项目主管的影响，在团队的运作中，还逐步建立了一些不成文的规范，大家都一致认同并遵守。

规范其实是由项目主管在平时对我们的影响中产生的，就像我刚才说的，工作任务是第一优先级，不忙的时候可以做其他事情，没有其他特别的要求，私下里可以商讨如何利用剩余时间。(对成员 B 的访谈)

(四) 团队执行期

当团队对于成员行为达成共识并建立一定规范，团队结构相对明确时，团队规范期就结束了，进入执行期，也被称为团队的最高产时期。在这个阶段，H 项目团队像其他团队一样，表现出高效的工作效率和稳定的团队氛围，逐步稳健地发展。

1. 阶段特征

(1) 关系稳步发展。在执行期，团队关系在延续上一阶段的亲密基础上进一步凸显。这主要体现在信任、依赖、忠诚、责任感、努力和合作方面。在之前的发展过程中，信任在规范期已初步建立，而在执行期这一发展阶段，团队成员之间的相互信任、相互依赖以及团结一致是最为显著的特点。随着执行期的稳定发展，团队成员对团队有强烈的归属感，他们对团队的忠诚感很强，带着对工作的责任感，与团队成员形成良好的合作模式，共同为团队和项目的发展而努力。

(2) 团队稳中前进。经过团队的形成组建、成员磨合和规范逐步建立后，H 项目团队进入了最主要的产出阶段，这是一个高效率和高产出的阶段。与其他发展阶段不同的是，团队在这个阶段保持着稳定的发展势头。团队拥有稳定的组织结构、稳健的团队关系，以及最大化的团队绩效和高效的工作效率。通过内外部的会议和培训学习，团队成员具备了高水平、一致的实力、业务能力和专业技能。大家不再仅仅为了完成工作而工作，也不仅仅为了个人利益而工作，而是真正为了项目、团队和共同的目标而努力。

2. 发展过程

（1）团队内部会议。在这一阶段，H 项目团队经常进行团队内部会议，这是除工作之外最常见的活动。会议分为正式和非正式两种形式。正式会议是按照提前约定的时间、地点和参会人员举行的，通常由区域主管或项目主管主持，用于总结和讨论近期工作中遇到的任务和问题。非正式会议则可以在任何时间和地点进行，当团队成员对某个问题有不同看法时，大家会在工作顺利完成的前提下，充满热情地发表自己的观点和想法。而当大家对某个事情持相同观点时，会共同讨论如何明确并验证这一观点。非正式会议可以由任何成员主导，言辞更加开放和平等。

通过这些正式和非正式的团队内部会议，H 项目团队展现出了高涨的士气和热情，体现了高效的沟通和合作。大家不再只为完成个人工作而工作，而是为了共同的目标而努力。

成员 B：每次这样的讨论我们感觉特别有效，不仅速度快而且收获特别大。

成员 D：我突然有个想法，我们每次这样的小型会议经常是针对工作中的问题，但是能不能咱们有一个类似于团队建设的呀，可以做活动，可以一起学一个社工知识点。

成员 C：可以呀，我们每周找一个既不耽误工作又不影响休息的时间，每周进行一次活动多好，好久没有参加过团队建设活动，上一次还是在学校里上课时。

项目主管：可以呀，我同意，那我们这样，团队建设肯定需要一个带领的，我们 5 个人轮流，主题和活动内容自己决定，轮流带领，你们看呢。

成员 C：好呀可以，但是 JY（驻点于街道的成员 A）她平时不和我们在一起怎么办呢？

项目主管：那我们可以正好定到每周五的下午，一般周五下午不太忙，正好我们之前定好 JY 每周五回来参加督导会。

成员 B、C、D：可以，没问题。

在大家交流沟通的过程中，成员 D 提出了进行团队建设的提议，其他成员都表示同意。在大家的共识基础上，项目主管决定开展团队建设的具体事宜。大家的一致同意表明了对于团队建设的共同需求和提升专业能力的共同目标。在这一共同需求和目标的基础上，大家更有动力去努力。然而，最终团队建设的决定一直未能实施，原因主要有两点：一是项目推进过程中任务繁忙，工作时间安排紧凑；二是街道驻点成员 A 由于街道领导的要求，总是不能按照约定的时间回到团队。

（2）团队外部培训学习。H 项目团队不仅在内部会议中进行交流，还经常参加外部培训和学习活动，例如街道级的社区治理培训、区级和省级的公益创投大赛培训等。团队成员在这些培训学习中投入了最大的专注和热情，每次培训指派最多两名成员参加。与以往不同的是，参加外部培训学习的成员不仅认真学习思考，还能进行录音和记笔记。学习结束后，他们会认真整理录音和笔记，将录音转化为逐字稿，并提炼出重点，形成 Word 文档，与团队其他成员分享，并将记录存档于团队学习的文件夹中。每位成员在每次团队外部培训学习中都能做到这一点。

然而，仅在团队第一次收到外部学习通知时，区域主管提出了录音和记录的建议。在后续的外部培训学习通知中，区域主管和项目主管并未再次强调录音和记录。

对于 H 项目团队来说，这种学习和分享的氛围不仅使团队高效完成工作任务，还在项目中获得了无价的知识和默契合作。

（3）领导与决策。H 项目团队中，项目主管担任领导角色，而区域主管主要负责项目整体把控。具体团队和项目事务一般由项目主管来领导和做决策。

在遇到急事时，我会根据自己的思路和方向做出决策。然而，我非常乐意听取大家的不同意见，并重新思考自己的想法是否合理。尽管时间紧迫，我们往往没有讨论或征求意见的余地，但在决策之后，我鼓励团队成员提出任何想法。（对项目主管 Z 的访谈）

我个人认为我非常喜欢他营造的工作氛围，团队成员在他的领导模式下感到非常轻松，没有心理压力，我认为这是非常好的。（对成员 B 的访谈）

项目主管一开始就明确表示我们的工作环境是轻松随意的，他鼓励我们做社交工作时要真实地表达自己的想法，展现自己独特的风格。（对成员 D 的访谈）

根据 H 项目团队项目主管和两名团队成员的陈述，可以看出团队的领导和决策方式对团队氛围有一定影响。在 H 项目团队中，项目主管采用民主的领导风格，营造了轻松的氛围，鼓励团队成员表达自己，这在一定程度上确定了团队的发展方向，使大家能够团结合作。

此外，在团队执行阶段，领导更加注重对团队成员的支持和鼓励，采取适当的团队激励方式来提升团队的动力，保持高产高效的状态。项目团队的奖励应同时关注团队和个人的贡献，激励团队成员共同进步。在个人奖励过程中，特别要注重公平性，避免破坏团队的凝聚力，并采取物质奖励和精神奖励相结合的方式。奖励既应认可团队和成员的贡献，同时也要充分调动团队和个人的工作热情和积极性。然而，H 项目团队在这方面存在一些不足，缺乏良好的物质和精神奖励方式。

在项目进行中，我们承接了一个社会组织外包给机构的小项目，该项目关注失独老人。这个项目并不是我们目前所从事的项目工作。我们团队负责从策划、准备、实施到最后的文书工作的所有环节。整个过程耗时约一个月。然而，最终我们每人只获得了 200 元的补贴。你知道吗，该项目的总经费是 5 万元。唉，这让人感到遗憾。（对成员 A 的访谈）

根据以上描述，成员 A 对于完成了额外工作却仅仅获得 200 元补贴这一事件中表现出了不满情绪。无论这种不满是否源于成员 A 对该事情的误解，这种情绪在一定程度上揭示了适当的物质和精神奖励对团队和成员的积极性产生影响。

（五）团队整顿期

经过一段时间的执行，随着项目末期评估的进行，团队也进入了最后一个阶段，这个阶段常常是其他团队解散的时候。然而，由于项目的延续，团队并没有解散。不过，由于成员对团队内部人员流动的应对不力等多种原因，H 项目团队逐渐陷入团队生命周期的尾声，正处于整顿期。

1. 阶段特征

（1）工作效率的变化。在团队发展的最后阶段，团队成员对于团队和个人角色职责非常熟悉，并且能够胜任这些职责。在这个阶段，正式的等级几乎不再存在，团队得到了充分的授权，因此领导在这个阶段的作用较小。有些团队在最后的阶段仍然保持高效率，以尽快实现共同期望的成果。然而，对于 H 项目团队来说，这一阶段经历了较大幅度的人员流动。当有成员决定离开团队时，团队的目标会出现不一致，团队成员对于自己接下来的道路也有不同的想法。一些即将离开的成员可能会想要在离开前做好每一件事情，努力让机构领导满意。而另一些即将离开的成员可能会将更多时间放在准备下一份工作上，因为他们认为自己马上就要离开了。对于那些没有离开想法的成员来说，在这个阶段他们会思考成员离开的原因，以及是否也应该离开以及接下来应该怎么办。在有团队成员离开后，留下的成员可能会面临超负荷的工作压力，并可能产生负面情绪，最终影响团队的工作效率。

（2）士气的变化。由于团队即将解散，一些成员可能会感到担忧，这可能导致本阶段的团队士气下降。如果团队成员对团队或个人的成就感到满意和高兴，他们可能表现出更积极的士气。然而，如果成员对团队的表现不满意，或者不希望有人离开，那么团队士气可能会下降。在 H 项目团队中，团队士气始终处于下降状态，因为成员对过去的经历、自身表现以及团队实现项目目标和完成指标的情况都不满意。

（3）团队循环发展。当 H 项目团队无法有效处理团队成员的流动时，团队内部可能陷入混乱。新成员的加入使团队重新经历了组建期的陌生感和逐渐熟悉的过程，然后团队逐渐进入稳定的执行期并开始整顿。由于团队已经建立了一定的发展基础，所以这个循环的发展速度相对较快。

2. 发展过程

（1）人员流动。冯亚乾在研究社会工作人才发展与流失问题时，总结了两种主要的"社会工作人才流失"可能性：一是受到社会工作专业教育的学生选择从事其他行业的工作；二是已经从事社会工作的人员转岗或转行。在社会工作行业人员流失严重且岗位人员流动率高的情况下，H 项目团队在项目结束前后面临人员流动的可能性也会增加。

H 项目团队在整顿期间经历了三次人员流动，经过频繁的变动后，最终为负责 W 区"2019~2020 年三社联动项目"的项目团队的组建打下了基础。在评估工作开始之前，H 项目团队中有 2 位成员（成员 B 和成员 C）离开了。在成员 B 和 C 离开后，评估工作完成之前，H 项目团队只剩下了 3 位成员（项目主管、成员 A、成员 E）。原本需要 5 人完成的工作压在了 3 人身上（见表 2-5）。

表 2-5　整顿期 H 项目团队内部人员流动情况

时间	项目评估前	项目评估中	项目结束
人员流动	成员 B、C 离开	本人和同学 E 加入	项目主管、成员 A 离开，成员 F、H、I 加入
团队人数	团队 3 人	团队 5 人	团队 6 人

我就想到在你们来之前，咱们这儿只有 3 人，CLL（成员 D）是因为学校毕业事情请假一个多月，而当时正好 5~6 月是项目评估时，所以那两个月中只有我和 CJY（成员 A）2 人。（对项目主管 Z 的访谈）

由于学校实习安排，笔者和同学加入了 H 项目团队，填补了项目团队人员的空缺。这个团队由 1 位项目主管和 4 位项目社工组成，其中有 2 位全职社工和 2 位实习社工。这样的人员结构一直持续到 2019 年 7 月中旬，即 W 区"2018~2019 年三社联动项目"评估工作完成后。然后，H 项目团队经历了人员的轮换。在项目主管和全职社工（成员 A）离开团队之前后一周的时间内，有 3 位新成员加入了团队，其中包括 2 位实习社工和 1 位全职社工。从 2019 年 7 月中旬开始，H 项目团队的人员结构变为 2 位全职社工（其中 1 位是新成员）和 4 位实习社工（其中 2 位是新成员）。这样的人员结构一直持续到项目结束。接下来，新的项目团队也在组建中。

（2）在循环发展中整顿与前进。在 H 项目团队执行期和整顿期之间，频繁的人员流动给最后的项目评估收尾工作带来了一定的困难，也给 H 项目团队的收尾工作带来了困难。

此外，成员无法有效应对团队内部的人员流动。新成员的加入使团队重新经历了组建期的陌生感和逐渐熟悉过程，直到团队重新进入稳定前进的执行期并逐渐开始整顿。最终，团队成功完成了项目的评估和收尾工作，并成功进行了整顿，与新加入的成员一起组建了W区"2019~2020年三社联动项目"团队。一般情况下，组建新团队的前提是上一个团队即H项目团队的解散，但由于新项目团队和H项目团队中有成员重叠，成员们基于在H项目团队中的经验组建了新团队，因此也可以说新项目中的团队是H项目团队的延续，并认为H项目团队在最后一阶段中没有解散。在人员流动的过程中，有经验的成员帮助新加入的成员，这是顺利完成项目评估和收尾工作的关键。在评估工作完成之前，笔者和同学以实习社工的身份加入了H项目团队，基于团队一直保持的轻松和谐的氛围，笔者和同学E很快融入了团队，成为了团队的一员。

一开始来这时，我们3人一起报到。第一天，项目主管和成员B正在享用早餐，我们有些拘谨地坐在一旁，但是心里觉得这样的工作氛围应该会很轻松。他们待人非常友善，营造出来的团队氛围很放松和谐，一开始就没有给我们施加压力。（对成员E的访谈）

融入团队后，笔者与其他成员一起迅速开始完成项目评估、整理核对纸质和电子台账，以及完成街道额外分配的工作。然而，经过一个多月的时间后，项目主管和成员A的离开以及3位新成员的加入，使得团队的工作变得有些混乱。

在项目主管和JY（成员A）离开后，我经历了一个非常艰难的时期。团队突然散架，失去了团队的核心，这对我的工作积极性造成了很大的影响。那几天我情绪比较负面，正好又有新同事加入，再加上上级派下来的一大堆任务，让我感到压力倍增。虽然我已经接触了一个多月，对一些事情有一定的了解，但是仍然不懂得事情的源头，而且没有人给予指导，我感到非常慌乱。（对实习生E的访谈）

从实习生E的描述中可以看出，随着项目主管的离开，H项目团队的领导结构发生了变化，团队中没有一个明确的领导者，这给工作的完成和团队的前进带来了一定的困难。但在机构和督导的支持下，H项目团队逐渐凝聚起来，最终完美地完成了项目，并为新项目的团队奠定了基础。

回顾H项目团队的发展过程，可以看出团队的发展并非直线性，而是一个动态变化、循环发展的过程。在经历人员流动后，团队中新成员的加入使得团队再次经历了组建期的陌生感和逐渐熟悉的过程，最终重新进入了稳定前进的状态。然而，与初始的组建期不同的是，团队在再次进入之前的发展阶段时，发展速度相对较快。

因此，笔者总结社工项目团队的发展是循环往复的，而不是直线性的。图2-2说明了社工项目团队在发展过程中围绕五个发展阶段循环发展。当团队的发展不受困难和问题的影响时，团队会按照组建期—磨合期—规范期—执行期—整顿期的规律正常发展。然而，当团队遇到困难和问题影响发展时，团队可能回到之前的某个阶段，并循环发展，直至最终整顿（包括团队解散）。

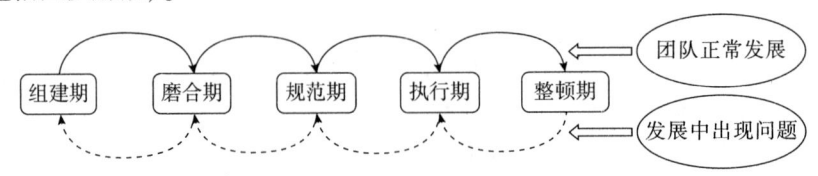

图2-2 社工项目团队循环发展

第三节　H项目团队发展过程中的问题检视

在回顾H项目团队发展过程的同时,也意识到了团队在发展过程中所面临的问题。在本节中,笔者将从影响团队内部和外部的因素出发,对H项目团队发展过程中存在的问题进行检视,并探讨这些问题的产生原因以及对团队的影响。

一、H项目团队发展过程中存在的问题

(一)团队目标制定参与度低

项目团队的目标包括项目目标、机构目标、团队目标和个人目标。H项目团队在组建阶段对项目目标和机构目标进行了澄清,但团队目标并未得到明确表述。随着团队从组建阶段逐渐熟悉到磨合阶段的过渡,团队成员对团队目标尚未形成统一的认知。

虽然团队目标对团队的发展非常重要,但它似乎与我们日常工作内容之间没有很大的关联,因此我们没有考虑过是否需要讨论这个问题。然而,随着我们逐渐熟悉团队成员之后,我们会发现每个人的个人目标存在很大的差异,这可能导致大家对团队目标的设想也不同。(对成员A的访谈)

团队目标确实存在,但具体内容是我根据项目目标设定的,可以说是我的想法。我并没有在团队中找一个系统的机会召集大家坐下来共同探讨。原因有两个方面:一是考虑到大家刚刚进入团队,对情况可能不太了解;二是这是我的问题,我认为只要团队目标不偏离项目目标即可。(对项目主管Z的访谈)

H项目团队的团队目标是基于项目主管个人意见而形成的,团队成员并没有参与制定过程。这导致在H项目团队中,只有项目主管清楚团队目标的情况。然而,团队目标应该是团队成员个人目标的集合,是个人目标和项目推进策略相互影响的结果。团队目标是推动团队向前发展的强大动力,也是每位团队成员明确自身职责和角色的重要依据。

团队成员来到这里追求着不同的目标,如果这些目标太偏离团队的共同目标,必定会影响工作效率和质量。目前,我们团队可能缺少一个机会或契机来沟通个人需求和目标,并将其与团队目标相结合。我们应该努力让个人目标与团队目标相融合,并达到一致。这样做能够提高工作效率和质量。(对区域主管G的访谈)

一开始,我的目标只考虑了个人的利益而没有考虑到我们的项目和团队。现在仔细回想,这对我的工作效率和热情产生了影响,说实话,有时候我会感到有些倦怠。(对成员A的访谈)

个人目标主要关注我在专业上的成长,而团队目标更多地关注项目的成功。然而,我认为这两个目标应该是一致的。虽然个人会有关于自身成长的目标,但在团队中,个人的目标应该与团队的目标一致。例如,我们都应该以成功完成项目或建立一个有凝聚力的团队为目标。(对成员I的访谈)

通过以上团队成员的访谈可以看出，在参与团队目标确定的过程中，团队成员不仅可以帮助自己比较个人目标与团队目标之间的差异，还可以帮助其他成员做同样的比较。在没有共同参与探讨团队目标之前，由于个人目标的差异，团队成员在工作中的积极性也存在差异。

我的目标之一是获得成就感，例如通过给予他人帮助并得到他们的认可来实现。我并不期望别人回报我什么，但至少希望能听到他们对我的工作表示肯定，比如说"嗯，不错，工作很好，非常棒"。另一个目标是在加入这个团队后，我希望通过一段时间的磨合能够像我的专业同事们一样变得非常专业。(对成员 F 的访谈)

我来这里的目的只是为了凑合一下，顺利完成实习就可以了，我并没有太大的追求。如果有时间，我会考虑一下我的论文。所以就我个人而言，我会尽力做好我能做的事情。(对成员 H 的访谈)

我真的很想了解一线社工如何参与到实际工作中，特别是对青少年社工非常感兴趣。(对成员 D 的访谈)

我最初的目标实际上没有考虑到我们的项目和团队，我只是单纯地考虑了自己，只是想要拥有一个稳定的工作和生活，工作可以简单一些。(对成员 A 的访谈)

根据以上成员对个人目标的描述，可以看出他们的目标各不相同。有些成员希望能够顺利完成实习；有些成员希望获得成就感和专业成长；还有些成员想要了解实务过程；而另外一些成员则追求稳定的工作和生活。当团队成员的个人目标不同时，对于项目推进和团队发展的积极性和参与度也会有所不同。那些只是想凑合顺利完成实习的成员可能会缺乏积极性和参与度，这会影响整个团队的工作态度，呈现出敷衍懈怠的态度。然而，如果团队通过民主参与的方式讨论"我们团队的目标是什么"，并充分表达个人目标和团队目标的想法，最终制定出符合每个成员个人目标、有利于团队凝聚力和发展的团队目标，那么即使成员有不同的个人目标，他们也会为实现共同目标而努力。这样，团队成员的工作积极性和参与度可能会相应提升。

(二) 团队内部沟通不畅

沟通发生在人与人之间，是一个人以语言为媒介，通过符号将意义传达给另一个人的过程。① 然而，不畅的沟通可能导致意义无法顺利传递，阻碍团队成员之间的意见交流，进而影响团队的合作能力。在 H 项目团队中，团队内部的沟通不畅主要表现为两个方面：一是当团队成员避免沟通时，导致沟通中断；二是当团队成员对沟通方式存在不同看法时，导致沟通困难。

具体而言，一方面，H 项目团队中的一些成员在面对团队问题时，更倾向于将问题内化，选择逃避或拒绝沟通。另一方面，团队成员对沟通的重要性和方式存在不同观点，导致沟通过程中遇到困难。

对于我认为不对的事情，我通常会自己消化并一直保持内心的疙瘩，直到忍受不住才会提出来，将我困惑的想法表达出来。我是那种只有在别人提出观点后才会表达自己观点的人，因为我担心别人会认为我事多，会质疑我凭什么在这个角度上评价别人。在沟通

---

① 王思斌. 社会工作概论 (第三版) [M]. 北京：高等教育出版社，2014.

中，需要有适当的契机，言辞要开放，并且大家都要处于相互接纳的状态，这样我才会更愿意表达自己的想法。(对成员 E 的访谈)

有一天，我无意中看到了 CX 姐和总干事的聊天记录，其中主要是讨论了我和 P 在工作中的不积极和懈怠的方面。我认为她不应该向领导打小报告，如果有问题，应该直接与我们沟通，将我们做得不好的地方直接提出来就好了。为什么要选择直接向总干事打小报告呢？对于这样的事情，我实在不想去沟通，就算了吧。既然她认为我们不积极，那我们就不积极吧，勉强完成工作就好了。(对成员 I 的访谈)

一方面，在选择逃避或拒绝沟通的团队成员心中，虽然他们可能对与其发生矛盾的其他团队成员感到不满，但他们仍然选择不去沟通。这可能是因为他们担心其他成员对自己持有负面想法，或是对处理矛盾的消极态度，选择消极对待和其他团队成员的关系，只是随波逐流地完成工作。然而，这种选择无疑对矛盾双方的关系发展、团队的凝聚力和工作的推进都带来了一定的负面影响。

另一方面，H 项目团队成员对沟通的看法存在差异，这也导致了矛盾的产生。一些成员坚持及时、清晰明了地进行沟通，希望将所有问题都及时解决；而另一些成员则认为过早的沟通可能会导致情绪激动，不利于关系的维护；还有一些成员习惯于不主动沟通，他们倾向于自己消化问题，直到内心无法承受时再进行沟通。

我喜欢面对面沟通，我习惯将所有事情都摆到台面上，直接表达我的观点和想法，同时也鼓励他人分享他们的想法。如果对方不表达意见，我会先表达我的观点，让大家知道我的立场。然后我们可以一起讨论并找出观点上的分歧。如果对方还是不说，我会给他时间自己考虑，过一天再与我分享他的反馈。(对成员 D 的访谈)

遇到问题，我会选择直接沟通。如果一开始感觉很尴尬，我可以选择通过网络的方式进行沟通，以缓和尴尬的氛围。然而，我坚信在沟通中面对面交流是必要的。我无法理解明明对方已经生气了，却选择不沟通而自己闷在心里的做法。我认为这样做对自己、对同事、对工作和团队都不负责任。例如，我很想和对方沟通，但无论我如何表达，他都不理睬，这让我感到很困扰，就像对牛弹琴一样。(对成员 B 的访谈)

有些成员坚信在矛盾和问题发生后必须及时沟通，因为他们认为不沟通是对自己、同事和团队不负责任的表现。很明显，这种观点与不愿意沟通的成员的观点相冲突。当问题发生后，如果彼此在沟通观点上存在冲突，一方想要沟通而另一方拒绝，有效的沟通就很难进行。这种情况下，问题在环境中加剧，同时双方的矛盾也在不断加深。

(三) 社工角色定位模糊

在"三社联动服务项目"中，社区、社会组织和社会工作者的角色定位一直是学术和实践界非常关注的问题。H 项目团队负责的 W 区"2018~2019 年三社联动项目"旨在推动 E 街道社会工作的发展，通过社工与社区、社会组织的合作为社区提供服务。因此，社工、社区和社会组织三方是紧密相连的，许多工作都需要双方或三方的配合。在这种背景下，H 项目团队中存在社工角色定位模糊的问题，主要表现在两个方面：一是社工对自身角色的定位模糊；二是社区、社会组织对社工角色的定位模糊。

首先，在 H 项目团队中，社工对自身的定位模糊主要从以下的案例中体现。

举个例子，我们之前参与了一个与公益创投相关的项目，需要帮助优化社区申请书和预算表。由于这些是直接关系到社工的服务对象，与社区打交道的过程有些困难。再加上我个人性格的原因，我不太擅长表达，不知道如何妥善处理这种关系。举个例子，如果让我修改优化 PPT，可能我做出来的与社区的期望不一致，这可能导致社区对社工有怨言，我也会感到不舒服。此外，我觉得我们的工作不应该只限于这些方面，但是由于领导的要求，我们只能继续做下去。(对成员 E 的访谈)

其实，在与社区进行沟通时，我们应该保持平等的态度，没有高低之分。我们和社区是合作关系，并非它们领导我们。也许我们团队需要改变这种观念，每个人都应该正确定位自己，并逐渐培养勇气。同样，社会组织也是一样，与我们保持合作关系。这就是所谓的三社联动，只有共同联动起来，才能更好地为每个社区提供服务。(对区域主管 G 的访谈)

对于我们的团队来说，社区和社会组织是我们的合作伙伴，有时甚至是监督机构。因此，团队需要与它们建立良好的关系，明确自己的角色和身份。(对人事专员 X 的访谈)

从成员 E 的表述中可以看出，团队成员仅仅是出于领导的要求而完成工作，对于为什么要做这项工作的原因不明确，甚至有一种"感觉不应该做这些"的观念。然而，他们对自己应该做什么也不是很确定。简而言之，以上案例表明 H 项目团队中的成员对自己所在岗位的职责内容缺乏清晰度。W 区项目的区域主管和 Z 机构的人事专员也意识到了 H 项目团队中成员定位不清的问题，并认为 H 项目团队应该对自己的角色和身份有正确的定位。

有，就是分享一个案例吧。我和我的同事被一个社区要求优化它们的方案和修改预算表。然而，在沟通的过程中，社区的领导可能使用了一些命令式的口气，让我们感到不舒服。尽管如此，我们还是忍受了这种不舒服的感觉，并没有采取任何行动。回想起来，我们可能应该在与它们沟通时，有意识地根据情况委婉或直接地强调我们社工的角色和定位。然而，这前提是我们必须对自己的定位和角色有清晰的认识。目前我们似乎还欠缺这一点，因此无法向它们清楚地解释。(对成员 F 的访谈)

当 H 项目团队的成员在与社区等联动方进行互动中出现问题时，即使团队成员意识到社区对社工的定位和角色不清晰，他们也没有帮助社区明确社工的定位，也没有明确强调社工自身的角色。这也可能表明 H 项目团队的成员对自己的角色和定位存在模糊。

其次，社区和社会组织对于社工的定位模糊主要体现在以下案例中。

社区的领导对于我们社工的角色定位存在混淆，他们可能认为我们和他们之间存在上下级的关系，以为他们下达命令我们就必须去完成，如果未能完成可能会引起一些不满。然而，我们不能埋怨社区未明确我们的定位和角色，因为这种情况的出现也从侧面反映了我们工作中的不足之处。(对成员 F 的访谈)

主要是沟通问题，尤其是与社区和社会组织的沟通。目前接触到的一些社区存在推卸责任的情况，它们并不主动帮助他人，只是表面上完成工作指标。此外，社区工作人员对社工的理解也存在出入，他们认为社工的角色可有可无，没有明确界定。这样的情况对于社工的工作开展造成了困难。然而，无论社区工作者是主动还是被动去做事情，我们都应该接纳，并努力改变他们的想法，让他们在为他人服务的过程中真正体会到自身的价值。社工与他们的配合也至关重要。(对成员 H 的访谈)

H 项目团队的成员们描述了他们在与社区领导、社区工作者和社会组织成员互动时的感受。他们认为，在与社区的沟通和合作中，社区工作者存在推卸责任、只顾完成指标而不真正解决问题的情况。同时，他们认为社区领导和社区工作者对于社工的定位和角色存在模糊性。此外，由于个人性格的原因，团队成员在与社区和社会组织进行沟通时遇到了困难，这使得社区和社会组织对社工的定位产生了误解。

（四）团队应对人员流动的能力不足

在社会工作行业，人员流动是一个常见的现象，这是由于薪资、个人发展、价值实现和社工定位模糊等原因所导致的。这些因素直接或间接地导致实际工作中面临着许多困难，进而导致社工人员的流动性较大。在 H 项目团队中，人员流动也是一个不可避免的问题。在项目周期的一年内，H 项目团队经历了 3 次人员流动。每次人员流动后，特别是在项目主管离开后，团队成员无法有效地应对人员流动的现状，导致团队陷入混乱状态。

刚来时，我逐渐适应了团队的氛围。但当团队中有人离开或新成员加入时，我又需要重新适应和与新成员相处。我们重新组合后，我感觉团队经历了一次大的重组。这段时间非常艰难，因为项目主管和 JY 相继离开，导致团队一度失去了凝聚力。我的工作积极性受到了很大影响，在那几天里情绪比较负面。同时，我刚刚认识了新同事，加上上级派下来的一大堆任务，团队里也没有明确的主管。我虽然接触了一个多月，对一些事情有了一些理解，但仍然不清楚源头。再加上没有指导人，我感到很慌张。这给我带来了沉重的压力感。同时，还有一些外部工作上的困难，我不知道该如何应对，也不知道找谁商量。他们遇到问题就来问我，再加上社区工作的一些问题，让我感到一片阴云笼罩，希望能尽快渡过这段困难时期。（对成员 E 的访谈）

刚刚加入团队时，我们大部分成员都是新同事，他们的入职时间也不比我长。个人而言，我可能会有些困惑，因为我们需要对去年的工作进行全面总结，对各个方面都要涉及。在整理总结资料时，我有点不知所措。实际上，那时我是新来的，而且团队里还有几个新人，我认为这对团队和工作都产生了一定的影响。（对成员 F 的访谈）

（五）机构管理不完善

H 项目团队在项目主管离职后面临了一些问题。Z 机构对于项目主管这个职位的相关决策与该职位在机构内的岗位职责和要求相矛盾，这对 H 项目团队的工作推进产生了影响并阻碍了团队的发展。这个问题暴露了机构管理的不清晰和不完善。

根据 Z 机构的岗位说明书，项目主管应具备以下职责和要求：具备全局统筹的观念，能够独立完成工作并具备抗压和执行能力，良好的沟通、协调能力和较强的文字写作功底，能够主动寻找、整合和协调社区和社会资源，具备良好的分析判断能力和处理突发事件的能力。项目主管还需要指导项目团队的工作流程，组织团队成员完善项目计划，分解月、周指标，并对人员工作进行分工，同时监测和控制项目进度和质量，带领团队实现项目目标。

然而，在项目主管离职后，机构决定让新加入的实习生 H 负责团队的专业事务，新成员 F 负责与社区街道社会组织的沟通对接，即让这两位成员共同担任项目主管的职责。然而，根据 Z 机构的岗位说明书，这个决策与既定的岗位说明相矛盾。因为这两位新成员并不符合岗位说明书中对项目主管的要求。

目前我们面临的一个问题是，我们团队的领导层结构不够清晰。之前我们被告知 P 成员是主管，同时也被告知 CX 姐也是主管，这让我们不知道应该听谁的指示。然而，事实上，CX 姐在统筹团队方面发挥了最大的主管职责，但我们仍然不能确定谁是明确的主管。（对成员 E 的访谈）

对团队而言，目前最大的困难可能是缺乏一个明确的项目主管。在之前担任项目主管的莹姐离开后，现在没有人担任这个职位，因此在做决策时似乎缺乏领导，并且我们不知道应该听谁的意见，好像每个人的意见都应该被考虑。（对人事专员的访谈）

机构的决策对 H 项目团队产生了三个影响：①虽然两位成员被赋予了权力，但团队的最终决策者并未明确。因此，在权力平等的情况下，这两位成员可能发生意见冲突的竞争问题。②对于团队、项目和机构中的相关事务，这两位新成员并不完全清楚，可能会导致制定错误的决策。③其他团队成员可能无法确定以谁的决策为准，在团队决策面前感到困惑。

二、H 项目团队发展过程中问题产生的原因

（一）就社工个人而言

H 项目团队的问题与社工个人因素密切相关。社工个人作为团队的成员，其个人发展对整个团队的发展起着重要影响。社工个人发展中出现的问题也会促使团队发展中出现问题。首先，社工个人的专业性、独立性和综合能力会影响团队的发展，同时也会影响社工个人对自身角色的定位以及社区和社会组织对社工角色的定位。其次，社工之间对于合作的态度存在差异。有些成员乐于在团队中合作完成工作，并积极表达意见，而另一些成员则不喜欢合作，甚至拒绝与团队成员进行沟通交流。缺乏对团队成员个人观点和缺点的包容和接纳，以及缺乏合作意识，导致团队的协作力下降。最后，一些社工对于团队发展的责任感较低，参与意识较弱。他们在团队目标的制定中参与度较低，从而降低了个人工作的积极性。

（二）就管理者而言

与 H 项目团队相关的管理者主要包括机构和项目团队的管理者。他们在 H 项目团队发展过程中的问题出现中起着关键作用。一方面，在社工机构中，这些管理者通常是专业能力、实务能力和学术能力较强的人员。相对于企业中的管理层，他们缺乏管理经验。另一方面，机构和团队的管理者未能有效发挥他们对于社工即项目团队成员的引导和管理作用。在 H 项目团队成员共同参与团队目标制定、团队建设与管理以及明确职责范围和角色定位的过程中，社工机构和团队的管理者缺乏引导和管理。

（三）就团队内外部互动而言

社工项目团队在社会工作理念下并不是独立存在的，研究该团队时需要将其放置在所处的环境中。团队和个人都处于情境中，因此在探究 H 项目团队发展过程中问题出现的原因时，除了考虑团队内个体和管理者的因素外，还不能忽视团队内部和外部的互动。

H 项目团队内部互动的对象主要受团队内部结构的影响，主要包括成员之间情感的传

递与表达、项目的推进与落实、团队的建设与管理以及团队凝聚力的培养与维系等。当团队内部互动不畅时，沟通、目标和角色定位等相关问题就会凸显出来。H 项目团队参与的"三社联动"项目旨在推动 E 街道社会工作发展，通过社工、社区和社会组织的三方合作为社区提供服务。因此，H 项目团队与外部环境的互动主要取决于项目特点，包括社区、社会组织、服务对象以及其他相关方。当 H 项目团队与外部环境的互动不畅时，涉及沟通协作、角色定位等问题的互动就会凸显出来。

三、H 项目团队发展过程中问题所带来的主要影响

（一）对社工个人的影响

每位社工在加入项目团队之前，由于个人性格特征等方面的差异，都会有不同的个人目标。然而，在加入 H 项目团队后，团队成员并未充分参与到制定团队目标的过程中。这导致了个人目标和团队目标之间的统一未能实现，从而减少了社工实现个人目标的可能性，进而影响了个人价值的实现。最终，这可能导致社工对社会工作职业失去信心和热情，阻碍了个人的职业发展。

（二）对团队的影响

一方面，当 H 项目团队中存在沟通不畅的问题时，团队成员之间的紧密关系可能会减弱，从而降低团队的核心力量，进而影响团队的凝聚力；另一方面，团队成员无法有效处理团队内部的人员流动，导致团队运作混乱。团队成员难以控制个人情绪，调整消极状态。当团队中的核心力量离开后，团队成员可能认为团队几乎崩溃，失去了重心，没有成员能够成为团队的核心力量，团队成员之间的凝聚力减弱。

（三）对项目工作的影响

首先，如果团队目标仅由项目主管个人决定而没有团队成员的参与，那么这个目标无法体现团队成员对团队的期望和愿景。只有在团队成员民主参与下制定的团队目标才能激发他们的意愿去努力实现。缺乏共同制定的团队目标会导致团队成员在工作中缺乏积极性，表现出敷衍懈怠的态度。其次，如果社工对自身角色定位模糊，或者社区和社会组织对社工的角色定位不清晰，这会导致 H 项目团队与其他主体之间沟通困难，工作效率低下，进而影响社工任务的推进和工作热情。角色定位的模糊性会给团队工作带来困扰。最后，当团队中发生人员流动时，H 项目团队中留下的成员可能难以继续推进工作，也难以推动团队的发展。团队成员无法有效应对人员流动，这给团队的适应和融合带来了巨大困难，进而影响了项目的推进。

（四）对"三社"主体间联动效应的影响

当"三社"主体缺乏沟通和了解时，对"三社联动"模式缺乏正确的认识，会导致三方之间的职责范围不清晰，从而使社区和社会组织对社工的角色定位模糊。这会降低三方之间的联动效应，而"三社"主体之间的有效联动又对 H 项目团队的发展产生影响。

第四节　H项目团队发展过程中问题的解决路径

在H项目团队的发展过程中，存在着五个主要问题，包括社工参与度低、团队内部沟通不畅、社工角色定位模糊、团队应对人员流动的能力较低以及机构管理不完善。在本节中，笔者将从上一节提出的问题出发，针对每个问题进行深入思考，并提出了相应的解决方案。

一、共同参与目标制定，提升成员积极性

团队目标的制定需要社工项目团队的领导和团队成员共同参与完成。首先，机构和团队的领导者应明确团队所有人共同参与的重要性，并有意识地引导成员参与其中。他们可以组织集体讨论或开展团队会议，充分听取团队成员对目标制定的意见和建议。通过与团队成员的沟通和合作，确保团队目标能够得到广泛的参与和共识。其次，团队成员也应有意识地主动参与到团队目标的制定中。他们可以积极提出自己的观点和建议，并与团队其他成员进行充分的讨论和协商。同时，他们应该认识到自己对团队目标的重要性，积极投入到目标的制定和实施中，为团队的发展做出积极的贡献。

在团队目标的制定过程中，还需要深化理解并诠释社会工作专业价值观，注重对每一位团队成员能力和价值的尊重和欣赏。团队成员应该相互尊重，充分发挥各自的专业能力，共同努力实现团队目标。同时，也要重视个人目标和团队目标的结合，确保团队目标的制定能够符合每个成员的个人发展需求，激发他们的积极性和参与度。

总之，在团队目标的制定过程中，机构和团队的领导者需要引导和促进团队成员的参与，而团队成员也应主动参与，并注重个人目标和团队目标的结合，以实现团队的共同发展。

（一）机构和团队领导者引导成员参与

一方面，机构和团队的领导者应该树立"全员参与"的意识。首先，从社会工作专业价值观出发，在社工项目团队制定团队目标的过程中，机构和团队的领导者应该让团队中的所有成员都参与其中，充分发挥每个团队成员的主体性作用。社会工作的专业价值观要求我们尊重和欣赏每个人的能力和价值，因此社工机构和负责社会工作专业服务项目的社工项目团队必须深入融入社会工作专业价值观。在制定团队目标的过程中，要尊重每位团队成员的意见和建议，引导大家积极思考团队目标，让团队成员充分参与到共同制定目标的过程中，从而增强团队成员实现目标的意愿。其次，从团队的发展角度来看，团队成员共同参与制定团队目标是促进团队管理效能的有效途径。在参与的过程中，每位团队成员可以提供自己的工作经验和知识，不仅可以促进意见交流，还可以促进团队成员之间的思想沟通，让团队成员发挥个性，在团队中获得归属感和幸福感，有利于团队的管理与

发展。

另一方面，机构和团队的领导者应采取实际行动，引导和促使团队成员参与到团队目标的制定中。首先，机构和团队的领导应承认团队成员有不同的个人目标。当 H 项目团队的成员初次进入团队时，每个人都带着自己对团队、机构或项目独特的个人目标，并且有实现这些目标的强烈愿景。因此，在团队组建期间，Z 机构和 H 项目团队的领导首先要承认团队成员有不同的个人目标。其次，机构和团队的领导者要通过明确如何制定目标和制定什么样的团队目标的问题，引导团队成员参与到团队目标的制定中。在 H 项目团队中，要充分发挥项目主管的领导作用，寻找或创造机会（明确的时间和地点）召集团队中的所有成员，由机构领导或团队项目主管作为带领者，通过集体会议或团队督导等形式，采用卡片法等社会工作实务方法鼓励团队中的每个成员分享个人目标，表达个人对团队的期望。然后通过意见归类、排序等方式确定团队依次要实现的团队目标，并对大家的意见进行排列优先顺序。通过成员共同参与团队目标制定的过程，不仅增加了成员之间的了解，而且接纳并尊重了每位成员的特点和个性，最大限度地发挥了团队成员的主体性，实现了团队成员对团队目标的认同，让"团队"尽快成为大家的团队，促进了团队的高效组建与适应。

（二）团队成员主动参与

团队成员是社工项目团队的核心力量，而团队目标对项目推进和团队发展有着重要影响，因此团队成员有责任和义务主动参与制定团队目标，主要体现在以下两个方面：一是团队成员应该坦诚相待，在团队中充分表达个人目标和团队目标的想法，以实现个人目标和团队目标的统一；二是只有参与制定团队目标，成员才能更加认同目标并负责任地努力实现，同时也能实现个人目标，实现个人和团队的双赢。

二、建立有效沟通机制，提升成员接纳度

当社工项目团队面临沟通不畅和协作能力下降等问题时，最好的解决方法是进行有效沟通。团队领导应通过沟通引导做出科学决策，而团队成员则应通过沟通准确执行决策。有效沟通可以确保信息充分交流和共享，及时表达不同意见，促进团队成员间的情感交流和思维碰撞，培养以协作精神为核心的团队精神。为确保有效沟通，社工项目团队需要建立统一的沟通规范。在充分发挥团队领导作用的前提下，团队应建立定期和不定期的有效沟通机制，增强团队精神，促进良好的团队协作。

（一）落实沟通机制的建立

沟通机制的建立并不是团队某一阶段就能完成的，它是随着团队发展的全过程而进行的，并且在不同阶段有不同的任务重点。因此，沟通机制的建立路径将根据团队发展的不同阶段而确定。在团队的组建期和磨合期，我们需要为团队沟通机制的建立奠定基础；在规范期，需要真正确立沟通机制；在团队的执行期和整顿期，需要真正落实和改善团队沟通机制。在这个过程中，团队领导和团队成员的共同努力配合是促成团队有效沟通的关键因素。

在H项目团队相对陌生的组建期和逐渐熟悉的磨合期中，项目主管应该引导团队成员认识沟通的重要性，并形成沟通的意识。首先，在团队成员之间相对陌生的组建期，团队成员可能会倾向于展示自己最优秀的一面，因此沟通不畅的问题在组建期可能会隐藏起来，但不能忽视组建期对于沟通方式奠定基础的作用。因此，在组建期作为团队的开启阶段，项目主管应该发挥引导和示范的作用，在团队成员彼此陌生的情况下，引导团队成员在工作中加强沟通。其次，在团队逐渐进入相对熟悉但冲突开始凸显的磨合期时，项目主管应该注重发现并了解问题，并引导团队成员通过沟通的方式解决问题。这两个时期需要团队领导和成员共同努力，培养"有问题要沟通"的意识，为团队沟通机制的建立奠定基础，加速推动团队沟通机制的确立。

当H项目团队逐渐进入规范期时，团队成员开始将自己看作团队的一部分，团队也进入了确立团队沟通机制的主要阶段。项目主管应寻找适当机会，创设开放的交流环境，通过集体会议、团队督导等方式鼓励团队成员表达对沟通方式的理解。团队应讨论组建期和磨合期遇到的问题，明确沟通的重要性，并共同确立团队沟通机制。必要时，记录和总结沟通机制中的主要内容，包括沟通的对象、形式、内容、频率、周期以及沟通的必要条件。

当社工项目团队进入最高产的执行期和团队发展的最后一阶段整顿期时，应有效落实团队既定的沟通机制，并注重强化团队精神。首先，H项目团队要深刻内化三个意识，即学习的意识、沟通的意识和处理冲突的意识。这包括对沟通方式、技巧和重要性的学习，以及意识到问题和冲突需要及时沟通，并理智解决冲突。其次，Z机构和H项目团队的领导还应注重加强团队精神，让团队成员在有效的沟通中展现良好的团队协作能力。

（二）加强团队精神

团队精神的基础是尊重个人兴趣和成就，核心是协同合作。在社工项目团队中，团队精神有利于团队成员之间互相关心，彼此协作，增强团队凝聚力。具有良好团队精神的成员，在工作中能够细心观察每位团队成员的状态。团队精神有利于提高团队的工作效益，具有团队精神的人，在工作中不仅会做好本分工作，相互关心及相互支持，更愿意接纳彼此之间不同的意见，还会努力发挥自己的创造力，找出更有效的做事方法，提高团队的办事效率。

在社工项目团队发展过程中，需要加强团队精神。团队目标、管理制度、沟通环境、互相尊重及大局意识都是影响团队精神的重要因素。因此，当团队逐渐明确团队目标后，尤其在团队的规范期，应注重对管理制度和沟通机制的规范和落实。同时，团队成员应遵循社会工作专业价值观，培养成员之间互相尊重的习惯和氛围。此外，还要注重培养自身的全局意识，将个人价值与团队和机构的利益相结合，巩固团队的凝聚力和向心力，为团队的稳固和有序发展奠定基石。

三、扭转偏差定位，提升工作热情

（一）机构加强引导和管理

在H项目团队中，社工的角色定位模糊以及社区、社会组织对社工的角色定位模糊的根本原因是职责范围不明确。而要解决职责范围不明确的问题，需要社工机构进行引导和管理。

从劳动合同的角度来看，H 项目团队成员属于 Z 机构。在具体工作中，Z 机构除了关注社工专业性的提升外，还应尽可能帮助项目社工明晰自己和社区、社会组织在联动过程中的角色和各自承担的职责范围。在 H 项目团队组建初期，Z 机构可以提前告知成员作为项目社工的职责范围，明确可以做什么、坚决不做什么以及视情况而定的事项。通过入职培训、会议培训、团体督导和资料发放等方式，Z 机构可以逐步让团队成员明确自身的定位和角色，明确如何与社区、社会组织进行互动，以推进项目更加高效地进行。

此外，Z 机构还有责任帮助项目社工提升自我价值感和自我效能感，提高员工的自信心。通过机构内定期的团体督导、集体会议等方式，以及案例研究和问题论坛等方法，Z 机构可以帮助社工项目团队中的成员认识到社会工作者在服务中的重要地位。

（二）社工加强自身专业性和独立性

当社工和社区、社会组织在角色定位上存在问题时，需要社工机构和个人共同努力，加强自身专业性和独立性，提升服务水平和工作能力，以得到社区、社会组织及服务对象的认可，并在提供专业服务的同时践行"助人自助"的工作理念。

为提升社会工作者的专业性，可以从以下三个方面入手：首先，社工应夯实自身的理论基础。在 H 项目团队中，团队成员可以通过自学专业知识、参加相关培训、专题讲座和研讨会以及观看视频案例教学等方式提高理论水平。其次，社工可以通过提升实务操作水平来提升专业性。在 H 项目团队中，团队成员可以通过情景模拟和经验传递等方法提高实践能力。最后，H 项目团队成员在开展服务时应坚守专业性，敢于提出专业建议和想法，利用专业的服务方案和技巧让社区和社会组织认识和体会到社工在项目中的主要职责和优势，从而避免社区形成"杂活找社工"的习惯。

为提升社会工作者的独立性，一方面，社工应成为"三社联动"中的积极主动者。在 H 项目团队中，团队成员应培养敏锐的观察力，主动发现社区存在的问题，评估社区需求，制定专业策划，协调资源，并开展专业服务活动，以展示社工的价值。另一方面，社工应勇于表达自己的想法，并接受应得的赞誉。在 H 项目团队中，团队可以通过多种途径宣传自己所做的工作，加强社会对团队的认识和了解，进一步提升在 W 区"2018~2019 年三社联动项目"中的独立性和自主性。

（三）"三社"主体共同努力

解决社工自身角色定位模糊问题以及社区、社会组织对社工角色定位模糊问题需要社工机构和项目社工的努力，同时也需要社区、社会组织与社工的协同合作。

（1）社区、社会组织和 H 项目团队成员以及其他利益相关方应共同养成长期学习"三社联动"运作模式和内容的意识和习惯。他们应主动学习"三社联动"的运行模式，明确各自在"三社联动"中的角色和功能。这种学习意识和习惯应该贯穿于 W 区"2018~2019 年三社联动项目"的启动、规划、执行、监控、收尾以及项目结项后的自我总结反思阶段。

（2）社区、社会组织和 H 项目团队要加强彼此之间的沟通与联系。在"三社联动"项目实践落地的过程中，他们应共同加强彼此之间的认识与了解。各方应从彼此的优势出发，明晰每一方在"三社联动"运作模式中的优势和主要功能，认识到彼此的组织管理差异和工作特点，在推进"三社联动"项目的过程中实现各司其职，充分发挥各自的能力，良好地协作。

（3）各方应形成主动了解彼此工作过程的意识。例如，当H项目团队开展专业服务时，社区和社会组织可以以参与者或旁观者的身份对社会工作专业服务进行观察，帮助他们在实际操作中感受并理解社会工作服务的专业性，提升社区和社会对社工的正确认知。

（四）提升社工综合能力，促进团队凝聚

在社会工作行业中，社工人员的流动是一个常见的现象，也是Z机构H项目团队不可避免的一个问题。单靠社工机构或社会工作者个体的努力无法迅速解决这个问题。在这种背景下，如何高效应对社工人员流动问题成为了社工机构和社工项目团队需要认真思考的问题。综合考虑机构、团队和社会工作者的多方努力，共同致力于提升团队整体实力和凝聚力，以促进社会工作者能力的提升。

1. 社工注重自身综合能力的提升

社会工作者的职业并非用于"养老"，尤其在社工项目团队中，每位成员都是推动团队发展和项目推进的核心力量，因此，提升社工自身的综合能力势在必行。每位项目社工都应该以"发展"的视角看待自己，不仅要实现团队目标，还要实现个人目标，树立自我提升的意识，追求个人的全面发展。一方面，可以通过参加团体督导、专家会议、专业论坛、案例研究等培训来提升自己。另一方面，在工作中要严格要求自己，不仅仅是为了完成工作而工作，还要在完成工作的同时不断突破自我，提升能力。

2. 机构加大人才培养力度

H项目团队中的成员无法有效应对团队人员流动的问题主要原因是团队中有能力的老员工较少，而新员工又未经过培训就上岗。除了成员个人的努力外，社工机构和团队领导也应该注重人才的培养。

（1）社工项目团队的领导在平时的工作中应注重灵活授权，有意识地培养团队成员。团队领导应通过授权让团队成员分担更多责任，使他们更多地参与项目的决策过程。这种授权既体现了团队领导对成员的信任，也为团队成员提供了学习和成长的机会，通过授权培养了团队成员的能力。

（2）机构应注重对项目社工综合能力的培养，加强社工项目团队的整体实力。一方面，可以通过机构内部的督导培训和外部的学习资源来提升项目社工处理问题的能力和文书、实务等方面的能力，并加强新员工的入职前培训，加深他们对机构、团队和项目等相关内容的学习。另一方面，机构应采取激励学习的措施，促进不同项目团队之间的交流与学习，提升社工项目团队的整体实力和凝聚力。在机构中的各个项目团队之间设立学习和交流制度，各个团队的项目经验是机构最宝贵的财富，也是成本最低的学习资源，要有序充分利用机构中的现有资源，提升各团队的项目能力，并形成机构中主动学习、互相交流的工作氛围，增强机构的凝聚力，稳固机构的发展。根据著名的"霍桑实验"中的论断，当把目标小组作为一个整体而非个体时，管理者会更容易影响工人的努力程度[1]，这说明

---

[1] ［美］查尔斯·H. 扎斯特罗. 社会工作实务：应用与提高［M］. 晏凤鸣译. 北京：中国人民大学出版社，2005.

当把团队视为一个整体时，其表现出的努力程度就越高。这表明社工机构可以在机构内的社工项目团队中引入竞争机制，通过评比等活动对项目团队的优异成绩进行及时适度的精神或物质奖励。简单的竞争、多元的评比，让机构内的所有项目团队在竞争中实现凝聚力的提升和团队精神的增强。

3. 完善并落实人员交接规则

当社工项目团队出现人员流动时，机构领导需要扮演引导者的角色，将团队管理与人事工作相结合。在严格遵守机构规章制度的前提下，机构领导应促进社工项目团队所有成员共同参与，逐步完善新成员和离开成员之间工作的交接规则。这包括确定交接时间（应提前多久进行交接）、确定接收人（在新成员未到岗前，工作应交接给谁）、确定岗位接替者以及后续工作安排等方面。除了规范离职成员的工作交接，机构领导还应及时跟进新成员的培训和心理支持等相关工作，致力于帮助新成员以最快速度和最高效率适应团队和工作。同时，机构领导也不能忽视团队中的老成员，应及时为他们提供心理和工作支持，努力促进新老成员之间的互帮互助，推进工作的顺利交接，使工作流程规范化，加快新成员融入团队并适应工作。机构领导还应致力于形成团队成员之间合作互信的工作氛围和环境。

（五）提升机构管理能力，推动团队发展

1. 坚持以人为本，高效管理

对于社工机构而言，在管理团队的过程中，要理解"民有所呼，我有所应；民有所求，我有所为"的精神核心，在严格遵循机构规章制度的前提下，实现"社工有所需，机构有所应；社工有所问，机构有所答"的目标。主要体现在以下三个方面：一是要高效落实工作的下达，即机构向社工项目团队传达相关决策和意见。根据实际情况选择文件传达、会议传达或个别传达等方式，确保传达准确、及时和具体。二是在制定相关决策和事宜时，要秉持社会工作专业价值观，以人为本，尊重每一位社工的想法。可以通过匿名箱等方式有意识地收集并考虑社工项目团队成员的意见和建议，准确及时地了解每位项目社工的工作需求和想法，确保机构与社工项目团队之间的信息沟通畅通。例如，对于H项目团队中，团队成员不理解并不认同"机构不设立项目主管"的决策，机构可以真正倾听团队成员的想法、需求和疑虑，与团队成员沟通，解答疑惑，在团队最困难的时候，发挥机构作为"家"的作用，缓解社工项目团队中的消极情绪，推动团队发展。三是社工项目管理者需要将社会工作专业知识与管理理念、技术、工具等综合运用到具体的方案中，使其符合社会工作服务项目的需求，创造项目价值。

2. 吸纳管理人才，加强管理能力

社工机构的管理和部署对社工项目团队的运作和发展产生重要影响。一方面，机构的管理能够监督和促进团队的有序运作和良好发展，确保项目的顺利进行。另一方面，机构的决策与管理也可能对团队的发展产生一定制约。因此，加强管理能力对于社工项目团队的发展至关重要。

然而，社工机构中普遍存在管理经验不足的问题，需要注重提升管理者的能力。一方面，政策的支持可以帮助社工机构在全社会范围内吸纳更多具有管理能力的人才，让他们在机构的管理与运作中发挥重要作用，推动社工机构的发展，更好地管理社工项目团队。

另一方面，社工机构的领导者也应注重自身管理能力的提升。通过积极参与相关培训、学习和专家论坛等活动，有意识地锻炼自己的管理能力，并逐步提升自己的水平，以应对机构管理中的各种挑战。只有加强管理能力，社工项目团队才能获得更好的发展。

第五节 社工项目团队良好发展的思考建议与结论

一、社工项目团队良好发展的思考建议

回顾 H 项目团队发展过程后，笔者将目光延伸到一般社工项目团队的发展中，并以 H 项目团队的发展过程为例，有两点思考：

（1）机构和社工应从发展的角度看待社工项目团队的演进历程。并非每个团队的最终都会以解散而告终，因此机构和社工项目团队中的所有成员都应以发展的眼光看待团队的演进历程。例如 H 项目团队最终为下一年的"三社联动"项目团队的组建奠定了基础，因此可以说 H 项目团队以另一种方式继续存在。因此，每个团队的发展绝不仅仅是为了当下的发展。对于社工机构而言，社工项目团队的发展是为其相关团队的组建和管理提供经验和奠定基础。对于团队成员即社工而言，团队的发展可以促进个人综合能力的提升，拓宽个人发展道路。

（2）机构与社工应共同打造具有社会工作专业特色的团队发展模式。不同项目背景下的不同社工项目团队的发展会有所不同，并且其发展过程不可能一帆风顺。一方面，要通过与团队内外部环境的良好互动推动社工项目团队的良好发展，需要社工项目团队的所有成员、社工机构以及项目的所有相关方大力发挥不同主体之间的联动作用，共同重视并付诸努力。另一方面，要将管理的理念、技术、工具与社会工作专业价值观、专业知识以及实务方法技巧相结合，在社会工作专业基础和管理基础上，发挥社会工作专业的独特优势，打造具有社会工作专业特色的团队发展模式（见图 2-3）。

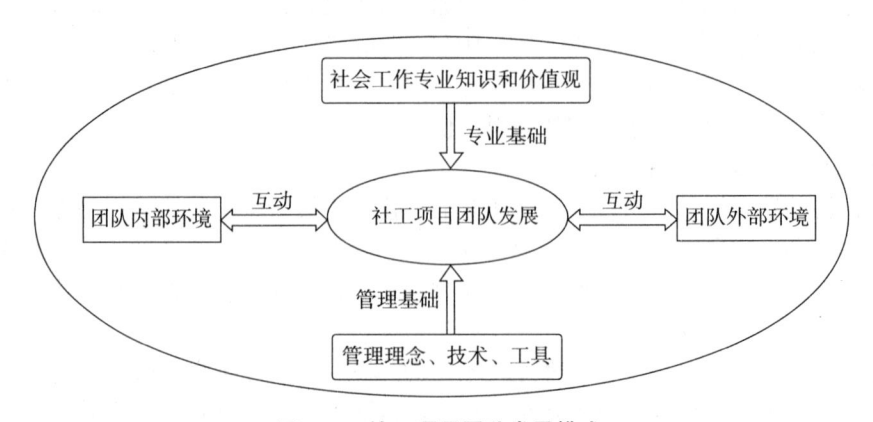

图 2-3 社工项目团队发展模式

二、结论

为了贯彻国家社会管理创新政策并推动社会工作事业的发展，大多数社会工作服务机构选择项目化的管理方式。一旦承接服务项目，社工项目团队将完成全部项目任务以实现项目目标和社工服务项目的社会价值。因此，社工项目团队的发展对于社工机构承接项目的运作具有重要影响。

本章研究以 H 项目团队为例，从团队生命周期理论视角出发，通过实地研究法探究 H 项目团队的发展。第一节介绍了选题的背景、意义、相关文献综述、研究方法和思路，以及研究的难点和创新点。第二节呈现和说明了 H 项目团队的基本概况和发展过程，包括该项目团队的项目和团队概况介绍，以及团队发展过程中的阶段特征和过程描述。第三节综合考虑团队内部和外部因素，检视 H 项目团队在发展过程中的问题，并对存在的问题、原因及影响进行探究。H 项目团队在发展过程中存在的问题主要包括团队目标制定参与度低、团队内部沟通不畅、社工角色定位模糊、团队应对人员流动能力不足以及机构管理不完善。第四节提出了解决 H 项目团队发展过程中存在问题的措施，包括共同参与目标制定以提升成员积极性，建立有效沟通机制以提升成员接纳度，扭转偏差定位以提升工作热情，提升社工综合能力以促进团队凝聚，提升机构管理能力以推动团队发展。第五节提出了对 H 项目团队良好发展的建议，旨在探索社工项目团队的良好发展，并提升社工机构中项目团队的实操能力，为社工机构中的团队组建、管理和团队发展提供借鉴。

H 项目团队的发展过程具有可参考和反思的价值。该团队的发展过程和问题呈现为其他负责"三社联动"项目的社工项目团队提供了经验，也为其他项目背景下的社工项目团队的发展提供了启发。它引导其他社工项目团队避免走弯路，在团队发展的各个阶段注重成员的充分参与、内部有效的沟通、清晰的角色定位、团队应对人员流动的能力以及机构的管理等相关工作。这将为机构的项目化运作带来经验与启发，进一步促进社工机构的发展，推动社会工作事业的发展。

本章的研究工作存在以下两点不足之处：

首先，本章只以 H 项目团队的发展为例，团队发展过程中的动态性体现不强。本章研究中问题的应对更适用于"三社联动"项目背景下的社工项目团队，而其他类型项目团队的考虑有所不足。因此，团队发展存在的问题虽然可以为其他社工项目团队带来经验启示，但不具有典型代表性，限制了本章内容对其他项目团队的适用性和借鉴性。

其次，由于笔者在 H 项目团队实习期间难以接触到除团队外机构所有的项目活动，对社工机构等外部环境对社工项目团队的影响认识不足。这导致本章在 H 项目团队发展过程中遇到的问题及应对策略方面的研究上的不足，未来仍需要进一步探索和研究。

第三章 社会工作人员高流动性个案介入研究

第一节 绪 论

一、研究背景

随着国家的快速发展，公众对社会服务的需求急剧扩大，社会工作在政府大力支持下迎来前所未有的高速发展时期。许多省、自治区、直辖市积极地响应国家政策，因地制宜地开展了社会工作的职业化试点工程。然而，由于缺乏有效的激励机制和不明朗的行业发展前景等原因，造成社工行业高流动性的现象。而这一现象正是社会工作在职业化、专业化发展进程中的重大阻碍因素。

调查数据显示，广州专职社工年流失率达24.3%[1]，东莞社工的流失率也一直在20%左右徘徊[2]，2012年深圳社工流失率也高达18.1%，且呈现逐年加剧的态势。[3] 社会工作事业较为发达的地区都面临着如此严峻的社工流失问题，那么不难想象在专业社会工作发展较为滞后的内陆地区，社工流失现象的严峻程度。

近年来，社工人员的高流失现象引起社会工作学者的广泛关注，也有很多人对其展开研究。但大多数人的关注点聚焦在社工高流失率的现状、原因及对策解决上，而对社工人员流动方面的问题却较少探析。众所周知，社会工作在我国处于发展的初始阶段，经济、社会等方面的众多因素使社会工作在众多职业中缺乏竞争力，因此许多在职社工便会因为高薪收入或社会地位的提高毅然选择离职。多数机构在面临正式岗位社工流动带来的人员

---

[1] 方英. 青年社工流动性的现状、原因及对策分析——以广东为例[J]. 青年探索, 2015 (2): 31-38.
[2] 欧雅琴. 东莞社工流失率达两成左右[EB/OL]. 人民网, http://finance.people.com.cn/n/2014/0319/c70846-24676943.html, 2014-03-19.
[3] 吕绍刚, 史维. 流失率逐年增加, 去年达18.1% 深圳社工为什么留不住[EB/OL]. 环球网, https://china.huanqiu.com/article/9CaKrnJzrth, 2013-02-27.

短缺状况时，会选择吸纳高校实习生来分担机构的日常工作并配合正式员工开展项目活动。这样的情况使社工机构内部的人员流动性进一步增大。而社会工作又是一个以助人自助为服务理念的职业，这就要求社会工作者具有深层次了解并解决问题的能力。这种要求使社工不仅需要了解自己所推进的项目，还要去深入了解自己所服务项目中涉及的服务对象。这就意味着社工行业的高流动性问题不仅会造成社工机构的损失，阻碍服务项目的正常运行，还会直接使服务对象的利益受损，进而影响行业的健康发展，这是社工行业面临的巨大问题。

本章根据社工人员高流动的现状，在社会流动理论的基础上，运用宏观—中观—微观的分析视角，从社会、社工机构及社工个人三个层面来剖析社工人员高流动性的内在逻辑，探索出社工人员高流动性的原因及影响，并据此提出相应的预防措施和应对方法，以求社工行业能在职业化发展道路上稳步向前。

二、研究目的及意义

（一）研究目的

本章通过研究成都市 X 社工站点的具体情况，了解一线社工人员的工作及生活情况，探索社工人员高流动性的原因及其带来的影响，并提出建设性的预防措施及应对方法。期望社工行业能够在未来降低行业流动率，提升行业公众信誉度，建立有效的校企联动信息网络，增强社会工作者职业自信，使社会工作的专业优势更好地与我国特色结合，从而充分地服务于社会及服务对象。同时，希望政府和社会各界能够给社工群体更多的关注，重视社工行业为社会稳定和发展做出的不断努力，投入更多的资源以改善社工行业的现状，让每位社会工作者能够以职业为荣，在纷繁的社会中依然坚守社工岗位并相信自己的坚守是有尊严且有价值的。

（二）研究意义

1. 理论意义

本章将根据社会流动理论的内涵及特征，将站点社工人员的流动情况做出区分，并依据社会流动理论的内在逻辑，运用访谈法和参与式观察法去倾听了解影响研究对象职业流动的相关因素，以宏观—中观—微观的分析视角，来阐述社工行业高流动性的本质原因和现实影响，并从中得出社工人员高流动性的预防措施及应对方法。

2. 现实意义

近年来，政府对社会工作十分重视，因此吸引社会各界的广泛关注，在国家与社会的共同作用下，我国社工人员队伍不断壮大，社会工作行业迎来发展的新时期。即便如此，前景一片大好的社会工作的发展也仍然存在着部分亟待解决的问题，社工人员高流动性就是行业发展难题中的一个。因此，本章研究旨在通过了解成都市一线社会人员高流动性的原因及其所带来的影响，探索改善社工行业高流动性现状及其造成影响的应对方法，引导社工人员提高职业忠诚度，意识到坚守岗位的重要性，引起社工行业的重视，积极建立完善的职业晋升路径和资格认定标准以及有效的校企联动信息网络。同时，希望引起政府及社会各界的关注，以求得到更多的资源去发展社工行业，使社会工作这一"舶来物"更好地完成本土化的职业发展，为我国的社会治理转型计划提供一批专业的社会工作人才。

三、研究综述

（一）国外相关研究综述

1. 国外有关社会流动理论的研究

最早对社会流动现象进行系统研究的是美国社会学家 Pitirim Sorokin（1927）在其《社会流动》[1] 一书中提出社会流动的概念，他认为社会流动是两个集团间的人口交换，并把社会流动的类型按照不同的标准划分为代际流动和代内流动、水平流动和垂直流动。Sorokin 指出社会流动会受到人口特征、社会环境以及子辈与父辈的影响，且认为垂直流动在开放的工业社会中会比在封闭的传统社会中更加频繁。

Sorokin 的研究一经发表就引起国外学者的广泛关注，20 世纪中叶，研究者们逐步将社会流动理论与职业地位的获得相结合开展研究。

美国社会学家 Blau 等（1967）在《美国职业结构》[2] 一书中对职业结构进行系统的调查分析，他们以父亲的职业地位、父亲的受教育程度、本人的受教育程度、本人的初职和本人的现职五个要素之间的关系建立"地位获得模型"。他们在研究中，将父辈的职业与受教育程度视为影响个人职业地位获得的先赋因素，将本人的受教育程度、初职和现职视为个人职业地位获得的自致因素。[3] 在比较先赋和自致等因素后，他们认为，先赋因素对于个人职业地位获得的影响在传统型社会中较强，而在相对开放且发展快速的工业社会中，先赋因素的影响则较弱。[4]

2. 国外有关职业流动的研究

随着研究的相对深入，学者们发现个人的家庭背景和受教育程度等因素固然在个人职业地位获得上发挥重要的影响作用，但是并不能解释每个人的职业差异与流动，因此，学者们开始基于各种理论框架开展了对职业流动的研究，并取得了阶段性的成果。

Rusbult 等（1983）[5] 在社会交换和相互依存观点的基础上提出投资模型，把工作报酬、工作成本、工作投资、工作机会和满意度等变量视为影响员工流失率的因素。在投资模式中，分配正义、同事和督导的支持被视为工作报酬；角色模糊、角色冲突、情绪衰竭和工作危险被视为工作成本。当工作报酬减少而成本增加时，员工的流失率会出现增长。

在职业流动多因素解释的研究中，学者以不同的视角分析影响职业流动的因素。Griffeth 等（1995）[6] 从工作的本身出发，发现的员工可能因所从事的职业的日常工作高度

---

[1] Pitirim Sorokin. Social Mobility [M]. New York：Harper & Brothers，1927.
[2] Peter M Blau, Otis Dudley Duncan. The American Occupational Structure [M]. New York：John Wiley & Sons, Inc.，1967.
[3] 孙琪娜. 教育与职业流动 [D]. 华中师范大学硕士学位论文，2012.
[4] 段红霞，郑毅敏. 人力资本水平与西部农村青年的职业流动 [M]. 北京：中国社会科学出版社，2017.
[5] Rusbult C E, Farrell D. A Longitudinal Test of the Investment Model：The Impact on Job Satisfaction, Job Commitment, and Turnover of Variations in Rewards, Costs, Alternatives, and Investments [J]. Journal of Applied Psychology，1983，68（3）：429-438.
[6] Griffeth R W, Hom P W. The Employee Turnover Process [J]. Research in Personnel & Human Resources Management，1995（13）：245-293.

常规化而离开，另外，工作中存在的角色模糊和角色冲突的压力也会影响到员工离职的决定。从员工的个人主体意愿来看，Price 等（1981）[1]提出，员工对工作和组织的情感影响着员工自愿离职的意向。Roderick 以因果关系总体为基础提出了因果模型，认为员工离职与个人、工作、环境、员工培养方向相关，他发现个人变量中的家庭责任对员工的离职决定有显著的影响作用，而个人变量中的性别和年龄的影响作用则较为缓和。[2]

3. 国外有关社工人员职业流动的研究

社会工作起源于西方，在多年的发展中拥有了丰富的实务经验和理论体系，在社工人员职业流动方面的研究也取得了阶段性的成果。

有些学者基于主体的意愿和行为进行社工人员职业流动的研究，研究选取有意离开的社会工作者与那些真正离开社工行业的人作为研究对象，还据此提出了"意愿离开"模型。部分学者则基于流动的表现形式对社工人员职业流动进行了研究，研究发现社会服务中心每年的员工流动率较高，在 15%～20%，而受到街头官僚主义的影响，组织内部的管理人员相对稳定，有着水平机动性。[3]还有学者从总体的影响因素去探究社工人员职业流动问题。在外部因素中，职业流动会受到社会资源分配规则的制约和职业特征、职业组织的形式及职业组织内外部环境等的影响。除了外部因素影响外，有学者发现社会工作者的自我意识、透视/远景、职业认同感、幽默感等个人因素对他们在这个行业的留存状况也具有影响作用。[4]

（二）国内相关研究综述

1. 国内有关社会流动理论的研究

吴增基等（2014）在《现代社会学（第五版）》[5]一书中指出，社会流动是社会成员在社会关系的空间中由某一社会位置向另一社会位置的移动，它不仅代表着个人社会地位和角色的转变，实质上是个人社会关系的改变。书中将社会流动的基本类型进行了划分，分别为垂直流动和水平流动、代际流动和代内流动以及结构性流动和非结构性流动。

谷中原（2004）在《社会学理论基础》[6]一书中指出，造成社会流动产生和加剧的因素有很多，其中促进社会流动的首要条件和根本原因就是生产力不断发展。首先，当生产力水平低下时，生产工作类型较少，社会成员普遍固定居住在一定的地域内，社会的流动率也就相对较低；当生产力水平得到显著提升时，生产工作类型随之增多，社会成员也就拥有更多的职业选择，社会流动率也就相应地提高许多。其次，市场经济体制的实行打破传统封建社会和计划经济时期的职业转化的壁垒，为社会成员提供许多职业流动的空间和机会，进一步加大社会流动。最后，科学技术的发展与义务教育的普及形成了社会流动的有

---

[1] Price J L, Mueller C W. A Causal Model for Turnover for Nurses [J]. Academy of Management Journal, 1981, 24 (3): 543-565.

[2] 谢栎盈. 社会工作者职业流动的影响因素研究 [D]. 深圳大学硕士学位论文, 2018.

[3] Iarskaia-Smirnova E, Romanov P. "A Salary is not Important Here": The Professionalization of Social Work in Contemporary Russia [J]. Social Policy & Administration, 2002, 36 (2): 123-141.

[4] Phoebe Chiller, Beth R Crisp. Sticking around: Why and How Some Social Workers Stay in the Profession [J]. Practice, 2012, 24 (4): 211-224.

[5] 吴增基, 吴鹏森, 苏振芳. 现代社会学（第五版）[M]. 上海: 上海人民出版社, 2014.

[6] 谷中原. 社会学理论基础 [M]. 长沙: 中南大学出版社, 2004.

力支撑条件，当今社会教育与科技逐步成为现阶段生产力发展的重要手段，信息与知识成为增长与获得社会财富的主要工具，每位社会成员都可以通过学习知识技能、拥有学位证书、掌握信息技术等方法向上流动，成为高阶层社会群体中的一员。

陆小媛（2013）在《社会学概论》[①]一书中写道，处于不同社会地位的人们由于经济、名誉和权势方面的差异，在彼此间形成了高低之分，人们总是希望能够处在较高的社会地位上，但向上流动的机会会受到社会流动机制的影响和制约。书中还提到从社会成员个体的角度来看，社会流动往往表现为职业变动，个体的社会地位是多重的，而职业地位在很大程度上决定着一个人的社会地位。[②] 因此，职业地位的变迁是研究社会流动的主要视角。[③]

2. 国内有关职业流动的研究

国内学者对于职业流动的研究也颇为丰富。有些专家学者的研究重点聚焦于职业流动的基本情况和特点，认为职业流动具有突发性、强自愿性、复杂性、双向性、职业价值变化等特点。[④] 有些学者的研究重点聚焦于职业流动的原因，朱志胜等（2013）在《职业流动多元化研究的理论架构与实证分析》[⑤]一文中运用多元化理论对职业流动及多元化的影响因素进行回归性分析，研究发现男性比女性劳动者更能实现职业流动。蔡禾等（2016）[⑥]以新古典经济学理论视角对职业流动与工作满意度等因素进行分析，发现职业流动与收入两者存在因果关系，与工作满意度不存在因果关系。白丽娜（2013）在《我国劳动力职业流动的影响因素及其对收入的影响研究》[⑦]一文中提出拥有社会所需技能多的人比那些拥有技能少的人更容易完成职业的转变，但同时也指出随着在工作岗位上年限越长的人发生职业流动的可能性越低，而且参加第一份工作时的年龄越小的人会更愿意尝试改变工作。

3. 国内有关社工人员职业流动的研究

我国有关社工人员流动的研究较少，大部分研究是以"人才流失"为定义开展的，研究主要是对社工专业人才的流失现状，社工人员流失的原因以及社工人员流失的对策进行探讨。

首先，我国有关社工专业人才流失的研究多数聚焦于社会工作专业毕业生流失现象上，一些研究表示，我国社会工作专业毕业生在就业时只有三成会入职于专业相关的工作领域。[⑧] 近年来，社会工作的研究也开始关注社会工作从业人员的流失问题。据一些报道显示，我国多个省市都面临着社会工作从业人员流失率高的问题，且各省市的社工机构和社工行业发展都因此受到不同程度的限制及影响。[⑨]

---

① 陆小媛. 社会学概论［M］. 北京：清华大学出版社，2013.
② 周凌穹. 社会流动理论视域下CBA球员转会状况的研究［D］. 首都体育学院硕士学位论文，2016.
③ 鲁建彪. 社会流动存在的问题及其对策［J］. 云南民族大学学报（哲学社会科学版），2007（3）：25-28.
④ 钟华. 对青工职业流动的评价及疏导［J］. 青年研究，1986（9）：18-22.
⑤ 朱志胜，纪韶. 职业流动多元化研究的理论架构与实证分析［J］. 中国人力资源开发，2013（21）：85-90.
⑥ 蔡禾，张东. 中国城镇劳动力市场中的职业流动及收益——基于CLDS 2012年和CLDS 2014年数据的实证研究［J］. 江海学刊，2016（3）：94-102.
⑦ 白丽娜. 我国劳动力职业流动的影响因素及其对收入的影响研究［D］. 山东大学硕士学位论文，2013.
⑧ 王晓瑞. 上海市高校社工专业毕业生就业情况调查分析及对策建议［J］. 华东理工大学学报（社会科学版），2002（1）：67-72.
⑨ 邓捷. 初创期民办社工机构社工流失风险及规避对策——以四川省成都市三家社会工作服务机构为例［J］. 社会福利（理论版），2019（3）：47-53.

其次，我国社会工作方面的专业学者们普遍将社工人员流失的原因分为三类：一是宏观层面的社会因素，它是指社会工作在我国发展的大环境。社会工作作为舶来产物，虽然得到我国政府的大力支持，但由于发展的时间较短，相应的保障制度不够完善，社会的认知度也还存在很大程度的不足，所以就整体而言，我国的社会工作发展的大环境还没有达到一个好的状态。二是中观社工机构的因素，一方面，我国的社工机构大多是民办组织，缺乏强有力的资金支持，从业人员的薪资福利待遇与其他行业相比处于劣势。另一方面，社工从业人员缺乏足够的晋升空间和自我提升机会，这使社工人员的晋升时间缓慢，个人职业发展方向不明确，进而造成在职社工人员的流失现象。三是微观社工个人的因素，社工的工作内容主要是帮助弱势群体摆脱困境和营造和谐的社会氛围，日复一日的工作会使他们产生不同程度的职业倦怠，并且很多社工自身的职业认同度较低，这些都会导致社工流失现象加剧。①

最后，学者们会在分析出造成社工人员流失原因的基础上，提出三个对策建议：一是在宏观的社会层面，政府应当转变职能，加大对社工行业发展的政策支持力度，健全相关制度法规，营造适合社会工作事业发展的社会大环境。② 二是在中观的机构层面，要注重建设社工机构的理念价值与组织文化，完善管理体系、员工晋升渠道和督导支持机制，发展健康可持续的内部组织关系，以减少社工人员的流失现象。③ 三是在微观的社工层面，要帮助社工人员内化专业价值观，提高自身的职业认可度，做好自身职业规划，以维持社会工作者队伍的稳定性。④

虽然社工人员职业流动问题已经引起国内许多学者的关注，但是大部分关注点还是停留在流失的层面，对于社工行业内流动的相关研究还有待完善。已有的有关职业流动的研究多是围绕离职倾向和行为开展的定量研究，这类研究往往缺少对职业流动背后的影响因素的分析。在有关社会工作的研究中，对社工人员职业流动影响因素的文献虽不在少数，但这部分研究往往忽略社工人员离职后的流向问题，也忽略社工人员频繁流动对其个人、社工机构和社会造成的影响。

因此，本章在社会流动理论的基础上，对社会工作者的流动方向进行了划分，并在宏观—中观—微观的分析视角上提出社工人员流动的原因及其带来的影响，发掘这些因素分别对垂直流动、水平流动和自由流动的社工人员产生怎样的影响，而我们又该如何去有效提高社工人员的留存率以及降低人员流失带来的负面影响。

四、研究方法

（一）文献研究法

一方面，笔者查阅社工行业人员高流失性的相关文献，对文献资料进行整合梳理、归

---

① 帅小龙. 民办社工机构社工人才流失问题研究［D］. 四川省社会科学院硕士学位论文，2013.
② 刘文瑞. 民办社工机构社工人才流失问题的分析与思考——基于北京深圳成都三地的调查［J］. 中国社会科学院研究生院学报，2016（1）：63-64.
③ 潘娟. 社会工作人才开发的路径选择——基于甘肃省民政系统社会工作人才队伍调研的结果分析［J］. 社科纵横，2008（2）：72-74.
④ 孙海燕. 社会工作者职业发展困境与动力探析［D］. 济南大学硕士学位论文，2018.

纳总结，加深笔者对社工行业人员高流失性状况的了解，明确界定出流失和流动之间的区别，并进一步分析社工站点高流动性的现状。同时对社会流动理论的相关知识内容进行梳理，了解社会流动理论的内在逻辑和影响社会流动的因素，并以此来分析社工行业人员高流动性的形成原因及其带来的现实影响，为提出能够有效预防及控制社工人员高流动性现象及影响的方法措施做好充足的知识储备。另一方面，文献研究法的使用使笔者不会受到时间与空间上的限制，不用完全通过自身的观察与调查来获得想要的信息；可以通过查阅书籍、浏览权威的信息库等方式获得具有稳定性和准确性的文字资料信息。而且，多数情况下文献研究可以使研究者获得比口头调查更加可靠、更加准确的信息资源；能够减少面对面交流中可能产生的个人主观情感的干扰；文献调查是以前人的科研成果为参考的，因此研究者可以通过借助他人的科研成果来节约自己的时间和精力。但有些课题的文献繁杂、数量众多，而且可能会存在专家学者们观点不一致的情况，这时就需要研究者在进行文献研究时具备明辨和独立思考的能力以获得符合自身研究所需的信息。因此，笔者将争取阅读足量的文献，准确查找所需资料，并在去粗取精的基础上做好相关内容的总结概括。

（二）实地研究法

1. 访谈法

访谈法是研究访谈对象行为和心理的一种有效方法，它需要访谈对象和访谈者面对面的交流。它依据研究问题的性质、目的或对象的差异，采用不同的表现形式。本章中的访谈法采用的是无结构式访谈的形式。涉及访谈对象共20人，将访谈站点负责人2名、社工6名（其中4名离职社工、2名在职社工）、1名高校实习生以及被服务对象3名。在实习期间对访谈对象进行面对面的访谈，在文章写作期间会采用电话访谈的方式与访谈对象进行沟通。在访谈中了解社工在同事离职后面临的各种压力，以及服务对象在面临一个站点的员工接连离职后的所见所感，明晰在社工高流动性的情况下会对项目所涉及的各方利益体产生怎样影响。访谈中老员工少，新员工多，信息可能倾向于代表新员工的看法，而且访谈者自身也带有一定的倾向性和主观偏见，访谈结果可能不十分客观，但笔者会尽可能翔实地论述具体的情况。

2. 参与式观察法

笔者作为站点的实习生与访谈对象有过三个月的相处时光，在这段时间里笔者与访谈对象共同居住并共同参与了站点的诸多活动，与每个人都或多或少地探讨过他们对于社工行业的看法，并了解他们的离职原因。并且笔者亲身经历该站点老员工离职、新员工入职的过程，本身在实习期间也负责两个小项目的推进工作，在离开岗位之前也与入职新员工做了交接工作，在工作中与服务对象交往较密，见证了员工的高流动性对于站点及被服务对象的影响。以此为基础能够更加了解高流动性带给各方的影响。

五、研究设计

（一）概念界定

1. 社会工作

社会工作是以利他主义为核心价值观，运用现代科学的知识和方法来为人提供帮助的专业服务。① 社会工作需要以政府为主导，广泛吸引个人、组织、团体等社会力量参加。② 它将社会学、医学、哲学、心理学等作为基础学科，树立助人自助的理念，通过个案、小组、社区工作等工作方式提供专业性的服务。③ 由此可见，社会工作不同于以善意为主导的慈善活动，而是要在科学的知识和方法的基础上帮助他人的服务活动。它早期的帮扶对象是指社会上的弱势群体，包括贫穷者、老年人、残疾人以及其他不幸者等。④ 近年来，随着发展的不断推进帮扶对象也有所扩展，逐步将处于困难境遇中的人也纳入帮扶群体。

综上所述，社会工作实质上就是以"助人自助"伦理价值为指导的职业化活动，社工人员要在工作中运用科学的理论知识和实践技能，调动一切可整合的有效社会资源，调整社会关系，以协助服务对象满足其自身需求或摆脱其所处困境，达到预防社会问题、消除社会矛盾、促进社会良性运转的目的。

2. 社工人员

社工人员，这里是指在社工机构中从事社会工作岗位相关的工作人员，并不一定为社会工作专业毕业生或获得社工师证书的人，而是要具有一定的学习能力在工作中了解并能熟练运用社会工作专业知识与技能，能够在社工机构中的站点做帮扶弱势群体、社区营造建设、犯罪预防矫正等多个领域直接提供社会服务的专门人员。在本章中，指的是在社工机构点能够充当劳动力的一线社工及社工实习生。

3. 社工流动性

社工流动性一方面是指在职社工的离职，另一方面是指在校实习生的离岗。

离职所讲的流动是指对某个组织、单位或者领域发展具有重要作用的人或具备专业知识技能的人流动至其他组织和领域，或是失去其在该组织和领域内积极作用的现象。⑤ 本章将离职社工人员的流动情况进行了划分，主要分为水平流动、垂直流动和自由流动，其中垂直流动主要分为向上流动和向下流动，水平流动则为同一社会职业阶层内的横向流动，自由流动即为由个人原因造成的地位、职业的变化或地区的移动。

在校实习生离岗所讲的流动性是指由于学业安排社会工作专业实习生在一段时间内到与学校产生合作的社工机构内进行专业实习的自由流动，在实习期间负责协助在职社工工作或单独负责项目，在实习期结束即离岗时会造成人手不足的现象。

（二）理论指导

1. 社会流动理论

社会流动是指社会层级结构中各阶级或阶层内部以及不同阶级和阶层之间的个人或者群体社会地位升降与职业转换的现象。⑥ 社会流动复杂且多样，可以依据不同的标准将其划分为多种类型。以方向为准，社会流动可被划分为垂直流动和水平流动。以时间为准，

---

① 王思斌. 社会工作概论[M]. 北京：高等教育出版社，2006：12.
② 王思斌. 试论我国社会工作的本土化[J]. 中国社会导刊，2007（12）：11-18.
③ 胡培. 慈善与社会工作之助人自助的特点比较与价值分析[J]. 华中师范大学研究生学报，2007（2）：33-35.
④ 姜伦. 社会工作专业人才流失现象分阶段分析及对策探讨[D]. 西安大学硕士学位论文，2014.
⑤ 田宇. 社会工作者人才流失问题研究——以西安市N社区为例[D]. 西北大学硕士学位论文，2018.
⑥ 董泽芳. 教育社会学（修订本）[M]. 武汉：华中师范大学出版社，2009：88-89.

社会流动可被划分为代内流动和代际流动。以成因为准，社会流动可被划分为自由流动和结构性流动。① 在本章中涉及的流动即为社会流动理论中的垂直流动、水平流动及自由流动。其中在职社工的离职将根据流动的方向和成因归类为垂直、水平和自由三种，而高校实习生流动虽然具有方向性和短期影响性，但这都是相对于机构站点而言的，并没有对社会的整体结构产生影响，因此被归类为自由流动。

影响社会流动的因素大体可归纳为自然、人口、经济、社会四个方面，在本章中最为适用的是经济和社会因素。在当今社会中，社会成员需要通过经济活动来满足自身对于物质文化生活的需求，而社会成员作为经济人就一定会遵循一定的经济原则，即力求以最少的劳动消耗获取尽可能大的劳动成果或收益。这样的谋生理念会使人们在选择职业时优先考量这份工作能够带来的资源和财富，这也就使社会成员更加倾向于从事那些劳动收益高的职业。因此，当社会成员拥有选择职业的机会时往往会选择向上流动至那些可以得到更多劳动收益的职业中去。另外，由于社会中往往会形成被主流人群推崇的观点，当这些观点被广泛传播并深植于大多数社会成员的意识中后，社会中就形成一种约定俗成的社会价值观，社会成员往往会受到这些社会价值观所肯定的因素影响，当社会将这些因素作为评判个人发展的标准时，人们就会竞相追逐社会价值观所推崇的方面，而这就促使社会中形成推动人们向上流动的风气。当价值观念发生转变时，人们的流动方向也会随之改变。从如今社工人员高流动性的情况来看，经济和社会因素在其中起到至关重要的影响作用。因此，笔者将以该理论为视角对社工行业高流动性的状况进行分类并在此基础上对其流动的原因进行深入探析，以探寻出降低高流动性的预防措施及应对方法。

2. 从众心理

所谓从众心理，是指个体受到外界人群行为或公众舆论压力，自觉或不自觉地在知觉、认识和判断上放弃自身本来的想法而去依从于绝大多数人的想法，并在思想和行为上形成与大多数人趋同的自我心理印象的心理行为。② 它是个体头脑中想象或是受到外界实际存在的压力而促成的个体从众心理特征，人们受其他人的影响作出决定，从而使自己能够在思想上和行为上与大众保持一致，以降低自我承担失败的风险，减少自我内心中的矛盾心理，以寻求自我心理的平衡。个体从众可以分为三种表现形式：一是心服口服，个体不仅在表面上依从于大众，而且内心也接受了大众的思想；二是口服心不服，个体迫于外界压力不得不在表面上表现出依从的状态，但在内心中仍是不认同大众的思想；三是盲目从众，个体并没有自我的思想和看法，看到大家怎么想怎么做他就跟从。从众既可能是正确的又可能是错误的，因此从众心理既有正面的意义也有负面的影响。

本章在第三节和第四节里涉及从众心理，可以看到从众心理在社工人员高流失性问题中发挥了怎样的作用。

（三）研究对象

本章是围绕成都市 X 社工站点开展的，因此选取了与站点工作有关联的 20 人作为访谈对象，其中包括站点负责人 2 名、社工 6 名（其中 4 名离职社工、2 名在职社工）、1 名

---

① 吴铎，文军. 社会学 [M]. 北京：高等教育出版社，2011.
② 杨悦. 供求关系视角下的深圳"社工荒"研究 [D]. 中南民族大学硕士学位论文，2016.

高校实习生以及被服务对象3名（见表3-1）。

表3-1 访谈对象基本信息

编号	性别	年龄	职业	工作状态	就职时间	离就职时负责的项目类型及情况	流动方向
W1	女	28	社工（站点负责人）	离职	2018年6月至2019年8月	站点管理	横向流动（向上）
W2	女	30	社工（站点负责人）	在职		站点管理	垂直流动（向上）
Z3	女	24	社工	离职	2017年10月至2019年9月	主要负责自组织平台项目，离职时平台项目进入中后期的收尾工作	自由流动
Z4	女	24	社工	离职	2018年7月至2019年7月	负责居家养老服务项目，项目完成后离职	自由流动
L5	女	24	社工	离职	2018年8月至2019年7月	负责社区文化建设项目，离职时项目正处于推进阶段	垂直流动（向上）
L6	女	23	社工	在职	2019年5月至今	负责低保刑释人员项目，入职时项目进入小组活动阶段，由于服务人群的特殊性需要与其他同事结伴开展活动	自由流动
C7	男	22	社工	离职	2019年9月至12月	入职后接手社区文化建设项目与自组织平台项目	自由流动
S8	女	25	社工	在职	2019年9月至今	入职后接手自组织平台项目及社区文化建设项目	水平流动
L9	女	24	高校实习生	离岗	2019年7月至10月	协助L5推进低保刑释人员项目	结构性流动
Y10	女	49	社区工作人员	在职		自组织平台项目的社区方代表	
H11	女	45	自组织负责人	在职		平台项目中的自组织负责人	
G12	女	61	自组织负责人	在职		社区培育项目的自组织负责人	

资料来源：表中内容来源于对机构中工作人员的访谈，相关资料的公开已获得受访者许可。

（四）研究伦理

在质性研究中，伦理问题始终贯穿其全过程，因此，研究者在研究的不同阶段，需要思考不同的伦理问题，例如，在收集资料时，要注意资料的保密问题；在访谈时，要考虑访谈对象的知情同意及隐私保护情况；在分析资料时，则要遵守信息保密及互惠原则。本章研究可能涉及的伦理原则有以下三个：

1. 知情同意

研究者在进行访谈工作前，需要征得访谈对象的同意，并要将与研究课题相关的信息充分告知访谈对象，其中包括研究的目的、内容、调查方式、存在的风险、资料的保密等，以及访谈对象拒绝访谈的权力界限。

2. 隐私权与保密原则

本章研究所获得的全部资料将会进行保密处理并且只会用于开展研究，会在研究过程中充分尊重和保护访谈对象的个人隐私。在本章中，会对访谈内容进行匿名处理。

3. 互惠关系

在整个访谈过程中，研究者将会积极倾听，并以同理心理解、回应访谈对象的生命故事。[①] 对于访谈对象的参与及协助，研究者也会采用口头答谢及赠送礼物的形式表达对访谈对象所做贡献的感谢。

（五）研究重点、难点及创新点

1. 研究重点

本章研究侧重于调查一个机构站点内部在职员工及高校实习生的流动情况，分析社工人员高流动性的原因及造成的影响，并在此基础上探索降低影响的方法措施。

2. 研究难点

有关社工高流动性原因及改善措施的文献资料很多，但关于社工高流动率产生的影响却没有很多的文献资料可供参考，因此，笔者在进行影响层面的分析时需要时刻保持中立态度，要注意用词的客观性，防止研究成果中带有过多的主观偏见。

3. 研究创新点

将高校实习生列入社工行业人员流动性的考虑因素，不只对社工流动性高的问题进行探讨，还对其造成的影响进行深入了解并剖析其原因，探索控制影响的方法措施，争取从解决行业问题的源头及造成的后续影响去进行积极的预防和控制。

第二节 X 社工站点人员流动现状分析

一、社工行业的人员流失现状

社工行业的高流失性不仅是我国发展社会工作的既有现象，也是其他国家在发展社工行业时面临的严峻问题。20 世纪中期，美国社会工作兴起之时，从事社会工作管理和研究的人员就发现，社工行业比其他行业具有更高的流失率，而如此高的流失率，势必会对社工机构的管理和社工职能的发挥产生负面影响。[②] 那一时期的研究总结了社工流失的多

[①] 曾永富. 生命中不能承受之轻——三位男性直接服务社会工作者生涯抉择与实践历程之叙说 [J]. 台北大学硕士学位论文，2011.

[②] 帅小龙. 民办社工机构社工人才流失问题研究 [D]. 四川省社会科学院硕士学位论文，2013.

种因素，如社会认同度低、工作付出与回报不成比例、职业发展前景模糊等问题。[①] 而我国自改革开放后，就开始由原本的计划经济体制逐步向市场经济体制转变，社会也随之进入转型的关键时期，这些转变使社会多方的利益格局产生变化，进而导致社会矛盾日益突出且逐步改变。正如我国新时代社会主要矛盾所说的一般，不平衡不充分的发展成为现阶段满足我国人民日益增长的美好生活需要的阻碍。因此，我国希望并需要通过采取一些社会转型的有效手段来满足人民群众对社会服务的进一步要求，填补由政府全面统筹提供社会公共服务模式的不足。社会工作由于其具有的专业化和职业化的优势，可以有效分担政府的社会服务职能，提升服务的效率和质量，因此成为我国社会转型蓝图中的重要一环。但我国社会工作事业正处于发展的初始阶段，无论是社会工作的专业化发展还是其职业化发展都面临着一些不可避免的重大难题，而社工人员的高流失率就是众多问题中的"疑难杂症"。目前，我国社工行业内部人员流失状况严峻，且呈现出加剧的态势并表现出流失率较高、流失风险较大以及社工流失地域差异明显的特征。其中，流失率较高及流失风险较大的特征一方面表现在在职社工人员的高流失率趋势，另一方面则表现在社会工作专业毕业生的不对口就业的情况。而从社工流失率的地区分布中则可看出社工流失地域差异明显的特征，相较于社工行业发展较为发达的东部地区而言，中西部地区的社工行业发展迟缓而流失现象也更为突出。

（一）在职社工流失率高

在职社工流失现象严重在我国各地区具有普遍性，多个地区的社工流失率也常年在20%的行业人员流失警戒线上徘徊。如深圳市，其社工人员流失率从2008年的8.2%增长到2014年的22.2%，尽管2015年的统计数据下降至18.8%，但仍然离健康的行业人员流动状态相差很远。另外，据统计，东莞、上海、广州三地的社工人员流失状况也十分严峻，在职社工的离职率常年徘徊在20%～30%[②]，如此之高的数据我们可以看出我国在职社工的高流失现状。这样的行业现状会带给社工机构很多直接影响，如增加社工人员培训成本，影响机构的服务质量及效率、造成机构的人力资源匮乏，同时也会对社工专业人才及社会大众带来许多间接影响，如消耗社工专业人才的行业信心，降低公众对社工行业的信任度，会使我国的社会工作发展受到一定程度的限制。

（二）社会工作专业毕业生流失风险高

虽然我国对社会工作人才的极大需求促使许多国内的高等院校纷纷设立社会工作专业，而且截至目前已有257家高校开展了社会工作专业的本科教育，在读的社会工作本科生及研究生也达到4万余人的数量。[③] 但通过部分高校的社工专业毕业生的流向数据我们可以看到，社工专业毕业生在就业时多不会从事本专业相关的工作，毕业即流失的现象十分严重。例如，2003年的华南农业大学，尽管这所大学培养的社工专业毕业生是当

---

① Munson C E. Handbook of Clinical Social Work Supervision (3rd eds.) [M]. New York：The Haworth Press，2002：549-569.
② 王萌. 我国社会工作专业人才流失问题研究 [D]. 中共中央党校硕士学位论文，2015.
③ 董川峰，江华. 社工专业毕业生仅三成就业对口　6万年薪吸引力不足 [EB/OL]. http://sh.sina.com.cn/news/h/2011-06-11/0927185493.html，2011-06-11.

时广州的第一批社工本科生,但81人中也仅有不到10%的人进入社会工作岗位;2005年的中山大学和成都信息工程学院的社工毕业生更是具有92%的流失率。[1] 虽然现阶段的高校社会工作专业毕业生的对口就业数据有所提高,但也只有30%左右的社会工作专业毕业生会选择对口就业[2],这意味着社会工作专业毕业生仍然处于高流失风险的状态之中。

(三) 社会工作人员流失地域差异明显

根据《中国民政统计年鉴2014》[3] 中的各地区民办非企业单位中持有社会工作资格证书的人数可知,东部地区的证书持有人数逐年攀升,而中西部地区的证书持有人数却出现减少的情况。这反映了中西部地区的社工人员流失状况较之东部地区而言更为严峻。这是因为地区经济水平和社会现实问题与社会工作的发展息息相关。在经济发展较为发达的东部地区,地方政府有能力在政策和财政方面为社会工作发展提供支持,该地区的居民对于社会服务的需求也会随着他们生活水平的提高而增加,因此该地区的社工行业发展速度会相对较快,行业发展的情况也会较为成熟,对社工人员的吸引力也会相对较大。中西部地区的社会工作发展则与之相反,由于政策和财政方面的支持能力不足,这些地区的社会工作行业发展仍处于初始阶段,社工机构数量少且组织架构简单,因此对于社工人员的吸引力相对较小,行业流失状况较为突出。如此看来,我国的社会工作行业发展具有很强的地域差异。一方面,表现在不发达的中西部地区社工行业发展不完善,薪酬福利待遇较低,难以形成留住社工人员的行业吸引力,社工人员高流失状况严峻;另一方面,表现在社工人员向社工行业发达的东部地区聚集。由于大城市具有更加发达的经济能力和有力的政策支持,对于社工人员有着较为强烈的行业吸引力,因此,社会工作者们会从不发达的中西部地区向发达的东部沿海地区流动。

二、X 社工站点情况简介

X 社工站点隶属于 C 社工机构,是于 2015 年底入驻在成都市 Y 社区的工作站点,入驻期间承接了多项民政部项目。2019 年站点承接的项目有自组织平台项目、居家养老改造项目、社区文化建设项目、低保刑释人员帮扶项目以及社区评比项目。据了解,该站点自成立以来一线社工人数规模一般在 3~6 人,且多是刚毕业不久的大学生,站点人员构成呈现年轻化态势。

C 社工机构是于 2012 年登记注册的社会工作专业服务机构,在政府购买服务的政策下承接项目,通过有效整合社会资源,为社会中处于困境或需要帮助的服务对象提供专业的社工服务,致力于以社会工作专业服务的实践来推动社会工作服务本土化及社会工作服务模式创新化的发展进程。该机构总部设立于都江堰市,承接多种类型的社区服务项目,其中,灾害社会工作及老年社会工作在过去的几年里取得了很好的成绩。近年来,机构通

---

[1] 李昀鋆. 社工流失困境下的社会工作服务机构激励机制研究——基于双因素理论视角 [J]. 学会,2014 (11):11-21+33.
[2] 付锋林. 壮大社工队伍 有助于和谐社会建设 [J]. 中国报道,2007 (3):72-77.
[3] 民政部. 中国民政统计年鉴 2014 [M]. 北京:中国统计出版社,2015.

过参加民政部门举办的竞标会争取项目承接权，服务区域覆盖都江堰市多个社区并在成都市也设有几个小型站点。目前机构有专职一线社工44名，内部督导老师10名，机构总部管理人员12名。通过与机构管理人员的交谈，笔者了解到，该机构近几年一直处于社工高流动率状态。一线社工人员变动频繁，小型站点人员流动问题尤其严重，严重影响到了机构的服务质量和效率，主要体现在以下五个方面：

（1）社工人员的学历状况。在C社工机构现存的44名一线社工中，25人取得本科学历，15人获得大专学历，剩余社工为中专及以下学历。具有研究生学历的人才仅有3名且都为机构的管理层人员。中专及以下学历的一线社工，年龄多在30岁以上，虽然他们的学历背景在机构中处于劣势，但长期的社工实践使他们获得了丰富的工作经验，对机构来说也是不可多得的实务人才。2019年年终时，X社工站点的社工人数最多，共有6名社工，其中4名在职社工、2名社工实习生，这些社工的平均年龄在24岁。截至2019年底，该社工站点仅留2名一线社工，均为本科学历；1名在职社工25岁，是2017级社工专业毕业生；另1名在职社工24岁，是2018级社工专业毕业生。

（2）社工人员结构情况。首先，一线社工的男女数量差异悬殊，男性社工人数不足女性社工的1/5，依托于社区的小站点中甚至存在"娘子军"的情况。其次，C机构成立时间较短，机构社工人员和机构资质一样皆处于年轻化状态，缺乏实务经验的应届毕业生较多。另外，C机构与6所高校建立实习战略合作关系，能够长期稳定地引进20余名实习生。以上的机构人才结构情况在X社工站点中体现在以下两个方面：一是2019年只有1名男性社工入职于X社工站点，在他入职之前该站点的员工均为女性。二是该站点的员工多为2017级、2018级的社工专业应届毕业生，人员构成呈现出明显的年轻化状态。另外，该站点在2019年共引进5名社工实习生来作为人力补充。

（3）社工持证率情况。该机构35人持有社工证，其中中级社工师4名，助理社工师31名，占机构总人数的70%。

（4）跨行业流动情况。该机构多数年轻社工对目前的工作状态不太满意，并没有继续从事社工行业的强烈意愿，表示如果有流动至其他行业或继续深造的机会便会选择离职。对社工行业的未来发展抱有希冀的社工，部分人会选择坚守在社工行业等待行业蓬勃发展的时机，也有部分人碍于工作带来的压力而萌生跨行业流动的想法。2019年，该机构离职人数为15人，占机构总人数的34%。

（5）流动的影响因素。由于该机构的年轻社工较多，他们对于生活的物质需求及工作的发展需求较大，因此在社工行业高流动性的多项影响因素中，影响最为明显的就是薪酬待遇和机构内部晋升机制。不少社工表示，薪酬待遇不足以支撑日常生活开销，机构内部学习机会少，个人发展机制严重不足，个人工作积极性很难得到充分调动。

三、X社工站点人员流动现状

2019年X社工站点人员流动情况：3名社工入职，6名社工离职（包括1名站点负责人），5名实习生流动（见表3-2）。

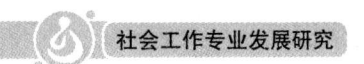

表 3-2　2019 年 Y 社区站点社工流动情况

工作状态	编号	性别	年龄	学历/专业	职位	就职时间	离就职时负责的项目类型及情况	流动方向
离职	WM	女	28	研究生/社工	社工（站点负责人）	2018年6月至2019年8月	站点的督导管理	横向流动
离职	ZSL	女	25	大专/文秘	社工	2017年10月至2019年9月	主要负责自组织平台项目、社区评比活动及自组织培育项目，离职时负责的所有项目都进入中后期的收尾工作	横向流动
离职	HHR	女	24	本科/社工	社工	2018年7月至2019年4月	负责低保刑释人员项目的前期调研工作	横向流动
离职	ZSM	女	24	本科/社工	社工	2018年7月至2019年7月	负责居家养老改造项目，项目完成后离职	自由流动
离职	LYY	女	24	本科/社工	社工	2018年8月至2019年7月	负责社区文化建设项目，离职时项目正处于推进阶段	垂直流动（向上）
离职	CLJ	男	22	本科/社工	社工	2019年9月至12月	入职后接手社区文化建设项目与自组织平台项目	垂直流动（向上）
离岗	LY	女	23	大专/社工	实习生	2018年10月至12月	协助推进低保刑释人员项目	自由流动
离岗	LJ	女	22	本科/社工	高校实习生	2019年4月至5月	协助推进低保刑释人员项目	自由流动
离岗	XJS	女	23	研究生/社工	高校实习生	2019年7月至10月	负责社区评比活动、自组织培育项目并协助开展其他项目活动	自由流动
离岗	LY	女	24	研究生/社工	高校实习生	2019年7月至10月	协助推进低保刑释人员项目	自由流动
在职	WGQ	女	30	本科/社工	社工（站点负责人）		站点的督导管理	
在职	LD	女	23	本科/社工	社工	2019年5月至今	负责低保刑释人员项目，入职时项目进入小组活动阶段，由于服务人群的特殊性需要与其他同事结伴开展活动	
在职	SJ	女	25	本科/社工	社工	2019年9月至今	入职后接手自组织平台项目、社区评选活动及自组织培育项目	

资料来源：表中内容来源于对机构中工作人员的访谈，相关资料的公开已获得受访者许可。

由表 3-2 可知，2019 年该站点经历一番"大换血"似的人员流动，至 2019 年末站点入职时间最长的一线社工仅工作 6 个月。承办的五个项目中只有居家养老改造项目的项目责任人全程跟进了项目，其余四个项目的运作过程中都有更换主要负责人的情况。在校实习生在站点也会扮演项目协助者和项目推进者的角色，对于小型站点而言社工实习生也是一部分劳动力的构成。

根据笔者后期的电话访谈了解到，表格中的 WM（即研究对象 W1）、ZSL（即 Z3）两位社工虽然离开 X 社工机构，但是仍旧留在社工行业，她们均选择成都市组织规模较为完善的机构入职，由于在新入职的社工机构中并没有实现经济、声望和社会地位的提升，因此他们的流动被视为水平流动。HHR 社工的离职则与上述两人不同，她不仅是 X 社工机构的离职人员，也是社工行业的流失人员，但是由于其新入职的职业并没有在经济和社会层面为她带来向上的提升，因此也被视为横向流动。表 3-2 中的 LYY（即 L5）社工是因为考取公务员才从机构中离职，虽然考取公务员后她的经济收入并没有得到显著的提升，但是相较于社工行业来说，公务员从福利待遇和社会声望方面还是相对较高的，因此被视为向上的垂直流动。社工 CLJ（即 C7）的离职是因为家中觉得社工这份职业并不能给他带来好的个人发展，较低的薪资福利待遇也不足以支撑他未来的生活需求，在家乡为他找了一份高薪资工作，因此也被归为向上的垂直流动。表 3-2 中的实习生们属于学校课业安排的实践活动，无法从方向上进行归类，而且流动规模过小不符合结构性流动的特征，故被视作自由流动。而 ZSM（即 Z4）社工的流动是因为其自身想要获得更高的学位而产生的流动，因此也被视作自由流动。

综上所述，成都市 X 社工机构的 Y 社区站点流动情况十分严峻，且多数社工是在项目实施过程中离职的。通过站点社工的流动情况可以看出，一旦在职社工有更好的职业选择时就会离开社工行业，没有离开社工行业的社工人员也会选择一个组织规模完善的机构工作，实习生的流动对站点的劳动力状况具有一定的影响。

第三节　X 社工站点人员高流动性产生的原因

在本节内容中我们讨论社工高流动性产生的原因，通过对 X 社工机构站点社工的访谈，在社会流动理论的基础上，运用宏观—中观—微观的分析视角，归纳出社会环境、社工机构以及社工个人三个层面的社工高流动的影响因素对不同流动类型的员工产生了怎样的影响。

一、在宏观层面：社会环境的现实性阻碍

从宏观层面来看，造成成都市社工人员高流动性的社会阻碍因素主要有三个方面：一是对男性的社会期望值普遍较高，造成一些男性社工人才大量流失；二是社工职业的社会认可度不高，使社工职业无法很好留住人才；三是国家的相关政策制度不完善，一些政策落实不到位。

（一）男性社会期望过高

从原始社会到封建社会，由于男女之间存在的自然差异，社会分工经历了产生、转变

并成形的过程，男性和女性的社会角色也随着社会分工的形成逐渐趋于固化。从传统文化就可以看出，社会赋予男性坚毅和勇敢的保护者角色，他们需要在外打拼，为家庭争取社会资源，因此他们承载更高的社会期望。时代发展至今，现代化发展带来社会观念的转变，但在父系文化的深远影响下，男性的社会期望值仍然很高。而社工行业的发展现状与社会对男性的职业要求相差较远，因此男性社工与女性社工在行业内的数量悬殊。根据对X社工机构的调查结果发现，该机构内的男性社工的流失率要显著高于女性社工，而导致这种现象产生的一个重要因素就是社会对男性的期望值普遍较高。在此笔者选取几位社工的访谈记录加以说明：

小C啊，你现在这个工资自己花都将将够，有女朋友了咋办呀，要和女朋友出去吃吃饭、逛逛街，过节日还要买礼物，这样的话工资肯定不够的。以后结婚还得养家糊口，成都这房价也是够贵的哦。(对L6的访谈)

虽然社工是一份前景很好的职业，但是工资却实在是不够花，尤其是当我看到我的同学们都从事着社会地位和经济收入更高的工作时，我开始动摇了。(对C7的访谈)

由此可见，当今社会中的男性仍被期望能够从事可以获取更多权利、金钱、资源的职业，而在人们眼中，社工这一职业并不能够满足上述条件，因此，很多男性并不会主动选择进入社工行业，就算入了行多数人也会选择离职。

(二) 社会认同度低

近年来，虽然国家从政策法律等多个层面大力推动社工行业发展，但公众对于"社会工作"的了解却是有限且模糊的，所以"社会工作"总是被曲解，甚至滥用。公众对于社工的认知偏差，使他们无法对这个职业进行更加全面的了解，进而也就降低对这个职业及从业者群体的认同感。在这样的情况下，社会工作者无法在工作中找到自我的存在意义，长此以往他们的工作积极性必然会受到影响，部分社工会选择转行。针对于此笔者选取几位社工的访谈记录加以说明：

不光成都是这样的，广州也没有好到哪儿去，虽然说发展得比这里好一些，但也还是有很多人一说社工就觉得是社区的，我干这么多年都习惯了，总不好一个一个解释去。你们也别太较真，有时被当作是社区的人反倒更好开展工作。(对W1的访谈)

当时报学校时是补录的，学校里只剩下这些冷门专业了，为了被录取就都填上了，这也不知道是我当时的第几志愿，反正通知下来我就是社工专业的学生了。我记得有一次跟着LD去社区做活动时，我们说我们是社工，有一个服务对象就说："啊，你们是志愿者啊！正好我们家很脏，你们来帮忙扫一下吧！"当时我真是哭笑不得，我们怎么就是打扫卫生的志愿者了呢？(对L9的访谈)

我在负责老年人居家改造项目的前期需求评估时，要入户走访高龄老人家，我都会提前打好电话和老人说明缘由并约定时间，但到入户时还是会有老人将我拒之门外，后来在居委会工作人员的带领下，我才顺利完成了工作……(对Z4的访谈)

由此可见，社会认同度的高低会影响社工自我职业认同感的高低，当社会认同度低时，社工人员的自我职业认同感也会普遍较低。而自我职业认同感的降低会使社工人员质疑社工行业的发展前景，进而社工便会脱离出社工行列，这也是社工行业高流动性的重要原因之一。

（三）相关政策制度不完善

造成社工人员高流动性现状产生的另一个因素便是政府颁布的相关政策制度不完善。在社会建设的战略部署中，社工人才队伍扮演着举足轻重的角色，它被看作是社会福利带上的构成部分，是社会福利执行实施的终端。只有建设好社会工作人才队伍并充分发挥它的作用，我国才能建成改善民生、构筑良好的社会福利网。因此，自"要建设宏大的社会工作人才队伍"在中共十六届六中全会中明确提出后，我国为了达成"造就一支结构合理、素质优良的社会工作人才队伍"的目标相继出台很多相关文件。[1] 这些文件涵盖社会工作发展的许多方面，社工机构发展、社工人才培养、社工薪资保障、社工人才等级资格等。但就总体而言，这些文件都相对泛泛，且内容皆处于初步规划的阶段，其具有的指导性和约束力都相对较弱。因此需要各省市根据各地不同的社会现实情况建立更加合理、完善的制度，以贯彻落实构建社会主义和谐社会的中央精神。而目前的情况是，各地政府组织都在自身的基础上颁布相应文件，但是由于每个地区的社会现实不同，所以政策制度的颁发情况、执行力度和达成的效果呈现出参差不齐的状况，效果不佳的地区占据了大半。这样的制度现状，使社会工作者的权益受到削弱，甚至还存在得不到保障的状况，社工人员无法心有所安地工作，社工行业自然就会出现高流动性的情况。

二、在中观层面：社工机构的制度性困境

社工机构层面存在的影响性因素主要包括四个方面：①薪酬及福利待遇较低，缺乏竞争力、机构组织文化被忽视；②社工认同感与归属感较低、机构缺乏专业的培训体系；③社工个人发展受限以及机构的岗位层次简单；④晋升空间狭小。

（一）薪酬及福利待遇缺乏竞争力

2017年成都市民政局出台《关于促进民办社会工作服务机构健康有序发展实施意见》，文件对社工人才的培育方法和薪酬标准提出了明确规定。其中，针对社会工作者的薪酬待遇和社会福利等方面内容进行更加细致且具体的政策要求。"机构专职社会工作者平均薪酬待遇应不低于当地上年社会平均工资水平。"此外，政府购买社会工作服务项目经费运算中，项目经费的60%应被用于支付项目所需工作人员的薪酬待遇、培训、社会保险等。[2] 但通过笔者的调查发现，成都市大部分从事一线工作的社工每月实际到手的收入仍旧徘徊在3000元，刚入职的实习社工收入则在2000元，而他们能够获得的社会保障也多是按照最低标准缴纳的。多数社工机构会在工资的基础上设置一些补贴，诸如住房补贴、交通补贴、通信补贴等，但补贴的力度不大，而且通常这些补贴也是需要符合一些特定条件才可以进行报销领取的。而在成都市这样一个中高消费水平的城市，租房、水电费、物业费、伙食费等方面的支出，往往会让低收入的社工人员处于入不敷出的境地。因此，很

---

[1] 仲祖文. 努力建设宏大的社会工作人才队伍——三论为构建社会主义和谐社会提供组织保证[N]. 人民日报，2006-12-18.

[2] 成都出台意见：社工薪酬应不低于当地社会平均工资！[EB/OL]. https://www.sohu.com/a/207883822_491282，2017-12-01.

多社工，尤其是男性社工会流失到其他行业。[①] 对于这个问题，笔者在此选取了社工的访谈记录加以说明：

又要交电费了，实习工资这2000多元也就够交交水电煤气费和吃饭，我都好久没买我心爱的眼影盘了，有时开展活动的小数目经费还需要我先行垫付，垫付费用通常下一个月才能报销到我手上，上个月我也不太懂机构的报销流程，这个月过得很紧巴，未来两个月应该还是要我老妈给我点经济支持。（对L6的访谈）

其实我参加过的许多社工会议都提及加薪，但是这个薪资情况还是没能改善。我现在和我大学同学合租，我们都在家里做饭吃，这样比较省钱，除去日常生活所需，我还能攒些钱呢。（对Z3的访谈）

我现在就职的这个机构一线社工工资2500元，职称往上会高一些，像项目主管一个月就3200元，中心主任4000元……（对Z3的访谈）

我家里给我找了一份工作，薪资待遇还不错的，回家也能少一点生活开销。（对C7的访谈）

通过访谈内容我们可以看出，在职社工L6在入职的几个月里入不敷出的经济情况成了常态，因此她总在想只要有好的工作机会就离职。而水平流动的Z3自有一套省钱过日子的方法，因此在薪资待遇不这么好的状况下依旧能够选择在社工行业坚持下去。垂直流动的社工C7迫于家庭和经济的压力选择了入职于高薪资的工作。工作作为一种经济手段其目的本就是通过劳动获取生活所需物质，这些物质不仅需要满足其基本生活需求，也需要满足其提高生活品质的需求。因此，薪资待遇的高低往往决定一个行业员工的留存率，尤其是在成都这样生活压力相对较大的大城市，青年人需要通过工作去获得扎根在这个城市的"入场券"，所以工资待遇及福利保障对他们而言是个人生存、发展的十分重要的因素。只有薪资待遇满足青年社工的需求，他们才能够安心踏实地工作。

（二）机构忽视自身的组织文化建设

组织文化是控制组织内行为、关系、工作态度以及价值观而设定的规范，具有导向、激励、协调、约束以及辐射的作用，它是组织区别于其他组织形成自己独有特色的关键。许多企业在建立和发展的过程中都会十分注重组织文化的建设，社工机构实质上也是组织的一种形式，因而组织文化对它的发展也十分重要。但由于社工行业的发展尚且处于初始阶段，多数机构成立的时间较短，且缺乏可以遵循的有效经验，因此多数机构忽略了组织文化建设的重要性，机构的组织目标、理念及宗旨多流于形式，有的甚至与机构开展的实务工作内容不符。另外，成都市的社会保障项目多为社区营造，这就使很多机构实行站点制度。虽然站点制度满足了扎根于社区的项目要求，但是也造成同一站点的社工人员接触较多，而对机构内其他站点的同事了解甚少的状况，这使社工人员对机构本身的归属感降低。此外，有些社工机构的负责人并不是社会工作的专业人才，他们懂得运营管理，却无法从社工的专业角度给予一线社工实质上的帮助；而有些负责人虽然具备社会工作的专业知识，但是在实务方面的工作经验却十分薄弱，这些都会降低机构社工的认同感。以上提出的种种，不论是流于形式的组织文化还是降低社工归属感的站点制度，再或者是缺乏认

[①] 黄书琳. 浅谈我国社会工作人才流失的原因及对策[J]. 青春岁月, 2013 (1): 465.

同感的运营管理，都是造成社工流失现象产生的原因。因此，一方面，尽管社工行业本身就已经带有了助人的美好标识，但社工机构仍需要建立具有自身特色的组织文化作为标识以吸引并留住志同道合的员工。另一方面，社工人员归属感和认同感的建立对于团队的稳定性也是十分重要的，每个人都更喜欢和自己熟悉的人共事，被自己认同的人领导，这样才可以在省去交际的成本的基础上更好地开展工作。

（三）专业人才培训体系建设不完善

专业的社工从业人员需要具备极高的理论知识和实务技能，他们不仅需要面对行业的动态环境和复杂的工作场域，同时还需要面对多元化的服务对象需求，有时可能还会应对跨专业性的服务情境，这些工作特质都要求社工具有整合专业知识和实务服务的优秀能力。[1] 因此，建立能够帮助社工人员提高专业技术能力的专业化培训体系十分重要。多数机构的培训体系由两部分组成：一部分是专业督导制度，即每个月机构会让内部督导（机构各站点的负责人）和外部督导（机构聘请的社工专业教授或有经验的社工精英）轮流到各个站点了解站点中各个项目的施行情况并指导一线社工遇到的工作难题，这种培训方式具有较强的针对性。如果督导老师的实务经验丰富的话，那么不仅能够解决社工人员当下的一些工作困惑，还能为社工人员提供解决问题的新思路。专业督导制度对于社工机构的工作开展十分必要，这种培训方式不仅能够解决社工人员的工作困难，也能一定程度地提升社工人员的工作能力。另一部分是行业内的各项专业知识技能培训，这部分培训主要是针对社工人员工作能力提升开展的，一般由机构邀请社工讲师授课或机构组织社工参加社会工作协会的培训课程。这种培训方式是在短时间内向社会工作者教授某一项知识技能，社工可以快速提升自身的专业能力。但由于经费问题，这部分培训通常是缺失的。C机构的培训体系现状和上述内容十分相似，笔者在此以访谈内容加以说明：

我还是更喜欢W的指导，她有很多实务经验，所以她的指导更适用，在她的指导下，我的问题总能解决，外部督导老师很专业但是太理论了……（对L6的访谈）

真不容易，咱们机构下周总算有一个培训会，在成都你们去不去？就让去两个人，你们可要珍惜机会啊。（对W1的访谈）

培训体系的督导制度会受到督导能力的影响，而专业知识技能培训的机会又少，在这样的情况下，社工人员日复一日地重复着烦琐的日常工作，自身发展受限，不能从工作中获得成就感，遂选择离职。结合现状来看，虽然行业内对社工专业人才的需求是巨大的，但是行业内的优秀人才却十分有限，远不能满足行业发展的需求，因此社工机构应该将更多的精力投入到人才培训体系的完善中去，毕竟留住人才，发展人才队伍是社会工作发展的必要条件。

（四）机构内部晋升空间狭小

通常来说，人们衡量一份职业的发展前景是以两方面为基准的：一方面是从社会切入，衡量这份职业在社会中的影响、地位以及可能达到的发展前景；另一方面则是从职业

---

[1] 张曙.我国社会工作专业学生专业成长过程探析——以抗震希望学校社工志愿服务项目为例[J].人力资源管理，2010（11）：164-167.

内部切入，衡量从业者在行业内的自身发展以及晋升空间。[①] 而现阶段我国社工专业人才的职业认定制度还不完善，社工行业的职业等级标准划分得也还不够细致，机构内岗位层次也设置得相对简单，未能建成一套有效且完善的社工人才职业晋升制度，这使我国社工人员的职业道路过短，晋升空间十分狭小，多数社工都面临着晋升机会不足的困境，社工人员高流动性问题频发。C机构是成都市成立较早的社工机构，其自身规模也相对较大，但是机构内的组织架构却十分简单，分为行政部、项目部、财务部以及督导技术部。一线社工属于项目部，部门内社工人员各自负责不同的项目或服务领域，并不存在明显的层级制度，社工人员的晋升空间可以说是十分狭小的。

做到站点负责人就已经到头了，下一步我的目标就是自己创业干机构。（对W1的访谈）

一线社工上面就是站点负责人，在上面就是老板，工作年限上去了只能加几天年假，涨几百元的工资，可能会给个虚职但是实权却是没得。

我现在在T机构工作了，在这里还是一线，工资也没有涨多少，这个机构是一线社工然后是项目主管，再上面是站点负责人、区域主管，每上一级工资待遇就会提高一些。不知道晋升快不快，总算有盼头了。（对Z3的访谈）

可见，社工行业存在的岗位层级简单化以及晋升空间狭小化都使社会工作行业的职业发展前景显得不太明朗，而这样的不明朗前景让许多人对社会工作失去了信心，进而造成本专业学生流失风险大、在职社工留存率低的问题产生。而这样的现象在小机构发生得会更加频繁，当社工人员的工作经验有所累积后，原本的机构无法给他们合理的晋升空间，那么他们就会水平流动至组织规模相对完善的机构，以获取更大的自我职业发展空间。

三、在微观层面：社会工作者个人的主观性因素

个人层面因素是指社工人才自身方面存在或感知到的影响性因素，主要包括现实生活压力较大、职业发展不明晰、心理预期偏差大以及自我价值难实现四方面原因。

（一）现实生活压力较大

根据对X社工站点人员的访谈，发现社工机构的社工普遍面临的一个问题便是现实生活压力较大，这种现实压力体现在多个层面，主要来源于工作、经济和社会。由于工作中的压力是一线社工的日常工作繁重而琐碎，接触到的人群众多，往往在做一些文本工作时还要去协调相关的各方人群，遇到那些有困难的服务对象，不仅要帮助他摆脱困境，还要化解他的负面情绪，这些消极的所见所闻及在工作中发现无法解决服务对象困难的无力感在长期积压中难以得到释放，导致个人的消极负面情绪产生并增长，心理承受能力减弱。这种压力，作为自身也是普通人的社工很难依靠自我的单薄力量解决，也有需要他人提供帮助的需求。而现实工作中这种需求往往会被忽视。经济上的压力是因为社工行业的工资待遇普遍低于其他行业，工作后的人们要负担自己的日常生活开销，组成家庭后还需承担家庭的部分经济负担，而社工行业的收入仅可保障生活的基础开销，无法保障生活质量的提高。社会层面的压力则是指家人、朋友及周围人带来的精神压力，尽管国家在诸多会议

[①] 孟圣御. 上海市民办社工机构社工人才流失问题研究［D］. 复旦大学硕士学位论文，2013.

中都表现对于社工行业发展的重视，但是普通民众对此仍并未获得充分的了解，构成社工社会支持网络的人们对于社工行业的不了解和不认可，使很多社工最终选择放弃这个行业。对于这个问题，笔者在此选取了几名社工的访谈记录加以说明：

面对我所面临的人群确实是一项艰巨的任务。例如，刚刚给这位叔叔打电话，他每天需要花费三四百元用于药费，但他又没有劳动能力，资助也非常困难。我想帮助他，但无能为力。我已经帮他申请了可以申请的补贴，前两天还帮他筹集了一些资金，但在核实信息的过程中，我不得不多次前往社区和医院。尽管我已经尽力了，但捐款的人并不多。这两天他又没有钱支付医药费，天天给我打电话。我非常理解他的求生欲望，但我真的没有什么办法可以解决这个问题。（对L6的访谈）

虽然我对这份职业很喜欢，但很多人对它持负面看法。因此，我积极准备了公务员考试，并且今年已经顺利通过了。在过段时间完成项目交接后，我计划辞去目前的工作，去单位报到！毕竟，事业单位的工作相对来说更加稳定，而且在工资和福利方面确实非常优厚。家人也都认同这种所谓的"铁饭碗"。目前我在成都，虽然单位提供住宿，但水电煤气等费用还是需要自己缴纳。一回家就可以轻松一些。（对L5的访谈）

我最近刚刚毕业，虽然工资相对较低，但只要能够满足自己的开销就可以了。但是，如果过了一两年后我找到了女朋友或者家里有其他需要的情况，我肯定会考虑换一份工作。毕竟，目前的收入还有些低，而且社会地位也不高。我和同届的同学相比，他们选择了进入事业单位，不仅工资高，而且社会地位也更高。我真的很羡慕他们。如果有机会，我也希望能够进入政府机关或事业单位。否则，我也需要想办法找一份工资更高的工作。（对C7的访谈）

如今，我国正在大力推动社会工作的发展，但是年轻人愿意自愿选择这一职业的人却寥寥无几。我在广东工作的前两年，也见过很多人选择了这份工作后又跳槽到其他单位。相比内陆地区，广东的社工行业已经发展得更好，但仍然面临着人才流失的问题。这表明社工行业的发展还不够成熟，很多社工都承受着来自家庭和社会的压力。（对W1的访谈）

虽然现实生活压力大是每个社会人遇到的普遍情况，但是由于社工行业现今的发展状况，使现实生活的压力在社工人员面前成为一座难以跨越的大山。这也使现实生活压力大成为导致社工人员流失的一个重要原因。许多社工人员虽然热爱这份工作，喜欢这份工作具有的使命感，但是迫于工作、经济及社会方面的现实压力，一部分人就会犹豫徘徊、举步不前，最终在有更好的工作机会可供选择时，就会离开社工行业。还有一部分人从开始进入社工行业就只是把它当作自己职业生涯中的一段过渡期，在具备一定工作经验和工作能力后就跳槽到其他单位。从在两位垂直流动的社工的访谈内容中就可以看出来，他们的流动不仅是想要换份职业，更多的是要想办法去获得更多的社会资源、更多的经济收入以及更高的社会地位。这在很大程度上可以被认为是人们在面临现实压力时做出的一种无奈选择。

（二）职业发展不明晰

一些成熟的行业具备一套完善的职业发展途径，人们只需要按照既定的途径发展自我技能即可，一些发展中的行业也可以通过认识自我及总结前人经历来确立职业目标。而社会工作的发展年限短，还没有形成职业发展的完善途径，从业时间长且具备社工专业知识技能的社会工作者很少。因此，当社工人员走上专业岗位时，他们无法凭借自身进行合理的职业生涯的统筹与规划，相关组织和机构也没有给予恰如其分的辅助和指导，社工们自然也就看不到自身可在社工行业获得怎么样的发展，这让许多社工人员在面对职业发展选择时产生强烈的无助感。由此，模糊的职业规划使他们看不清自己从事这份职业的未来会是如何，在发现自身与社工行业间的不适配后便选择了离开。通过访谈 X 社工站点的一线社工可发现大多数人都没有一个清晰的职业规划，笔者在此选取几名社工的访谈记录加以说明：

我本科专业是社会工作，毕业时没有通过公务员考试，所以我选择来了这个机构。在这里，我负责的项目相对轻松。但是我还是觉得上学更好，而且我周围的一些朋友正在准备考研，我也打算尝试一下。如果我考上了，我就会再读两年书；如果考不上，我会继续寻找工作的机会。(对 Z4 的访谈)

我大学毕业后先找了一份话务员的工作，每天上班非常辛苦，而且薪水也不高。我发现我家所在地的社工机构发展不够好，于是决定投递简历到成都试试看。来到这里后，我觉得工作相对轻松一些，但我仍然认为做公务员这种更稳定的工作更适合女性。因此，我计划继续阅读公务员考试的书籍，准备参加考试。(对 L6 的访谈)

我已经工作了两年，上一个工作也是在一个社工机构，但那份工作基本上天天都是写文书，几乎没有接触实际工作的机会。因此，我决定尝试换一个机构，希望能够接触到更多实务工作。结果，来到了现在这个机构，虽然还是有一些文书工作，但相比之前的工作，这里的实务工作要多一些，还有参与一些活动的机会。我不确定接下来是否会有更多实务工作，所以打算先熟悉这份工作再做决定。如果我一直处于超负荷工作但却没有晋升的状态，我可能会考虑寻找其他工作机会。(对 S8 的访谈)

我毕业后一直从事社工行业，但很多人在这个行业工作一两年就辞职了。有时候我很难理解你们年轻人，有些工作可能薪水高一些，但经常需要熬夜加班。相比之下，社工这个工作朝九晚五，总体来说比较轻松。既然我已经选择从事这个行业，我会坚持下去，等到一定年限后，我的职位和工资待遇也会有所提高。可是你们总是放弃得太早……(对 W2 的访谈)

职业规划不清晰造成年轻的社工人员无法在工作中找到长期从事社工行业的动力，进而导致他们在入职后的一两年内就会离职。通过访谈我们可以看到，职业规划不清晰会使离职的社工人员随波逐流，当在工作中感到不满意时就会选择换个工作或者回归校园，自由流动的社工 Z4 就是最好的例子。而没有职业规划的在职社工也会深受职业规划不清晰的困扰，由于他们缺乏对职业的清楚认知和对职业目标的明确定位，在工作中通常是采取"边做边看"的就业策略，这样使他们难以形成长期的工作动力，进而浪费了提高工作能力的大好时机。

(三) 心理预期偏差大

社会工作具备的核心理念和职业价值观，使了解社会工作的人都会对其抱有很大的希冀。但实质上社工实务工作与书本理论知识两者间相去甚远，接受过社会工作专业教育的学生及仅了解社会工作核心理念的人，往往在工作后发现与自己之前所学所闻的理论知识并无多大关联。当理想和现实碰撞后，不少从事社会工作的人都会产生极大的心理落差。

而这样的心理预期偏差会使社工对行业产生怀疑情绪，会对社工的流失产生较大影响。笔者在此选取几名社工人员的访谈记录加以说明：

我本来是学文秘的，但在毕业后了解到社工行业，我喜欢帮助人的感觉，也希望能为别人做一些事情，于是决定入职。然而，当我接触这个行业一段时间后，发现实际工作内容与我的想象有所偏差。我一直在处理文件、撰写文件、补充文件，并与社区居民和社会组织进行沟通。与我所想象的帮助他人的活动相比，实际上并不多，顶多只是给老人送送物资，这让我感到缺乏成就感。(对 Z3 的访谈)

在学校里，老师经常告诉我们社工是为人解决困难的。然而，我所面对的服务对象，如低保和刑释人员，不仅经济困难，而且身体状况也很令人担忧。尽管我们社工很想帮助他们，但我们的力量非常有限。有时候，我们只能眼睁睁看着他们在生活的困境中挣扎。通常在工作遇到"瓶颈"时，有些服务对象能够理解我们的困难，不会提出超出我们权限的要求。然而，也有一些对象无法理解我们的处境，一味索取。如果我们无法满足他们的要求，他们甚至会责骂我们，这让我感到非常委屈。(对 L6 的访谈)

自由流动：L9（24 岁，女，社工专业高校实习生）表示，刚开始实习时，老板告诉我们要抛开学校的理论知识来工作，当时我并没有完全理解其中的深意。现在我明白了，帮助别人确实可以让自己感到快乐，但在开展社区活动时，有些场景却让我心凉。我们按计划带着礼品去社区，希望通过活动的方式让居民参与互动。然而，有时候居民只是为了得到礼品而参加活动，没有真正投入其中。有些人甚至趁社工不备偷拿活动奖券，还有一些人会重复领取。如果活动要求稍微高一些，甚至会激怒他们。

可见，尽管国外的社会工作者有"人类灵魂工程师"的美誉，也被视为同律师、医生、教师等同的社会地位较高、令人尊敬的职业，但是由于我国的社会工作起步较晚，情况与国外相比还存在着很大的差异，再加上不完善的政策制度以及没有达到预期标准的行业整体薪资待遇，使社会工作作为一份职业与大部分国企及事业单位的工作相比存在着较大的差距。因此，在现实生活中，我国社工的工作状况也并不像书本上和传闻中描绘得那般美好。这也就造成很多社工在对社工职业缺乏深刻了解时就业，而在发现其现实情况与心理预期存在较大偏差后离职的情况。

（四）自我价值难实现

社工流失的另外一个个人层面的因素便是自我价值难以得到实现。当代年轻人更注重个性表达，择业热点关键词也由传统的"稳定""铁饭碗"转变为了"灵活""弹性"，如果说选择的职业无法完成自我个性表达的需求，也要选择一些福利待遇相对较好的工作。因此，尽管社会工作作为一种职业具备十分高尚的服务理念和宗旨，但是这些与年轻人在选择职业时会考虑的因素却仍相去甚远。自我价值难以得到实现的情况往往体现在年轻群体中。这并不是说其他年龄段的社会工作者的自我价值更易实现，而是不同年龄段的社工人员，由于具有不同追求和对工作的不一样的要求，自我价值实现受阻程度也会有所不同，青年社工人员受阻程度会相对较高。在此笔者选取社工人员的访谈记录加以说明：

我刚开始工作总是加班工作，要不就把工作带回家去做，后来就发现按时下班工作也能在期限内完成，工作内容也是那样的一成不变，接项目、做项目、了结项目，每一步都是一样的，工作没有一点新意，太没成就感了。(对 Z3 的访谈)

可见，对于20多岁刚刚步入职场的年轻人来说，世界广阔应有其发挥的一席之地，正如"天生我材必有用"所说的那样，他们都怀揣着强烈而热忱的事业心，希望能够干一番轰轰烈烈的事业，因此在职业的选择上更加倾向于具有挑战性的工作，认为一些安于现状的工作不能体现自我价值。此外，他们还普遍存在一种对比心理，尤其喜欢与身边的同辈人做比较，并且很容易受到其他人的影响，尤其社会工作这个职业对于多数年轻人而言并不算是一份具有良好发展前景的工作，因而在从众心理的作用下，年轻人对此工作的选择也就受到了影响。而年龄较长些的社工则基本已经在职场打拼过一段时间，他们对于人力市场已经有了大致的了解且心理也更加趋于稳定，不会过分地追求外在价值，更加注重体验生活的价值，因而不会轻易选择跳槽。

根据以上分析以及笔者的观察，影响社工人员水平流动的因素在社工机构层面，水平流动的社工们往往对社会工作的发展抱有十分乐观的看法，且要么入行多年累积了相当的工作经验，要么就是在心里认同这份职业的服务理念。而薪资福利待遇和社会意识以及社会认同层面的因素是造成员工垂直流动的根本原因。垂直流动的社工们往往是将更好的经济收入和更高的社会地位作为自身从事职业的标准，因此，当他们在面临更加符合自身职业标准的工作时会果断离职，入职于薪酬待遇和社会地位更高的职业中去。个人方面的因素深深地影响着自由流动的社工人员，由于他们对自身没有一个清楚的规划，当他们发现身边的人在考研、在做其他工作时，就会不停地去尝试。而在职社工在工作中感触最深的是工作中的压力，他们期盼着能够获得更好的工作待遇或者更好的工作机会。

第四节 X社工站点人员高流动性产生的影响

一、对社会的现实影响

（一）降低社会认可度

从微观层面来看，社工人员的频繁流动会导致服务对象对机构感到不满。然而，从更宏观的角度来看，这种流动引起了社会大众对整个社工行业的质疑态度。这反映出的不仅是社工机构的运营问题，更体现了当前整个社会工作行业发展所面临的现实问题。这样的问题不仅降低了社会大众对社工行业的认可度，也降低了对社工人员的认可度。我国社工行业的发展一直受到社会认可度低的限制。如果由于社工的高流动性导致行业声誉进一步恶化，那么社会工作的职业化将变得更加困难。目前的情况显示，社会工作的发展和社会认可度确实处于尴尬的境地。低社会认可度不断削弱社会工作者的职业信心，而工作者的频繁流动也不断挑战社会对社会工作的好感度。社会工作是一项服务于社会大众、建设和谐社会的职业，如果无法获得社会大众的认可，工作将变得更加困难。

（二）浪费社会资源

随着我国社会转型工作的不断推进，政府对于构建和谐社会及发展社会组织工作的关注提升到了一个新高度。为了有效促进这些工作的快速推进，国家开始培养一批能够胜任此项工作的人才队伍，社会工作者队伍建设也得到了日益重视。每年，国家投入大量资金和社会资源到高校和社工行业，但由于社工的职业化发展目前还处于起步阶段，许多专业社会工作者不愿意投入过多精力到这个回报不成正比的职业中。这导致机构社工的离职和社工专业毕业生的流失，造成的影响不仅是个人放弃了专业知识和技能，同时也意味着国家的培养和社会的投入得不到应有的回报效果。此外，如果社工人员的高流动性得不到有效改善，那么将导致社工行业的人才梯度出现结构性断层，对国家的社工人才培养计划产生不利影响，社会工作的职业化发展也会陷入不良状态，这实质上是对社会资源的浪费。

二、对社工机构的多元影响

（一）增加机构的培训成本

社工行业对于入职的人员有较高的要求，他们需要具备社会工作的专业知识与技能，了解社工机构的理念和工作规章制度。因此机构需要对每位新入职的社工进行至少为期一周的入职培训，入职培训的内容比较全面，包含专业知识、实务技能、机构规章制度、站点的具体情况等。在入职培训的过程中机构需要投入大量的人力、物力和财力，一旦这些刚入职的社工人员在入职培训不久后离开机构，机构就又不得不再次迫于人手紧缺的状况重新招人，如此往复循环，就必然会造成机构在人员培训上的花销增加。

（二）影响项目资料的完整性

现阶段社工行业的项目评估工作都是以项目资料作为依据开展的，因此项目资料记录的完整性对于社工机构而言是十分重要的。一般来说，一个项目除了项目开展前要写的项目计划书之外，还要根据项目的具体实施情况写活动计划、活动宣传、活动简报等文件。一份完整的项目资料可以让人清楚准确地了解这个机构在实施该项目时做了怎样的工作，这些工作是如何开展的，取得怎样的效果。社工机构的项目负责制使站点的每个社工在工作中只会关注自己负责的项目，因此如果一个项目在实施过程中更换项目负责人，就会使这个项目的资料的完整性受到极大的损伤。笔者在此选取社工人员的访谈记录加以说明：

我入职时负责这个项目的社工已经离职好久了，向我介绍项目的就是之前协助开展项目的实习生，她只有一部分项目资料，也不知道之前他们怎么交接的工作，到我这资料一直不全，而且入职没多久就到了项目中期检查的阶段，我每次开会都是一脸蒙⋯⋯（对L6的访谈）

项目资料的缺失使接手项目的社会工作者在提供后续服务时无法保障项目的实施连贯性，可能会出现一段时间的服务中断，如果在结项前仍然不能追上计划完成活动指标并完善项目资料的话，那么就会造成项目的评估分数较低。

（三）影响项目实施质量和效率

现阶段社工机构承接的项目往往都是为期一年的，在这一年中社工需要完成很多工作，其中包括项目实施前的需求调研、项目实施中的计划落实以及项目完结时的总结会议。在这个过程中每一步都需要社工对负责项目中所涵盖的所有主体进行深入的了解,并建立良好的合作关系。一旦负责项目的社工离职就会使这些在过程中形成的合作关系断裂,影响项目的后续推进,即便找到合适的社工人员进行工作交接,也需要时间去重新建立联系,这个过程需要的不仅是社工个人的努力,还需要合作方及服务对象的理解与接纳,是一个需要投入时间成本和精力成本的事情,对于项目的实施效率会产生影响。社工项目的运作其实应该是一个一以贯之的过程,举办方和承办方在项目之初就达成了项目的实施目的及目标,在过程中两者相互磨合会产生很多细节上的改变,这些只有一直跟进项目的社工才会了解,当项目换人后,新社工只会知道项目书上的内容,而不会知道项目实施过程中根据实际情况做出的改动,这会使项目的实施质量大打折扣。

(四)服务对象的隐私安全存在隐患

社会工作的宗旨就是助人自助,因此在为服务对象(案主)提供服务时需要充分了解服务对象(案主)的个人情况、家庭情况、社会关系等个人信息,这些信息可能会涉及服务对象(案主)十分重要的个人隐私,所以在社会工作的职业道德里保护服务对象(案主)的隐私是十分重要的存在。而社工的离职会使服务对象的信息随着他的流动流出。以目前社工行业的状况来看,社工机构人员的高流动性,使案主个人信息安全的暴露隐患加大,而这对机构的运营来说是一种很大的风险。

(五)服务对象的满意度降低

人与人之间的关系是用时间和沟通建立起来的,社工人员和服务对象的关系建立也不能离开这两个人际交往的要素。通常情况下,社工和服务对象的关系是因为项目连接起来的,项目时长一般是一年,这一年里社工有足够的时间和沟通机会与服务对象建立良好的服务关系,取得服务对象的信赖并可以通过专业的服务提高服务对象的满意度。但如果负责项目的员工频繁更换,这就会使建立好的关系出现断裂,这时带来的影响就不仅是新社工需要付出时间精力重新修复关系这么简单,还会直接影响到服务对象对社工机构乃至社工行业的服务满意度。以站点的自组织培育项目和社区平台项目为例,这两个项目都是需要社区、社工机构、社会组织三方联动合作共同开展的,所以需要三方建立良好的合作关系并能够进行有效的沟通。但在这两个项目的活动周期间,均更换了项目负责人,其中社区平台项目更换一个项目负责人,自组织培育项目更换四位项目负责人,在进行第三次工作交接时社区及社会组织负责人表现明显的不满情绪,这对社工机构的服务满意度产生严重的影响。

之前的工作都是与SL交接的,她更了解这个情况,我们这个活动都改了好多遍了,现在还要改哦,到底要怎么做嘛。而且项目还存在啥问题嘛,为啥子中期检查就是过不了?(对H11的访谈)

SL走了,你9月底也要走哦,那你们机构后续把这个项目安排给了谁嘛?听说你们站点负责人也换了,机构也不派人过来对接一下,说明一下情况吗?你们这样怎么办嘛,通知你们领导有时间过来跟书记谈一下噻。(对Y10的访谈)

又换人呀?你们这个项目换了好多人啊,几个月换一个人,每次都不知道该找谁,好烦哦!(对G12的访谈)

（六）影响机构的长远发展

对于一个行业而言，适当的工作人员的流动是有利于形成该行业内优胜劣汰的人才竞争机制的，这样也能够更大程度地激发行业和岗位的活力。但处于发展初始阶段的社会工作，需要许多的具备专业能力的社工人员流入以建设一支高水平、专业化的社会工作者队伍，为需要社会工作者的组织机构带来新鲜的血液，从而促进行业的快速有序发展。但是，由于社会工作的国内职业发展境况不佳，造成专业的社工人员多数都不愿意将对口的工作岗位作为自我就业的第一选择，社工机构内部的工作人员得不到妥善的安置而大量流失，这对于社工机构而言无疑是一种巨大的损失。这种损失不仅是指对项目的实施与完成以及社工机构提供专业化服务产生的影响，还是指社工机构在政府购买服务方面的竞争力下降而造成的对该机构长远发展的直接影响。

三、对社工人员的影响

（一）对离职社工本人的影响

大部分社会工作从业者是对社会工作有过深入了解或者接受过社会工作专业教育的人，对于他们而言，社会工作是他们可以在劳动力市场中找到的与自己学业背景最为匹配的职业。但是如果以现阶段对职业的衡量标准来看，社会工作无论从薪酬福利待遇还是从职业的社会认可度来说都无法给她们充足的安全感和职业自信，可是离开这个行业对于他们来说也无疑是一场巨大的挑战，因为这意味着无论之前学习的专业知识有多么扎实，实务工作经验有多么丰富，都不会对未来的发展起到太大的作用，他们需要重新找到自己的职业道路，并且需要重新学习新行业的知识体系。还有些人可能会在从业过程中找到这个职业的乐趣所在，并会对同事、领导、所属机构产生感情，当离职时，他们就需要和这些做一个了断。因此，他们在做决定前会经历一段十分纠结的时期，在离职后要重新开始开拓自己的职业道路，这样的状况对于一个人的职业生涯发展十分不利。

（二）对同事的影响

1. 孤独感倍增

现阶段我国社会工作者队伍的人员构成呈现出"年轻化"的特点，许多年轻人对于工作的要求不仅只停留在薪酬、社会地位等外在的物质价值因素上，还会去考量工作单位的场所环境和组织氛围等精神层面的因素。社工机构的站点制度使社工只能接触到较少的同事，而社工行业的高流动性会使社工经常面临同事的离职情况，人数本就较少的站点在经历员工离职后会显得格外寂寥。有些社工机构会向社工人员提供住宿，因此许多社工之间既是同事关系又是室友关系，他们会在共事期间产生深厚的感情，而社工行业的高流动性会使他们身边的同事及室友更换频繁，他们在不断投入感情后会逐渐变得漠然，进而使他们心中的孤独感倍增。笔者在此选取社工的访谈记录加以说明：

这个房子就是专门租来安排这个站点员工的，听YY说之前他们都一起上下班，一起做饭，一起耍，就是在她工作的一年里太多人来了又走了，让她总是很难过，我们的状况就是"铁打的项目，流水的社工"……（对L6的访谈）

在我就职的两年时间里，这个站点流动的人员就有二十几个，常常是这波人刚刚熟悉就换了新的一批人，从工作到现在真的有些心累……（对Z3的访谈）

人与人之间的感情是需要时间培养的，当一个工作场所中的人员流动频繁时，工作人员没有足够的时间去了解彼此，建立好的同事关系，会使站点的员工之间沟通受限，产生强烈的孤独感，这对社工人员的身心健康十分不利。

2. 职业信心衰退

身边社工同事的频繁流动，会使其他坚守在岗位上的社工人员受到影响，使他们不能够安心地投入到工作中去，不利于他们保持良好的工作状态，会在一定程度上降低他们的工作积极性。在许多社工人员的眼中看来，离职社工的流动是由于不看好社会工作行业发展造成的，而他们受到从众心理的影响，也会认为大多数人的看法及决定是正确的，进而失去自身对行业发展的客观判断，逐渐丧失对社工行业的职业自信心。对于高校实习生来说，他们用四年甚至更长的时间学习该专业的许多专业知识，但在实习过程中却经历站点社工的频繁流动，在言语交谈中感受到在职社工对于行业的消极看法，此时的他们会感受到现实和理想之间的差异，会产生强烈的无力感，并会对专业产生怀疑情绪。笔者在此选取社工的访谈记录加以说明：

LYY考上公务员了，把书都留给我了，我明年也准备准备，这个工作终究还是不太稳定，啥时能发展起来也不知道。（对L6的访谈）

实习这三个月，站点的人都要走光了，这也太难了，我毕业之后可怎么办啊，我家那边社工行业发展得不好，这边又是这样的情况，还是找点其他工作吧。（对L9的访谈）

当这样的负面思想在行业及高校中不断蔓延，就会造成社工人员流动率不断上升，造成社会工作者队伍的不稳定性，影响行业的稳步发展。

3. 困难与挑战增加

一个站点往往负责一个区域的机构承包的项目，通常情况下，站点中的员工都是独自负责一个项目的，需要开展活动时往往需要和其他同事合作共同举办，有时小型的活动只需要一两个帮手即可，但是遇到社区大型活动时则需要站点中的社工全员出动。因此当有同事离开时，就会使一些项目活动的开展缺少人手，使很多在职的社工人员无法在工作中获得其他同事的及时帮助。这样缺少人手的情况，会使社工在开展工作中遇到很多的困难与挑战。以L6负责的低保刑释人员的帮扶项目为例，该项目由于服务群体的特殊性，因此要求开展日常的小组工作时需要至少两名社工配合提供服务，在项目开展的一段时间内，机构恰好没有实习生，因此，该项目的负责人在那段时期里既要协调小组成员的时间也要协调站点其他社会工作者的时间才能顺利地开办一次小组活动，这为她的工作增加了不少难度。社工人员高流动性带来的困难与挑战在新员工接手项目时更加明显。尽管新入职时员工会由离职员工与其交接工作，但能交接的只有项目的所有资料和一些项目的基础信息，如服务对象的联系方式、项目举办方的需求等，对项目和服务对象的具体情况还不甚了解的新社工，这时不仅要学习机构的日常工作流程，还要通过资料了解项目的实施状况，并且还需要通过自我的探索来发掘服务对象的具体情况及需求以保证项目的顺利推进，而这些对于一个新入职的社工来讲是十分困难的。以C7接手社区文化建设项目为例，在C7接手项目前，该项目负责人就将后续的项目活动计划全部做出来了，C7只需要根据项目书实施即可，但是他入职时正赶上机构的月度报销，当时的他既要学习报销流程又要推进项目，使他分身乏术，而且由于他并不了解社区和服务对象的情况，以为按照计划书开展工作就好，忽略了与社区方面的沟通，因此在具体实施时走了不少弯路。由此可见，"一个萝卜一个坑"的岗位模式造成站点一旦出现人员的流动情况就会给其他的在职员工造成很大的困难和挑战。

第五节 社工人员高流动性的预防措施及应对方法

构建良好的社会工作发展环境不仅要着眼于解决社工行业的高流动性现状，还要注重控制并降低这一现状对于行业的种种影响。只有将问题的源头和问题造成的影响解决好，才能真正实现社工行业的健康有序发展。笔者在这一部分按照社工、机构、社会三个层面对预防措施和应对方法进行剖析。

一、创建有益的社会工作发展大环境

社会工作者职业技能的发展为社会工作的服务质量提升提供源源不绝的动力，而在促进本土社会工作服务发展的过程中，"以国家为本""政府主导"的发展方向进一步强化了宏观社会环境的作用力。[1] 社会工作者的职业发展需要以政策制度作为支撑点，政策制度不仅可以为行业标准的完善与行业稳步的发展提供规范化的指导路径，还可以提升社工从业群体的社会认同度并为社工机构提供一个正面的社会舆论环境，进而帮助社工人员不断内化职业价值观，提高他们的职业认同。

（一）提升社工行业的社会认可度

社工行业社会认可度的提升需要一个过程，这个过程需要稳扎稳打地进行，要先从扩大社会知晓度入手，让大众知晓社工行业的职业特色和服务内容，进而加深他们对于社会工作深层次内涵及职业价值观的了解，逐步达到提高行业社会认可度的目标。在提高社会知晓度这一初级目标的过程中，要充分利用好社会宣传的多种渠道。充分有效地运用社会宣传的多种渠道对公众开展宣传教育，让社会工作走入大众的视野，并消除大众对于社工行业的错误认知及职业歧视。具体操作如下：①加大对社会工作的宣传，利用具有导向作用的新闻媒体创造社会工作发展的积极舆论环境，消除大众对社工行业的错误认知，利用书刊、电视台、网络媒体等宣传渠道报道社工行业的优秀事迹，宣传社会工作对于未来社会发展的重要性。②在提升社会认可度的过程中我们要充分发挥政府的主导力量，并以实际的实务实践获得大众的认可。③社工要想快速地走进我国社会必须充分发挥政府的主导力量，让政府帮助社工"敲开"发展的"门窗"后，社工再以专业化的实务工作来提升自我

---

[1] 张威. 国家模式及其对社会政策和社会工作的影响分析——以中国、德国和美国为例[J]. 社会工作，2016（3）：33-46.

的社会认同。具体操作如下：政府通过政策制度的制定与颁布保障社会工作的发展，街道、社区等政府部门协助社会工作者开展工作，并向其提供一些资源支持，如活动场地、帮扶对象名单等，社工向服务对象提供专业化的服务，并接受社会大众的广泛监督和评价，并以此制定出社会工作者工作的绩效考核标准，使社工可以通过不断地提高自身能力来获得社会认可。近年来，社工行业也开展了很多宣传推广工作，但是总是达不到好的效果，这不仅是宣传渠道和宣传方法的问题，也是由于社会工作的发展与政府进行了太多的链接，使公众一直在混淆社会工作的职业定位，总是将其与政府行政画上等号，这对于社会工作的发展是十分不利的。但社会工作现阶段的发展一直是依靠于政府的，如果离开政府的支持，社会工作便很难在社会服务购买力还未释放的市场中存活，因此与政府的链接是无可避免的，那么在这样的发展状况下如何形成清晰的自我定位并进行宣传推广仍是一个值得思考的问题。

（二）完善相关政策制度体系

尽管当前政府方面给予社会工作行业很多的关注，对于持续推动社会工作发展也表现出十分强烈的意愿，但在政策的制定和具体落实上却出现后劲不足、力度不够的状况。由于我国国情的特点，社工行业的前期发展需要政府的大力扶持，不能只停留于现阶段的流于表面的口号政策，也要基于现实情况中存在的问题制定并完善相关政策制度。具体而言可分为三个方面进行：一是加大政策支持力度，为民办社工机构的成立和发展提供肥沃的制度土壤，如为民办社工机构提供优惠政策，为社工专业毕业生提供创业资金或就业补贴等；二是加快完善社工行业的相关制度标准，从政策层面保障社工行业的健康有序发展，如完善社工人员薪酬待遇标准，发展社会工作者等级考核制度、制定规范化的政府购买服务标准等；三是强化政策的落实力度并建立监管制度，切实保证资源的合理调动和配置，保证政策实行的稳定性和高效性，如建立社工项目管理责任制、成立第三方监管机制等。如此便可充分发挥政策的激励和保障作用，让政策制度成为社会工作职业化发展的有力推动器。

二、规范社工机构的管理体制

建立良好的管理机制是社工机构可以在行业高流动性问题上做出的最有效的努力。具有良好管理制度的机构，可以帮助社工激发自我潜能，提升自身专业技能；可以增强机构内部工作人员的亲密度，促进人员间的合作互助关系发展；还可以在一定程度上保障机构的服务质量及工作效率。反之，缺乏良好管理机制的机构，会出现社工间关系淡漠、服务质量无法提升、工作效率低下等问题，最终导致社工人员流失率上升的情况。因此，要想留住优秀的社工人员，就要建立好的机构管理机制。这种管理机制不能仅仅关注社工机构向外提供服务的质量和效率，还要关注机构内部的社工人员的生存和发展需求。

（一）提升薪酬与福利待遇

在当今的社会中，薪酬与福利待遇的作用不仅是维持劳动者自身基本生活需求的资金，还是衡量个人能力及价值的重要指标，许多行业从业者的流失及留存都受其影响。就社工行业目前的状况而言，薪酬福利待遇过于低下是导致多数社工人员流失的主要原因。因此，社工机构要想吸引并留住优秀的社工人员必须完善自身的薪酬待遇制度，提升社工人员的社会福利保障。

首先，机构应建立具有职级差别的薪酬结构（以下简称"职级薪酬结构"）。职级薪酬结构是指机构以社工从业者的学历、入职年限、职业资格等级等标准来设定不同的职级以及与之相对应的薪酬层级结构。这种结构的设立符合公平理论和期望理论的概念原则，他能够在保证薪酬分配合理的基础上，增长社工人员的工作积极性，还能在一定程度上满足社工的职业发展期待。尽管这会使刚入职场的社工人员的薪资较低，但是畅通的职业发展路径和宽裕的晋升空间，可以让社工人员看到未来的无限可能，随着后期职业技能与专业水平的发展薪酬福利待遇也会有所提升。

其次，机构要设立与工作绩效挂钩的薪酬机制（以下简称绩效—薪酬机制）。绩效—薪酬机制与职级薪酬结构有所不同，它是激发社工人员日常工作积极性的一种手段。这种机制要求社工机构严格按照行业标准的考核指标开展自身内部的绩效考核工作，并根据机构的具体状况制定公平合理的激励机制。绩效—薪酬机制的实施要坚持"以正向激励为主、反向激励为辅"的原则，在机构内部定期表彰和奖励工作认真、业绩突出的社工，并对业绩较为落后的社工给予帮助和指导，这样既能保障社工的服务质量和工作效率，还能使社工的工作积极性得到充分激发。

最后，机构应适当加大生活补贴的力度。现实生活压力大其实就是人们追求高薪资的最根本的原因，因此我们需要用加大生活补贴力度的方法来弥补社工行业薪酬福利待遇方面的不足。其实，我国的社工行业中已经设立并实行一些生活补贴的款项，如普遍存在的住房补贴、交通补贴；部分地区优先执行的高温补贴、地区补贴以及部分机构发放的话费补贴、超市购物卡等，但由于补贴的力度过小，社工的生活问题并没有得到切实的缓解。众所周知，提高社工行业的薪酬福利待遇，就能够有效降低社工从业人员的流失风险，而上述这些措施对于社工机构的管理人员来说也是能够想到的有效方法，那么社工机构为何不向从业人员提供高薪优待呢？归根结底是因为现阶段的社工机构的盈利是完全依靠于政府的，社会方面对于社会服务的需求还没有被带动起来，因此，无论是企业还是个人都不会成为社会服务的购买者，这就使我国的社工机构的盈利点过少。而当一个企业在面临盈利较低的状况时，也就只能够通过降低人力成本来保持自身的盈利状态，就此社工的工资也就没有可以提高的空间。

（二）加强机构组织文化构建

构建能够被社工认可、接纳、尊重的良好组织文化对于社工机构的发展是十分必要的。它可以使社工产生职业认同感，可以提升从业者的职业归属感，还可以让机构的内部凝聚力得到提高。良好组织文化的构建不仅有利于机构发展，还会对社工人才队伍的稳定性起到积极的影响作用。因此，社工机构的负责人不仅要注重机构管理工作的专业化发展，还要努力在机构中构建出能够体现本机构特色和服务目标的组织文化。优秀的机构组织文化一般要具备四个特质，即自助、互助、团结、合作。自助是指机构内社工要具有自我救助的意识，在遇到困难时，及时求助或自我调节，只有能够管理好自我的人才能够更好地帮助其他人。互助是指机构内的社工要形成互帮互助的意识，在同事需要帮助时及时伸出援手，共同构建和谐友爱的工作氛围。团结是指社工在理解所属机构的服务理念及宗旨后，对机构整体产生了自我归属感，愿意共同为机构的形象和利益做出努力。合作是指社工能够接纳并理解服务对象，能够在服务中与服务对象建立良好的合作关系。当机构文化的构建能够充分满足以上四个特质时，机构不仅会得到进一步的发展，社工行业人才队伍的稳定性也会有所提升。但由于社工机构项目具有的地域性，使机构中的社工是分散在各个站点的，彼此熟悉的人也就只有站点的同事，因此就算机构建成自身的组织文化也无法保障机构内部能够形成互助性和团结性高的工作氛围。尽管多数机构会定期组织社工人员开展团建活动以保障社工人员能够感知到自身的组织文化，但是这样的活动需要较为高昂的活动经费，因此通常一年举办一次，这样的频率并不能很好地让社工从业人员感受到社工机构的组织文化。这时就需要机构的管理人员做好团结同事的工作，例如，可以定期为同类型项目的工作人员开展一些小型的支持小组或者组织一些交流座谈会等，通过机构内部站点间的人员流动来增加站点与站点之间的交流，打破站点制度带来的群体间的交流壁垒。好的组织文化不仅要为机构中的工作人员提供价值理念，还应该体现在每位工作人员的言语和行为中，让每位工作人员真心实意地愿意为该组织的发展贡献力量。

(三) 完善机构的专业人才培训体系

社会工作作为一种专业性较强的职业，要求从业人员需要具备过硬的理论知识和实践技能，因此，有利于培养专业社会工作者的人才培训体系的建立与完善对于机构以及行业的发展十分重要。现阶段，社工机构的培训体系是由两部分组成的，即专业督导制度和行业内分阶段的专业知识技能培训。

专业督导制度是定期为实务经验匮乏或工作遇到难题的一线社工开展的指导活动，它的作用是解决一线社工工作中的疑惑，向其提供解决问题的新思路。目前，这种培训方式能够有效解决社工的工作难题，提升社工的实务能力，但它具有相当程度的局限性。首先，是督导者的能力问题，具有丰富实务经验的督导者往往更能够理解一些社工的问题，也能够给出行之有效的解决方案，对于社工的能力提升也会有很大的帮助，而理论型的社工督导则会起到较弱的作用。其次，是定期走访的督导方式问题，通常情况下的定期走访督导都是以开会的形式进行的，是以问题为主导开始的指导工作，督导者只能了解到社工实务中感知到的问题，而看不到社工整体的工作能力。最后，是督导制度本身的问题，我国社工行业发展滞后，督导制度停留在初级层次，这对行业的专业化发展十分不利。因此，机构在选择督导时要注重考量督导者的实务能力，要选拔培养机构内的资深社工进行督导学习，加快机构内部的督导队伍建设。

行业内分阶段的专业知识技能培训是为社工从业者能力及职位间存在的不同而配套的培训制度。这种培训方式可以有效提升社工的专业知识与技能，但它的开展会受到资金的限制。尽管目前的社工培训也是有免费课程的，但从整体来讲还是以收费课程为主，且大多课程的费用都较为高昂。这样的状况使多数机构无法向社工提供培训机会，社工也就无法提高自身能力。这不仅阻碍社工个人的职业发展，也影响社工行业人才队伍建设的宏伟计划。在这一点上，社工机构应积极寻求外界的帮助，通过多方融资的方式建立一个人才培养基金，为社工谋求更多的发展机会。

为了社工行业能够更快更好地发展，专业人才培训体系存在的问题必须引起机构的足够重视，机构应探索合理有效的手段来完善现行的专业人才培训体系。只有建设好社工人才队伍，提高机构的服务效果和公信力，才能使社工行业迎来发展的春天。

（四）建立完善且合理的晋升制度

社工机构要想保障每位社工的晋升机会和权力，就不能仅开创畅通的晋升路径，还要制定结构清晰、上下有序的人员层级结构图，并要以具有效力的规章制度形式建立晋升制度。如此，社工就可通过明确的制度文件，了解机构的权力结构，明确自我的发展空间。当社工可以在机构中看到自我的发展前景时，就会制定自己的职业目标，并为之做出相应的努力。晋升制度的建设不仅要具有规范、有序、高效的标准，还要遵循公平、公正、公开的原则，这样才能在机构中起到规范和激励的作用。在社工机构内，可以按照服务人群和职级结构将社工的晋升分为横向发展与纵向发展。横向发展是指社工从当前部门调岗至其他部门的情况，这是为那些有专业倾向的社工准备的发展方式，他们可以离开不适合自身的岗位到其他部门。纵向发展是指社工从当前职级晋升到更高职级的情况，这是为社工设置的一种正向激励机制。社工机构在制定和实行晋升制度时要注意以下三项事项：①在制定具体的制度款项时，机构既要考量自身的发展需求，也要关注社工的意见表达，争取做到机构和社工双赢的局面；②当机构出现高职级岗位空缺时，要优先考虑晋升在职社工，以工作绩效、日常工作情况等标准全面评估社工后，在保障公平公正的前提下晋升优秀社工；③机构要指导社工进行职业生涯规划，帮助社工了解自身在机构中的发展可能，找到自身的职业成就感。另外，社工机构要改变传统一元化的晋升路径，建设符合自身特色的集行政、科研、实务等于一体的多元化的行业晋升路径。虽然上述内容提出了一个十分完善的晋升制度，但是这样的晋升制度的实施对于机构规模还是有一定要求的，而我国的社工机构多为小型民办组织，这样完善的层级晋升制度是无法套入这些机构的，因此我们可以在我国社工行业看到很明显的两极分化：大的社工机构具有完善的层级结构和晋升制度；而小的社工机构层级结构简单，员工的晋升空间狭小。而且我国社工行业的地区发展不平衡，不同地区的社工机构的横向功能部门设立的并不相同，如广州社会工作职业化发展较为成熟，那里的大型社工机构的站点是按照服务人群划分的功能部门，社工可以按照自身所长选择后续的归属部门；而成都的大型机构还是以具体的项目为中心的，社工也没有选择项目的权力。完善且合理的晋升制度也是会受到机构规模和地区行业发展情况限制的，因此在晋升制度的完善上小型民办机构还是要依靠一些行业的资格标准认定来实现。

（五）有效链接外部的社会资源

社工机构可以通过与高校、企事业单位和政府机关部门等团体建立合作关系，来链接到所需的实物、资金以及人力等资源，这样能够有效解决自身面临的一些资源受限的问题。以社工机构人员高流动性造成的人力资源不足问题为例，机构可以与高校建立长期合作关系，通过吸纳高校社工实习生来补足自身对于劳动力的需求。但高校的实习生都是需要按照学校的课程安排来进行实习，因此这类劳动力具有"短期、大量"的特点（即在短期内有大量的实习生涌入社工机构开展实习任务），这种情况下的社工机构虽然可以在一段时间内缓解人手不足的问题，但也可能在一段时间内由于缺少实习生而再次陷入困境。所以社工机构还需要与志愿者队伍建立联系，在机构人手不足的困难时期请求志愿者协助开展项目活动，社工与志愿者可以在合作中彼此支持，联动合作，社工可以为志愿者提供志愿服务的新思路，志愿者可以有效缓解社工机构的人手短缺问题并为社工机构扩展新的服务面。

（六）注重社工人员的职业伦理教育

社会工作的从业人员单单只了解社会工作的专业价值观是不够的，还要知道社会工作的专业伦理。虽然伦理源自价值观，但它们两者却有所不同，伦理是价值观的外化表现，是操作层面的价值，是把价值观念转变为行动的行为守则。专业伦理就是社会工作从业人员需要共同遵守的行为规范，要以集体自律的方式在实务工作中努力践行。做好社工人员的专业伦理教育不仅可以规范社会工作从业人员的言行，还可以让社工在完成工作的过程中以专业伦理作为依据来维护社会工作的专业原则和权威。而且，做好社工人员的专业伦理普及，可以为社工机构提供一种标准，机构可以据此来评判社会工作从业人员的专业行为是否存在不当或缺失。

（七）规范项目交接流程

社工人员在项目进行中离职会给机构带来较大的影响，许多机构虽然会在就业合同中写明社工要在完成手头的负责项目后再离职，但是真正落到实处时也无法强制拒绝社工的离职请求。因此机构面临社工人员在项目进行中离职的情况时最好的办法还是要通过形成机构项目交接的规范化流程来降低影响。首先，是项目资料的交接，如果机构在社工离职时恰好有社工可以接手项目，那么最好让离职社工与接手项目的新社工两人进行沟通，离职社工要将所有的项目资料复制给新社工并按照项目资料的内容向新社工介绍项目的推进情况。如果此时社工机构恰好人手紧缺又没有新员工入职，那么离职社工就要与站点负责人进行交接。其次，如果项目内容在实施过程中出现过争议和改动，离职社工要向新社工进行详细的报备和讲解，以防止新社工入职后开展的工作与实际的需求不符。再次，服务关系的转介，如果条件允许在工作交接中尽量由离职社工带领新社工与服务对象见面，帮助新社工建立与服务对象之间的关系。最后，如果项目涉及的合作对象较多，那么站点负责人和机构负责人要挑时间和合作对象说明情况，以降低他们的不满情绪。

三、培育社工的自主发展意识

社会工作的职业特殊性要求社会工作者不仅要完成日常的事务性工作，还要在不同的场域中扮演不同的服务角色，烦琐的日常工作和多元化的服务角色使社会工作者在工作中承担着巨大的压力。因此，社会工作者不能仅仅依靠社会和机构的支持，还要关注个人能力的提升，不断激发自我潜能形成职业持续发展的内在动力。

（一）正视职业发展的现实问题

在我国，社会工作作为一种职业正处于发展的初级阶段，行业内面临着许多现实问题，如薪资福利待遇较低、职业的社会认同度低、机构建设存在缺陷、相关政策制度不完善、社工的晋升空间狭小等。许多社工从业者在工作后才会发现这些在书本和报道中并未展现出的问题，因此产生极大的心理落差。而当他们面临身边同事的频繁离职后，产生的从众心理效应更是会进一步促成他们离开社工行业的决定。解决这一问题的方法就是在从业前对行业开展深入的调查了解工作，不仅要了解行业的发展现状和国家的政策支持力度，还要全面评估自身的职业发展前景。另外，正视职业发展的现实问题也十分重要，虽然社工行业有许多问题亟待解决，但是国家的扶持和社会的需求不可忽视。社工在我国的普及发展是必然趋势，只是不知道这一战略布局的完成时间而已。因此，社会工作从业者要全方位深层次地了解行业的现实状况，也要以正确的视角看待职业发展的现实问题，争取做到深了解、慎选择。

（二）做好自身的职业生涯规划

职业生涯规划实质上就是在步入职场开始职业生涯的初始阶段，帮助个人认识自我，发现自身存在的优势和劣势，明确自身的角色定位，并以此为依据确立及实现职业目标的一个系统性的长期过程。目前，职业发展规划主要是以课程的形式在学校内完成，各大高校都会将其以就业指导课和职业生涯规划课的形式向大学生进行传授，大学生可以根据心理学的测试来认识自我，并结合专业来发掘自身与所学专业的适配度。但是当人们真正步入职场时，职业生涯规划教育却缺失了。这就导致许多社会工作者在步入职场后陷入迷茫，由此可见，明确自身的角色定位，做好职业生涯规划对社会工作者来说尤为重要，它能够帮助社会工作者确定职业发展目标，并为之做出长期而有效的努力。合理而有效的职业生涯规划可以让个人在步入职场的初期阶段就成功就业，也可以帮助个人在自身职业发展的"瓶颈"阶段走出迷谷。因此，每位社工都要有规划自身职业生涯的意识，在充分认知自身的基础上，明确自我的角色定位，发展自身专业知识技能，强化自我的职业认同感。在不断的实践中积累自身的实务经验，内化社会工作专业价值伦理，防止因职业生涯规划不清晰造成的自身发展受限及职业生涯受阻的现象发生。

（三）积极提高自身专业技能水平

由于社会工作的职业特殊性，从事社会工作的人员不仅需要具备专业的理论知识和实务技能，还要有较强的学习能力以适应不断发展的行业动态状况。首先，要明确自身的职业发展方向，制定合理的学习目标，积极主动地参与机构或社工协会组织的培训活动。其次，应不断培养自己的学习兴趣并提高自己的学习能力，利用丰富的互联网信息平台获取社会工作的前沿发展信息，及时更新落后的理论实务知识，补充自身的专业技术能力。再次，要注重工作日志的记录，并要开展阶段性的专业反思，培养自我的研究能力，争取将实践与研究结合，为社会工作发展提供新思路。最后，要注重实务操作的专业化，要在实践中积累经验，不断内化社工的专业价值观。

第六节　结　论

随着我国社会转型力度的不断加强，政府和公众越来越重视社会工作的职业化发展，如此一来付诸在社会工作者队伍上的期望值也有了显著的提高。建设和谐社会存在的问题具有多样性和复杂性的特点，这就意味着社会建设十分需要社会工作来保驾护航，而无论是社会工作的专业化发展还是职业化发展，都需要通过培养大量的专业社工人才来推动，因此培养社工人才是当下发展社会工作事业、建设和谐社会所面临的重要问题。就目前情况来看，社工行业从业人员的频繁流动已成为行业发展和社会发展面临的最棘手的问题，解决社工人员流失问题，及时控制社工人员高流动性产生的影响对于社会发展而言意义重大。

笔者通过在成都市 X 社工机构站点实习时对该站点社工人员流动情况进行深入的调查，在了解行业宏观发展情况的基础上，结合自身经历通过访谈了解站点社工人员的具体感受，开展此次的研究工作。笔者通过阅读大量的文献资料发现社会工作专业人才匮乏，流动情况也十分严峻，并且不同地域、领域发展存在着不平衡的现象。而后，从社工自身、社工机构及社会层面分析了导致社工人员高流动性的原因及影响，试图通过找到相应的预防措施及应对方法来解决造成高流动性的现实问题，从而使社会工作的发展走上健康、有序的道路。

此外，由于笔者研究能力有限，尽管掌握的是一手资料，对工作环境也有着深刻的亲身体验，但本章仅仅对成都市 X 社工站点的人员流动情况进行了调查分析，研究结果具有一定的局限性，因此文章的结论可能不具有绝对的说服力。但希望本章研究能够起到抛砖引玉的作用，为中国社工人才队伍的建设提供一些新思路；同时，笔者会在日后的工作与学习中持续关注并思考社工人员流动的问题，进一步寻求更符合社会现状，更能满足社工人员需求的可实施性强的解决方法。在此，笔者要向奋战在社工行业一线的工作人员致敬，希望他们的坚守可以得到回报，也希望社会工作专业化和职业化发展的未来一片坦途。

第四章 一线社会工作实务个案介入研究

第一节 绪 论

一、研究背景

20世纪70年代,西方福利国家为了应对因在福利方面的过度支出而出现的财政危机,开始实施政府体制改革。受"新右派"思潮的影响,认为政府传统的行政方式"科层制"效率低下、缺乏科学管理,浪费着大量的资源却无法有效最大化地发挥出社会公共服务的作用。所以应当将社会服务领域的行政化和官僚化转为专业化和市场化,运用企业的管理方法和方式来达到社会服务的有效实现。新管理主义理论作为政府改革的重要指导思想,对政府在社会公共服务中的自身定位、所应肩负的职责以及承担服务的社会机构该如何专业地、高效地提供社会服务,从而实现社会福利的目标进行了综合性的论述。对世界各国的社会公共服务发展产生了极大的影响。

自改革开放后,中国的经济飞速发展,国家综合实力不断增强。经济的稳步发展促使人民物质生活水平提升,对公共服务的需求增加,要求也随之提高。传统上由政府单一提供的公共服务模式难以满足人民的需求,并面临着服务质量不高、服务不足和发展不均衡等问题。在新管理主义的助推下,政府向社会力量购买公共服务已经成为政府转变职能、推动社会组织发展、激发社会活力的一项重要工作。[1] 在2007年国务院办公厅出台《关于加快推进行业协会商会改革和发展的若干意见》第一次在中央政府的文件中使用"政府购买行业协会服务"的提法。[2] 国务院办公厅在2013年发布《关于政府向社会力量购买服务》[3],明确提出在"十二五"时期初步形成一个统一而有效的购买服务的机制和平台,到

---

[1] 刘志辉,杨书文. 政府购买社会组织公共服务的公共性论纲[J]. 理论月刊,2019(10):116-123.
[2] 中华人民共和国国务院办公厅. 国务院办公厅关于加快推进行业协会商会改革和发展的若干意见[J]. 牙膏工业,2007(4):14-15.
[3] 国务院办公厅关于政府向社会力量购买服务的指导意见[J]. 中国社会组织,2013(10):36-38.

2020年全国基本上建立较完善的政府购买服务的制度。[①] 但基于中国的基本国情，在历史上并未像西方国家经历过福利支出过大而导致的财政危机，并且我国的经济政治环境也与西方各个国家大不相同，在政府购买社会工作的服务方面，体现出中国的特色。

在政府的大力主导和支持下，出现了多种购买社会服务的模式，例如，广州市以建立家综为中心的服务模式、"政府购买，民间运作"的深圳模式等。[②] 政府在购买社工服务的形式上主要有项目购买和岗位购买两种，使社工更加积极和主动地参与到社会服务与社会治理当中。社工被纳入政府购买服务中，体现出"小政府，大社会"的行政方式的转变，在社会生活当中达到简政放权的效果。这种转变确实极大地提高了社会服务的效益，但结合我国的实际情况，在政府购买服务上存在经验不足，处于起步阶段，在实际操作的过程中容易出现服务行政化、指标绩效化、管理官僚化的现象。[③] 政府在社会服务购买的过程中始终占据主导地位，社会工作机构作为服务提供的合作方，在获得政府购买方认可时，还要同其他社会组织相竞争来获得服务的资质，从而对政府产生一些"依附性运作"的现象。

一线社工作为社会工作机构中最基本也是最重要的组成部分，除了承担着实务工作压力之外，还要肩负着专业的价值和使命、机构的职责等伦理责任，在新管理主义要求效率至上的原则下，一线社工由专业的"实践者"变为"管理者"，经常会有着自身角色混淆而带来的困惑。由于绩效化和考核制的管理，一线社工在提供服务中很容易出现服务的行政化、专业建制化和内部管理的官僚化等一系列问题。[④] 为此，我们要努力思考和发现一线社工实务中的困难和问题，以及如何有效处理好新管理主义要求效率至上的原则与一线社工实务中专业价值践行之间的关系，进而推动政府购买社会服务政策更好地贯彻和落实，同时推动社会工作本土化的进程。

二、研究问题的由来

2019年6~10月，笔者以顶岗社工身份在南方T社工服务站进行专业的实践，并追随一线社工进行实务工作，随着与一线社工从陌生到熟识，笔者与多名一线社工建立了友谊关系，见证了一线社工在实务中践行着社工的专业使命与专业价值时的艰辛与付出，也见证了一线社工在管理主义下开展实务的无奈与心酸，这些对笔者来说颇有感触。由于笔者只是短期的实习生身份，并且是外地人，所以当笔者参与到他们的实务工作时，他们很愿意将自身的一些"经验"分享给我，并以"过来人"的身份告知笔者许多实务的"技巧"。基于这样的情况，才得以有机会收集到许多一线社工在实务中的真实表现和感受。

T社工服务站于2018年6月1日由F社会工作服务中心承接运营，社工站（家综）立

---

① 黄文平. 推广政府购买公共服务要统筹处理好几个关系[J]. 中国机构改革与管理，2014（5）：31-32.
② 王学梦，刘艳梅. 社区社会工作发展的多维模式及其问题分析——基于上海、深圳、广州、杭州等地经验[J]. 中共杭州市委党校学报，2018（1）：78-84.
③ 马贵侠，叶士华. 政府向社会工作机构购买服务的运作机制、困境及前瞻[J]. 广东工业大学学报（社会科学版），2014，14（1）：49-55+92.
④ 朱健刚，陈安娜. 嵌入中的专业社会工作与街区权力关系——对一个政府购买服务项目的个案分析[J]. 文化纵横，2013（3）：15.

足辖区内的居民需求，秉承社会工作"助人自助"的理念。现有19人（笔者实习期间），其中社工站主任1名、主任助理2名，其他16名均为一线（顶岗实习）社会工作者。社工站采用项目化政府购买方式，由市民政局确立项目，财政出资，每个服务站每年200万元，街道是项目的购买方和合作方，市、区民政局是服务站项目的监督方和统筹指导方，由民办社会工作服务机构承接，组建以社会工作者为主体，社会康复师和心理咨询师等专业人员密切配合的跨专业服务团队，以社区为平台提供专业服务。全市服务站实行统一的公开招标制度和第三方评估制度，项目服务周期为一标三年，每年定期实施中期、末期两次评估，评估结果作为下年度项目续签合同依据，以确保项目有效运作。

T社工服务站所服务的范围很广，与辖区内20个居委会相对接，平日里社工站中的一线社工的工作量和工作强度早已是超负荷状态。笔者作为顶岗社工的实习生，在工作中与一线社工共同开展服务。随着工作的进行，笔者发现社工在开展服务时，不仅是专业服务的提供者，同时也在一定程度上扮演着管理者的角色。在与居委会合作的过程中，社工站在无形之中成为居委会下的一个附属组织，社工站的自主权大大降低，在开展社区服务时，社工不仅要提供专业的服务，同时还要满足居委会所要求的一些其他工作，这让笔者感到疑惑，社会工作者是否要按照专业价值观的指引和专业使命的要求去进行服务，还是要遵守居委会和街道的要求，注重于服务的效率和利益。社会工作者在实务过程中该如何处理好两者之间的关系，又是用何种姿态去面对，以及这样的实务对一线社会工作者产生了哪些影响，都令笔者感到困惑。

广州市在2019年7月开始启动整体推进城乡生活垃圾强制分类工作，与以往生活垃圾分类工作相比此次工作的开展重点落在"强制"两字。这也意味着政府对于生活垃圾分类工作贯彻实施的决心，确保生活垃圾分类工作取得一定的成果。T社工站与辖区内所对接的4个居委会（作为试点推行）共同开展垃圾分类进社区的项目，该项目共分为三期，每期计划3个月。在这一项目的运作过程中，真实展现出一线社工在面对专业价值观与管理主义要求下的效率相碰撞的伦理难题，以及一线社工是如何化解这一伦理难题以及如何提高自身在"专业"与"非专业"上的能力。在笔者实习期间，恰逢第一期生活垃圾分类进社区项目，而作为顶岗社工的笔者，与社工站的同事共同参与其中，使笔者能够以研究者的身份进行观察，并通过工作中一些事件和交谈来观察和了解他们在实务时的一些真情实感。在实习期间，学校要求记录实习日志，笔者便将收集的资料记录其中，从而为本章撰写提供足够的研究资料。

三、研究意义

（一）现实意义

随着我国综合国力的增强，政府对于社会公共服务的支持力度大幅提升，并借鉴国外的历史经验形成中国独特的政府向社会力量购买公共服务的模式。目前，社会各界对政府购买公共服务的研究取得了丰硕的成果，例如，对政府购买社工服务模式的概括和总结、购买方式的比较、容易出现的问题、解决策略以及项目运作和社会工作机构发展等问题。但不足之处在于：首先，大部分都是宏观、宽泛和制度性的经验研究；其次，大多数学者的研究重点都以社工机构为主，很少关注到社工机构中一线社工的问题。本章研究尝试通过实地研究，以南方某社工站中一线社工为主要研究对象，展现出新管理主义下真实的一线社工实务情况，并试图探讨如何把握好管理与实务之间的平衡点，从而使管理与实务和谐发展。

(二) 理论意义

通过对新管理主义的内涵、特征以及在中国应用的特点进行分析，并以项目运作中具体案例的方式展现出新管理主义如何对一线实务中的社会工作者产生影响。一线社工作为社会工作机构中的中坚力量，负责机构的日常服务和运转。通过对一线社工实务的研究，可以为大家展现新环境下社会工作实务的变化，为推动我国社会工作本土化贡献一份力量。

四、文献综述

(一) 新管理主义

1. 新管理主义兴起背景

对于新管理主义兴起的讨论，各国学者都是以西方福利国家因经济危机、福利支出过大而导致政府出现财政危机、行政效率低下等问题为背景进行论述。受20世纪70年代中期经济危机的影响，使福利国家的政府对自身所承担的"福利服务唯一的提供者"的角色进行反思。在新右派影响下而兴起的新管理主义，以强调效率至上、弹性调节机制、市场化管理方式以及以顾客为导向的理念迅速被政府所青睐（乔世东，2004）。[①] 例如，"新管理主义"是西方国家在社会转型时期政府的角色模糊、僵化的官僚体制失败、新技术革命冲击背景下进行的社会改良运动（彭未名等，2007）。[②] 总的来说，新管理主义理论作为西方福利国家面对政府在社会福利事业中官僚体制僵化、瞎指挥、低效率等问题而进行社会改良的重要指导思想，并且经过实践，确实减少了政府在公共服务上的压力，提高行政效率，促进西方社会福利事业的发展。

2. 新管理主义的内涵

新管理主义的内涵十分宽泛，作为西方福利国家社会改良的指导思想，西方各国在进行改革时都有其自身的模式和特点。20世纪90年代以前，多数发达国家的公共部门出现新的管理模式，这种新管理模式有很多称号，如"新公共管理""市场化为本的公共管理""管理主义""企业型政府""后科层模式"以及"新管理主义"等（乔世东，2004）。[③]管理主义的发展经历了从传统管理主义（泰勒主义）到新泰勒主义再到新管理主义的过程。作为管理主义在当前发展新形式——新管理主义，是由新泰勒主义与公共选择理论、交易成本理论和委托代理理论等经济学结合而成（毕宇飞，2010）。[④]新管理主义的本质不仅是一种意识形态，更是一种实务实施架构，其隐含对科层制组织的反对，认同企业机制和市场竞

[①③] 乔世东. 新管理主义对社会工作的影响 [J]. 华东理工大学学报（社会科学版），2004（2）：30-34.
[②] 彭未名等. 新公共管理 [M]. 广州：华南理工大学出版社，2007.
[④] 毕宇飞. 管理主义理论综述 [J]. 黑龙江史志，2010（9）：199-200.

争，主张更好的管理有助于解决广泛的经验与社会问题（陈典菊，2019）[①]。根据各学者对新管理主义的研究，陈振明（2006）[②] 从八个方面进行总结：新管理主义强调职业化管理、明确绩效标准和评估、项目预算和管理、回应性服务、小型化和分散化的公共服务、引入竞争机制、企业化的管理方式、政治家和管理者等。

通过阅读文献发现很难对新管理主义下一个准确性的定义，但其内涵都是针对政府在公共服务中的"失灵"，侧重于引进市场化的运作模式到公共事务管理中，侧重于效率的体现和服务的效果。

3. 新管理主义的特征

新管理主义的最大特征就在于以效率至上为核心，从传统的管理主义到新泰勒主义再到新管理主义，实现效率的手段成为三者之间的最大区别，传统的管理主义运用官僚化的管理体制来实现行政效率，而作为新管理主义则是致力于通过引进市场企业的管理方式来解构官僚制进而实现高效的行政效率（毕宇飞，2010）[③]。新管理主义策略重在动态、弹性与创新，建立以顾客为中心的服务导向；强调低成本，节约资源；以权责制取代专业标准，关注于结果，以绩效作为工资薪酬标准；管理技巧的运用取代了政策上的制定成为服务重点；独立管理的"企业化"部门构成了公共组织新的框架；以合约制的方式使服务的提供者与购买者相分离；合约关系成为组织间的新关系；公共服务的提供基于竞争机制而非科层制等八大方面的主要特征（田蓉，2013）[④]。新公共管理主义的理论主张有三个：①政府在社会公共服务中实现"减负"，引入市场准则进行管理，提高资源利用率、强调竞争、效率和效益；②政府自身的"去官僚化"和"行政式的提供服务"的转变，借鉴私营部门的成功经验，转变自身的行政方式，打造企业型政府；③以绩效作为结果评估的重要手段，注重目标管理和服务的结果。

从某种意义上来讲，效率至上的核心原则既是新管理主义最大的优势，但同时也是其最大的弊端。基于新管理主义的兴起背景，当时的西方福利国家急需一种模式去改变政府在社会公共服务中的效率低下、缺少威信的状态，而以管理主义理论作为指导的改革确实解决了当时的窘境，推动社会公共服务事业的发展。

4. 对新管理主义理论的评判

新管理主义的发展和践行并不是一帆风顺的，也遇到许多问题、质疑和批判。如弗兰特对新管理主义的概念产生质疑，认为根本不存在这一概念，是生硬地把组织经济学与管理主义相联系，两者之间存在相互排斥。Frank 将其比作 chimera（希腊神话中的虚构的怪物，嵌合体），有狮子的脑袋、羊的身子和蛇一样的尾巴[⑤]。新管理主义理论采用实证主义的研究方法。实证主义的方法论要求所有的研究都必须保持在一个价值中立、可以测量的状态下，并且所研究的结果是可以以量化的形式表现出来，定量研究是其唯一的展示途径。Wittgenstei（维特根斯蒂）认为，并不是什么地方都适用于实证主义的研究方法，例

[①] 陈典菊. 新公共管理理论及其借鉴意义 [J]. 现代经济信息，2019（4）：102.
[②] 陈振明. 评西方的"新公共管理"范式 [J]. 中国社会科学，2000（6）：73-82+207.
[③] 毕宇飞. 管理主义理论综述 [J]. 黑龙江史志，2010（9）：199-200.
[④] 田蓉. 新管理主义时代香港社会福利领域 NGO 之发展 [J]. 社会，2013，33（1）：195-224.
[⑤] Larry D Terry. From Greek Mythology to the Real World of the New Public Management and Democratic Governance (Terry Responds) [J]. Public Administration Review，1999，59（3）：272-277.

如，在对公共行政和公共管理的研究，应该在实证研究与规范研究中寻找一种对话和联系。[1] 公共管理忽视了公私部门在根本目标上截然不同的差异性，前者是以公共服务的提供为目标，而后者的目的则是利润。在政府提供的公共服务中，许多服务的项目和服务的过程以及服务结果都是难以进行准确量化的，难以客观地考量，服务效果的好坏难以评估。[2]

对于新管理主义的批判，国内外学者大多集中在以下几个方面：①在于其理论来源的基础、定义上以及方法论的质疑，难以有确切的定义被其所用。但新管理主义理论确实又存在于历史发展的过程当中，略显"出师无名"之状态。②对于新管理主义一些特征和内容上的批判，新管理主义来源于市场的私有制竞争当中所实践出的一种模式，有其市场化的弊端，如以效益、利益为主，忽视质量和公益；以顾客为导向的服务，单单满足于某"顾客"的需求和意愿，从而忽略集体上的需求，容易产生政府的"短视行为"；缺乏普惠的民主价值观念，容易产生出新的社会矛盾。③对于新管理主义下"企业型政府"的批判，在传统的社会服务中，一直是以政府为主进行社会福利支出和服务，随着新管理主义的兴起和公共部门的改良，大大改变了政府在社会福利中的地位和角色。以往象征政府"公平、公正、平等"的社会福利转变为以企业管理为主的"效率、效益、利用率"为主的福利模式和服务，而这容易使政府丧失在民众中的威信和公信力，弱化了政府的职能。

社会发展进步所要求的效率至上恰恰是新管理主义所坚持的，在当今社会中拥有良好的经济基础和高效办事效率才能更好地顺应时代发展，对于任何组织来讲，想要摒弃管理主义都是不现实不可行的。但是管理主义只是一种"工具性"的管理模式，更多地存在于技术层面和操作层面，难以解决复杂的公共行政问题。管理主义作为一种单一性的、简单化的管理方法，其实质就是通过引入市场化来解决所有公共行政问题，但市场化并不是万能的，还需要综合性、整体性对现实问题进行分析并结合具体情况来进行运作。

5. 新管理主义对社会工作的影响

新管理主义的涌起对于社会工作的发展既是机遇也是挑战。新管理主义理论为西方福利国家进行社会公共服务改良的指导思想，注重将市场管理机制引入，弱化了政府在福利事业中的主导性作用，从而促使社会工作组织参与其中，得到政府的帮扶与支持，但同时对社会工作机构和社工人员提出了更高的要求。新管理主义对社会工作的影响主要体现在两个方面，即社会工作者的能力和管理的倡导与运用。通常情况下，我们所讲的社会工作者的能力是指作为社会工作者综合能力的体现，也就是作为社会工作者不仅要有丰富的实务能力还要在专业知识的学习上取得成就。但在新管理主义背景下社会工作者的能力表现是社会工作人员必须按照量化指标，达到标准化的要求，并且还要拥有能够完成特定工作的所有技巧。在照顾管理的倡导与运用上，以案主为中心提供服务不再单独成为社会工作者提高服务的重心，在很大程度上，社会工作者的服务是被资源的配置与保管所占用（乔世东，2004）。[3]

反观中国社会工作的发展，在很大程度上借助于新管理主义浪潮下的推动作用。"政

---

[1] Norma M Riccucci. The "Old" Public Management Versus the "New" Public Management：Where Does Public Administration Fit in？[J]. Public Administration Review，2001，61（2）：172-175.

[2] 金太军. 新公共管理：当代西方公共行政的新趋势［J］. 国外社会科学，1997（5）：21-25.

[3] 乔世东. 新管理主义的兴起对社会工作的冲击［J］. 社会福利，2004（7）：24-29.

府购买"作为政府与社会工作组织合作的新机制，是我国社会公共服务领域的重要形式。综合我国政府在购买社会工作服务的有关政策上可以看出，在推动社会工作发展和提供社会服务的过程中政府始终占据着主导性的地位。基于中国国情来讲，并未像西方一样出现福利之处过度而导致财政危机的宏观背景，新管理主义的方法引入中国社会工作服务中可能存在"水土不服"等情况。在购买服务上，政府可能存在太敏感、过分追求量化标准和指标化等问题，使社会工作的专业价值和专业使命难以凸显（黄灿灿，2019）。[1]

政府购买社会工作服务已经成为推动中国社会工作发展的重要驱动力，但同时也造就"政府一家独大"的尴尬局面。转观当下的社会工作机构，为了能够得到政府的购买，不仅要提升、塑造自身的实力，并且还要有基本工作之外的"能力"，帮助基层组织做好"形象工作"的能力。种种迹象表明，这无疑是脱离社会工作专业的价值观与专业使命，而且最重要的是，作为机构中活跃的一线社会工作者，才是种种行为的实践操作者，他们对于专业价值观和专业使命的践行才是最重要的。

（二）政府购买社会服务

西方国家社会福利制度的改革，催生了公共服务私营化这一模式的产生。公共服务的民营化、私营化作为新公共管理主义的核心内容之一，强调政府在公共服务中自身要定位准确，应当将资金支持和服务提供两项内容分离开来，服务的提供交给市场和社会承担，减少政府对服务不必要的干预，公民对公共服务的过度依赖，提高公共服务的质量和效率，从而达到更好的政府、更完善的公共服务和更美好的社会。[2] 公共服务的民营化在中国最主要的体现是政府对社会服务的购买，即政府拿出资金向社会组织购买服务，使公民享受最大的利益。其中政府作为购买服务的一方，社会组织作为公共服务的提供者，以专业的服务来获得政府支付的资金费用，从而形成一种良性友好的合同关系。国外学者萨拉蒙将政府、企业和社会组织三者间的合作模式看作是由政府出资，企业和社会组织提供相应服务。[3] 乐园（2008）[4] 通过对上海社区文化服务中心的公共服务购买研究，从而认为公共服务的购买实质上是合同外包的签订，政府同社会组织签约协议，由政府提供资金支持，并将公共服务要求的内容、服务的安排交给社会组织，由社会组织负责提供专业性的服务，进而得出政府与民间组织契约合作模式。

通过对文献整理的分析可以得知，政府购买社会服务的实质，是强调政府提供资金去委托专业社会服务组织代为提供公共性服务。对于政府购买社会工作服务就是政府在社会公共服务预算中拿出经费，向各类提供公共服务的社会机构，公开招标购买社会服务或直接拨款资助服务的协作模式。[5] 2019年民政部、财政部发布的关于《政府购买社会工作服务的指导意见》将政府购买社会工作服务定义为政府利用财政资金、采取市场化、契约化方式，

---

[1] 黄灿灿. 政府购买社工服务背景下社工机构行动策略"表演化"研究[D]. 中央民族大学硕士学位论文，2019.
[2] [美] E.S. 萨瓦斯. 民营化与公私部门的伙伴关系[M]. 周志忍译. 北京：中国人民大学出版社，2002.
[3] (美)萨拉蒙等. 政府向社会组织购买公共服务研究：中国与全球经验分析[M]. 王浦劬译. 北京：北京大学出版社，2010.
[4] 乐园. 公共服务购买：政府与民间组织的契约合作模式——以上海打浦桥社区文化服务中心为例[J]. 中国非营利评论，2008，2（1）：143-160.
[5] 王薇. 我国政府购买社会工作服务的困境与对策管窥[J]. 内蒙古统战理论研究，2016（5）：43-45.

面向具有专业资质的社会组织和企事业单位购买社会工作服务的一项重要制度安排。[1]

1. 广州市政府购买社会工作服务的文献研究

广州市政府购买社会工作服务最早可以追溯到 2007 年，由政府出资向社工服务中心购买青少年的服务项目。[2] 2009 年广州市派出考察团去学习香港社会管理服务情况，并召开专项工作会议，随后实施"关于学习借鉴香港先进经验推广社会管理体制改革先行先试意见"，作为推动广州市社会改革与创新的纲领性文件，改革过去政府"大包大揽"的社会管理改革思路，将"党委领导、政府负责、社会协同、公众参与"作为改革的总体目标。[3] 文件的实施将开展政府购买服务项目试点，建立健全政府购买服务制度以及加强社工队伍建设，推动社会工作发展进入制度化轨道。

2010 年颁布的"推进我市社会管理服务改革开展街道社区综合服务中心建设试点工作方案"和 2011 年出台的"关于加快家庭综合服务中心建设的实施办法"[4]极大地推动了广州市社会工作机构的发展，同时为广州市立足于街道现有的服务项目与社会工作专业相结合，从而形成广州市所独有的以家庭服务为中心的政府购买社工服务模式。

在 2018 年，广州市人民政府办公厅出台"广州市社工服务站（家庭综合服务中心）的管理办法"，明确要求各街道的社工站（家综）应按照管理办法的规定，根据和街区的实际情况按照"113X"的模式，完善社会工作站的服务体系。即党建部门作为社会工作机构和社会服务的核心，发挥党对社会工作的影响力和引领作用；同时立足于本辖区内的青少年、长者、家庭社会工作服务的三个重点领域；根据各辖区的实际情况来开展多种特色服务项目。[5]

2. 广州模式特点及问题

各街道建设的社会工作服务站（家庭服务中心）是广州模式显著的特征。各街道所管辖的社会工作服务站，是由市民政局确立项目，财政出资，街道是项目的购买方和合作方，市、区民政局是服务站项目的监督方和统筹指导方，组建以社会工作者为主体，以社区为平台提供专业服务。社工站立足于辖区内的实际情况，以发现居民的需求，提供专业性的服务，促进社区和谐发展为目标。广州模式还强调制度建设，各项规定及时跟进，为社会工作机构的发展提供了政策上的支持，为社工机构注入了发展的动力，得到了政府的重视，使其发展迅猛。

广州模式主要问题体现在管理体制上的行政色彩严重、在资源使用方面效率不足，浪费严重，行业之间竞争激烈，甚至出现垄断性，以至于服务形式化、行政化成为常态。[6] 丁喻等（2017）[7] 在研究中指出，近年来广州市在购买社工服务的实践上存在着制度化不

---

[1] 民政部，财政部. 民政部　财政部关于政府购买社会工作服务的指导意见 [J]. 大社会，2019（2）：66-68.
[2] 王明刚，魏红梅. 政府购买公共服务政策探析——以广州市为例 [J]. 特区经济，2013（4）：37-38.
[3] 岳经纶，郭英慧. 社会服务购买中政府与 NGO 关系研究——福利多元主义视角 [J]. 东岳论丛，2013，34（7）：5-14.
[4] 广州市民政局政府信息公开目录 [EB/OL]. http：//mzj. gz. gov. cn/gkmlpt/index#345.
[5] 广州市民政局慈善事业促进和社会工作处.《广州市社工服务站（家庭综合服务中心）项目评估办法》解读 [J]. 中国社会工作，2019（22）：10.
[6] 黄灿灿. 政府购买社工服务背景下社工机构行动策略"表演化"研究 [D]. 中央民族大学硕士学位论文，2019.
[7] 丁瑜，肖祁. 从政府购买社工服务进程中的问题再思三元主体关系——以广州市为例 [J]. 社会工作与管理，2017，17（2）：5-11.

足、专业化不够和各类资金的问题,在购买方、承接方和使用者三个层面诱发出多种问题,主体间产生上下分层问题。陈天翔等(2016)[①]通过引入多层级政府维度,阐述在夹缝中求生存的社工机构、政府和群众三大主体之间由最初的正式委托代理关系到动态演变吸纳关系再到合谋关系,关系演变的过程边界不断趋于模糊,逐渐趋于政社一体,将社工机构变为街道附属组织。张晓红(2015)[②]对广州市家庭综合服务中心(社工站)本土化进行重点研究,通过购买服务的背景、方式、评估的机制和量化绩效等进行分析,从而指出广州模式发展的问题。黎熙元(2018)[③]指出,广州特色的社会工作服务站(家庭服务中心)存在街道办事处、居委会和各社工服务站之间的关系问题,经常会出现社工站志愿街道办事处和居委的现象,使社工站丧失独立性,容易产生依附性的运作。随着政府购买社工服务力度和热度不断上涨,在具体的运作实践中,如何保证社工机构的独立性和专业性,是应当引起思考和足够的重视。随着社工机构不断地增多,产生出恶性竞争和垄断型的组织,使公开竞标失去实质价值;社工人才的供应不足,导致社工机构自身实力不济,产生专业能力下降、资源利用低下等问题。[④]

(三)社会工作实务

社会工作模式,是在对社会工作实践过程中经验的积累从而整合出具有普适性的社会工作方法,作为理论与实践相结合的社工模式,对社会工作的实务具有指导性,但模式中缺乏核心要素的"实务"。[⑤] 有鉴于此,社会工作实务应当作为一种有机整合的综合体来看,而不应只是社会工作、实务和模式这三者概念的机械相加,更不应当将社会工作专业与社会工作实务分裂隔离、加以区分。

社会工作实务对社会工作专业是不可或缺的,有着不可替代的地位,是检验社会工作研究成果最重要的一步,对社会工作专业的发展有着不可替代的重要作用。但是目前我国面临着多"教实务"、少"做实务"的教学现状,教的人不一定会做,做的人不一定会教。而这种教育与实践脱钩,更多体现教师一直在"教"实务而不是带着学生"做"的误区。[⑥]这种社会工作的教学与教育模式更多只是停留在理论层面,可是社会工作作为一门应用性较强的学科,应着重体现在其实务(实践)上,社会工作一旦缺少实务上的历练,就如同被"架空"一样。

1. 国内社会工作实务文献研究

社会工作实务的本土化是西方的社会工作实务在中国发展的必然要求。但是,在中国

[①] 陈天祥,郑佳斯. 双重委托代理下的政社关系:政府购买社会服务的新解释框架[J]. 公共管理学报,2016,13(3):36-48+154.

[②] 张晓红. 社会工作本土化实践中的伦理困境——以广州市家庭综合服务中心模式为例[J]. 社会工作与管理,2015,15(4):23-29+89.

[③] 黎熙元. 社区技术治理的神话:政府项目管理与社工服务的困境[J]. 兰州大学学报(社会科学版),2018,46(3):33-39.

[④] 胡杰成. 社会组织承接政府购买社会服务的实践探索——广州市"家庭综合服务中心"调查报告[J]. 社会建设,2016,3(2):46-55.

[⑤] 朱眉华,文军. 社会工作实务手册[M]. 北京:社会科学文献出版社,2006.

[⑥] 侯荣庭. 从"教"实务到"做"实务:社会工作实务课程改革探析[J]. 教育教学论坛,2018(19):105-106.

社会工作实务的发展过程中必不可少的需要与相对应的国情相结合。① 社会工作的价值理念和专业使命与中华传统的儒家思想不谋而合，使社会工作的价值理念能够快速得到认可，利于社会工作在中国的发展和传播。在中华人民共和国成立以前，社会工作实务已经开始引入并进行探索。1921年北平协和医院社会服务部中的社会工作者采用个案工作的方式对病人的社会历史进行调查和跟踪，为医生的诊断带来很大的帮助，同时还将其工作模式推广到南京济南等多家医院，获得了良好的社会声誉。②

虽然我国的社会工作实践的源头可以追溯到20世纪20年代，但真正意义上的社会工作实务和研究应当是在改革开放后，以北京大学等高等院校的社会工作专业的开设与招生为标志，使社会工作在实际部门获得了发展空间。③ 中华人民共和国成立之前社会工作的实践只停留在局部并且非连贯的，而中华人民共和国成立后的社会工作层面上的实践都由政府或是执行政府职能的团体为主进行开展，缺乏社会工作专业所要求的专业性和技巧性，表现出非学术性和非理论性。④

时至今日，社会工作实务的发展已经体现出专业化、职业化、多样化的趋势。在2006年7月人力资源和社会保障部出台的《社会工作职业水平暂行规定》和《助理社会工作师、社会师职业水平考试暂行办法》在法律层面确定了社会工作者的职业化，推动了社会工作职业化的发展。到2012年11月，民政部、财政部联合颁布《关于政府购买社会工作服务指导意见》，肯定了社会工作专业在社会治理上的重要作用和参与社会治理的合法性，通过制度层面的设计，来明确规定社会工作机构与政府之间是一种公平的合作伙伴关系。这一制度的出台，标志着社会工作专业化进程全面铺开。高等教育为主体的社会工作实务发展，呈现出社会工作实务呈多样化的发展。⑤ 对于高校学生的实务实习，大多数高校根据培养方向、课程设置、学校资源等条件制定出不同的实务模式。实务（实习）地和实习单位也可供选择，但大都集中于沿海一带的一线城市，其中北京、上海、广州、深圳成为社会工作实务发展具有代表性的城市。

2. 国外社会工作实务文献研究

纵观英美社会工作实务体系的发展，离不开社会工作专业所处的不同时代的经济、政治和文化环境等因素。社会工作实务的变化蕴含着社会工作专业、社会工作教育和社会工作人才培养的转变；蕴含着社会福利制度、社会服务体系和社会结构的变迁。按照英美社会工作专业发展的时间脉络可分为：自19世纪开始，社会工作专业和社会工作实务表现为慈善公益类服务活动，是非专业性的实践探索，这一时期属于社工实务和专业的萌芽阶段；19~20世纪，社会工作专业和社会工作实务得以飞速地发展，为社会工作专业和实务的发展奠定了坚实的基础，经历了由半职业化的实践和专业化的教育阶段到基本职业化和社工实务概念形成阶段再到高度专业化和社工实务模式形成阶段。20世纪末21世纪初，随着全球化的深入发展，各个国家间的交流日渐增多，宏观社会工作实务应运而生，跨文

---

① 申海岗. 社会工作实务中国化研究 [D]. 山东理工大学硕士学位论文，2012.
② 张岭泉，彭秀良. 掩埋在历史风尘中的北平协和医院社会服务部 [J]. 档案天地，2010（3）：47-49.
③ 王思斌，马凤芝. 社会工作导论 [M]. 北京：北京大学出版社，2014.
④ 周沛. 关于社会工作发展中的几个问题 [J]. 江苏社会科学，2003（3）：73-77.
⑤ 王思斌，阮曾媛琪，史柏年. 社会工作教育的发展 [M]. 北京：北京大学出版社，2014.

化专业的实务模式不断更新发展，社会工作专业和实务迎来了新的发展机遇。[1]

首先，半职业化的实践和专业化教育阶段。在非专业实务和慈善公益阶段，英、美等西方社会处于现代化的起步阶段，如何有效和快速地解决社会问题，重构社会秩序是政治家面临的最主要的问题与挑战。[2] 这一阶段的宏观背景为英美的工业化、城市化和现代化早期阶段；服务人员的组成主要是中产阶级的家庭妇女；服务的对象主要是当地社区的贫困人员和家庭以及需要帮助的弱势群体；实务主要体现为"志愿"的"友好访问员"；实务的核心为服务；没有专业的价值观进行指引，主要出于人道主义与普世情怀下而进行的非专业性的服务，在某种程度上可以说是社会工作者的一个缩影体现，为现代社会服务奠定了基础。[3]

1917年玛丽·里士满（Mary Richmond）出版了《社会诊断》（Social Diagnosis）一书，标志着专业社会工作的出现。里士满所创立社会诊断模式为社会工作实务和社会工作者特殊职责提供了界定的标准，在操作意义上把社会工作定义为由特殊工作过程构成。[4] 在半专业化和专业化教育起步阶段，服务人员由社工专业本科生与志愿者、专业人员与非专业人员并存；服务对象范围扩大，除了传统的贫困人群服务对象外，还将服务对象扩展到普通人，例如，儿童服务、老年人服务、移民服务，以医院、学校为场域开展服务等。对于普通人的帮助第一次超过传统上对穷人的帮扶。实务除了传统的救济帮扶外，增加了以社区为基础的综合性服务。这一阶段服务人员都具备一定的社会工作专业知识，社会工作专业发展已经有所起色。随着社会工作教育的迅猛发展，各院校增添大量的社会工作教育课程，促进了社会工作人才的培养与社工教育体系的完善，对社会工作专业的理论构建和知识体系完善以及社会工作实务的发展产生了极大的推动作用。这一阶段是以慈善公益和志愿服务非专业化服务向专业化服务发展的转型、过渡时期，为社会工作实务向现代化发展打下了坚实基础。

其次，在基本职业化与社工实务概念形成阶段。这一阶段的宏观背景是美国经济大萧条引发的社会危机和"二战"的爆发，注重回应社会变迁是这一时期的显著特征。社会工作的服务者几乎全部是社会工作专业人员，社会工作硕士成为主体。社会工作服务内容和类型显著增多，范围进一步扩大，由传统的常态化贫困救济扩大为特殊时期的紧急性、临时性的救助，由物质帮助扩大为现金性援助，由一般性服务扩大到专门化服务。个案工作、群体工作和社区工作逐渐形成。在这一时期时，社会工作实务领域日益专门化，例如，老人、儿童、妇女等领域。社会工作实务的法治建设逐渐完善起来，主要表现在实务中社工要有相应的执照、证书；实务的内容要按照法律的要求和专业的监管；社工机构要具备相应的成立资质。[5]

---

[1] 刘继同. 英美社会工作实务体系的历史演变与社工专业发展的历史经验[J]. 社会福利（理论版），2013（4）：13-21+12.

[2] Thomas Blau. Regulating the Poor: The Functions of Public Welfare, Frances Fox Piven, Richard a Cloward [J]. American Journal of Sociology, 1972, 78（2）：444.

[3] 刘继同. 英美社会工作实务范围内容演变与现代社工实务概念框架建构[J]. 社会工作，2013（3）：3-15+150-151.

[4] 徐永祥，刘振. 社会工作学科的先行者：里士满学术思想述评——写在《社会诊断》问世百年之际[J]. 学术界，2017（11）：221-231+328.

[5] Catherine B Healey. BookReviews: C. H. Myer (Ed.), Social Work with the Aging. Silver Springs, MD: National Association of Social Workers, Inc. [J]. Journal of Applied Gerontology, 1987, 6（4）：489-492.

最后，在社会高度专业化与社会工作专业实务模式形成阶段。宏观背景是美苏冷战、英美等国家对"贫困"的重新定义和多样化的社会运动发展。社会工作服务人员已经实现社会工作专业化，博士、硕士和本科层次社工共存。[①] 社会工作的服务范围呈现综合化，服务内容系统化，服务集中于城市，社工服务迅猛发展。这一时期，社会工作实务发展的结构特性和专业性特征明显，进入新阶段的发展，社会工作实务观有所深化，实务模式和领域日益多样化，人民越来越关注社会工作实务的基础，努力尝试、探索、归纳和总结各类实务上升为理论化概括和概念化的提炼，有力促进了社会实务的发展，达到社会工作专业发展和专业实务能力建设的顶峰。[②] 这一阶段对社工实务研究的重点主要为"标准的界定"，也就是大改以前对实务模式的研究，从而将研究的重点转向到实务分类的标准和专业服务标准，其背后的原因缺少"标准化"的界定，导致社会工作实务发展趋向普适性、多样性和失衡性，反映出英美两国对社会工作实务发展追求全面管理制度化发展方向，社会质量、专业质量和服务质量成主题。[③] 这一阶段是英美两国社工实务体系与社会工作专业发展结构转型和战略升级的关键时期。

21世纪是全球、宏观社会工作实务形成与跨文化专业实务模式转型阶段。经济全球化、世界金融危机和中国和平崛起是这一时期的宏观背景。服务者主要分为准专业人员、本科生、硕士和博士四个层次，社工专业教育体系日渐完善；在微观层面上，形成更加细致的专业服务领域，如个案管理、小组工作等；在宏观层面上，对于社会政策和社会法规的研究。随着全球化的深入，各国之间的联系加强，社会工作走向国际大舞台，不同主权的民族和国家以及国际社区成为新的服务对象。[④] 新增国际社会工作，主要表现运用社会工作的专业理念、方法或是雇用社会工作者工作的国际组织和机构。国际社会工作的发展，增加不同主权国家间社工的交流，从而带动了社会工作专业知识、方法的学习，有利于社会工作专业的传播。进入21世纪以来，由于"标准化"的界定，社会工作实务的发展趋同性不断增强，而与之相对，社会工作理论则向着多样性、多元化发展，这就导致了实务与理论之间存在"脱节"情况，应当加强对社会工作理论整合性研究。[⑤] 融合式的创新与整合作为英美社工实务体系发展的最主要特征，集中地展现出英美实务体系发展的历程，由最初单一性到多样化、多元性再到标准化的界定最后达到趋同性的发展过程，展现出英美社工实务体系由非专业、非标准、非体系到专业化、标准化、体系化和法制化的转变，使社会工作实务成为一项完整而又成熟的模式，从而为全球社会工作实务指明了方向。

3. 社会工作专业发展与社会工作实务的关系

通过梳理国内外社会工作实务发展脉络，在不同时期，不同的政治条件背景和社会工作专业发展的水平影响着社会工作实务的发展，同时社会工作实务也在促使着社会工作专

[①] M Catherine Benner. Robert H Haveman A Decade of Federal Antipoverty Programs: Achievements, Failures, and Lessons. [J]. Social Service Review, 1978, 52 (2): 338-339.
[②] 刘继同. 社会工作"实务理论"概念框架、类型层次与结构性特征 [J]. 社会科学研究, 2012 (4): 78-88.
[③] 钟舒扬, 王阿憧. 对社会工作模式的反思 [J]. 黑河学刊, 2011 (11): 190-192.
[④] Dugald McDonald. Book Review: Issues in International Social Work: Global Challenges for a New Century [J]. Sage Publications, 1999, 42 (2): 253-255.
[⑤] 文军. 论社会工作模式的形成及其基本类型 [J]. 社会科学研究, 2010 (3): 1-8.

业的向前发展，可以说社会工作专业发展与社会工作实务体系发展相辅相成。社会工作实务的发展既需要宏观社会环境和广泛的社会需要，又需要社工"专业共同体"的形成，尤其是社工群体的"主体自觉"和专业领袖人物的出现，光有社工专业发展的宏观社会环境与社会需要是远远不足的。从这一点足够可以说明社会工作实务的核心是社工专业普世价值观，其实质是人的价值、人的尊严，精髓是人性，从而超越民族文化、性别和年龄限制。这意味着社会工作专业的发展是坚持以人为本，注重人的需求，特别是社会上的弱势群体，当社会工作专业发展到一定的程度，同样也是发挥"人的领袖"作用，对专业发展做出概括和总结，运用到社会实践当中，从而推动社会工作实务的发展。社会工作专业的发展与社会工作实务的发展体现出"学"与"做"的两个方面。

五、研究方法

（一）实地研究法

本章所采用的研究方法为实地研究法，运用了参与式观察和非结构式访谈来收集资料。就本章而言，选取实地研究最大的优势就在资料的收集上。基于暑期实习经历，笔者作为顶岗社工到南方某机构进行实习，实习内容是同一线社工共同开展专业服务。在三个月的实习中，笔者与社工站的一线社工相熟识并成为好朋友，成为他们在工作中或是业余时间最大的"倾诉对象"，由此笔者才能够了解他们在一线实务中的真情实感，为本章研究提供真实素材。

在笔者实习期间，试点社区生活垃圾分类项目的运作，深刻地反映出以政府部门为主导，社工站作为"附属部门"辅助性配合的工作状态，这种配合似乎早已跨越了社会工作专业的界限和使命感，凸显出以效率为主的新管理主义下雷厉风行的做法。而作为一线实务的社工在整个项目的运作中也是"苦不堪言"，作为实习生的笔者也亲身经历其中。在与一线社工共同工作中，笔者作为参与者能够细致捕捉到一线社工在实务中的细微表现，以及社工自我"小技巧"的应对方式，专业价值观和专业技能的践行等，记录一个真实、生动的一线社工实务情况。运用非结构式访谈，与一线社工进入深层次的交流，了解他们内心的真实想法以及态度，让笔者能够在观察的基础上进行深层次的分析和研究。

（二）研究框架

在笔者实习期间T社工站共有19人，其中社工站主任1名、主任助理2名，其他16人均为一线（顶岗实习）社会工作者。社工站主任日常工作是上传下达以及管理工作，很少参与到开展专业服务中。但是社工站的主任是必须具备5年以上的实务经验以及持有高级社工师证书才可以胜任。2名主任助理不仅要负责整个社工站文书的收集和递交工作，同时也要负责实务的开展和专业服务。其余16人，除去行政人员1名，均为一线社会工作者（见图4-1）。

在开展"B区垃圾分类进社区项目"中，社工站负责对接服务工作主要下发给特色领域和重点领域，但遇到"紧急情况时"社工站其他四组的社工，都需要作为后备力量投入其中。而作为顶岗社工的笔者，则是时常与负责组的4名社工作为"主力军"参与

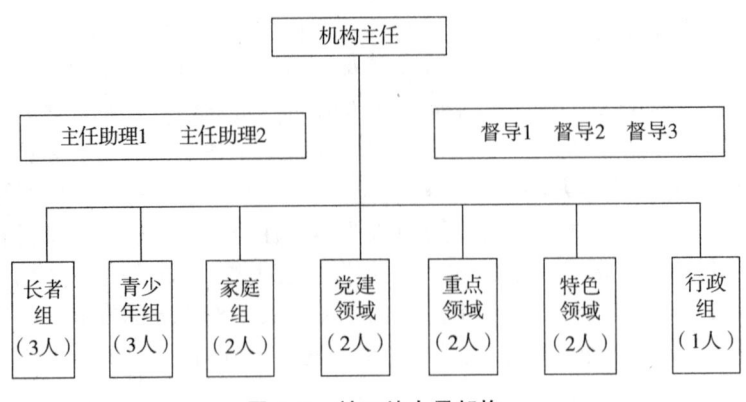

```
                          ┌──────────┐
                          │ 机构主任  │
                          └────┬─────┘
            ┌──────────────────┼──────────────────┐
    ┌───────┴────────┐                    ┌───────┴────────┐
    │主任助理1 主任助理2│                    │督导1 督导2 督导3│
    └────────────────┘                    └────────────────┘
                               │
 ┌───────┬───────┬──────┬──────┼──────┬──────┬──────┐
┌─┴─┐ ┌──┴──┐ ┌─┴─┐ ┌──┴──┐ ┌──┴──┐ ┌─┴──┐ ┌──┴──┐
│长者│ │青少 │ │家庭│ │党建 │ │重点 │ │特色│ │行政 │
│组 │ │年组 │ │组 │ │领域 │ │领域 │ │领域│ │组  │
│(3人)│ │(3人)│ │(2人)│ │(2人)│ │(2人)│ │(2人)│ │(1人)│
└───┘ └─────┘ └───┘ └─────┘ └─────┘ └────┘ └─────┘
```

图 4-1 社工站人员架构

其中。

本章采用非结构式访谈，对参与"B 区垃圾分类进社区项目"的 4 名社工，社工站对此项目总负责的 1 名社工助理以及与社工站联系紧密的 2 名街道人员和 1 名居委会主任进行了非结构式的访谈。对于一线的社工统一编码为"P"，社工助理编码为"A"，街道人员编码为"C"，居委主任编码为"D"（见表 4-1）。

表 4-1 访谈对象基本情况

编号	性别	年龄	职务	项目中职责
P1	男	25	一线社工	义工培训、蹲点宣传
P2	男	26	一线社工	扫楼（入户宣传）
P3	女	28	一线社工	新闻稿件、策划和汇报等文书
P4	女	25	一线社工	义工招募和管理
A	女	27	助理（一线社工）	与居委对接、分派任务、
C1	女	28	街道人员	与社工站对接
C2	女	29	街道人员	领导社工开展项目
D	男	32	居委主任	对社区项目统筹管理、检查与考核等

第二节 B 区生活垃圾分类进社区项目启动

一、生活垃圾分类进社区项目简介

在上海市的垃圾分类工作进行得如火如荼时，广州市的垃圾分类工作也正式提上日程。广州市作为我国的第三大城市，也是五大中心城市之一，在对生活垃圾分类回收处理上历时已久。早在1998年广州市便开始对生活垃圾分类回收处理进行初步的探索,经过十余年的经验积累,在生活垃圾分类回收处理上形成其独具特色的模式。[①]

2019年7月,广州市全面启动推进城乡生活垃圾强制分类工作,到2020年底,将建成完善的垃圾分类处理系统,打造出"两个1000"样板(垃圾精准分类小区1000个和示范行政村1000个)。全市内实现生活垃圾全覆盖,并且形成前端分类精准化、中端运输规范化、末端处置无害化和回收利用资源化的模式。[②]

广州市的生活垃圾分为四类:可回收物、餐厨垃圾、有害垃圾和其他垃圾(见图4-2)。用四种不同颜色的垃圾桶来区分,可回收物是指适宜回收和资源利用的生活垃圾,如纸类、塑料、金属、玻璃、木材和织物等,要放进蓝色垃圾桶。餐厨垃圾是指餐饮垃圾和废弃食用油脂、厨余垃圾和集贸市场有机垃圾等易腐蚀性垃圾,如废弃的食品、蔬菜、瓜果皮核以及骨骼内脏、菜梗菜叶、果皮、餐食落叶、剩菜剩饭等都属于餐厨垃圾,要放进绿色垃圾桶。有害垃圾是指对人体健康或者自然环境造成直接或者潜在危害的生活垃圾,包括废充电电池、废日用化学品、废水银产品、废油漆等,要放进红色垃圾桶。其他垃圾是指除以上三种垃圾以外的混杂、难以分类的生活垃圾,要放进黑色垃圾桶。[③]

图4-2 广州市垃圾分类投放桶

在笔者实习所在的B区中各社区严格按照生活垃圾定时定点进行分类投放,集中处理的原则,将原本各楼层间的垃圾投桶全部撤出楼房,使居民不再享受出家门就可以丢垃圾的便利。从垃圾分类知识宣传的开始,到楼道撤桶的进行,再到定时定点地进行垃圾分类投放这一系列的工作,T社工站一直在配合居委会开展服务,促进B区垃圾分类工作的进行(见表4-2)。

---

① 樊志敏. 广州市城市生活垃圾分类回收管理问题研究[D]. 广州:广州大学硕士学位论文,2013.
② 黎湛均. 广州垃圾分类工作任务清单:明年底前创建"两个1000"样板[EB/OL]. https://new.qq.com/omn/20190710/20190710A0S8CB00.html, 2019-07-10.
③ 李波. 做好垃圾分类,共享绿色生活[N]. 广州日报,2019-07-18.

表 4-2　B 区生活垃圾分类工作计划时间

7月中旬前	8月前	9月前	10月前	11月前	12月前
规划垃圾分类运输车辆行驶路线，公布投诉举报电话	甄选生活垃圾分类推行的试点社区，各居委做好相应的准备工作	试点社区生活垃圾分类相应的设施配置到位，并大力开展垃圾分类宣传活动	继续进行试点社区垃圾分类的宣传工作，同时进行经验总结，开展辖区内非试点社区的垃圾分类工作	将垃圾分类工作范围扩展到各街区，形成垃圾分类工作网，对公共区域垃圾分类工作加强宣传和监管	各街道配备生活垃圾分类专职督导员，全区生活垃圾分类工作形成有序可循、有矩可遵。达到目标要求

资料来源：笔者根据试点社区生活垃圾工作安排进行制作整理。

二、T 社工服务站简介

笔者实习所在的 T 社工服务站于 2018 年 6 月由广州市风向标社会工作服务中心承接运营，中心立足于辖区内的需求，向辖区内的老人、妇女、青少年、残障人士、困境群体及家庭提供专业的服务，是一个综合性的社工服务站。T 社工站的服务范围是 B 区 TD 街区域中的 20 个居委会，其中 5 个为村转居社区，辖区内高龄、孤寡长者、残疾人、低保低收、单亲家庭占比较多，辖区内户籍人口约为 2.78 万人，流动人口约 16.2 万人，是典型的集结型城中村管理框架。在笔者实习的三个月中，社工站的社工几乎都处于超负荷的工作状态，每个部门总会出现加班占休的现象。社工站在开展每个月计划内的服务时，还要随时面对到社工站求助的案主，以及时不时出现"紧急"要求的街道居委的派遣。

T 社工服务站采用项目化政府购买服务的方式，由市民政局确立项目，财政出资，街道是项目的购买方和合作方，市、区民政局是服务站项目的监督方和统筹指导方，组建以社会工作者为主体，以社区为平台提供专业服务。服务站实行统一的公开招标制度和第三方评估制度，项目服务周期为一标三年，每年定期实施中期、末期两次评估，评估结果作为下年度项目续签合同依据，确保项目的有效运作（见图 4-3）。

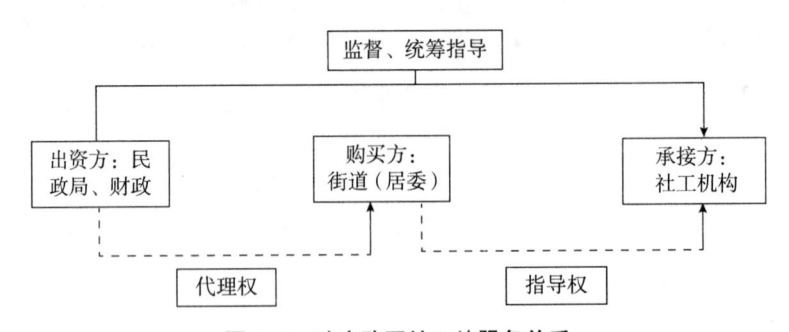

图 4-3　政府购买社工站服务关系

现阶段社工站主要由长者组、青少年组、家庭组、党建领域、重点领域、特色领域和行政组构成，维持着社工站的运营，主要的工作内容有七个：

（1）长者组。较多帮助一些孤寡、独居、处于困境的老年人，其中最常见的就是探访孤寡、独居的老年人，询问长者最近需求，协助特殊长者走出困境，组织茶话会，搭建长者支持网络，开展夕阳红兴趣小组，建立"社工+义工+长者"一对一的服务机制。

（2）青少年组。重点服务辖区内低保、贫困及单亲、失业、边缘困境或问题青少年，也服务辖区内一般青少年，如开展寒暑期夏令营活动，学业辅导等常规性、持续性的青少年活动。

（3）家庭组。主要服务残障家庭、困境家庭和一般家庭。为辖区内的家庭搭建"自助—他助—互助"的社区支持平台，开展"和美家""益家亲"等服务活动。

（4）党建领域。加强社区基层党组织建设，整合社区党员资源，培育社区党员义工队伍，搭建基层党组织、专业社工、社会组织、社区居民等多元主体的社区公共事务参与平台，创新党建引领社区治理模式，形成社区党建和社会工作融合共建的格局。随着广州市社会工作服务站建设进入新的发展阶段，党建引领的作用凸显出来，一方面要充分发挥出党对社会工作的影响力。借助社会工作与群众联系的专业方法，进一步巩固党的执政基础。另一方面要整合社会工作的方法和思路，丰富新时期党的群众工作的内容和形式，提高党的群众工作的科学性和专业性。

（5）重点领域。加强社区居民素质教育服务，增加居民对社区的归属感和认同感，开展德育学堂服务项目。在社工站所服务的社区中，由于是城中村，拥有大量的出租屋资源，且价格相对于市区低廉，越来越多的外来人口选择居住在此，使社区内人口密集、人员复杂，居民文化素质参差不齐，造成更多的公共问题和社区治理问题。

（6）特色领域。基于辖区内的实际情况与社工站的实际需求，特色领域带领出众多的义工团队，既增加社区居民对社区活动的热情，也解决了社工站缺少志愿者的现实困难。作为对义工团队的回报与肯定，社工站每年都会举行义工表彰大会，志愿时数多的义工会得到一定的嘉奖。每当有赞助的团体举办活动时，义工也会被优先考虑参加。

（7）行政组。负责整个社工站人员的薪资发放、事假调休、经费开支、物资采购等事宜，目前社工站行政组只有一人，每到月底总部会临时抽调一人前来帮助行政组处理月末事务。

三、小结

T社工站的运营和服务离不开广州市民政部门的项目资金支持，作为社工站服务的购买方和合作方的街道居委会，在一定程度上支配着社工站服务的开展。T社工站的服务范围辖区内的20个社区居委会，根据社工站的部门构成，除去行政组和党建领域，其余的五个部门要分别对接四个社区居委会的日常开展服务，党建领域则是要与20个社区的党支部有所联系，定期为党员开展一系列的服务活动。社工站每个部门要制定出本月的服务计划与所要开展的服务活动，并以纸质版或电子版的形式送到20个社区中，并询问是否有社工站需要配合的服务活动，称为常规性的服务计划，当然其中还包括每个月都必须进行的入户探访服务，及时了解各部门分管社区内"特殊"人群的需求，例如，孤寡长者、贫困家庭、困境长者等。在常规性服务活动之外，社工站还面临着前来求助的案主或是其他社工站所转介过来的服务对象，在笔者实习期间，这样突发性需要社工的事件时常发生，大多是通过居委会联系到社工，社区内叛逆青少年与父母爆发冲突，以自残或自杀来威胁父母，或是日夜沉迷于网络游戏中的青少年不服父母管教离家出走等事件，居委会觉得棘手难以处理，都会要求社工前来协助解决。

T社工站开展的常规性服务已经使社工站内社工的工作量趋于饱和状态，但偶尔还是可以面对居委会突发性的需求或是前来主动寻求帮助的案主。可当生活垃圾分类进社区这一项目开展后，打破了原有的平衡状态，增加了社工的工作量与工作压力以及实务工作上的转变。这种平衡的打破对一线社工提出巨大的挑战，在笔者所接触到的项目中的社工，由于工作压力等缘故导致情绪崩溃，向机构同事吐苦水。

第三节　B区生活垃圾分类进社区项目的执行

一、缺乏调研的布局

生活垃圾分类进社区是一项紧迫性却又长期性的工作。为了能够使B区内20个社区能够尽快顺利推进垃圾分类工作，市政所和街道处决定首先选取了四个小区作为垃圾分类的试点，开展楼道撤桶、定时定点投放、集中处理生活垃圾等工作。

在开展项目之前，选取试点的居委会与社工站多次进行对接，其主要内容分为两大部分：①统一指导、划分权责。由试点居委会统筹垃圾分类项目工作的进行，社工站需全力协助。②参与项目的社工与试点居委人员进行垃圾分类培训（见图4-4），确保参与人员有一定的垃圾分类知识基础。

图4-4　垃圾分类培训会议

笔者在实习期间，与社工站的主任助理A一同参加过某一社区的垃圾分类培训会议。从社工站出发需要乘坐公交车，经过三站之后便可到达，作为试点的社区都是B区中不错的小区，主要体现在小区环境、物业管理、居民素质等方面。

这个小区中居住的居民大多都是广州本地的年轻人，素质较高，而且小区内的治安环境还是不错的，物业管理也十分严格，有一次我来居委会办事，因为没有门禁卡，新来的保安对我也不熟悉，即使我拿出社工站的工作证也没有放我进去，最后没有办法只好给居委会的人打电话来开门，才得以进入小区内。(对助理A的访谈)

在进入社区之后，在A的带领下，很快便到了社区居委会，由于提前和居委会主任约定好了时间，没有过多的等候，便顺利进行了本次的培训会议。

这次叫你们社工站的人过来，主要就是和你们说一下咱们怎么样进行垃圾分类事情的合作，我们前期的硬件设施，包括垃圾桶的配备、垃圾袋的储备、定时定点的垃圾集中站点的设定都已经准备妥当，目前就是缺少大量的义工和垃圾分类志愿者进行宣传和监督工作。所以希望社工站能够培训大量的义工来配合居委会进行宣传方面的工作。垃圾分类进社区的项目是市政所高度重视的项目，时间要求又十分的紧迫，所以咱们势必加快工作的进度，作为试点的社区，更应该做好示范作用。(对居委主任D的访谈)

按照社会工作服务的通用过程，项目实施之前是需要先了解居民的需求和意愿，垃圾分类项目与社区内的每位居住的居民息息相关，更是应该用充足的时间去调研和了解。迫于时间紧急和任务艰巨情况，居委人员并未让社工去社区做项目之前的调研和了解，只是让社工多培训义工和志愿者，通过社工带领义工，义工带动社区居民的形式，对垃圾分类活动进行宣传和倡导。社工在项目之初扮演的仅仅是教育者和倡导者的角色，在某种程度上，社工并没有真正参与到项目中，只是作为一个辅助性的或是下属性的部门为之提供服务，并没有体现出合作上的话语权。

我们社工站除了进行招募和培训垃圾分类义工之外，还需要帮助做哪些工作？(助理A)

哦，对了，你们最好能够找一些社区内邻里关系比较好、垃圾分类意识强的住户，然后举办些垃圾分类"文明之家"的活动，评出星级来进行表彰，以此来提升居民对垃圾分类热情，渲染出全民竞争分垃圾的氛围，从而扩大垃圾分类影响力。(对主任D的访谈)

还有就是，希望你们社工站能够联系社区内的党员，发挥党员的先锋模范带头作用，让党员志愿者首当其冲，作出表率。(对街道人员C1的访谈)

居委会在项目的运作过程中发挥足够的"统筹指导"，一手操办项目的运作和进程，社工在此完全被动接受指令的到来，并未发挥出社工自主性和能动性，也未能向街道表达出项目设计得不合理之处，只是以一种强制性的方式去改变日积月累的居民生活习惯，虽然能够展现出部分成效，但是存在诸多的弊端。

二、义工招募与蹲点宣传

(一) 义工招募

义工招募这一部分的工作内容全部由社工站中的特色领域来负责。义工招募的对象全部是辖区内的社区居民或是经常在社工站进行排练的老年舞蹈队和老年合唱团中的成员。招募的方式分为线上和线下两种，线下招募的对象就是各种老年活动团体成员、经常出入社工站的附近居民。线上招募就是在微信群中发布招募志愿消息，群中成员大多参加过以前社工站开展的活动，是有一定义工经验的志愿者。

咱们社工站招募志愿者可比以前方便得多啦，因为咱们社工站有一个志愿者的群，群里面都是做过社工站志愿者的附近居民，只要咱们有什么活动，需要志愿者的，在群中发起通知，写好内容和时间，发布到群里面，群里面的居民如果有时间就会采用接龙的方式进行报名。然后等到招满人数，我们做好统计，在志愿活动开始之前，我们提前通知就可以了，真的是省时又省力。(对一线社工 P4 的访谈)

社工站除了自行招募社工之外，还会与一些企业、学校进行合作。与 T 社工站合作次数较多的汇丰银行，经常会在周六日有员工到社工站做义工。通过社工站的义工活动，为自己得到一定的义工时数，义工时数的累计是通过一个"i志愿"的 App 进行记录。

刚开始我对于这个志愿活动并不感兴趣，迫于公司的要求和自身利益才去做些志愿活动，可当我做了几次之后，突然就觉得帮助别人吧，还真的能使自己快乐起来，如果我周六日不来做这些志愿活动，我可能会沉迷在手机短视频中，白白浪费时间，做些志愿活动不仅锻炼身体，还让我感受到快乐，很值得。(对汇丰银行义工的访谈)

企业的文化价值观念和规章制度影响着社会人员去做义工的行动，而在另一边的校园，同样也鼓励着学生去做义工。在笔者实习期间，恰逢暑期到来，很多学生前来报名参加志愿活动，从高中生的志愿者到社会工作专业的大学生实习者，为社工站的义工活动增添了不少新的活力。但是这些活力都是十分短暂和容易间断的。

我们学校有规定，要有暑期志愿证明，并且要达成一定时间的志愿时数，这些都与我们的学分息息相关呢！(对社工站高中实习生的访谈)

在与社工站相对接的 20 个社区中，对做志愿活动这样的事情都被视作为一件光荣而自豪的事情，这种义工文化和义工精神已经影响着整个社区的居民。社工站为了表彰在做义工方面突出的居民，在社工站一楼专门设立一栏优秀义工风采栏，上面贴着优秀义工的照片，照片下面写着义工时数。

我特别喜欢做义工，这个得从我自身原因说起，我首先是一位类似于"孤寡的老人"，因为我唯一的女儿在澳大利亚生活，我在这里只身一人，孤苦伶仃。是社工站的存在让我重新唤起对生活的热情，在这里我能够得到很多的帮助，无聊时还可以找社工聊天，我自己的身体还很好，每当自己能够出力时，我很高兴地去做，感觉自己的价值得以实现。(对社工站义工队长的访谈)

刚开始招募垃圾分类志愿者时，很容易招募到志愿者。然后由社工对其进行统一的培训，主要围绕着蹲点宣传和垃圾分类知识手册的发放等事宜。对于年轻的志愿者来讲，很容易就能够记住并做好，但报名的志愿者大多数都是一些长者、老人，并且志愿活动的内容不同于以往，像是以往的文明交通志愿者只需要在路口拿着小红旗组织行人过马路，或是像维持一些秩序活动的志愿活动。对于长者志愿者而言，垃圾分类知识宣传显然已经超出他们自身的能力范围，并且随着年龄增加，记忆力也不断在减退，对于新知识、新事物的适应和学习能力减弱。

咱们的志愿者招募可不可以挑选一下，尽量符合垃圾分类宣传员的要求，尽量减少一些年长的志愿者。我在这里反复地对他们讲解垃圾分类的事情和宣传手册的注意事项，可是一到蹲点宣传时，有的志愿者不是忘记提醒楼道撤桶，就是忘记发放手册，提前制定好的事情全被打乱，我只能在现场再去进行培训，真的是费时费力又费心啊！(对一线社工 P1 的访谈)

社工站在开展常规性的服务活动时，志愿者有充足的人数保证。但是当垃圾分类项目开展之后，义工招募从有人报名再到后来无人可招。在垃圾分类项目开展之初，居委会就要求社工站要招募大量的义工人员来进行蹲点服务和开展垃圾分类宣传工作，随着项目的不断深入发展，越来越多的志愿者不再报名参加。社工站的志愿者服务群也开始显得冷清下来，每天只有社工在群中不断发招募的信息，却没有志愿者前去填写报名。

刚开始时，志愿者还是很充足的，但是参加过一次垃圾分类志愿活动的志愿者，都不愿意参加第二次了，慢慢地也就没有人来报名参加了，我前几次的志愿者还是找义工队琴姐，求她帮忙才能得以补充，这垃圾分类志愿者还一直在持续，如果一直招不到人该怎么办啊？太烦了！(对一线社工 P4 的访谈)

(二) 蹲点宣传

蹲点宣传是垃圾分类进社区中最重要的宣传形式之一，顾名思义，由社工带领培训好的志愿者在试点社区垃圾集中站来为前来丢垃圾的社区居民进行垃圾分类知识宣传。蹲点不仅有宣传的责任，同时还要检查前来倒垃圾的居民是否按照要求在家中进行垃圾分类，然后再到垃圾集中站点对应的四色垃圾箱分类投放。定时定点的宣传模式分为早晚两次，早上 7：00~9：00，晚上 18：00~21：00，如果错过垃圾投放时间，那么需要到小区中一处误时投放垃圾点进行投放。早晚蹲点主要的负责人为社工，蹲点人员为志愿者(见图 4-5、图 4-6)。

图 4-5　垃圾分类蹲点宣传
(早上 7：00~9：00)

图 4-6　垃圾分类蹲点宣传
(晚上 18：00~21：00)

7 月的广州天气闷热，带有病毒的蚊虫十分多，社工与志愿者每天都要面临闷热的天气，蚊虫的叮咬，并忍受着垃圾桶散发出的异味。面对没有分好类就来倒垃圾的居民，社工只能进行劝说，或是亲自动手现场教学帮助分好，再进行投放。

每天早上我不到 5：00 就要起来，洗漱好，随便买点东西，就要跑去蹲点社区，联系好一同做志愿者的义工们，守在那里进行蹲点宣传。一天两天还可以，这都一个多星期了，我有些难熬，每天守在垃圾堆旁边，要是没有社工这个衣服，别人都以为我是清洁工呢。接下来的日子该怎么去熬啊？让人头大。(对一线社工 P1 的访谈)

特色领域部门的社工原本只有两人，其中一人还是主任的助理，负责传达居委会对社工站的最新要求。只剩下一位男社工独自坚守每天蹲点宣传，他一直请求社工站主任多派些同事前来协助，时间久了，真的难以坚持。在社工站每周的例会上，大家决定排出一个时间表，在蹲点宣传处进行轮休值班式的工作，其中每个部门每周出一人前去帮忙。可当社工解决了值班困难和人手不足的情况，但是志愿者的逐渐缺少该如何去办？

哎，这个垃圾分类蹲点宣传，实在是太累了，我参加过一次早上的蹲点宣传，那垃圾桶的味道实在是太难闻了，尤其那个餐厨垃圾，天气一热起来，那气味站在一边还能闻到，参加一次之后给我恶心地再也不想去了。（对志愿者的访谈）

那次垃圾分类蹲点宣传，来丢垃圾的居民自己没有将垃圾分好，我前去好意提醒，没想到遭到他的冷嘲热讽，说你自己都没学明白，还要给我指指点点的。我顿时心灰意冷，没想到我自己默默地为他人付出，却得不到社区居民一句好话，我自己觉得太不值得了。（对志愿者的访谈）

志愿者不愉快的蹲点宣传经历导致报名的义工人数不断减少，虽然社工在其中不断调解，但都基本无济于事，依然解决不了缺少义工的窘境。缺少一次或者两次的义工，社工还能够自行解决，但是垃圾蹲点宣传是一个长期性的服务活动，义工缺少的现实社工需要清楚地去面对，并且及时作出回应。在蹲点宣传进行到半个多月的时间，义工的队伍难以招募到人员，社工站助理A不得不与试点居委会就义工招募问题进行沟通。最后的解决方案是社工站仍然进行义工的招募，试点居委会进行排班并且联合小区物业公司，共同到蹲点宣传处为社区居民开展垃圾分类服务。

关于这个义工招募的问题，我是真的好久之前就向居委会主任表达过，居委主任一直含糊其辞，我也不能够太过于表达，毕竟街道作为社工站服务的购买方，而且很多活动还需要各社区的居委会的帮忙和支持，一定要和居委会搞好关系，要不然咱们社工站还怎么开展其他的服务啊，我真的是进退两难啊！（对社工助理A的访谈）

从志愿者招募到蹲点宣传开展服务，作为一线的社会工作者一直处于志愿者和居委会之间的枢纽处，一方面要最大限度满足居委会所提的要求，与居委会保持一种和谐关系；另一方面还要尽最大能力去招募志愿者，整合社区内的义工能动资源。通过蹲点宣传服务的开展，可以了解到难以招募志愿者参加的原因主要有以下三个方面：①志愿服务内容复杂，工作量大。相比于社工站常规性的志愿服务，蹲点宣传志愿服务，不仅在时间上有明确的规定，而且在服务的内容上也颇为复杂，作为义工志愿服务的主力军老年义工，对于这种蹲点宣传并不感兴趣。②志愿服务条件艰苦，环境糟糕。笔者作为在南方实习的北方人，对于广州的闷热深有感触，当你走在街上，衣衫早已被汗水打透，汗珠从你的额头、胳膊不停地向下流。当志愿者在高温闷热的环境下，守着垃圾桶进行垃圾分类知识宣传，同时还要忍受蚊虫的叮咬，时刻防范着登革热的发生。如此的艰苦环境让人做过一次就不想再去体验。③尽管志愿者乐于奉献，但在社区得不到居民认可。虽然志愿者坚守在蹲点宣传的岗位，为前来扔垃圾的居民宣传垃圾分类知识，但社区居民对志愿者的认可度并不高，甚至有些嫌弃之意。让做志愿的义工们付出的辛苦无法得到内心所期待的回报，打击做志愿服务的积极性。

三、夜晚"扫楼"大作战

由于笔者刚到社工站实习的第一天，就被社工站的一线社工带到一位孤寡的女长者家，帮助这位孤寡长者清理房屋卫生。所以当我接到"扫楼"这样字眼的通知，第一反应就是以为社工站要组织社工为孤寡长者的住宅楼进行清扫整理的事情，被称为"扫楼"。

今天晚上你要做好准备呀，我们有可能晚上要到社区内进行"扫楼"？也就是要加晚班。(一线社工 P2)

"扫楼"？这真的是社工要做的事情吗？还要晚上加班去做？(笔者)

对呀，由于招募不到志愿者，而且居委那边又突发性通知要开展"扫楼"活动，所以不得不由我们社工顶上志愿者的工作。(一线社工 P2)

哦，好的吧，那具体定下来，你微信通知我就好。(笔者)

笔者当时一直带着"扫楼"的疑惑，直到和社工见面才知道，"扫楼"就是对小区内每栋楼的每个住户进行入户宣传和通知垃圾分类的最新要求。由于是居委会突发性的通知，而且社工站又难以招募到需求数量的义工，所以社工不得不顶替志愿者，加班开展"扫楼"活动(见图 4-7)。

图 4-7 "扫楼"前动员大会

我真的是服了这个××居委会了，它们是怎么想的？你需要这么多的义工，而且时间又这么短，我们怎么去招募，明明知道现在连蹲点宣传的义工都难以招募到，又这么突然地通知，你真的是把社工当作无所不能的人了吧。(对一线社工 P2 的访谈)

哎，没有办法的，只有和各个居委会搞好关系，咱们才能顺利地开展社区服务。就拿最简单的入户探访来讲吧，一旦咱们和居委会的关系不和谐，就不容易顺利拿到最新的住户信息，况且现在流动人口这么多，咱们怎么去找？怎么去完成每个月的入户探访工作？所以为了长远来想，咱们还是好好地配合吧！(对一线社工 P4 的访谈)

按照提前约定好的时间，我同其余两位一线社工共同来到试点的居委会，居委会也是临时加班，五位工作人员都在，也召集了社区内的党员共同协助这次"扫楼"活动。在居委会的会议室内，其中一位居委负责人简短地给前来参加"扫楼"的人员介绍此次"扫楼"的内容和目的。小区内共有二十几栋住宅楼，参加"扫楼"的人员被分为两人一组，共有八组，按照居委会人的要求，原本是社工或是居委会的人带领一个党员进行"扫楼"活动,但是由于我听不懂广州本地的白话(粤语),所以我只能跟社工站一同前去的社工组为一队进行"扫楼"。每支"扫楼"队伍从居委会那里拿到住户信息表和物资签到表,还有垃圾袋和垃圾分类宣传手册,便开始了"扫楼"行动。

今天把大家这么晚召集到居委会,主要目的就是要挨家挨户通知垃圾分类的事情,避免社区居民以未通知到位的借口,来逃避垃圾分类的责任。还有呢就是要告诉住户从明天开始,各楼层的垃圾桶全部撤出,楼道层内不再摆放垃圾桶,如果要扔垃圾的话,要到垃圾分类集中点进行投放。(对街道人员C2的访谈)

还有呢,大家注意一下啊,咱们这个垃圾袋和垃圾分类宣传手册在给住户居民发放时,一定要按户按名地发放,确认无误后再让领取人进行签字。之所以这么晚进行,就是想趁着居民在家吃饭的时间进行宣传。大家务必要传达到位呀。(对街道人员C1的访谈)

晚上19:40,浩大的"扫楼"活动开始。我同社工站的一线社工P2分为一组,负责的第一栋楼是七层的住宅楼。"扫楼"的第一步便难倒了我们两个人,怎样才能进入楼道内呢?答案只有等住在这栋楼的住户出来或是回去,我们紧跟上才能进入到楼内。等了十几分钟,我们终于进入了楼道内。此时,我们俩的"扫楼"活动才算是真正的开始。

在刚开始"扫楼"时,一直是由P2进行敲门和介绍入户宣传的事情,可当走了几层之后,他的嗓子开始沙哑,不停地干咳。作为同一小组的我,便开始以普通话来介绍"扫楼"的宣传。虽然广州的本地人用自己的本地白话,但是对普通话的理解还是很到位的。而我所敲开的房门主人多都是年轻人,没等我暗自庆幸多久,我们俩的"扫楼"便遇上了真正的对手。

铛铛铛,您好,有人吗?我们是居委会的。(社工P2)

噢,(居民打开了房门,但是房门外的铁门没有打开,透过大铁门缝隙与社工进行交谈)你们是××社区居委会的吗?我怎么没有见到过?(居民)

我们是T社工站的社工,帮助居委会进行垃圾分类的入户宣传。我们向您通知一下,从明天起楼道内的垃圾桶都要撤走,各楼层不再设立垃圾桶,家里的垃圾也要分开装,然后投放到楼下垃圾分类投放站点。(社工P2)

什么?楼道内不再放桶了?那我的垃圾怎么办?我已经交过物业费了,物业应该把我的垃圾收走啊?如果楼道撤桶的话,那你们说收取这部分的物业费该怎么办?(居民)

我们这次入户的目的,就是向您传达撤桶的通知以及垃圾分类知识的宣传,您说的物业管理费收取等,真的不在我们社工解决范围之内,我们可以将您提的疑问,等待"扫楼"结束后,向居委会进行转达,或者您也可以直接到居委会和物业公司询问。您向我们所提的问题,我们暂时难以给您答复。(社工P2)

噢,你们就是一个小跑腿的吧,行了,(一脸嫌弃)我知道了(哐当将房门关上)。(居民)

在"扫楼"的过程中,社工原本是作为帮助居委会进行垃圾分类的宣传者,但在实际过程中,试点社区内的居民,对于社工的身份有一定的混淆,认为社工也是垃圾分类进社区的决策者之一,从项目活动的表层来看,社工一直没有脱离开垃圾分类活动,并且一直负责义工招募和蹲点宣传,居民大多认为社工在项目中发挥着决定性的重要作用。但是从垃圾分类进社区项目推进开始,真的项目决策者就是居委会一家独大,社工站只是被动地接受居委会的要求,居委会认为社工的活动能够最大限度宣传到垃圾分类的常识,而社工的作用仅限于发挥宣传作用,在其他的地方并未完全体现出来(见图4-8)。

你们每天都蹲守在这里,这一天得给你们不少钱呢吧?(社区投放垃圾居民)

咱们这个桶能不能多摆放两个啊?我每天早上着急上班,每天都是一堆人,你们还要检查丢的垃圾,太耽误时间了,晚上时我只想在家歇息,不想出来。(社区投放垃圾居民)

图 4-8 "扫楼"被访问的住户

四、小结

本节通过描述生活垃圾进社区项目中,在居委会要求和指导下,社工进行的志愿者招募到培训、蹲点宣传到"扫楼"宣传活动,体现出新管理主义一线社工由专业的实践者逐渐向半实践者和管理者的角色转变,从而使社工专业性发挥不足,社工的独立性缓慢缺失。

现今新管理主义强调以效率为导向,相对也减少项目中社工的专业自主,通过管理模式严格控管服务流程。[①] B区垃圾分类进社区项目的实施,力求在短短的几个月内,打造出一种居民住户规范性、规律性和自觉性的垃圾分类工程。项目中的社会工作者只能在政府给定的既有的框架中进行实践,不能也不敢放开思维做出一些成就。[②] 并且在开展这一项目的过程中,作为活动的发起方居委会,一直在"统筹指导"垃圾分类项目的进程,本着"发起人"独大的原则,忽略社区中的社会工作服务者、社区中的骨干居民和社区中的物业管理公司的作用。居委会一直秉持"命令+宣传"的原则,居委会作为项目开展的发起者,应当做好垃圾分类项目的各种明令禁规,以一种强制性的要求推进垃圾分类工作的进行。而作为项目合作的合作方社工站,只需将居委会制定的规则宣传到试点社区内的每位住户。在这种客观要求的约束下,社会工作者的独立自主性受到严重的影响。一直以来,社会工作者秉承专业的价值观念,按照专业的要求和服务的方法开展服务活动。但是在新

[①] 林歆恩. 新自由主义下的社工不自由 [D]. 台湾:暨南国际大学硕士学位论文, 2013.
[②] 林宝荣. 地方政府职能转变过程中公共服务外包研究 [D]. 福建师范大学硕士学位论文, 2012.

管理主义下，由于服务的内容早已经被限定，社工只能被动地接受而去开展服务活动，无形之中，社工站的社工成为居委会的临时"帮手"，在开展服务活动时，与社工不熟悉的社区居民一度将社工认为是居委会的人，混淆了社工作为专业服务者的身份。

在社区实践的场域中，作为重要角色的社会工作者提供着主要的服务，但不可否认的是，其服务提供较大程度上依赖于政府的购买阶段和评估阶段的影响。[①] 在垃圾分类进社区项目开展中，社工每次开展组织活动的前提都离不开居委会的指示与安排，其中还出现过几次突发性的要求。每次活动的开展、活动的内容与形式早已经被"合作方"的居委会所决定，社工只需按照"要求"办事即可，开展服务的活动俨然已经成为居委会的一种日常宣传活动，社工的专业性在此过程中难以充分发挥。在项目开展中，社工所开展的活动已经成为居委作为推进项目进行的一种"方式"，社工的宣传活动不仅像是"活动"一样简单，更多的是一种"命令政策"的传达。

从志愿者的招募到蹲点宣传的进行，社工在这一过程中专业的角色转向了管理者的角色，但这种管理者的角色的权利是十分有限的，造成了社工在服务过程中地位的尴尬。在项目的开展中，最需要、最缺少的就是志愿服务者，每天早晚的蹲点宣传，四个试点社区，每个社区有4~5个垃圾分类点，每天志愿者招募是社工最苦恼、最头疼的事情。

我就好像做咱们社工站的人力资源管理一样，每天不停地招人，有时我在自我怀疑，我真的是在做社工吗？(对社工助理A的访谈)

负责与居委会对接的社工助理A，每天忙碌于招募志愿者的工作中，管理志愿者招募的工作，使他对自己的社工身份产生怀疑。从一线社工实务者突然变成招募人员的管理，转变的背后体现出的是迎合居委会工作的进行，但同时也要维持自身社工站的运营和发展。在蹲点宣传活动开展时，社工依然作为一个"管理者"的角色，真正去帮助居民去做垃圾分类的竟然是招募到的义工志愿者，社工从一线服务中脱离出来，转变为组织服务人员的管理者。

从一线社工转变为"志愿者"管理者的角色，相应的社工的服务内容也发生了重大的转变，在项目的开展中，社工不再直接服务于试点区的居民，而是通过义工的招募、培训、管理等来开展服务，工作的内容也转变为发布志愿信息、统计志愿名单、将志愿者分发每个垃圾集中点或是配合居委会分配志愿服务者、负责志愿者的签到和签退、记录志愿者的义工时数等工作。虽然社工已经逐渐转变为管理者的角色，但这种管理仅仅限于招募的志愿者上，与生活垃圾分类进社区项目的决策权力是毫无关联的。在项目的开展中，社工在尽可能满足居委会的需求时，同时还要尽可能团结招募的义工志愿者，尽量做到"不得罪上层，同时又要抓住下层"。

简而言之，垃圾分类项目下一线社工实务的转变是在社工机构本身主体性不足的情况下产生的。社工站为了自身的生存和符合居委会的期望，只能降低自主性，而作为机构中的社工，为了机构的发展和自身的利益，只能牺牲专业的价值，配合好居委会行动。当一线实务社工脱离了"实践"的这一重要环节来配合居委会的需求，内容实质上就脱离了社会工作专业本质，无法提供专业的直接服务，忽视专业的底线，不顾实际需求，社工不再

---

① 李倍倍. 基层实践的社会工作专业主体性探索与构筑——基于一项政府购买服务的行动研究[J]. 社会工作，2019（3）：68-76+111.

是"向下看"的身份，仅是在社区中去机械性地应付，偏离了立身根本。有悖于社工专业价值，同时消磨了专业特色。

第四节 B区生活垃圾分类进社区项目结束

在笔者实习的三个月时间内，B区第一阶段生活垃圾分类进社区项目结束。第一期生活垃圾进社区的主要目的就是围绕着试点社区开展，通过试点社区项目进行的经验积累，总结出一套切实可行的社区生活垃圾分类的实践模式。下一阶段的工作内容主要围绕着将总结出的模式推广到辖区内20个社区中。通过在社区中生活垃圾分类模式的实践，不断总结经验，再将总结的经验推广到各街道住户、商铺中，逐步达到以点带面、从线到片的效果。

一、检查

B区生活垃圾进社区项目的考核主要为常规性检查和突击式检查两种。常规性检查是指居委会对各自所负责社区内生活垃圾分类项目的检查，主要包括对项目点工作人员的服装、现场秩序、场地的布置、各类记录表的填写以及当日宣传活动进行的情况等。突击式检查是指各区的垃圾分类工作人员用抽查的方式去检查某一社区生活垃圾分类的进行，检查的主要内容包括近期开展的各项活动、取得的成果、志愿者服务等情况。

（一）常规性检查

对于工作人员着装和纪律检查，各社区的居委会成员每天会在早和晚对于项目点的志愿者来进行签到和签退，来保证志愿者每天服务工时的准确，对工作服装的要求是社工和义工相区分，社工的工服为绿白相间的马甲，后背印有"广州社工"四个大字，左前胸印有社工站的名称和图案。义工的工作服装大多为红或蓝色的短袖或马甲，后背印有"志愿者"三个大字，让人远远就能够在服装上一眼认出社工和义工的区别。

在文书资料的检查上，主要为线上检查。在开展每日的社区垃圾分类活动后，负责社区活动项目的社工要记录好当天开展活动的主要内容，所取得的效果，以活动过程记录的形式存档，作为机构档案，在项目结项和年度评估时作为依据使用。同时每次活动之后，社工要写好新闻稿和美篇，交到社工助理那里，由社工助理进行统一整理后转交给各社区居委会对接的负责人。

对于垃圾站点活动宣传情况的检查，涉及垃圾站点条幅挂设、宣传手册的配备、社工与志愿者为社区居民开展垃圾分类知识的普及等方面。每天的宣传活动开展之前，社工要将准备好的条幅挂在活动场地，对前来的义工进行签到，督促志愿者穿好工服，将垃圾分类的宣传手册分发到每位志愿者手中。部署当天活动的主要内容和注意事项等问题。这种常规性的检查往往是一个月内进行数次甚至伴随着突击检查进行。

我每天忙得不知道东南西北，早上我要比志愿者早到半个小时，进行场地布置，挂条幅、准备好今天所需要的物资，等到志愿者来时，还要组织志愿者进行签到、将准备好的物资分给志愿者，强调今天活动的主要内容。早饭都顾不上吃一口。（对一线社工P1的访谈）

这种常规性检查每周会有1~2次，常规性检查来自"熟人"检查，所起到的监督效果并不明显，要求也不是十分严格，通常负责项目点的社工与居委会前来检查的人员私下早已熟知，对于这种常规性检查彼此之间似乎已经达成默契。每次当居委会检查人员到来时，项目垃圾站点的社工将准备好的志愿者签到表、活动宣传单进行递交，在审查过后，居委会检查人员进行登记记录。随着项目的推进，任务强度的加大，对于常规性检查已经慢慢被忽略，或是由项目站点的社工代为执行，由第三方的他人变为"自我反省"式的检查。

今天来检查的居委会人员和我还是蛮熟的，因为之前咱们社工站各小组对接的社区刚好是由我负责这一社区的活动，协助她开展过几次活动，这样的检查咱们不用过于担心，只要配合好她所提的要求，就没有什么影响。（对一线社工P4的访谈）

试点小区的项目马上就要结束了，这检查已经不重要了，居委会现在就是要在试点社区多开展些活动，多做些宣传，只要次数到了就行。（对社工助理A的访谈）

开展生活垃圾分类进社区试点小区项目的目的原本是为了今后更有效、更高质地在辖区内所有社区推行生活垃圾分类。但在项目的运作中，一种自上而下命令式的基调贯穿于整个项目中，在实际的考核中，作为项目中最重要的主体，试点的居民，往往是被忽视。社工在项目中要不断忙"应付"于居委会的需求、层层的检验，难以抽出身真正地去了解居民对于项目的真实感想。

（二）突击性检查

在社区上午生活垃圾蹲点宣传的工作时，领队的社工突然接到居委会工作人员的通知，说一会儿可能有人来检查，至于这个人是谁、什么时候会到来却不能知晓，让垃圾站点的社工和志愿者在做准备的同时，要求社工站也要准备好近期的相关活动的文书资料、视频和照片等，以此来应对这次突击式的检查。

一会儿你把签到表和活动记录再去核对下，确保活动记录上的签字和签到表中志愿者的名字相一致。（对一线社工P3的访谈）

你们快把场地再好好地布置一下，确保条幅、宣传展板摆放合适，宣传手册准备充足，对今天前来当值的志愿者做好心理准备来应对检查，强调好各种注意事项。（对社工助理A的访谈）

笔者按照要求，对近期开展的蹲点宣传活动记录和活动签到表进行对照核实，特别是在人名和日期对照上，对活动内容进行查缺补漏。因为有了居委会的提前通知，在布置好垃圾站点的活动场地，做好志愿者工作后，便如同往常一样开展工作，静待检查的到来。在上午垃圾站蹲点宣传活动即将结束之时，有两位穿着短袖挂着工作牌的人员来到了站点，一位工作人员开始进行拍照，另一位人员开始拿出本子进行记录。在垃圾站点正当值的社工对前来的两位工作人员显得不熟悉，显然，这就是居委会通知我们前来检查的人员。在确认好对方身份后，社工和笔者走了过去，进行问题的答疑。

工作人员A：你们站点的工作做得蛮好的，马上到了下班时间，依然坚守岗位，丝毫没有懈怠，秩序比较不错。

一线社工：您好，每天这时社区的居民偶尔也会来扔垃圾，环卫和物业也要来进行垃圾的装车和分类，这时更需要我们站好岗，对接好工作。

工作人员B：你们的宣传展板做得不错，还附带了一些垃圾分类测试题。

一线社工：谢谢夸奖，宣传板是为了让社区的居民在倒垃圾时，还能看到垃圾分类相关的知识，至于这些测试题，是以一种有奖问答的形式，连续答对五道题后，会得到我们送的三个垃圾分类袋奖品，以此来鼓励社区居民多了解、多学习垃圾分类的知识。

工作人员A：这个办法倒是不错的，你们的活动记录表和签到表在哪里，给我看一看。

笔者：好的，我去给您拿来。

笔者将核查好的签到表和活动记录表交到前来检查的工作人员手中。工作人员时而快速翻看时而停下来仔细目视。虽然笔者之前检查好几遍，核查无误，但还是很紧张、很担心，过了大约两分钟，将活动记录表和签到表退还给我。

工作人员A：你们的工作做得很好，活动都是按照进度在进行开展，每天的记录都很详细，基本要求都已经达到了。

笔者：（听到这样的回复，我总算放下了心）每天晚上蹲点后，活动记录都会由当值社工及时完成，并交付给第二天当值社工的手中。

工作人员B：你们应该留有活动的照片和视频吧？方便的话，可以发我一份吗？

笔者：这个当然可以，但是照片都在社工站的电脑里，可以通过邮箱发送给您。

随后，来检查的工作人员对当值志愿者的奉献精神进行赞美，肯定了站点所做的蹲点宣传活动和取得的成果。就这样，突击式的检查在居委会提前告知、垃圾站点社工做足的准备下圆满结束。

二、一期项目的结项

第一期垃圾分类进社区项目以试点社区作为基础，通过强制性楼道撤桶和宣传性的蹲点活动、入户宣传等手段推行生活垃圾分类的新方式。按照G市垃圾分类工作的进展要求，B区以试点为主的生活垃圾分类工作暂时结束，转而向更多的社区推行生活垃圾分类，同时也意味着社工站由原来跟进4个社区转变为20个社区，服务对象增多，服务范围扩大。由于笔者在社工站的实习只是跟进了试点社区生活垃圾分类活动，所以对于试点社区之后的社工实务不再研究。虽然试点社区的生活垃圾分类结项，但是对于居委会和社工站来讲真正意义上的生活垃圾进社区项目才正式地开始。对于试点社区的结束，也是需要一番别样的"努力"，才能得以结项。

（一）照片的留存是一门艺术活动

生活垃圾分类进社区项目服务对象的增多，服务范围的扩大，要求社工站除了日常值班人员和机构主任、助理等之外的一线社工全部要投入到各部门相对接的社区中推进生活垃圾进社区项目的开展。而我作为即将实习期满的顶岗社工，试点社区项目结束的资料整理全部交到了我的身上，因为社工站再无多余的人手。

社工站在开展项目服务活动时都会以照片或视频的形式进行活动记录，主要有以下三个原因：一是为了能够将活动更好更完整地反馈给居委会方；二是作为社工站的服务档案用以项目评估；三是在今后的宣传中可以使用。

你一会儿整理照片时，可以找我来拿项目活动的进度单，按照进度单上的时间和地点进行照片的挑选和归类，这样既方便交到居委会检查，也方便自己日后的查找。（对一线社工P3的访谈）

试点社区项目的照片大多是在社工站的公共邮箱中，在4个试点社区中每天负责项目宣传活动的社工会将活动照片发到机构的邮箱中。我原本以为照片的整理便是按照进度单进行照片的归类和整理，但是现实中的"规矩"颇多。

哦，对了，你在整理照片时，每个社区的每日宣传活动留存3~4张具有代表性的照片就行，并且在文件夹标注好日期和地点，以周为单位进行整理。（对社工助理A的访谈）

对于"代表性"的照片，在我第一次跟随项目外出时便有所学习。一张高质量的活动照片里面要具备社工、志愿者、尽可能多的活动参与者、活动宣传的条幅、活动主旨的展现等多种因素，其中社工须是背对着拍照的人，露出工服上的"广州社工"四个大字，而活动参与者需要全脸出镜，在照片的最上方出现活动宣传的条幅。当然在试点社区项目中，还要留有居委会一线工作人员的身影。按照这些要求，我便开始了照片的整理之路。

4个试点社区，近两个半月的早晚宣传活动，再加上其他部门在这一期间开展活动的照片，社工站的公共邮箱中早已经是混乱一片。我只能先将照片按照进度单进行简单的归类，再进行筛选。在整理照片那几天时，我仿佛如同机器般在麻木地工作，唯一让我感受到现实的就是邮箱中缺少进度单上的照片，我需要与当值的社工进行沟通，要照片。

你在整理照片时淘汰掉那些很差的就好啦，现在各个居委会已经在社区生活垃圾分类忙得不可开交，不会再去检查的。（对一线社工P4的访谈）

在社工"经验"的帮助下，对照片整理工作的效率又得到提升，用以记录项目活动开展的真实性材料被分类挑选进行归档整理。

（二）文书材料的补写

试点社区项目的文书工作有活动记录、活动新闻稿（美篇文章）、每周活动进度记录表、意见反馈表、项目活动总结书等。其中活动记录和活动新闻稿原则上是每天活动的当值社工进行填写活动记录，并且在晚蹲点值班后将当天的活动新闻稿写好发给居委会，同时机构也要求将新闻稿以美篇的形式发出，所以活动记录和活动新闻稿属于每日项目宣传后必做的文书工作。

每周活动进度记录表由机构的社工助理根据4个试点社区进行的情况进行统计，之后交给居委会一方，居委会一方根据最新垃圾分类工作的要求而反馈给社工站，从而推动试点社区垃圾分类的进行。在试点社区生活垃圾分类项目刚开始运行的几周内，居委会一方及时反馈给社工站关于项目的进行。由于项目的开展缺少效果呈现，垃圾分类工作紧迫性的要求，以效率至上、数量为主大量地开展关于生活垃圾活动。试点社区的居委会自身忙得已经无暇顾及社工站开展的项目活动，对于活动进程记录表也暂时搁置。社工站在忙于活动开展和满足日常居委会活动的需求，也未能及时将活动进程表做好记录。可是，试点社区项目结束时每周的活动进度记录表是不可缺少的，这也就意味着，为了满足居委会和机构的需求，再将进度记录重新补写。

这个每周记录表才是麻烦呢，你补写时要注意好居委会在活动相应周所强调的活动事项，一定要相吻合。还有啊，每周的进度记录都要加一个小总结，写上二三百字就可以，你就看着之前的模板对照着写吧。(对社工助理A的访谈)

在进行每周活动进度记录表时，由于我并未长期直接参与三个试点社区项目的开展，虽然每个社区的居委会在时间和进程上一致，但是各社区根据实际情况开展的项目活动顺序可能会不同，这就导致我在补写进度记录表时有很大的困难，需要与当时负责的社工进行联系，了解好当时的情况。

你补写记录表时，注意把日期对好，然后你可以从新闻稿或者美篇中复制些内容，有些重复也没有关系的，都是按照各社区居委的统一要求，不会出现太大的过错，这样你才能又快又省力地完成进度记录表的补写。(对一线社工P3的访谈)

意见反馈表涉及服务满意度的调查和对于活动开展的反馈等问题。对于服务满意度的调查一般为选择性的试题，活动开展反馈是开放性的内容。对于意见反馈表的设计也是按照机构的一线社工给出的意见，按照之前相类似的社区活动的意见反馈表进行修改。

你做的这些事(指试点社区项目结项的文书材料整理)，遇到困难的地方一定要和大家讲，或许能帮你解决很多麻烦，这些工作都是有技巧的。(对一线社工P3的访谈)

的确如此，在进行试点社区项目结束的文书资料整理上社工站的同事带给我很大的帮助，让我减少很多麻烦，得以在短时间内完成巨大的文书工作量。社工站同事给出的宝贵技巧对于满足居委会需求确实是十分行之有效。在社工站中一线实务中的社工早已经有自己独特的经验去面对大量的文书工作，得以保证有足够的时间留给日常的实务活动、不定时寻求帮助的辖区内的居民和自己的休息生活时间。

将活动意见反馈表修改之后，面临着填写和统计的工作。由于社工站的同事早已去忙碌着自己所对接社区的垃圾分类工作，没有空余的时间进到试点社区邀请社区居民填写反馈意见表。无奈之下，我不得不再去寻找机构同事的帮助，最后商定下来的办法由我们志愿者(试点社区中的居民)填写一部分，剩下的一部分由对接着试点社区的社工带到蹲点宣传地点，然后邀请前来扔垃圾的居民进行填写。最终文书一部分的活动意见反馈表在同事出谋划策、志愿者帮扶下完成。

在对项目活动总结书进行写作时，社工站还特意安排机构的督导对笔者进行简单的培训，在项目活动书的书写上给笔者带来很大的帮助。

督导：你好，你是来自×××的实习生吧，在这里实习得怎么样？还适应吗？

笔者：你好，在这里实习很充实，已经适应了。

督导：听你的部长说你最近在做试点社区结项的工作，有什么需要我帮助的吗？

笔者：很多工作在同事的帮助下已经完成，就是在项目总结书上有些迷惑。

督导：你所谓在项目总结书"迷惑"具体指的是什么？

笔者：因为试点社区是四个，也就是需要四份项目总结书，但是社工站在每个社区的活动开展都基本一样，项目总结书在很多地方都是重合的，如果这样写出来，会不会对居委会的检查有影响？

督导：哦，根据我之前的经验，你可以写上一份具有代表性试点社区的项目总结，剩下的三个社区项目总结书你可以根据各自社区特点进行改写，这样就避免了浪费时间去做重复的工作，又可以面对居委会的检查。

经过督导的指示，我明确了项目活动总结书写作的重点和方向。社工站的同事给我提供机构以前社区项目活动的评估报告来作为试点社区项目活动总结的参考模板。这份模板将文书划分成表头信息（活动名称、人员、活动编号等）、资源调动情况、目标达成情况、反思及改进、财务报告、督导和社工签名和审核一栏。按照所给模板的框架，加上之前所整理出活动的材料，试点社区的项目活动总结书便书写完成。

三、小结

本节重点描述了试点社区应对检查和项目过后文书材料补写等工作内容，凸显出了社工站与各居委会、各居委会与上级之间的各种博弈过程。在面对项目检查时，社工站与居委会之间相互配合，呈现出试点社区按照项目要求理想化地进行。在试点社区项目结束后，文书材料补写的过程中，社工不仅要完成属于机构的文书材料，而且对于居委会一方要求的文书同样要进行补写。为"高效率、高质量"完成工作任务，一线中实务的工作人员不得不采用自己或是同事"独特经验"来面对检查或是文书工作。

在新管理主义的影响下，项目活动的评估越来越重视量化指标，以此来证明项目活动开展的真实性和有效性。在试点社区项目活动开展中，照片等资料的收集成为一线社工必不可少的一项任务，贯穿于项目的始终。一张简单活动照片的背后是一线社工经过不断的经验积累、精挑细选才得以符合量化指标的展现。试点社区项目中的一线社工本应该投身于对社区居民的服务中，但现实情况下却是成为志愿服务的管理者，进而协调居委会需求与志愿服务间的关系，在不知不觉中其服务对象似乎也由项目中的社区居民转变为居委会一方。

不可否认的是，量化的指标对于检查和考核确实起到了不可替代的重要作用，促进了评估考核的规范化和科学化。更加能够说明试点社区服务项目的真实进行，服务的人群，活动开展的服务次数，可以有效地展现出服务效果，增加居委会与社工站之间的信任度。但是，也正是因为过多要求的量化指标禁锢着社工在项目活动开展中的能动性。繁杂的文书工作和过多的量化指标以及缺乏人文关怀，导致社工在开展服务时难以同服务对象建立信任关系，如果良好信任关系的缺失，那么势必会对社会工作服务的效果产生影响。[①] 长久如此，社工每日的工作目标由服务对象的人转变为各种量化的资料，使社工在项目的进行中逐渐地迷失专业的使命，奔忙于照片视频的整理、各种表格目录的填写等工作。

---

① 张晓红. 社会工作本土化实践中的伦理困境——以广州市家庭综合服务中心模式为例[J]. 社会工作与管理，2015，15（4）：23-29+89.

第五节 新管理主义对一线社工实务的影响

本章以 B 区生活垃圾分类进社区项目为例，通过对试点社区项目运作的研究发现，一线社工在实际工作中受限于各试点社区居委会的要求，很难真正开展有效的社区服务活动。为了在"管理主义"和"专业主义"之间生存，社工机构往往迎合政府、欺骗专业。一方面，它们妥协于政府的管理和要求，将社会服务变为从上到下的行政化程序；另一方面，它们以似乎专业的方式为居民提供服务，但很难产生实质性的影响。

在试点社区中开展活动的一线社工更倾向于自我生存和发展，而忽视了专业价值观赋予的专业使命。这种情况的深层原因是新管理主义对一线社工实务产生的负面影响。试点社区项目从启动到执行再到结束，一直受到管理主义的左右。

一、对一线社工实务中服务目标的影响

"助人自助"是社会工作专业的核心价值理念，它引导社工运用专业知识和技能，帮助服务对象提高自身能力，实现良性发展。社会工作者不仅关注服务对象的身体健康，还注重他们的精神、心理和情感健康，提供全方位、多层次的帮助。然而，在 B 区生活垃圾进社区的项目活动中，街道和居委会更关注活动的社会影响力和具体效益，以提高自身办事能力和政绩表现为目标，而忽视了试点社区居民的心理健康和情感需求。只要社会工作的服务能够在社区中宣传并推行生活垃圾分类活动，看起来有所作为，就认为服务目的达到了。

由于居委会和社工在项目开展时的服务目标不同，必然会产生冲突。然而，社工需要以社区为基础开展项目服务活动，而居委会作为服务购买方和活动场地提供者，具有发言权和决策权。居委会希望社工的专业服务活动能提升自身的工作能力和水平，在这种思想引导下，居委会会对项目的开展进行干预。项目社工的服务目标是帮助试点社区居民真正接受垃圾分类，提高他们对环境保护的重视，提升环保意识，享受绿色生活方式。而居委会定义的服务目标是通过社工的专业服务，快速推行社区生活垃圾分类要求和规定，并将社工的服务活动作为其工作能力的体现。

二、对一线社工实务中服务对象的影响

社会工作的专业价值在于根据服务对象面临的问题和需求，定制不同的服务模式和标准。然而，在街道上，为了高效实现设定的服务目标，选择与之对应的服务群体进行服务活动，但这两者之间并不存在交换的选择。就本研究而言，在 B 区推进生活垃圾进社区的试点社区选择上，街道政府一手包办选定，然后下达给各试点居委会，再由各试点居委会联系社工站开展项目活动。也就是说，社工站中的一线社工在选择服务对象试点社区中，并没有选择的权力，反而是被指派性、要求性地配合项目进行。

从本章之前的论述可以得知，B 区 TD 街区主要由老年人和流动人口组成，是一个典型的集结型城中村管理框架。为了在短时间内展示垃圾分类工作的业绩，街道在选择试点社区时更倾向于条件优越的社区而忽视条件较差的社区。所选的 4 个试点社区都是非流动人口的住宅社区，居民大多为有正式工作的中青年人，经济条件和文化素质高于非试点社区的居民。与非试点社区相比，试点社区的垃圾站点分布和垃圾回收装置配备已初具规模，只需进行少许改造即可符合项目要求。试点社区的物业公司规模化管理，实行严格的出入限制和提供优质的物业服务。相对于非试点社区，试点社区在人口年龄、经济条件、物业管理和基础设施等方面都难以与其相比。街道政府选择试点社区仅从实际角度出发，因为试点社区能够在计划的时间内完成垃圾分类工作，凸显了街道政府的办事效率和行政能力。

作为一名真正的社会工作者，当然希望能够在具有不同代表性的试点社区开展垃圾分类项目活动，积累更多的活动经验，为后续其他社区的垃圾分类活动打好基础。然而，由于街道是项目活动的购买方，社工站作为街道的合作方，在项目服务对象的选择上没有决定权。因此，当项目确定后，试点社区的居委会才开始联系社工站的社工商讨垃圾分类宣传活动的进行，这意味着社工站中的社工在不知道服务对象的情况下进行试点社区的生活垃圾分类活动，无法选择服务对象。

三、对一线社工实务中服务内容的影响

社会工作的具体体现是通过个案、小组和社区三大工作方法来提供服务。个案工作是通过深入了解某一特定服务对象的需求和问题来解决；小组活动是将具有相同需求的服务对象聚集起来进行专业服务；社区工作涵盖范围广泛，内容丰富。这三种方法相互联系，不可分割。

在试点社区的项目活动中，一线社工的服务内容包括：义工的招募与培训、蹲点宣传、不定期进行的"扫楼"活动、照片的拍摄和整理、活动期间的各种文书资料等工作。这项工作量大且单一，并且每天都要重复进行。一线社工在完成项目工作后，需要回到社工站中整理当天的文书资料，并为第二天的活动做好准备。有时还需要面对居委会的突然请求以及服务对象在社工站寻求帮助的问题。

居委会规定的试点社区服务内容占据了一线社工大部分的实务时间，导致他们难以开展其他服务。此外，居委会对试点社区的服务内容有一定的限制，以达到预期效果。社工站人力资源有限，只能进行日常性的服务活动，对于试点社区项目等类似的服务需要社工站与居委会相互配合。这加剧了社工站人手不足的情况，导致试点社区项目结束后，社工站人员全部投入到辖区内的生活垃圾分类活动中。

文书资料作为一线社工实务内容和专业服务的重要材料，成为评估项目活动的关键证据。然而，大量繁杂的文书资料需要耗费社工大量时间，使得他们无法选择开展有针对性和需求性的服务活动。在这种情况下，越来越多的一线社工开始按照规矩行事，而不是根据实际情况进行操作。

四、对一线社工实务中服务计划的影响

在社会工作中，服务计划是为了帮助服务对象实现特定目标而制定的具体服务内容的

整体规划。制定多种形式和层次的服务内容有助于帮助服务对象有针对性地解决困难，提升自我能力。因此，服务对象对服务计划的制订具有重要影响。

然而，根据我在试点社区项目中的经历来看，在政府确定在试点社区开展项目之前，对于项目的服务计划已经有了时间上的安排，并且在相应日期有一定数量的任务指标。对于街道来说，完成规定时间内的一定量活动远远重要于质量要求。

在试点社区生活垃圾分类项目进行时，一线社工按照居委会每周进度计划开展相应的服务活动。试点社区项目中的一线社工按照既定的服务内容和服务计划，准时进行社区宣传活动。项目初期，试点社区居民常常将义工和社工混淆，认为他们都是帮助居委会进行宣传的，都受到居委会的指导和管理。在进行"扫楼"入户宣传时，当社工去敲试点社区居民的门时，很多居民不愿意开门，甚至对社工的身份产生怀疑而拒绝开门。但是当社工喊出"我是居委会的人，来宣传垃圾分类的事情"时，居民的顾虑减少了很多，他们愿意打开房门。

社工：您好，有人吗？我们是×××的社工，来和您讲一下关于垃圾分类的事情。

居民：你是谁？我不清楚你搞什么的？垃圾宣传不是物业和居委的人吗？

社工：啊，我们社工也是配合着居委在进行垃圾分类的宣传工作，这有些消息需要通知您一下。

居民：（打开了里面的房门，外一层的防盗通风式的铁门并不会打开，居民用警惕的目光打量着穿工服和带工作证的社工）哦，有什么要通知的？

由于试点社区中居住着大量中青年人，平日里这些居民需要上班工作，只有在周末晚上才能在家。因此，周末晚上成为了最好的"扫楼"时机。然而，由于缺乏专业的社会工作背景和知识，试点社区的居委会已经偏离了对社工在项目下一线实务中的角色定位。居委会认为，由于服务项目是由政府购买的，社工的服务也属于居委会的管理范围。因此，社工的服务与居委会的日常工作没有什么区别，居委会更加依赖社工来发挥作用。另外，由于社区居民对社工了解不多，社工在试点社区中的地位尴尬。因此，在项目前期，只能以居委会的名义开展活动，并按照居委会要求的时间进度和服务形式进行实务。

五、对一线社工实务中服务类型的影响

在试点社区项目服务中，应该根据不同的服务对象采取不同类型的服务活动和方式，不应为追求效率忽略社区内老年人的需求。尤其是考虑到街道上有很多困境长者，试点社区的项目服务活动经验应该为下一步辖区内所有社区推行垃圾分类工作做铺垫，但是试点社区中针对老年人的服务活动却很少提及。

在试点社区的项目服务中，蹲点宣传是最持久也是最主要的宣传方式，主要面向早晚外出工作的中青年人、喜欢晨晚锻炼的身体素质较好的老年人以及接送学生的家长等。蹲点宣传的时间选择在居民人口流动时期，一旦错过了这个"黄金时间"，很少再有居民经过蹲点宣传处。因此，社工在试点社区项目中要牢牢把握好"黄金时间"，进行拍照、宣传等每日必做的工作，剩下的时间则要继续清点活动的物资，及时补足，填写活动记录表，志愿者签退，收拾场地，等待物业与环卫到来将分类好的垃圾装车运走。在这个过程中，1名社工负责所有活动。活动时间的紧迫性使得一线中的社工无法再去考虑有针对性地为社区内的困境长者提供服务。试点社区项目期间，由于长时间的蹲点宣传，前来丢垃

圾的居民早已对社工和志愿者熟悉，连宣传的内容也早已知晓。在这个阶段，宣传活动看似正在进行，实际上却停滞不前，服务内容与服务对象的重复开展活动，社区内其他居民成为潜在的服务对象，并未真正融入项目服务中。

试点社区项目实行了一种"一刀切"的方式，从上向下贯彻进行宣传活动，按照指定的"规矩"重复进行，导致一线社工的自主性受限。再加上机构自身的人力资源短缺，很难满足项目活动中社工实际的要求。评估机制要求下的文书工作也让社工在实践中没有足够的时间。居委会不定时的人员请求导致一线社工服务计划被打乱。居民对社工和居委会的身份认同混淆，使一线社工在居民和居委会之间的角色模糊，定位不清。

第六节 结论：项目下的一线社工实务该何去何从

通过对B区生活垃圾分类试点社区的研究，我们可以看出一线社工实际工作中存在一些困扰，但这并不意味着他们被牢牢束缚。在与一线社工一起参与试点社区服务活动时，笔者发现他们能够根据自身经验或者与同事的协作来应对街道或居委会提出的新要求。例如，在试点社区中，一线社工会对比参加服务活动的居民和社区住户的花名册，找出很少或者未参加过服务活动的住户，并进行登记，然后在社区探访中重点关注这些住户。此外，面对烦琐的文书工作，一线社工会使用过去类似活动的"模板"，这些模板通常来自于机构中前辈的经验积累，只需进行适当修改，就能解决大部分文书工作的问题。尽管一线社工有一些应对方法，但这并不能从根本上解决实务中的问题。通过对B区试点社区的研究分析，可以发现一线社工的实务受到街道政府（居委会）、社工机构和社工个人的影响，因此在讨论项目下一线社工实务问题时，应该综合考虑这三个方面。

一、政府的积极调整

政府作为社会服务的购买者，在社会服务开展中应具有统筹的指导权。然而，这种权力往往会导致"越位现象"，即从对"服务要求的指导"扩大到对项目社工的"管理"上。政府以行政化的管理体制和非专业性的手段对社工的服务过程进行管理和干预，以达到设定的目标。因此，明确政府在项目中的权责问题是社工实务进行的基础。政府作为服务的购买方具有较大的主导权，但一旦项目实施开展，政府应明确与社工站建立合作的伙伴关系，提供资金支持并进行统筹指导。对项目的进行更多是担当监督者的角色而非管理者，给予项目下的一线社工实务更多的自主空间。

为了多元化地监督项目，应更加关注服务质量而非数量。对于项目下的社工来说，开展一场有效的服务活动要远比次数多、规模大的活动困难得多。宣传活动需要精心设计，关注服务的内容和方式等，而以数量为主的宣传活动往往是循环往复、浪费资源，对宣传活动的效果没有实质贡献。在对项目负责社工的监督中，应关注其自身能力，特别是对项目的适应能力。社工擅长的领域与项目的匹配程度很重要。对于项目服务过程的监督，政府工作人员应及时与项目负责人、社区居民进行沟通，了解活动开展情况，根据不同阶段的服务效果需求，灵活调整服务重点，以提高服务的效果。

在对项目评估时，不应只依赖文书资料，而应重点关注社区居民的反馈，制定更科学合理的评估机制。减少一些指标化、数量化的考核标准，让一线社工真正地去实施服务，而不仅仅是写实务。社区服务活动的出发点和落脚点都是为民服务，因此对服务活动的评估也应重点关注居民对活动的评价和想法。此外，政府可以组建一支科学的评估队伍，通过情景模拟的方式再现服务的场景，更好地检测服务方式和效果，使社工真正将服务的重点放在服务对象上，而不是为了迎合指标完成而出现形式主义的服务。

二、机构的自身建设

社工机构作为社会工作者的"家"，是他们开展服务时坚强的后盾，为社工提供一系列的支持和帮助。尤其在当前社工机构面临竞争压力大、发展空间有限的情况下，更需要加强自身建设，提升机构的专业服务能力，以提供更好的服务效果，增加社工机构在与居委会进行合作时的话语权，为一线社工的实务工作提供更有力的支持。主要体现在以下五个方面：

（1）为了增强社工机构的专业性，可以打造机构的特色领域。一个机构很难在各个服务领域面面俱到，因此更好的做法是打造机构的特色，成为专业能力过硬的社工机构。如果机构没有明确的特色，认为可以提供任何服务，会导致服务的专业性不足，使得社区工作人员认为社工服务与社区服务没有太大差异，都是在进行群众工作。打造专业性机构的优势在于增加政府购买项目时对机构的信任度和专业度的确认，从而减少政府工作人员对于项目的过多干预，使项目的服务按照社会工作专业的运作模式开展。

（2）社工机构需要加强与外部资源的联系能力，并以积极主动的姿态走向社会，展现自身实力，以提供更多支持给一线社工。同时，社工机构要从整体发展的角度出发，加强与其他机构的交流与合作，不同机构的社工可以相互学习、取长补短，促进经验的交流，提升服务技巧和能力。除了专业知识的交流学习，机构还应向企业、慈善团体等争取更多的投资和支持，以扩宽经济来源，增强经济实力，提升综合实力，从而为一线社工提供人力和财力的支持。

（3）社工机构应加强对社工的督导支持。督导服务不仅仅是对专业服务过程的监督，还包括对一线社工个人能力发展的支持。目前，社工机构雇用的督导主要分为两类：一类是全职社会工作者，具有一定工作年限和职业资格，且在实务方面经验丰富，擅长某个专业领域；另一类是兼职或全职从事社工教学的知名学者、教授，他们的专业知识体系丰富，科研创新能力强。社工督导促进社会工作者专业能力的发展和自主能力的提高。督导不仅提供专业技术上的帮助，还能对一线社工在实务中遇到的困难和挫折进行情绪疏导和情感支持。一线社工作为普通人，在开展专业服务时难免遇到各种困难，产生挫败感。社工督导应给予社工足够的信心，协助解决困难，进行心理疏导，使社工能够相信自己并面对困难，从而提供专业服务。

（4）社工机构需要完善评估机制，以促进社会工作评估主体的多样性、评估机制的多样性和评估方法的多元化。目前的评估往往从单一主体的利益出发，无论是第三方机构还是社工机构自身的评估都存在这个问题。因此,应该鼓励建立以服务购买方、服务提供者和项目社工为主体的评估团队,这样有助于更深入地了解整个项目目标和社会专业服务的具体情况。

(5) 社会工作服务是一个连续且综合的服务活动,只有在服务过程中才能真正展现社工的专业能力和水平。因此,在社会工作服务的结果评估机制之外,过程评估也应发挥重要作用。仅仅依靠服务效果来评判社会工作者的实际能力和工作成绩缺乏科学性,应根据项目特点制定适宜的评估标准。在评估方法上,应根据各项目的实际情况和特点采用定性和定量两种专业方法,综合考量,以增加社会工作评估结果的可信度和说服力。

三、社会工作者加强自律

随着社会工作专业在新形势下不断发展,社会工作者加强自律是必不可少的。只有通过提高服务水平和能力,争取更多社会承认,才能为社会工作体系的建立和发展奠定坚实基础(王思斌,2019)。社会工作专业的特殊性要求社会工作者必须加强自律。作为一种专业性的助人服务活动,社会工作在帮助困难群体方面扮演着和谐社会的构造者角色,这就要求社会工作者以身作则,发挥榜样作用。作为一线实务的社会工作者,更应加强自身的自律养成,提升专业理论学习和实践经验积累,并不断反思自我,巩固已有的知识和能力,以提供更优质的社会工作服务。

社工加强自律首先要加强专业理论学习。理论来源于实践并指导着实践的发展,系统的理论学习有助于一线社工对于所要从事的服务活动和现实情况有一个清晰的轮廓,也为社工活动的开展提供社会理论的支持。然而,目前社会工作专业存在着理论与实践相互脱节的情况。高校社会工作教育以理论为主,对实践的涉及较少,而一线社工往往以实践为主,忽略理论的学习。然而,实际上,一线社工缺少理论上的支持,可能在实务工作中事倍功半,并对自身能力的发展产生限制。

社会工作者的自律要求社工要深入实践中从而提高自身经验积累。全面而又系统地进行理论学习是为了更好地运用到实践中,实践是检验理论学习的根本标准。通过学习理论和更新专业知识,我们可以更全面、更细致地掌握专业技能。然而,如果不将学到的理论知识运用于实践中,就失去了其存在的根本意义。以良好的理论知识学习作为基础,通过深入实践积累经验,使一线社工能够从容应对复杂多变的服务情况。通过丰富的专业知识和过硬的实务技巧,社工能够准确快速地挖掘服务对象的真实需求,并与其建立专业信任关系。只有通过提高自身要求和加强自律,社工才能提高社会服务的专业能力和服务质量。

社工的自律还要求他们要有规律性的总结和及时性的反思,不断在学习和实践之间巩固和加强专业知识和能力。近年来,我国的社会工作得到了快速发展,社工面临的现实情况也随着社会的变化而不断变化。政府、社会机构和服务对象对社工有更高的期望并提出了更高的专业要求,如果社工停滞不前且仅依靠已有的知识,将无法应对这种变化。因此,一线社工除了加强专业知识的学习和深入实践服务外,更重要的是加强专业反思。通过学习和实践,社工可以了解到哪种社会工作服务符合社会要求、服务对象的需求,并推动社会工作实务的发展。

第二篇

社会工作介入个案研究

- 第五章　叙事治疗模式个案介入研究
- 第六章　社区网格员职业压力个案介入研究
- 第七章　照顾脑瘫儿童者的亲职压力个案介入研究

第五章 叙事治疗模式个案介入研究

第一节 绪 论

一、研究背景

习近平总书记非常关注青年人的成长,总书记曾说青年人正处于学习的黄金时期,应该把学习作为首要任务,作为一种责任、一种精神追求、一种生活方式,树立梦想从学习开始、事业靠本领成就的观念,让勤奋学习成为青春远航的动力,让增长本领成为青春搏击的能量。[1] 青年应当具有奋斗精神,勤奋学习,不断增长本领。青少年时期是知识积累的关键期,也是学生自我成长的重要阶段。全社会对于青少年的关注度也格外地高。

"十三五"期间,国家致力于全面普及高中阶段的教育。据统计,截至 2020 年,我国高中阶段教育毛入学率已达到 91.2%。而"十四五"规划提出,高中阶段毛入学率提高到 92%以上。[2] 国家教育政策从入学机会、育人模式、学生资助多方面入手,进行系统设计、整体推进,为高中阶段教育的全面普及提供了坚强政策保障。相对而言,经济问题不再是影响青少年是否接受高中阶段教育的主要原因,而更在于家庭教育观念、学习目标、学习动力以及学习成绩的影响。

素质教育改革以来,社会各界对教育的认识逐渐得到改观,不仅全民教育观念深入人心,素质教育也得到社会各界的极大支持,因此,我国素质教育改革得以不断推进,并取得长足的进展。但与此同时,长期应试教育所带来的负面作用却迟迟难以消除,厌学就是其中最为典型和最为普遍的问题之一。

如今,社会竞争日趋激烈,就业形势十分严峻,高中生面临着沉重的高考负担,厌学

---

[1] 习近平在同各界优秀青年代表座谈时的讲话[EB/OL]. https://www.gov.cn/govweb/ldhd/201305/05/content_2395892.htm?eqid=f11e0979000040fd000000026492884e,2013-05-04.

[2] 中华人民共和国教育部. 未来五年,高中阶段毛入学率从91.2%提高到92%,提高0.8%,影响几何[EB/OL]. http://www.moe.gov.cn/jyb_xwfb/s5147/202104/t20210413_526084.html.

问题因此而加剧，厌学情绪的产生严重干扰着高中生的正常学习，使其学习效率低下，学习成绩退步，学习兴趣和学习热情减弱，学习的自信心被挫伤。当学生出现厌学时，如果不及时进行介入和引导，会产生严重的后果，引发一系列的极端行为，严重危害其身心健康成长和个人的全面发展，因此亟须采取有效措施加以解决。

需要认识到，在当今的高中学生群体中，厌学已经不再是个别现象，而是具有极强的普遍性。厌学问题是一种学习动机不正确、学习兴趣缺失而外化的不良行为。我国实施素质教育以来，学生心理健康教育已经得到各级教育主管单位和中小学校的重视，但是高中生厌学问题仍然如此普遍。厌学问题轻则导致学习成绩下降，重则导致青少年产生悲观厌世的情绪，进而消极面对生活，走上自杀或犯罪的不归路。而高中生作为高考负担的直接承受者，其厌学问题比任何一个阶段的学生都更为严重。

二、研究意义

对高中生厌学问题进行研究，是一项能够引起广大高中生、学生家长、学校和教师普遍关注的活动，这是因为厌学问题的研究有着重要的理论意义和实践价值。从厌学问题的理论研究和实证研究中归纳现状、提炼存在问题，进而寻找解决问题的思路和方法。高中阶段的青少年开始初步具备了独立的人格，在为人处世上初步具有了自己的独特见解，能够对事物发表自己独立的看法，也会更加主动地寻求别人对自己的认可。

（一）理论意义

第一，具有社会工作的专业视角。从研究视角来看，目前学术界关于厌学问题的研究大多集中于教育学、心理学和社会学等研究层面，而从社会工作视角出发的研究较少。社会工作视角具有其独特的优势，可以采取更加全面系统的分析方法以及更具有针对性的介入措施，针对研究对象的具体问题和需求进行评估，采取靶向治疗的方法，更有利于改善高中生的厌学。

第二，具有应用型研究特点。目前关于厌学问题的研究大多停留在对其现状的研究和对策的分析等宏观层面，描述性和理论性的研究较多，但是关于高中生厌学的具体实务操作层面的研究很少。为此，本章以叙事治疗为主题，采用多样化的治疗方式，将厌学与治疗方式有机结合，为高中生厌学领域的研究提供新的思路。

第三，研究有利于丰富已有研究具有拓宽社会工作实务研究的意义。从研究主体来看，研究的领域主要聚焦于留守儿童、流动儿童、单亲家庭儿童、高职学生等特殊群体，本章以2000~2020年为时间段，通过中国知网以"中学生厌学问题"为主题词进行检索，共334篇。其中关于高中生厌学的仅有24篇，而在干预方法上并没有研究使用叙事治疗。本章研究的开展是叙事治疗介入高中生厌学的一种尝试，探索叙事治疗在介入高中生厌学方面的应用性及实务方法。

（二）现实意义

第一，高中生正处在价值观形成的关键时期，是自我认知的发展阶段，生理和心理方面飞速发展。帮助高中生以良好的状态度过该阶段，缓解厌学情绪，纠正厌学行为，增强学习兴趣，提升学习积极性，使学生更好地适应学校生活，是学校社会工作亟须解决的重要问题。

第二，帮助高中生改善厌学情绪，协助其建立科学合理的自我认知，有利于高中生良好价值观的形成，为学生的身体和心理健康的可持续发展打好基础。

第三，以叙事治疗模式介入厌学个案，希望通过此个案中的主流叙事和案主的自我叙事，了解更多主流价值观中对厌学高中生的看法和期望，以及厌学高中生自己内心的想法和需求，丰富对厌学高中生群体的认知。以此进一步将厌学问题外化，探寻例外事件，重构生命故事。帮助案主逐渐化解主流思想对自我叙事的宰制，重建内心的自我认同，激发案主本身的力量，解决厌学问题，重新融入学习生活。并期望以此作为他人解决厌学问题的方式参考。

三、文献综述

（一）厌学研究综述

1. 关于厌学现状的研究

（1）国外相关研究。在世界各国中，学生的厌学问题日益普遍，不仅在中国存在，在国外比如美国、日本、法国等发达国家也普遍存在。由于价值取向的差异，在国外，大多采用"缺席""不出勤""学习倦怠""逃学""辍学""拒绝上学"等来界定厌学，而非将其总结为主观层面的厌恶。[1]

国外学者更多地突出对行为的事实表述，倾向于对学习的负面情绪、负面行为的研究。大多是围绕"逃学""辍学"这种行为展开研究，探究其相应的矫正策略。美国学生的厌学状况也较为严重，早在1963年就发布《反中途辍学运动》报告，指出了中途辍学的危害，号召公众关注学生辍学问题，并提出各种方法引导辍学学生重返校园。[2] 在日本，厌学主要表现为"拒绝上学"，学生厌学问题更是一个普遍存在的问题，更为甚者，一些学生因为厌学甚至出现了自杀倾向。[3]

（2）国内相关研究。通过查阅文献了解到，国内有关厌学的研究最具代表性如下。高利兵（2004）[4] 提出，学生厌学行为主要是一种兴趣的缺失，对学校开展的学习活动不认同，进而参与度较低，长此以往甚至会产生抵触心理。朱盘安（2006）[5] 对厌学的主要表现进行了深入分析，其中主要表现为学生在课堂难以集中注意力，对课堂上教师的行为不能够积极回应，作业完成不及时等，归纳原因主要表现在学生对学习这一概念认识得不到位，并且学生认为读书没有用，进而在行为上对读书进行了排斥和抵触学习。

综合国内学者对厌学的定义，本章研究中的厌学是指学生在学习过程中，对学习失去兴趣，产生排斥和厌恶，出现厌烦情绪和消极态度，并伴随逃课、辍学等一系列厌学

---

[1] 陈微微. 中学生厌学矫正社会工作介入的个案研究[D]. 河北大学硕士学位论文，2014.
[2] 美国学生八人中就有一人长期旷课 亚裔旷课率最低[EB/OL]. 人民网，http://jx.people_com.cn/n2/2016/0611/cl90316-28485044.html，2016-06-11.
[3] 王英斌. 日本中学生厌学数理[J]. 外国中小学教育，2006（4）：18.
[4] 高利兵. 中学生厌学的归因与矫治[J]. 教育科学研究，2004（7）：53-55.
[5] 朱盘安. 学生厌学心理及行为分析研究[J]. 职业技术，2006（10）：59.

行为。

厌学现象是目前我国教育界普遍存在的一种现象。戴莺莺（2013）[①] 对中小学生厌学研究文献进行了细致的分析和整理，研究发现，中小学生中普遍存在严重的厌学现象，他们大多受教师、家长等多重压力的影响，不管是农村学生还是城市学生都有此情形。罗滨等（2012）[②] 在对北京市七个区县二十四所学校的高中生进行学习心理品质的调查中发现，优秀学生和中等学生中也有相当大的比例其学习态度是消极的，分别占比为 9.52% 和 32.40%，这部分学生学习压力较大，有厌学倾向。

2. 关于厌学产生原因研究

（1）国外相关研究。研究发现国外学者多从心理学和教育学的角度来分析厌学原因。心理学主要通过对个体因素的分析来探讨厌学的成因，较为关注学生的不当认知和学生在学习过程中所产生的焦躁不安的情绪。Atkinson 等（1974）[③] 认为，个体所表现的行为特征与当时阶段的情绪呈现紧密关联性，如果个体当前情绪状态良好，态度积极乐观，对于成功的渴求度远远高于失败时，积极情绪就会常伴个体左右。反之，如果个体总是感觉自己成功的可能性很渺茫，那么负面情绪就会常伴个体左右。Wilmar D Enzmann 等（1998）[④] 认为，当学习者感到自身学习压力过重、缺乏自由、考试焦虑等超过了学习者自身可以承担的范围时，就会出现对学习感到厌烦，甚至逃避学习的现象。

从教育学的角度看待厌学问题时，研究者通常把问题归因于老师和学校的管理不力，认为厌学的产生是老师和学校的责任。例如，在德国部分社会工作研究者看来，学校通常会更重视学习成绩，而对于学生的旷课、逃课、逃学等行为有所忽视，并没有在第一时间及时发现并予以矫正，从而让学生误以为学校和老师对这些行为进行了默许。Maslach 等（1997）[⑤] 对多项研究综合分析发现，倦怠的产生原因主要有任务负荷过重、自控能力缺乏做不到自我管理、过程中的奖赏没有吸引力、人际关系难以解决而出现问题、公平的缺失和价值冲突。Branko Slivar（2001）[⑥] 调查了 2105 名中学生，研究其学习倦怠的影响因素，结果证实了 Maslach 和 Leiter 所提出的六大因素同样适用于学习倦怠。

（2）国内相关研究。关于厌学现象产生的原因，国内学者主要从个体自身、家庭、学校、社会、同伴群体等方面提出了自己的见解。在厌学的导致因素中，从学生本身找到的较为普遍的原因有：在过去生活中遇到的难以释怀的挫折、对自我的评价十分消极充满负面词汇、个人对新学校新环境的适应能力不佳、学习方法掌握不够、学习能力有所欠缺、被贴上负面标签难以改变、自制力差等。孟四清等（2009）对天津 1203 名中小学生的学习

[①] 戴莺莺. 职高生厌学现象与社会工作介入研究——以温州某职高为例［D］. 华中农业大学硕士学位论文, 2013.

[②] 罗滨, 陈颖, 李亦菲. 高中中等生学习心理品质现状调查分析——以北京市为例［J］. 中国教育学刊, 2012（2）: 20-23.

[③] Atkinson J W, Raynor J O. Personality, Motivation, and Achievement［M］. California: Hemisphere Publishing Corporation, 1974.

[④] Wilmar Schaufeli, D Enzmann. The Burnout Companion to Study and Practice: A Critical Analysis［M］. Oxford: Taylor & Francis Ltd., 1998.

[⑤] Maslach C, Leiter M P. The Truth about Burnout［M］. San Francisco, CA: Jossey-Bass Publishers, 1997.

[⑥] Branko Slivar. The Syndrome of Burnout, Self-Image, and Anxiety with Grammar School Students［J］. Horizons of Psychology, 2001, 10（2）: 21-32.

状况进行调查发现,考试不及格的学生更容易出现厌学。[1] 崔航(2014)[2]认为,学生个人层面的厌学成因主要源于认知和能力,即对学习的不恰当认知和学习能力缺乏。严光文(2019)[3]认为,高中生厌学心理问题的成因主要是由于个人对新的学校、新的环境,以及新阶段的学习任务和教学内容的适应不佳,由此慢慢演变为学习兴趣减退,面对学习容易犯愁,厌学情绪高涨。郭禹希(2019)[4]提出,高中生本身所处的独特的个体发展阶段也是厌学成因的主要因素,青春期学生容易发生学习的目标感弱,学习动力不明确,抗逆力水平低下。

在家庭的影响因素方面,邓家金(2017)[5]提出,学生厌学的产生往往与家庭教育方式的不良、家长对学生起到的不良榜样作用以及父母对子女过高期望或者过低支持度相关。李敏杰等(2011)[6]认为,厌学也与学生的生活自理能力差,过于依赖父母有关,我国的独生子女政策之下,家长对孩子的过度照顾对学生的学校生活产生了影响,当学业和生活的双重压力超过了学生的承受能力时,便会对学习产生倦怠。

在学校和社会环境层面,李莉(2015)[7]建立了高中生厌学的心理机制模型,研究发现,师生关系不和谐不紧密、学校给的学业压力过重,以及学校老师们不适当的授课模式等都会引发厌学,社会因素中的同辈群体关系、社会风气等都会对包括学习策略、学习习惯等学习相关态度产生影响,导致自我效能感降低,对学习的厌倦程度提高。

3. 关于厌学的干预措施研究

(1) 国外相关研究。国外学者在关于厌学对策的研究方面起步较早,取得了丰硕成果。美国学者布罗菲(2005)[8]认为,解决厌学问题最有效途径是增强学生的学习兴趣,设置有趣又能使学生获得成就感的学习内容,激发学生面对学习的内在动力。日本学者也强调在厌学问题的处理中学校的作用,倡导把学校建设成为学生的精神乐园,使学生在学校中得到精神方面的满足,学到感兴趣的知识,在学习中找到快乐和成就感,学校也应多安排丰富多彩的教学和课外活动,调动学生的学习热情。美国社工则更侧重在学生已经出现厌学情绪时的及时发现和疏导,认为学生厌学问题初现时是解决的最佳时机,如果这个时期没有被足够重视,那么后期学生会陷入巨大的无力感,可能导致彻底的逃避和厌恶学习。新西兰在应对学生厌学状况时则有自己独有的办法,他们在日常教学中注重加强对学生自我评价能力的培育,不断提升自我效能感和自我获得感。在教育方面,通过言语鼓励、物质奖励等多种方法帮助学生树立自信心,让学生在自我价值实现过程中增加学生的成功感。[9]

(2) 国内相关研究。对于厌学的干预措施,国内研究主要是在运用教育学和心理学领域理论、技巧进行干预。心理学领域主要是运用如适应心理咨询、心理剧治疗、理性情绪

---

[1] 孟四清等. 天津市中小学生厌学状况的调查 [J]. 天津市教科院学报, 2009 (3): 46-49.
[2] 崔航. 本科生厌学问题的小组工作介入研究 [D]. 西北农林科技大学硕士学位论文, 2014.
[3] 严光文. 高中生厌学心理问题的成因和改善策略探究 [J]. 课程教育研究, 2019 (36): 241-242.
[4] 郭禹希. 高中生心理问题的成因和改善策略浅谈 [J]. 课程教育研究, 2019 (2): 204-205.
[5] 邓家金. 部分农村中学生厌学化学原因分析及应对策略 [D]. 华中师范大学硕士学位论文, 2017.
[6] 李敏杰, 朱薇. 学生学习倦怠的成因分析及消解措施 [J]. 教学与管理, 2011 (3): 79-80.
[7] 李莉. 高中生厌学的心理机制研究 [J]. 教学与管理, 2015 (18): 70-72.
[8] [美] 布罗菲. 激发学习动机 [M]. 陆怡如译. 上海: 华东师范大学出版社, 2005.
[9] 肖琴. 初中学生厌学问题的研究 [D]. 辽宁师范大学硕士学位论文, 2013.

心理疗法等对厌学学生进行心理辅导和干预。余卉（2021）[①]认为，在厌学干预中不能用"头痛医头，脚痛医脚"的单一思维，要有系统思维，厌学是一个系统问题，干预过程中应当从各方面采取措施。石丽媛（2016）[②]列举多种专业治疗方法的优势，强调辅导者要能因人而异、因例制宜找到最合适案主和案例本身的方法，而且很多时候辅导过程并不是单一方法的运用，而是要在不同阶段不同情境下使用不一样的方法，才能让治疗效果达到最佳。要根据案主的实际情况和外部环境综合考虑，在适当阶段选取最适合的方法。

从教育学的角度出发，吴瑞熹等（2017）[③]通过对厌学的内在机制研究，警示教育者要在厌学发生的起始阶段敏锐地发现，及时进行辅导，在学生厌学程度较轻时采取谈话法将厌学苗头制止，做好预防工作。黄楠（2016）[④]在青少年家庭影响因素分析中指出母亲应该转变教育观念，善于发现孩子的潜能和优势，能够帮助孩子树立积极的心态。张海忠（2014）[⑤]通过对农村中学生厌学问题的研究，提出从四个方面缓解学生的厌学，包括加强对学生的职业教育，增强学习动机；促进家校联动，增强联系和沟通；投入更多的教育经费用于教师进修，提高教师的管理和教学方法；提高学生抗逆力，磨炼学生的学习意志。

社会工作角度对于厌学的干预主要集中在用个案工作和小组工作方法进行干预。孟海宁（2020）[⑥]用小组工作方法对高中生的厌学问题进行介入，利用团体动力促进厌学高中生的人际支持，增强归属感，而且同辈群体能快速产生共鸣，互相治愈，互相促进改变。邱红玉（2020）[⑦]以人本主义治疗模式介入厌学个案，运用"来访者中心疗法"，按照个案工作介入程序，侧重帮助案主协调自我概念，摆脱厌学问题，达成自我实现。吴丽丽（2016）[⑧]运用个案工作方法介入青少年厌学，从优势视角和内外影响力范式理论出发，对案主及其家人进行介入，使案主与家人关系缓和，重塑了案主的社会支持网络，对厌学问题的解决达成了很好的效果。

（二）叙事治疗模式研究综述

1. 国外相关研究

叙事治疗模式的最初倡导者是澳大利亚的 Michael White 等（1990）在其 *Narrative Means to Therapeutic Ends*[⑨] 一书中，从历史哲学角度进行分析，对知识与权力的辩证关系进行剖析，对知识的权力地位和专业知识在治疗中的刻板运用提出质疑，认为传统疗法对案主潜能的发掘和案主自我意识的唤醒效果有限。Koebach Anke 等（2021）[⑩]研究叙述性

[①] 余卉. 系统思维下高职学生厌学的成因及对策分析 [J]. 产业与科技论坛，2021，20（6）：281-283.
[②] 石丽媛. 高中生厌学心理辅导中的"五要" [J]. 教学与管理，2016（19）：34-35.
[③] 吴瑞熹，吴继敏. 新时代下高中学生厌学的心理辅导策略 [J]. 名师在线，2017（1）：6-7.
[④] 黄楠. 青少年厌学的家庭影响因素分析及对策研究 [J]. 中国教育技术装备，2016（4）：30-31.
[⑤] 张海忠. 农村学生厌学的原因分析及对策探讨 [J]. 教育教学论坛，2014（17）：167-168.
[⑥] 孟海宁. 小组工作介入高中生厌学的实务探究 [D]. 山东大学硕士学位论文，2020.
[⑦] 邱红玉. 人本主义治疗模式下高中生厌学问题个案研究 [D]. 辽宁大学硕士学位论文，2020.
[⑧] 吴丽丽. 个案工作介入青少年厌学问题研究 [D]. 辽宁大学硕士学位论文，2016.
[⑨] Michael White, David Epston. Narrative Means to Therapeutic Ends [M]. New York：W. W. Norton & Company，1990.
[⑩] Koebach Anke, Carleial Samuel, Elbert Thomas, Schmitt Sabine, Robjant Katy. Treating Trauma and Aggression with Narrative Exposure Therapy in Former Child and Adult Soldiers：A Randomized Controlled Trial in Eastern DR Congo [J]. Journal of Consulting and Clinical Psychology，2021，89（3）：143-155.

暴露疗法治疗前儿童和成年士兵的创伤和攻击性；在刚果民主共和国东部进行了一项随机对照试验，运用叙述性暴露疗法治疗士兵的战争创伤和应激性，取得了很好的效果。Kam 等（2023）[1] 将叙事疗法与九型人格学说相结合，探索促进成人自我发展的有效路径，对于其他群体自我发展也有很好的参考价值。

2. 国内相关研究

吴熙娟（2000）的《最新又潜力无穷的疗法：叙事疗法导读》[2] 是国内对于叙事疗法的介绍中较为权威的书籍，对于叙事治疗的初步研究者来说，是很有参考价值的书籍。作者在书中对叙事治疗进行了概述，介绍了一些成功案例，在对这些案例和案主进行分析后，她认为叙事疗法的治疗过程能使案主重新建立自我力量。在"叙事治疗模型的形成及其应用"中，黄锐（2009）[3] 梳理了这一范式的兴起和发展，总结了叙事隐喻理论和社会建构理论，并对四个主要假设进行详细的分析和讨论，还引用叙事治疗的一个应用案例作为参考。王凤姿等（2020）[4] 和王凤姿（2019）[5] 运用叙事团体心理辅导促进大学生自我效能感提升，运用叙事治疗的理论和具体方法，从积极心理视阈，化解主流文化的刻板印象对大学生本身的影响，有效提升大学生自我效能感水平。作者还分析了叙事治疗在我国社区心理服务中的应用及其文化适应性，探索叙事治疗与我国社会文化的适配性，促进叙事治疗本土化。陈红莉（2011）[6] 致力于分析如何在团体工作中使用叙事治疗，使其效果更佳，作了细致分析，认为中国人自古的文化传统都较为推崇集体主义，在意他人评价，总是在意群体看法，这会对个体的自我认同产生很大影响，自我的认知往往来源于群体的意见和反馈。

（三）研究译述

1. 过往研究的特点和局限性

过往研究有以下四个特点和局限：

（1）从研究视角来看，目前关于厌学的研究基本是集中于教育学和心理学层面，重点聚焦于学生厌学的描述性呈现上，且大多数停留在现状研究和对策分析等宏观层面，关于介入高中生厌学问题的具体实务操作层面的研究很少。

（2）从研究主体来看，研究大多集中在单亲家庭学生、高职学生、农村学生、随迁人员子女等特殊群体身上，以高中生整体为研究主体的研究较少。

（3）在研究方法上，主要通过问卷调查、资料收集数据分析等方式，以厌学量表的方式对厌学的表现和现状进行研究，以高中生为对象的质性研究较少。在对厌学问题的干预上，基本局限于政策制度和对策方法等宏观层面，在我国教育体制的大背景下，这些对策的可操作性不强，同时具有针对性的具体介入研究较少，运用专业社会工作视角对厌学问题进行分析的研究也很少。在针对厌学的服务体系和实践模式方面，只有为数不多的学者

---

[1] Kam C, Fluit D V. Combining the Enneagram and Narrative Therapy for Adult Ego Development [J]. Current Psychology, 2023, 42 (1): 406-415.
[2] 吴熙娟. 最新又潜力无穷的疗法：叙事疗法导读 [M]. 台北：台湾张老师文化事业股份有限公司, 2000.
[3] 黄锐. 论叙事治疗模式的形成及其运用 [J]. 社会工作社工方法, 2009 (4): 27-29.
[4] 王凤姿, 谭华玉. 叙事取向团体辅导对大学生学业自我效能感的促进 [J]. 校园心理, 2020, 18 (6): 557-558.
[5] 王凤姿. 叙事治疗在我国社区心理服务中的应用及其文化适应性 [J]. 湖北开放职业学院学报, 2019, 32 (21): 112-113.
[6] 陈红莉. 叙事治疗在团体工作中的运用与思考 [J]. 社会科学家, 2011, 26 (1): 114-116.

对厌学问题进行了直接干预,虽然积累了一定的经验和成果,但是其研究结论还不够成熟。在文献搜索的过程中发现,叙事性研究的主要视角还是集中于个案、小组、社区介入三大主要方法上,解决问题的主要方式也缺乏实践指导意义。通常情况下,社工和服务对象进行交流的过程中,主要是对案主进行心理疏导,社工在这时容易处于过度主导作用,而服务对象则处于一种较为弱势的地位,而社会工作伦理十分注重尊重和案主自决。

(4)因为高中阶段的学生往往处于青春期,过多地对其个人事项的干预,很容易导致其产生反叛的心理,这样会使社工很难走进服务对象的内心世界,进而使问题难以得到解决。而叙事治疗模式注重自我叙事,恰好可以解决这一问题,通过使服务对象变被动为主动,积极主动地与案主分享自己的故事,社工通过对案主进行循序渐进的分析,让案主自主地意识到自身所存在的问题,进而产生解决问题的主动性,会非常有利于问题的解决。

2. 过往研究的启发

综上所述,国内外学者对于厌学问题的研究为本章的研究奠定了基础。

(1)青少年厌学问题是世界各国都普遍存在的问题,值得高度重视和关注,具有重要性和紧迫性,因此具有重要的研究价值和研究意义。

(2)学者们的研究视角主要包括教育学和社会学等宏观研究层面,从社会工作视角进行研究的成果较少。

(3)国内外学者对于学生厌学问题产生的影响因素达成了共识,也经过了多方验证,是非常成熟可靠的论据,这为笔者研究厌学问题产生的原因提供了有效的参考。

(4)大多数学者对于厌学问题干预大都基于宏观层面,侧重于给出对策建议,对于厌学问题的具体改善过程方面针对性较弱。

(5)目前关于高中生厌学问题具体介入层面的应用型研究较少,研究内容和实务技巧层面还有很大的发展空间。

因此,本章通过叙事治疗的方法,以期从微观层面对高中生厌学问题进行有针对性的介入,探究叙事治疗在介入高中生厌学问题上的适用性和介入的实务方法与实务技巧。

四、概念界定

(一)厌学

厌学是指学生在学习时产生负面情绪,学习态度消极,学习兴趣减退,面对学习任务容易过度焦虑,有逃避学习倾向。根据国内外学者们对于厌学的界定,本研究将厌学行为界定为:对多个科目的学习完全提不起兴趣,上课不愿听讲,课余学习任务不能完成,面对学习时常感到无力和沮丧,学习效率低下,表现出逃离学校、逃避学习的倾向,无故出现经常或长期不上学现象,与学校老师关系紧张甚至对立。

(二)叙事

"叙事"在西方并没有明确的界定。国内学者大部分都将麦克·怀特等[①]的"Story"和

[①] Michael White, David Epston. 故事、知识、权力:叙事治疗的力量[M]. 上海:华东理工大学出版社,2011;Michael White. 叙事疗法实践地图[M]. 重庆:重庆大学出版社,2013.

"Discourage"译作"讲故事""讲演"。叙事是个人对曾经发生的事件进行详细阐述,个人会赋予事件独特的意义,每个人对同一事件的不同阐述方式和讲述时的侧重点,以及过程中的情绪态度流露反映了这种意义,这种意义背后是个人的价值观和生活态度。叙事治疗通过分析这些叙事唤醒案主的自我能量,发挥案主自己问题的"解铃人"作用,让其在叙述中得到治疗。

五、理论视角

(一) 社会建构理论

社会建构理论产生于20世纪20年代,代表人物有马克斯·韦伯、米德等社会学家,其早期形态是知识社会学,知识社会学重点研究文化如何构建知识和对知识产生影响。其中社会学家伯格探讨了社会共同意识对人的理念和知识的形成起到的作用。[1]

建构主义的基本主张认为知识不是由经验产生的,反对传统的经验主义,知识是社会建构的结果,是在特定的历史时期和文化环境下人们的互动中逐渐形成的多数人共识。知识的客观性在社会的发展变化过程中逐渐成为一种大众角度的主观。知识的形成不是早已存在等待慢慢发现的过程,而是在人际互动和社会交往中逐渐建构的。人们对于一件事物的看法往往并不是自身固有的,而是受社会主流知识的限制,受主流价值观的影响。叙事治疗就是要扭转主流思想对人们的不良影响,赋予积极的意义,让人们重获力量。

(二) 标签理论

标签理论(Labeling Theory)是以社会学家莱默特(Edwin M Lement)和贝克尔(Howard Becker)的理论为基础而形成的一种社会工作理论。标签理论强调社会对越轨者的反应,认为社会的反应是促使初级越轨者最终陷入"越轨生涯"这一无底深渊的重要原因。这种理论认为每一个人都有"初级越轨",但只有被贴上"标签"的初级越轨者才有可能走上"越轨生涯"。一个人被贴上"标签",是与周围环境中的社会成员对他及其行为的定义过程或标定过程密切相关的。社会工作的一个重要任务就是要通过一种重新定义或标定的过程来使那些原来被认为是有问题的人恢复为"正常人"。

六、研究方法

本章运用质性研究方法。通过文献法、观察法、访谈法等方法收集质性资料,将这些资料做进一步的整理、筛选与分析。通过个案研究法对社工介入H的厌学个案进行梳理,分析每一步介入程序对个案的价值,以此案主的表现对标高中生厌学群体特征,探讨叙事治疗应用于更多厌学问题解决的可行性。

(一) 调查对象的选择

由于笔者居住于某重点高中学区,身边较多接触高中生、高中教师及高中生家长,也

---

[1] 李莹莹. 高中生厌学的叙事治疗:小娟的故事 [D]. 华东理工大学硕士学位论文, 2014.

了解到很多高中生存在不同程度的厌学，有部分高中生已经出现明显的远离学校教学活动的倾向，很多老师和家长也深受困扰。笔者在所居住社区进行专业实习时，了解到很多类似案例，也有很多机会直接接触厌学高中生这一群体，他们本身对学习和学校的抗拒程度，以及众多老师和家长为改善其厌学情绪所做的一切努力让我感到震撼，也产生了很大的动力去研究高中生厌学问题。H 为笔者所在社区内重点高中 Y 中学的一名高二年级的学生，在高二年级第一学期结束时他开始产生厌学情绪，在老师和家长的介入疏导之后，勉强完成了期末考试，之后就产生了辍学想法，第二学期初即开始以多种理由拒绝去学校，家长及老师无计可施后向笔者所在社区管理处求助，最终由笔者接手此个案。在对 H 的情况做了评估之后，笔者开始对其进行个案辅导。

（二）个案研究法

个案研究法是指对单一的研究对象通过参与观察、无结构访谈、收集文件证据、口述历史等方法进行深入而全面探索的一种研究方式，其研究的对象既可以是个人，也可以是团体或机构。个案研究常常需要较长的时间对研究对象进行持续不断的追踪调查研究，所以，个案研究法又称为"个案追踪法""个案历史法"。高中生群体有其原本的共性，但是来自不同家庭背景的高中生在厌学问题的表现、特征和厌学问题产生的原因上却有异质性因素，笔者认为，对高中生厌学问题进行深入细致的个案研究具有一定价值；不仅能够探寻这个群体厌学问题的异质性因素，在加深对高中生厌学问题个性认识的同时，也拓展了对这个群体的共性理解，有利于未来社会工作者为他们提供更为适切其处境的专业服务。访谈提纲见表 5-1。

表 5-1 访谈提纲

被访者	问题
家庭成员	她写作业怎么样？
	你们一般用什么方式让他去做作业？
	你们觉得目前他有哪些进步呢？
H	你自己满意你现在的成绩吗？为什么？
	平时妈妈或者老师会不会评论你的成绩？
	你认为自己在学习上有哪些优点？具体表现在哪里？
	你认为自己在学习上有哪些弱点？具体体现在哪里？
	你为什么之前喜欢数学现在不喜欢了呢？
	你觉得换教师对你的学习有哪些影响？
	你认为是什么原因造成你成绩下降？
任课教师	您觉得他不喜欢学习有哪些表现呢？
	从教师角度来看，您认为是什么原因引起他不喜欢学习？
	从教师角度怎么解决他不喜欢学习的问题呢？
	您认为换老师对学生的影响体现在哪里？
	他学习上有哪些优点呢？

（三）资料收集方法

本研究在应用个案研究法时，主要采用文献法、观察法和访谈法进行文献查阅和资料收集。

1. 文献法

所谓文献法主要指通过借助网络、报纸等方法去收集、阅读、鉴别、整理以往对这一目标问题研究文献，通过对学者们文献的研究，对本章的研究问题形成一个大致的理解及初步的认识，有利于开阔笔者对本章研究的思路，并提供方式方法，为进一步深入研究打好基础。在研究开始的初期阶段，通过查找书籍、网络搜索等途径，收集关于叙事家庭治疗、高中生、厌学等方面的文献，对收集好的文献初步鉴别，并阅读整理所有相关资料，为后续社工以叙事治疗模式介入个案的实务开展，以及最终论文的撰写，提供社工理论依据和学习他人的实务经验。

2. 观察法

观察法主要是指通过对案件主体的行为表现、言谈举止进行深入细致的观察，进而将观察到的现象进行归纳总结及进一步的提炼，总结出高中生厌学学生身上所存在的共性特征和差异化特征，在此基础上，针对不同特征的出现，对案主本身进行进一步的挖掘，进而找出问题的本质所在，寻求到解决问题的关键方法。

3. 访谈法

访谈法一般有三个种类：结构式访谈、半结构式访谈和无结构式访谈。结构式访谈需要事先设计问卷，有其固定程序，访谈对象的回答受到问卷设计的限制，了解到的内容不够全面。而无结构访谈则截然相反，是一种更具有深度的、自由化更加明显的访谈方式，通常情况下，会对案主设定一个访谈的主题或范围，围绕着这个主题，与案主进行深入自由的交流。半结构式访谈则是结合了两者的特点。本研究采用了多种访谈方式结合，在接案初期运用结构式访谈对案主做了需求评估，后续以无结构式访谈方式分别对案主H、案主的父母、老师进行了访谈，获取了相关资料。

第二节 个案的介入

一、接案和建立良好的专业关系

此个案源于案主父母老师向社工所在社区管理处求助，社工开始时先在案主父母的安排下与案主建立联系，逐渐熟悉后向案主阐述了其父母老师希望通过社工介入来解决案主目前面临的一些困境。案主在经过考虑后决定与社工建立专业关系，随后社工向案主表示在介入的过程中，希望对方能够正视自己的优势和不足，发现那些困扰自己的问题，重新认识自己。

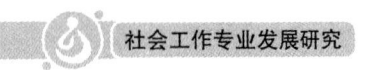

二、收集资料

与案主建立明确的专业服务关系后，进入下一阶段——关于案主资料的收集。在接案阶段，如果社工对案主的情况了解并不详细，那么对于问题的预估和诊断工作是不能很好完成的，丰富的资料能够帮助社工更了解案主，对后续开展的服务也会更加有利。因此需要更加全面地收集与案主有关的资料，并进行相应的分类与归整，逐渐明确问题和目标，并撰写预估报告和服务计划。

（一）个人资料

H同学，男，出生于2004年，高中二年级学生，中考时成绩非常优秀，考入当地市区最好的重点高中，寄宿，所在班级一共85名学生，高一学期期末他的成绩是第14名。但是最近的月考中他的成绩排名第54名，成绩出现了明显的下滑。

（二）家庭背景

案主H家住农村，父母务农，因其父母勤劳，常年劳作，家庭经济条件尚可，在村中属于中上水平。父母日常劳作繁忙，对孩子的关注较少。H有一妹妹，两人感情较好。

（三）学习情况

根据其班主任王老师的话：

H高一学年成绩很好，高一年级暑假总打游戏，到高二上半学期成绩一下就下滑到了班上五十多名了。后来越来越不努力学习，上课不听讲，作业不交，总打游戏。自尊心很强，还和班主任顶撞过，在其他课上还经常睡觉，记得还旷过课，迟到也是经常有的事情，与其父母多次交谈，尝试各种方法解决，但都无济于事。后来他就不到学校上课了，说要辍学去打工。

班级学习环境还不错，班级内学生大部分还是认可也热爱学习的，但是也有不少同学喜欢打游戏，大部分同学因为有家长和老师的管束会克制对游戏的沉迷，但是H对于老师和家长的管束产生了严重逆反情绪，不愿被管教。

（四）自我价值

H高一理科成绩突出，薄弱科目在于文科类学科，但是高一时期对于文科科目的学习一直很用功，在努力补齐短板，可见其知识基础扎实，理解和学习能力强。而且H从初中开始就在城里寄宿学校读书，具有一定的独立生活能力，学习和生活习惯较为良好，也有一定的自我约束能力。高二年级第一学期受外界干扰较大，内心波动较激烈，整体状态不佳，对于学习的重视程度降低，这一阶段的知识学习有所缺失。

三、外在环境分析

（一）家庭环境

家庭是个人最重要的社会支持网络，父母是学生成长过程中的领路人，亲子关系的亲疏对于学生成长影响重大。高中生独立意识增强，但生活和心理上仍处于未能完全独立的阶段，对父母的依赖性仍然较强。但高中生大部分时间在学校，与父母的相处时间不如小学、初中多，亲子互动频率降低。且高中生因为处于青春期，有了较强的自我意识，心理上也更为敏感，容易出现与父母的沟通减少、对父母的教育表现出逆反情绪等现象。所以，高中生的家庭教育容易出现问题。

高中生面临高考，传统思想认为高考是决定命运的一个重大关卡，一些家长们对高考极为重视，家庭一切事务都以孩子高考为第一优先级。一方面，家长对孩子学习生活的重视固然是一件好事，但是往往物极必反，一些家长过度重视成绩，单以成绩论"英雄"，不关注学生的生活和心理状态。这容易给学生过大的压力，一旦出现成绩下滑就觉得愧对父母，无颜面对父母，极端状态下容易出现心理障碍，也会让学生以为"成绩不好的孩子不会得到父母的喜爱"。家长过度关注学习，忽视学生的个人兴趣，认为高中期间一切兴趣爱好、娱乐生活都应该停止，有些家长还会出现没收、毁掉孩子兴趣所在的行为，这些行动会让学生感觉处于被监视状态，生活只有学习，没有放松，难以喘息，且无法和父母平等交流，面对父母不能说出自己内心的情绪和想法，从而造成父母与孩子关系的紧张和疏离。有的家长平时对孩子非常严厉，不讲究家教艺术，对孩子的学习稍有不满，就采取粗暴的方式惩罚孩子。导致孩子胆战心惊，思想高度紧张，唯恐自己的学习退步，考试成绩不好。由于心理负担太重，学生对学习产生了畏惧心理。

另一方面，由于高中生家长对孩子学习的过度重视，会导致父母认为孩子只需负责学习，其他一切事情家人包办。生活上的琐事都由父母代劳，甚至出现连同祖父母、外祖父母在内的一大家子人都围着一个高考学生转，生活上的要求全都尽力满足，孩子提出的一切要求都尽力满足，全家人以孩子为重。这会让孩子在进入学习生活节奏加快的高中阶段时，难以适应。家长对学生溺爱，对孩子的要求无底线满足，例如，在明令禁止学生带手机进学校的情况下，为了满足孩子要求而悄悄给孩子送手机等。造成了孩子唯我独尊的性格。孩子在学校中过不惯集体生活，与同学不能很好相处，对于学校的教育管理一时难以适应，家长也只一味惯着孩子，而不给自己孩子正确的引导。

还有的家长把学生的学习完全交付给老师，认为成绩好坏完全是老师的问题，这是一种错误的观念。他们认为，孩子到了学校就归老师管，他们没有意识到只有家校配合才能联手教育学生。学生出现厌学情绪时，这些家长也想解决问题，但由于不懂教育的方式方法，并没有什么效果。虽然在解决学生的厌学问题上，老师的责任重大，但由于学生厌学的原因各有差别，仅凭老师的力量还是不能彻底解决问题，经常见到老师为了转化厌学学生可谓苦口婆心，历尽磨难，但是效果还是不甚理想。

高中学生是懂事的，也是敏感的，自己的是非观念正在成形，世界观、价值观也正在逐步建立。孩子不能拥有一个幸福和谐的家庭环境，学习就会感到压力，孩子就会从外部寻求心理的安慰，那么，用在学习上的心思就会越来越少。不少家长没有掌握正确的指导方法，或者是粗暴式的强迫孩子来学习。在没有充分调动孩子学习积极性的前提下，他们只能是被动式的学习。这些都可能导致学生产生厌学问题。

（二）学校环境

社会衡量一所学校教育质量好坏的依据是升学率，是学校在考试中出现了多少个优胜者。这就给学校带来了沉重的负担，为了得到社会承认，学校就向老师施压，老师则向学生要成绩。于是，教师为了教出好的成绩，就在正常的课堂教学时间之外，还要去占有自习课、周日、节假日的时间，学生面对的是不计其数的作业和各种练习题，一直处在紧张的状态之下，几乎没有属于自己的时间。为了检验学生的学习成绩，学校安排密集的各种考试，例如，期中、期末考试、月末考试、单元测验等，经过笔者对关于学生学习压力的调查中，有接近50%的学生认为考试压力很大，这些长时间承受着沉重的学习负担，同时还要时时担心考试成绩的学生们，很容易产生厌学情绪。

（三）教育环境

教育理念陈旧。好的升学考试成绩已成为教师教学和职业发展的目标，也造成了对升学率的盲目追求。在课堂教学中他们没有真正落实新课改理念，而是依旧使用传统的教学模式，对学生自主学习能力的培养不充分，学习中能激发学生学习兴趣，营造活跃课堂气氛的活动很少。由于处在被动学习的状态之下，学生的求知热情也越来越淡漠，甚至产生厌学心理。

功利主义作怪。陶行知说："爱是一种伟大的力量，没有爱便没有教育。"教师要对学生怀有大爱之心，这是教书育人，报效国家的责任和义务，只有有了爱的力量，才能真正地面对每一个学生，平等地关心每一个学生，才能让学生"亲其师，信其道"。但令人遗憾的是教师往往过于喜欢学习成绩好的学生，对于差等生不是有效转化，而是表现出厌恶的情绪，对差等生过于苛刻，由此有的差等生就开始讨厌老师，对学习失去兴趣，如此功利主义在高中教师中较普遍地存在，如此情况下，老师对学生的关爱是远远不够的。

不同层次的教育。每个学生都是不同的个体，他们来自不同的学校、不同的老师教授，自然就形成了千差万别的学习习惯和学习方法。一些来自普通中学的学生，他们的学习基础较差，升到高中以后，感到学习的难度又提高了，如果教师没有及时地帮助引领，学生就很容易失去学习的信心和兴趣。高中教材具有跨度大、逻辑性强等特点，它要求学生要具备知识的运用能力，初中时的学习方法显然已不再适应。为了迎接高考的到来，高中的课堂学习、课后作业都较之初中更加沉重，一些学生一时难以适应，学习一步步落后，造成知识的断层、脱节等，由于高考的压力，教师的教学任务也十分繁重。他们几乎没有太多的精力去关注这些学生，分层教学、分类指导的工作严重滞后。对于学习过程出现苦难的学生，教师在教学的过程中不去关注他们，鼓励他们，他们就很难走出学习的困境，致使这些学生产生了厌学心理。

（四）社会环境

目前，高中学校周边网吧、台球厅、KTV比比皆是，纷纷吸引着高中生的眼球，对高中生而言是极大的诱惑。长期以来，逃课上网、沉迷网络游戏乃至色情网站的学生比比皆是，因此而荒废学业的学生屡见不鲜。

此外，一些社会不良思潮也深刻地影响着高中生对待学习的态度。时下，社会就业压力巨大，"网红思潮"泛滥，社会上许多不法商人靠非法手段牟取暴利，加之媒体为博眼球而进行肆意炒作，导致"拜金主义""学习无用论"在社会上横行，对"网红"的过度追捧，进一步加剧了高中生学习动机的改变和学习心态的动摇，极大地挫伤了他们学习的自信心和积极性。

四、厌学问题分析

（一）厌学的旧有对策

1. 培养学习兴趣，优化学习动机

以前研究的主要思路则是提升学生的学习兴趣，优化学习动机，重新让学生培养学习的乐趣，并且辅助建立高远的人生观和价值观，让他们改变厌学的心理。学生是否厌学，与学习动机是否正确有着密切的内在联系。学习动机不正确，就无法获得学习的动力，将学习看作是一种苦差，在学习过程中始终是被动学习状态，对知识没有自主探索。如此循环往复，厌学的情绪将进一步放大，在繁重的课业负担和沉重的高考压力下逐渐显现甚至爆发出来。

对高中生而言，学习动机如果仅用"为中华之崛起而读书"的崇高目标来约束他们，会让他们感到不务实，不切实际，没有真切的感受，而如果设身处地地从他们自身的现状出发，让他们认识到不学习则无法在社会上立足。而学习能让他们更好地适应不断变化的世界，做出更明智的决策，拥有更多的选择。这样他们就会感到学习的好处。只有让学生认识到学习与他们自身密切相关，他们才能够有动力改变自己现在的生活，向着新的方面努力。

2. 营造和睦的家庭关系

家庭的支持至关重要。如果家庭关系很激化，学生无法做到一门心思地学习，家庭会牵扯学生很大的心思，让他们上课分神，无法注意力集中，课下担忧，无法及时准确地完成学生的学习任务及作业，无法按时完成该有的训练，考试的时候无法集中注意力，做题思路不清楚，东一榔头西一棒槌，无法进行全面的思考。所以有必要营造和睦的家庭关系。

（二）案主厌学原因分析

研究发现，案主之所以会出现厌学问题，是由多方面的原因导致的，不仅有案主本身的原因，也有父母、外界环境等多方面的原因导致案主产生厌学问题，所以说厌学问题的产生有其内因，也有其外因，两者共同作用。通常情况下，高中学生厌学问题出现的外因主要有以下三个方面：①学生在学校内处于封闭状态，缺乏与外界进行有效沟通的方式；②部分教师对学习成绩不好的同学存在"歧视""放任自流"；③家长一味地将学生学习成绩的好坏去衡量学生，给他们施加过多的压力等。而常见的导致学生产生厌学问题内部因素主要有学生本人不能够适应教学节奏或者是教学方式、群居生活的不适用，学生自控能力差、学生学不会等。

但是经过多方研究我们发现，导致此个案中案主厌学的关键性内因，在于案主因考试失败这一事件而产生的一些非理性信念。案主一次的考试失败，再加上老师的批评指责，父母的不理解，使案主产生了自我怀疑，对自我产生否定，认为自己让父母老师失望，被父母老师放弃，因此案主便会自暴自弃，从开始的努力学习到对学习完全丧失了兴趣，走

向另一个极端。为此，解决学生厌学的关键因素就是找到一个行之有效的方法帮助案主从一些消极的观念中走出来，帮他们树立发展的观念，引导其用发展的观点看问题，这样学生就不会因为一次考试的失败以及父母老师的不理解而对自我产生怀疑，不会否定自己付出的努力，从而重拾对学习的兴趣。

第三节 叙事治疗模式介入个案

叙事治疗模式是治疗生活中出现问题的一种比较常见的解决问题的方式。一般情况下，通过交流的方式了解主流故事对个体的压制产生的影响，在向别人倾诉的过程中，通过积极地引导帮助案主找回生活中曾经拥有的快乐体验，进而帮助当事人从消极的人生观和价值观中走出来，重新建立起积极的生活态度，乐观地生活。叙事治疗主要是通过对当事人的生活轨迹和生活背景进行问询，从中发现一些有意义的积极的事件，让当事人回忆这些积极快乐的事情发生时自己内心的真实感受，并再次感受这种体验给自己带来的不一样的感觉，通过积极的体验和消极的体验进行对比，让当事人自己得出一个正确的认知。

叙事治疗者认为，一般人都具有经验主义，擅长用自己生活中得到的各种经验来描述自己所属的世界，或者是对自己进行定义，但是不可否认，生活中所获得的各种经验很多都是在不断地试错过程中得来的，为此这些经验的背后一般都是一些错误尝试，具有一定的负面意义。但是从叙事治疗的实践中来看，这些故事对治疗有其良好效果。在治疗过程中，社工和案主是一种平等的合作关系，社工与案主彼此相互分享的经历，并共同体验生活的经历。案主需要能动地探索自己的生活故事，通过对"问题"的故事叙说来串联主流事件，再利用问题外化和解构，将问题与人分离，同时挖掘边缘事件，重构一个积极有力量的故事。

一、主流叙事

主流叙事主要是指对问题的一种主流的解释和表述，通常情况下，社会中会出现一些文化、思想或看法，这些文化、思想和看法会使人们对事物形成一种看法。麦克怀特在叙事的观点中认为，每个人的生活中都存在着各种类型的问题的，这些各种各样问题的出现基本上都会对当时社会上存在的主流文化有一定的联系。这些主流文化的影响会使每个人对出现的问题产生一个自我看法，但是不可否认，这种生活中出现的问题在主流文化的影响下存在着不客观的特点。主流文化会导致当事人认为自己存在着很多的问题，无法改变，进而影响个人主观能动性的发挥。

（一）"问题孩子"的标签

现在高中学习任务重，很多学校在教学课程的基础上又增加了早晚自习，上学早放学晚，且实行两周休息一天的休假政策，休息时间十分有限。再加上有些学校为了追求安静的学习环境将校区建在城市边缘较偏僻的地方，不少学生会选择在学校寄宿或者家长在校园周边租房陪读，减少在上学路上耽误的时间。不少家在乡村或者异地的学生只能选择寄宿，平时跟父母的见面次数少，跟家人的相处时间十分有限，这也影响了亲子关系和家人之间的亲密感，孩子对家长的心理依赖程度也大大降低。

H母亲：不知道这孩子为啥忽然就不想去上学了，我们和他道理也讲了，打也打了，骂也骂了，还到处找老师找亲戚朋友劝他，跟他唠，可啥都不管用。我们俩为了供他念书，平常受得都是什么罪啊，啥都不舍得花钱，唯有对他上学，那是要多少给多少，可他呢，唉。他爸爸心急，遇事就着急，就动手，他跟他爸也不太亲，但以前我的话他还是听的，没想到现在连我也顶撞。

H母亲：这孩子平常都在城里上学，吃住都在学校，两个星期才回来一天，我们之前也不知道他在学校是什么状况，每次问起他他就说还行还行，再多问就说让我们别管他，我干活忙，又要照顾他妹妹，他说别管我也就顾不上多想了，也就由他自己看了，孩子以前一直挺听话，我对他也放心，平常给他操心也少，总觉得给他多拿点生活费，让他自己吃得好一点就行了，没想过他会出什么事。他平常放假回来他也不怎么跟我们坐一起说说话什么的，总自己待着，吃饭也是自己吃完把碗一放就走了，不知道是在睡觉还是干啥。我觉得他上两星期课估计是累了，也就由着他，他睡觉还是做什么我也不打扰他。

高中生处在青春期，对独立和亲密的渴望交织在一起，自尊心迅速增强。一方面不愿意向父母、老师等袒露太多情绪和心理状态，另一方面又希望别人懂他爱护他尊重他。这就造成寄宿学生们不愿意在回家后讲述太多学校生活，也不愿意告知家人自己面临的一些学习和生活的困境，但又希望父母能给予更多的关心、支持和帮助。

而父母平常见不到孩子，孩子平时的学习生活状态依靠老师的反馈和孩子的自我阐述，无法及时感知孩子的状态，对于孩子出现的一些不良习惯也很少能敏锐地察觉到，而且孩子长期不在家，偶尔回家父母也大都倾向于让孩子多休息多补充营养，对于孩子的一些娱乐要求也大都不会拒绝。长此以往，造成父母更关注身体状态，而很少注意到孩子心理状态的波动和学习状态的细微改变，这些导致孩子在学习上没有监管，常常逃学、去网吧等，也不爱学习、不思进取。

H父亲：这孩子不学好，学人家打游戏下网吧，书也不好好念，问他啥他也不说话，上次老师告诉我们他总逃学，还说不想念书了，我一下就来火了，老师硬劝我，说什么现在的孩子叛逆，青春期，不能打，得讲道理。行，我忍着，我不打，我每天啥也不干了，就给他讲事，我讲我这几年为了他烟都戒了，酒喝的也是最便宜的，就想着给他攒点念大学的钱，我没念过多少书，但是我自己觉得我道理还是能讲通的，平常村里有啥事村主任都让我帮着解决，别人的事我都能说通，咋到自己孩子就不行了呢？我讲啥，他都不管，就蒙个头在那儿躺着，动都不动一下，这给我气的，你好歹给点反应，你咋寻思的，你得跟我说啊，就不说，就不管，我越说越来气，气得我就打他，打断好几根扫帚把儿。就是死犟，打骂都不吭声，反正由你打，就是没反应，也不去学校。

对于出现了严重问题时，老师与家长沟通，家长才意识到孩子已经出现问题。但由于面对问题父母容易心急，往往处理方法容易出现偏差，态度过激，有些家长甚至会动手"教育"孩子。高中生家庭教育缺乏理性，已存在的问题无法得到有效解决，而家长的态度又对孩子造成了新的伤害，教育孩子的障碍越来越多，孩子也就被一步一步推向厌学的泥潭中。

亲子关系的亲密程度在一个孩子成长过程中是很重要的。孩子与父母的亲密感过低时，孩子就会产生不安全感，面对在外界遇到的挫折容易产生自卑、无力和无助感。长时间寄宿在外的学生从小便被要求独立生活，对父母的情感依赖相对较低，在父母面前无法回归孩子状态，总以一个成年人的隐忍姿态面对父母，不会主动向父母寻求帮助和支持。其父母也因为孩子从小在外读书，经常不在身边，对孩子了解较少，与孩子的交流少，一旦出现问题，又容易把握不好与孩子交流的方式和态度，可能导致处理方式出现偏差，不够理性，这又会加剧孩子内心对父母的不亲近感。案主的"问题孩子"标签引发了家庭亲子关系的亲密度降低，甚至让亲子之间形成对立关系。

（二）高中生的叛逆标签

目前在高中学生中，叛逆心理是普遍存在的。高中生正处在一个迅速成长的阶段，从未成年人向成年人过渡，这意味着一个人社会性的改变，而同时个人的生理和心理也在发生着巨大的变化，逐渐向成人接近，有了较强的自我意识，渴望独立并且独立能力和意识都在增强，自尊心强，更加重视自我，也更敏感地自我防卫，恨不得立即变成大人，不再受其他人的控制，为了进一步表现自己，他们会对身边的很多人或事都进行否定。

高中阶段学生们自我意识日趋增强，更加关心自己的个性发展，对于家长和老师的批评不愿意轻易接受，容易出现叛逆心理，导致家长和老师都感觉他们很奇怪，无法理解，甚至使事态的发展更加严重。如果放任它继续发展，很可能使高中生出现病态心理，变得冷漠、自私、孤僻、偏执，导致他们对于自己的人生产生误解，不再愿意积极主动地学习和生活，整个人变得萎靡不振，非常消沉。基于这种普遍认识，社会大众常给高中生贴上叛逆标签，把高中生出现的各种问题都简单归因为叛逆心理。

徐老师：（H所在班级任课老师）：H的问题主要就是到了叛逆期，这个孩子性格比较内向，之前一直比较听话，懂事好学，我们老师都对他很放心，之前他还一直是我的课代表，工作处理得很好，按时督促同学们交作业。听王老师说在家他也是乖孩子。但是叛逆心理一旦冒头，这就不是学生自己可以控制的，有时情绪的爆发连他自己也不清楚原因。过了这段时间就好了，谁都有个闹情绪的时候。

班主任王老师：高中的学生们确实到了叛逆的阶段，会有意跟老师家长对着干，我们班里不少同学都出现了这种情况。所以，我在班会时会跟同学们分享叛逆的表现和影响，也会找一些应对叛逆心理的措施，希望对他们有所帮助吧。这个年纪的孩子呀就是不好管。

H的舅舅：他妈妈跟我讲了他最近的情况，我们这些亲人们都很关心他面对的问题，估计是高中到了叛逆时了，跟他爸妈水火不容，他爸妈说啥都听不进去，我姐姐姐夫着急找我来劝了几次，他们觉得自己爸妈的话听不进去，可能其他人的话能听进去，我和他岁数差得不多，年轻时也经历过这个阶段，所以也稍微能理解他现在叛逆情绪作怪，不由自主。

在笔者与案主老师家长亲人等多个人的谈话中，都提到过"叛逆"。大多数人认为高中生出现厌学问题首先就是叛逆情绪导致，心理上想要对抗父母老师，对于父母提出的努力学习的要求故意反着做，刻意逃避学习，甚至表现出远离学校的倾向。但是对于高中生来说，这些加在他们身上的"标签"会导致一系列的不良后果，会影响高中生的自我形象和信心的构建。高中生厌学问题出现的原因是多种因素共同交织在一起形成的，绝不是一个叛逆标签可以概括的。

叙事治疗认为，案主所处的外部生活是导致主流思想的影响因素，同样地，外部生活会影响案主的主流思想，同业也会影响社会的主流思想，为此，在社工与案主进行叙事交流之前，要对案主所处的主流叙事提前做了解和评估，只有在充分地进行调研的基础上，才能在与案主进行叙事交流过程中，同样的主流思想从社工口中出现，这样不会导致案主内心矛盾的产生，并增强社工与案主交流的顺畅性。

二、自我叙事：懂事与叛逆情绪交织的"问题孩子"

个案自我叙事研究是指借助一定的调研工具对个人、团体或机构进行长时间的了解的一个过程。个案自我叙事主要是个性化治疗的一种方式，由于案主所呈现出的厌学的特征、性格特点、对生活的态度等都有所不同，为此不能一刀切，要有针对性地选择个别的案例来进行叙事，通过故事的描述，让案主对自身有充分的认识和了解，让他们受到案件事情的影响，让他们对自我形成认同，消除一些生活中产生的烦恼，获得认同感和满足感，逐渐改变自己的世界观和价值观。

高中阶段，正是学生叛逆意识较强的时期，这个时期，青少年处于一个较为尴尬的阶段，他们渴望自我独立，但是又没有足够的能力实现自我独立，为此会采用一定的方式对于自己不认同的事物和观点进行自我反抗。特别是伴随着青少年独立意识和自我意识的不断觉醒，他们认为成人的监护实质上是对自己的一种监督，特别是老师家长对自己生活的过多约束，让他们很容易产生内心反感。他们往往对自我定义为成人，以各种方式来确立和表现"自我"与外界的平等。虽然叛逆心理并不能认定是一种非健康的心理，但如果叛逆心理反应强烈，其却往往是一种反常的心理。如果不能对叛逆心理加以及时的疏解，任其发展下去，将会对青少年的成长产生不利影响。特别是如果家长和老师不能和学生实现积极有效的良性沟通，这种叛逆心理便会演变成为学生的一些不恰当的举动，甚至会出现危害社会的行为。

高中生会受到自己的身体影响。高中生的免疫系统以及神经系统比较发达，能够快速地对于外界进行反应。但是进行自我调控的水平偏低，很容易被一些事情刺激到，做出和自己平时举动大相径庭的举动，在平静下来之后后悔不已。同时高中生正处于一个逐渐认识自我，逐渐形成理想自我的时期，对自己的人生有了初步规划，自我同一性正在逐渐形成，更能明白父母、老师为自己的付出，又更能体谅父母的辛苦，也会由此产生对自己的更高要求，以便回应父母。

H：开始讨厌王老师以后，我就越来越抵触学习，王老师越说我，我就越不按她说的来，她留的作业我也不做，但是我又怕她，不敢直接和她对着干，不敢不交作业，所以到交作业时我就抄同学们的混过去，她也不仔细看的。就这样过了一个月，后来我觉得消气了，游戏也玩腻了，也想找回自己的学习状态。但是那时我就发现自己已经有点跟不上了，我之前一直引以为傲的数学和物理的很多公式我都不知道，我找同学们问，很多和我一起玩的同学根本不听课，什么都不知道，有些听课的也只知道公式，不知道原理，不会应用。我看辅导书也看得一知半解，但是我又不敢问老师，怕被王老师知道我那段时间没好好听课学习。自学学得很蒙，知识都是零散的，联系不起来。所以那一次月考，我考得一塌糊涂，原来很好的数学物理遭遇滑铁卢，又因为用本该学习其他科目的时间来学落下的物理数学让其他科目也很不咋地。月考成绩出来我自己都蒙了，那天晚上我一晚上没睡着，在被子里哭了好几次，第二天我早早就起来去教室了，我当时想得很清楚，我一定要努力把知识补回来，哪怕天天晚上熬夜，我也要把自己的成绩提上来。

没想到第二天一大早刚到学校，就在早自习，王老师就当着全班同学的面把我狠狠地骂了一顿，说我这样以后肯定没出息，还是只能回农村。说我笨鸟也不知道先飞。话说得很难听，我现在想起来都觉得伤自尊。一下子把我前一天晚上暗暗下的决心都打破了，我忽然就不想再学习了，反正已经这么差了。

叛逆情绪的不受控和理智状态下的"懂事"交织在一起，常常让高中生陷入一种焦虑，一边犯错一边愧疚，一边忏悔一边再犯。高中生的人生经验不足以支撑自己平和地处理这种内心充满矛盾的冲突状态。这时如果得不到来自外界的有效建议，很可能在自我思考中逐渐出现逃避倾向，选择性忽略犯错后内心的不安和对错误行为的纠正想法，尤其是在遇到父母老师的不理解和责备，或者与父母老师出现冲突时，会有"破罐子破摔"的想法。

H：那次月考完的星期天我回到家以后，我其实想让爸妈安慰我一下，也想跟他们聊聊能有什么办法，但是一回家爸妈就是一顿骂，也不问我到底是怎么了，就是骂，也不给我说话的机会，我就只能由着他们骂，话也没法说，后来我爸情绪越来越激动，打了我，我妈也一直在哭，那我更不能说什么了，索性就什么也不说了。反正他们平常也不会关心我，我好不容易回趟家他们也是各忙各的，没空理我。

在学校面对的成绩下滑以及和老师的冲突，让案主内心充满委屈、不安和无助，让他想要在家庭中获得支持和帮助，对家的情感依赖格外强烈。但是面对情绪激动的父母，案主无法阐述自己内心的情绪，也无法寻求帮助，最终选择了沉默。在面对老师和家长的双重不理解和责备后，案主封闭了自己的内心，不愿意再与父母老师交流，也对学习失去了兴趣，厌学情绪开始出现。

H：其实我知道我爸妈对我付出很多，我也知道他们辛苦，我从小就亲眼看着他们早上早早出门干活，天完全黑了才回家，看着他们干完一天活儿腰都直不起来，自己不舍得吃不舍得喝，对我确实很大方。这些我都知道，不用反复给我讲。越讲我越麻木，我从一开始的愧疚到后来有点烦，到现在一听到我就控制不住想发脾气。我真的太烦了，是，他们为我付出了，可要我怎么办呢，我已经尽力让他们省心了，他们还要怎么样啊，我去打工挣钱行吗，我不读书了，我去挣钱，我去偿还他们为我花的钱。

案主的父母在经历了和案主的几次打骂冲突之后，在别人的劝说之下采取了迂回措施，开始通过讲道理试图让孩子醒悟。但是由于父母文化水平相对较低，劝说的话总是围绕父母为案主付出许多来展开，这进一步激发了案主的叛逆情绪。背负过重的对父母的情感负担让案主深感无力，最终选择了逃避承担这一重负，忽略父母的辛劳。原本心疼体谅父母的"懂事"一面被叛逆情绪压制，并促进了案主厌学情绪的急剧增强，令其生出辍学打工的想法。

案主父母还尝试了找亲戚朋友帮着说服，认为有更多的人给案主讲道理，讲别人的人生经历会对案主有所触动。可案主的父母没有意识到高中学生有着强烈的自我意识，自尊心强，爱面子，不愿意自己犯错被更多人知道。所以父母采取找其他人说服的方法实际上是将案主与他们的内心距离推得更远，让本就在案主在校寄宿之后导致的亲子亲密感降低程度更甚。来自家庭的认同和支持的缺失，让案主彻底厌学，并且拒绝进入学校。

厌学情绪刚产生时更多时候只是一种表象，但是往往在父母和老师的双重压力下呈现爆发式增强，最终导致厌学行为。在学校中，学生在学习、心理等方面的问题无法及时得到老师的有效关怀，有些老师采取责备的方式有时候会加重这些方面的问题，会使高中生表现出更有偏差的行为，这些表现又会加重老师对于学生的不满，长期这种恶性循环会导致老师在情感上"放弃"学生，对其不抱期望不作过多要求。而在家庭中，家庭支持网络的缺失、亲子关系亲密程度的降低，都令学生在面对挫折时无法从家庭中得到有效的支持和帮助，在产生厌学情绪时无法找到有效的解决办法。

三、问题外化，解构旧有叙事

在社会建构理论的观点中，事件的建构是被社会生活和主流思想所宰制的。目前的主流的叙事思维比如按照因果关系以及时间关系的叙事方式会严重影响案主的自我叙事，影响案主对已发生事件的自我认知和看法，使案主可能会出现"虚假的"描述，这时我们应该"去伪存真"，去除主流叙事下的事件描述，将隐藏在案件背后的"真凶"揭露出来。由此，在这种去伪存真的思路的背景下，在叙事治疗过程中，社工要引导案主自我与自己所讲述的生命故事做分离，从存在的问题中找到问题的本质属性，即问题的关键特征——案主平时没有意识到的点，我们点出此观点，让案主加以深刻地理解和思考，最终发现问题关键。

叙事治疗的治疗方式是基于案主有解决自身问题的潜能这一假设思想，只有基于这一假设，后续的一些活动才能展开。在叙事治疗的行动中，即沟通交流过程中，沟通双方都需要有较大的责任心和耐心，因为案主需要有责任心认为社工是来帮助他的，同时也要有耐心，将事情原原本本地讲述出来，而不能有所保留或者有所选择地进行；社工更是要有耐性和责任心，因为社工是整个叙事治疗的关键，需要耐心地倾听，同时需要有责任心，将案主的叙述梳理清楚，找到关键点。这种治疗方式由于是一直在沟通交流，以聊天的形式展开，案主可能在不自觉中就将自己内心真实的想法展示出来，从而实现发现特殊事件或者关键节点的能力，社工在案主的讲述中敏锐地发掘例外事件，对案主生活中自己忽视的信息进行重新的加工、组装，赋予新的意义。

（一）自我的分离："一个被放弃的人"

问题的外化是将人与问题分开，通过社工与案主对话来追寻被困扰个人的故事与经验，使其问题客观化。此案例中，通过叙事中故事隐喻对H叙事认为的"老师歧视""父母打骂"等标签问题外化为"一个被放弃的人"。

社工：这半年多经历了这么多事情，你有没有回想过这一切是怎么一步步发生的？

H：我想过，很多晚上我睡不着时，就在想到底是怎么了，怎么就成了现在这样。还是我自己的问题吧，我太差劲了，不能让老师满意，也不能为父母争气。（情绪很沮丧）

社工：不要轻易把事情都搅在自己身上，每一件事情的发生都是多方面因素联合造成的。我们一起来回忆一下高中生的生活最初是什么样子的。

H：其实从高一刚来到这个学校开始我就觉得不适应，新的环境新的同学老师，我之前的朋友们都没有考上这个学校，班里其他同学他们都有从小学初中就认识的朋友，人家都有一起玩的人，只有我没有，我就只能学习。学习我也不适应，老师们讲课节奏都很快，我需要课下的大量时间去消化，但是上完课老师还布置很多作业，我要想消化课上的东西只能是大家玩时，这样就更没机会有朋友了。宿舍也很烦，以前在初中时，大家回宿舍就被老师督促立刻洗漱睡觉，大家都很听话，现在的宿舍老师不管那么多，回去以后吃东西的，玩手机的，到熄灯也还在闹，我就不知道我该干什么，睡觉睡不着，学习不想学，就看他们打游戏。到了不放假的那个周六日，我室友的爸妈基本都会给来送吃的用的，我从来没有，我爸妈离这么老远我也不会说让他们来。

社工：你这种不适应有没有跟别人分享过，爸妈，老师，或者朋友们？

H：没有，我不习惯跟他们说这些，我自己一个人惯了，我就觉得我应该自己处理。

社工：后来的事情呢？

H：后来就是打游戏被王老师发现的事，然后就学习退步，被老师和我爸妈围追堵截。其实想想那时也还是好的，起码还有人在意我，现在我爸妈也不跟我说话了，老师也不管我了，虽然我想做什么就做什么，但是总觉得空落落的。

社工：如果给你这段经历起个名字，或者你给经历了这些的你一个概括，你会怎么说？

H：一个被放弃的人。

随着知识的积累，自我意识增强，对自我的认知逐渐清晰，但过程中存在反复性，对自我形象的认知过于乐观和悲观交替出现，容易受外界影响，总体呈现曲折性和前进性。

案主 H 本身是一个在思想和生活上都具有较强独立性的高中学生，从初中开始独自在外寄宿求学的经历，让他习惯于独立思考和自我照顾。但是作为一个未成年人，其对自我的认知还没有趋于稳定，在进入新环境，处于人生新阶段，学习、生活等方面都被寄予新的更高要求时，本来内心就处于波动不安的状态，再加上成绩下滑引起的老师和家长的双重指责，令他陷入了对自我的否定。案主在对自己的经历进行过思考后，将其定义为"一个被放弃的人"，反映了案主在事件当中的心理状态，以及对整个经历的一个自我认知，案主能够站在一个比较旁观的角度看待自己的这段经历，并且将其概括成一个有着标题的故事，这有利于问题的进一步外化。

外化问题，将 H 从厌学问题中抽离出来，厌学问题变成和 H 分开的实体，变成 H 之外的东西，这让厌学问题变得容易被改变，H 不再被视为有厌学问题的学生，而是一个有潜能的人。将 H 从厌学问题中抽离出来，有利于 H 降低失败感，经过外化过程，H 回归为独立而有潜能的人，H 的家庭成员和任课教师也开始以新的眼光看待他。叙事治疗认为个体在叙事过程中会依据主流叙事的"剧本"去"摆放"生命故事，在其中会遗漏许多"闪光事件"，这些被遗漏的独特结果可以摆放出新的生命故事。

（二）直面讨论："一个被放弃的人"

直面问题所在，将案主的心理标签直接揭开，展示在案主心理的消极事件，发现案主真正纠结的所在，这样外化问题，不让问题憋在案主心中，寻找问题的根源。问题外化的过程中，社工与案主对话，共同将问题客观化，在谈话中社工要有技巧地探索案主的内心想法，询问"一个被放弃的人"是如何对案主的学习生活产生影响的，让案主逐渐成为自暴自弃的自己。

社工："被放弃的人"是什么时候开始出现的呢？

H：从考完试王老师在班级批评我那次吧，从那时我感觉我被王老师放弃了。后来我爸我妈也骂我，家里其他亲戚也说我，我就觉得被更多的人放弃了。最后我自己也放弃自己了。

社工：你觉得"被放弃的人"对你的生活产生了哪些影响呀？

H：一开始我有了这样想法时我还觉得挺轻松的，反正没有人在意我，我想干吗干吗，我也不用在意他们，我也不用再担心别人会怎么看我，反正已经差到这个程度了。我课上打游戏、睡觉，回家打游戏都没有人管我，好爽。就像穿了"隐身衣"一样。我就开始完全不学习，学着做各种以前我爸妈和老师不让做的事，逃课，去网吧，上课时间出去瞎溜达。有时也觉得愧疚，但是想想所有人都放弃我了，我自己还在乎个什么劲儿啊。

社工：那后来呢，有转变感受吗？

H：后来时间久了就开始觉得不那么开心了，有点失落，以前学习好时老师们都很关注我，一举一动都有老师盯着，以前还觉得挺烦，可真到了老师们对我的一些过分行为都当没看见时，我忽然很不适应。就像电影里总演的，穿了"隐身衣"以后想拉住别人却从对方的身体穿过一样，很恐怖。在家里也是，以前我回去他们虽然也忙，但是至少还会给我做好吃的，问问我最近身体怎么样，有没有好好吃饭。现在回家，全家人各吃各的，谁也不问我，也不会让我多吃点，我不吃饭时只有妹妹会叫我。

社工：如果现在让你选择，"被放弃的人"和"被在意但是被约束的人"，你会选择哪一种生活状态呢？

H：我……我也不知道。

社工：不用代入你自己的感受，如果从一个旁观者的角度看待，你觉得要怎么选择。

H：那还是选"被在意但是被约束的人"吧，毕竟谁不想被在意呢？

社工：为什么作为旁观者的时候能这么快做出抉择，自己选的时候却犹豫不决呢？

H：因为我不知道我还有没有被在意的可能了……

通过将问题外化，让案主自主地发现"被放弃的人"影响到自己的学习与生活并正视自己所存在的问题。在案主自我剖析过程中，能看出来案主其实并不是真的不在意老师、家人对他的看法，他试图通过"被放弃的人"这一想法来让自己从对他们的愧疚中解脱出来。但长期的自我麻痹并没有让案主感受到真正的自由和快乐，反倒让其生出了失落感。在其对"被放弃的人"和"被在意但是被约束的人"之间做选择时，案主有所犹豫，但是当让他以旁观者身份看待时，他毫不犹豫就选择了"被在意但是被约束的人"。由此可见，案主已存在改变的动机。只是，目前的外部环境让他失去了选择另一种状态的勇气，他不知道还有没有机会选择另一种生活。因此，这需要社工协助案主找到生活的目标与意义，找到改变对话的突破口，找到改变外部环境的方法，用其他的故事来改善案主的心理状态。

四、探寻边缘叙事，发现切入点

每个人通过主流经验的故事化来解释并赋予日常生活的意义，在没有被案主发现或关注的边缘故事中找到不同于主流叙事的独特意义。在叙事治疗中，边缘故事能激发案主解决自身问题的潜能。所以，在实务的操作中，社工需要帮助案主发现边缘故事来扩大其对自我生活经验的故事叙述来替代束缚性故事。

社工：你刚刚提到了你的妹妹，说在家里时她会叫你吃饭，能给我讲讲她吗？

H：我妹妹啊，她跟我可亲了，这几个月家里跟冰窟窿一样，没有人理我，只有她还粘着我，让我感觉到有点家的样子。只要我在家时，她就会陪着我，在我旁边看故事书，玩玩具，有时还让我教她认字。家里有什么好吃的她也都会给我拿来。每次去上学时我妈不愿意直接给我生活费，也是我妹妹给我拿过来。

社工：真好，你们兄妹俩感情真好。看来你妹妹很在意你呀。

H：嗯，这么一说还是有人在意我的，我也不是完全只有我自己。

社工：当然啦，每个人表达爱的方式不同，有些人是黏着你，陪伴你，有些人可能就是默默关心你。如果你仔细去看，一定还能发现别的人在偷偷对你好。

H：真的吗？真的会有吗？

社工：这个需要你自己去细心发现哦，我们来做个小任务吧。接下来的几天你仔细观察，只要是你觉得好像是在对你好的事情和人，或者让你觉得很温暖的人和事你都记下来。下次我们见面时我们一起来分析。

H：好，那我试试吧。

在本次会谈中，社工发现了案主自我叙事中的边缘故事，就是案主妹妹对他的关心，让他发现他不是被所有人放弃，还是有人在意他，爱他。社工在与案主父母的交谈中得知由于与案主关系的僵化，让他们不便与他直接沟通，也不愿放下家长的权威表达对其关心，所以劝说妹妹多去陪案主，想要给案主的东西也都会通过妹妹传递。

社工以妹妹对案主的关心为切入点，提议他做生活的有心人，去发现生活中隐藏的关爱，是为了进一步让案主发现其父母和老师在背后对他的关爱，也是为了进一步发掘案主发现爱的能力。案主本身并不是一个冷漠的孩子，其所处环境也并非冷冰冰的，父母老师其实都很关心他，只是表达和交流的过程中没有以适宜的、案主可接受的方式呈现。

叙事治疗的特点就在于相信案主是自己的主人，自己是有能力解决问题的人。要想让案主从"一个被放弃的人"的故事中走出来，就需要逐步外化、解构问题，让案主以一个不沉溺于自己情绪的清醒者身份看待他的社会网络，去发现他社会网络中的支持性力量。

五、建构替代叙事，丰富生命故事

本部分通过对旧事的重新描述，让案主收获新的视角，让案主重建对旧事的新的认识，挖掘新的力量。行动蓝图是对独特结果细节的探讨，包括独特结果发生的时间、地点、事件，是探索特殊意义事件细节的过程。新叙事的建构是通过对独特经历的探索，最终建构起来案主新的自我叙事和替代故事。

社工：怎么样呀，生活的有心人，有没有发现一些来自身边人的特别的关心。

H：我发现了一些奇怪的事，我也不知道这是不是一种关心。

社工：说来听听，我们一起分析一下。

H：首先是我妈，那天我早上起来路过我妈他们房间时，听到我妈在叫妹妹起床，说我妹妹不是答应我妈在我回家时陪我吗，还说做了好吃的，让妹妹监督我吃完。我就很奇怪，难道我妹妹来陪我，是我妈让她来的吗？

社工：应该是你妈妈想陪你，又怕你不愿意，看你跟妹妹关系好，就让妹妹来陪你。你是怎么看待的呢？

H：我觉得也许有这样的可能吧。

社工：你觉得你妈妈以前爱你吗？你关心你的方式是什么样的？

H：以前，让我想想，以前她应该是爱我的吧，以前我好像没有考虑过这个问题，以前她好像也没有直白表达过，只是家里有什么好吃的都紧着我，我从小住校，回家以后妈妈总会做好吃的，一直让我多吃点。我生病的时候她会特别着急，想各种办法，问很多人治疗方法，变着花样让我吃药，想让我快点好起来。

社工：那么现在呢？

H：现在，想想她还是会做好吃的，只是我一直觉得她现在做好吃的不是为了我了，是为了妹妹。

社工：如果只是为了妹妹的话，应该会在平时做吧，不会只在你回家时，你有没有了解过你妈妈平时做菜和你在家做菜有没有不同？

H：好像有一次妹妹说我回家太好了，说只有我回家妈妈才会做那些平时不会做得好吃的菜。这么想想，即使在我跟家里关系最僵时，妈妈依然会做我爱吃的菜。我一直没有注意过这些，原来这也是妈妈对我的一种爱呀。

社工：你能发现这些，并且意识到这些真是太好了，难怪你家里人一直说你是个细心又懂事的孩子。

H：真的吗？原来我家里人是这么跟你说的吗？我还以为他们告诉你的都是我不上学顶撞老师家长的事呢。

社工：当然不是呀，你的爸妈、老师，告诉我的都是你从小就是个很聪明很懂事的好孩子，只是在人生旅途中遇到了一点小小困难，需要我陪着你走过这个艰难的时期。

H：原来他们是这么说的呀，可能是这段时间的我太封闭了。

社工：看来"被放弃的人"力量真是太大了，让原本这么细心的你变得不愿意去发现身边的爱。

H：原来是它一直在对我产生影响，不是我自己的问题。

案主本身是一个有发现爱的能力的人，只是之前的自我叙事被主流叙事宰制，内心被消极的想法充斥，产生了自我封闭，不愿与身边人建立联系。通过上面以妹妹对案主的关心为切入点，进一步引导案主去观察发现家人对其隐藏的爱。让其意识到"被放弃的人"对他生活的影响，让他逐渐明白有问题的不是他自己，而是"被放弃的人"这样一种意识长久地在影响他，蒙蔽了他发现爱的眼睛。社工在探索替代故事中进一步巩固问题的外化。同时串联出新的积极的生命故事，形成新的自我认同。

H：我能问你一个问题吗？

社工：当然呀，你想问什么样的问题呢？

H：我想知道王老师是怎么评价我的。

社工：王老师说你聪明，数学和物理思维很强，平时又努力，性格也好，在班里总帮老师同学们办事，组织能力也很强。说以你的综合能力来看，你以后一定会有很好的未来。

H：这……这是真的吗？她从来没对我说过这些。

社工：当然是真的，你不知道很正常，王老师说她对你期望很高，所以就对你格外关注，也就要求格外严格，平时总是盯着你做得不那么好的地方说你，就是希望你补齐短板，全面发展。不过，她也说她意识到了她的这种做法也许不合适，可能对你造成了一些不好的影响。

H：原来是这样。我真的没有想到，我一直觉得她歧视我是个农村孩子，平时总挤对我，就等着我出错批评我。

社工：这一点王老师也有说过，王老师说她也出身农村，所以对你格外在意，就希望多关注你一点，在你有做得不好时能及早提醒你，不想你因为家人不在身边没人提醒而养成不好的习惯。

H：看来我要重新认识一下王老师了，也许以前是那个"被放弃的孩子"又在影响我了。

案主主动询问社工王老师对案主的评价，反映出在主流叙事当中，始终最在意，对其影响最大的是班主任王老师代表的主流思想对案主个人自我叙事的宰制。社工没有采取直接劝告和让案主与其老师直接交流的方式，而是逐步改善案主心中的消极认知，一点点重构起积极叙事，先令案主心态逐渐平和。

通过对两个过往事件的分析，案主发展出一个替代故事，并不断丰富，在这一故事中，案主发现了父母和老师对其的支持和爱护，自己也变得更坚强，更有自信，发现了自己身上的优势，并且发展出健康的人际交往和自我价值。社工逐渐引导案主对父母、老师都有了一点新的认识，不再陷入"被放弃的孩子"这一故事中，在这个过程中逐步重塑对家人、老师的相信，发现旧有叙事中的消极一面更多时候是被"被放弃的人"这一故事所影响，能逐渐重构积极的叙事，自我叙事中有了新的认识。

在之后的介入中，案主逐渐消除了对家人和老师竖起的心理屏障，能以更加积极平和的态度面对父母老师，与社会支持网络的联系也在逐渐重建。在这个时候，社工布置了两次案主分别与其父母、老师的直面交流，双方经过一开始的互相试探，到逐步打开心扉，直面问题，再到以更直白的方式表述关爱。

社工：经过这几次与你爸妈和王老师的交流，你有什么新的感受吗？

H：跟他们聊完我才知道原来有这么多人关心我，爱我。我以前总觉得所有人都放弃我了，所以我也放弃了自己。现在想想是那时自己太敏感，被那个想法控制了我。

社工：那么现在如果再让你给自己的经历起个名字，你会起怎样的名字呢？

H：被偷偷爱着的人吧。嘿嘿。我发现其实很多大人表达爱的方式都挺隐蔽的，可能是他们比较含蓄，这需要我细心地去发现。不过爸妈也告诉我，他们以后会多表达对我的关心和爱的。

社工：和父母老师关系的缓和，有没有让你对自己的学习生活有新的打算呀。

H：当然有了，他们不放弃我，我也不能自己放弃自己，我最近开始重新好好学习了，游戏也不玩了，上课也好好听了。老师们都说会帮助我，我爸妈也为我找了比我大的表姐给我补习之前落下的内容。

社工：那真是太好了。真为你开心。那你对你以后的学习有信心吗？

H：嗯！有！我现在学的东西都能很快掌握，数学和物理之前落下的内容也在稳定补习，还好我讨厌学习的时间并不太长，王老师说以我的能力这学期就能全部补齐，重回好学生的行列。

亲子关系亲密度的提升，让案主摆脱了"被放弃的人"，重构出了替代故事"被偷偷爱着的人"，并逐渐丰富替代故事，使其从薄到厚，更为深刻。在此过程中也逐渐加强案主内心环境的平衡，保持稳定平和，形成积极正向的自我认知，加强自我认同，并以此为出发点，发掘案主潜力，增强案主改变现实的心理动力，发挥案主的社会支持网络作用，链接资源，提供支持和帮助，多方协力改善案主的学习状态。

六、邀请局外人见证，巩固新故事

局外人见证是叙事治疗中很重要的一个治疗部分，借助局外人视角更好地审视整个治疗过程。为了进一步巩固这个新的生命故事，除了社工以及案主父母老师等参与者的见证之外，还应该有一个置身局外的人，一个一直陪伴案主度过艰难时刻，并且对案主有很重要的意义的人，作为见证人见证案主整个蜕变过程，和即将开启的新生活。在本案例中，邀请了一个一直陪伴在案主身边，对案主有着重要意义的好朋友。由于同辈群体之间更容易形成心理共鸣，见证人在最初便与案主相识，见证了案主至今的整个高中生活，并且在案主最艰难的日子一直陪伴在周围，所以在此次见证环节中更能让案主有深刻感受。

社工：今天我们一起邀请到了你的好朋友小L，整个高中生活你们都是相互陪伴的，尤其在过去那段艰难的日子里。那么L的存在对你来说是什么样的意义呢。

H：在最艰难时，L基本是我的最后一根救命稻草吧，哈哈，那时内心十分绝望，感觉全世界都放弃我了，只有他还一直默默陪着我。后来我发生了转变，逐渐认识到原来还是有很多人在关心我，开始决定改变，重新生活时，他也给了我很多支持，让我很有信心，我非常感谢他，有他这样一个好朋友，真好。

社工：是呀，有这样一个好朋友真好。L，你是怎么看待H这一路所经历的呢？

L：我感觉非常庆幸。我亲眼见到他从原来那么优秀，那么积极向上的一个人变成了一个总在自我否定，自我放弃的人，还彻底放弃了学习，我那时非常担心他，但是我也做不了什么，只能在他需要时陪着他，我就一边着急一边又不敢表现得太明显，让他难受。后来我看到他慢慢有转变，开始跟我说家里人对他的好，开始脸上有了笑容，我就觉得有希望了。再然后，知道了他和王老师关系的缓和，我真是彻底松了一口气，从那时候他就又开始回到原来那种积极阳光的状态了，学习也上心了，我们俩又开始讨论学习问题。现在他的学习劲头可足着呢，我也得向他看齐了。

社工：H，整个事件的发展对你的未来发展有什么启示吗？

H：回顾整个事件，有一件让我触动的是你跟我说过的"每个人在任何处境下都拥有优势，要去发现自己的优势，并且以优势视角看待自己所面临的处境"这句话。我会一直记得这句话，以后我遇到人生困境时，也会努力发现自己拥有的优势，并且始终保持向上的心态看待问题。

社工：真不错呀，你把我们社工的核心理念都学到了呢。人生总会有波折，有高峰就也会有低谷，我们要在人生顶峰奋勇直前，高歌猛进，但是在低谷时期我们也不能自我放弃，要尽量让自己心态乐观积极，去发掘自己的优势，利用好优势，逆风翻盘，砥砺前行。

通过案主好友L和社工的见证，以及介入过程中案主对其家人、老师的自我袒露和未

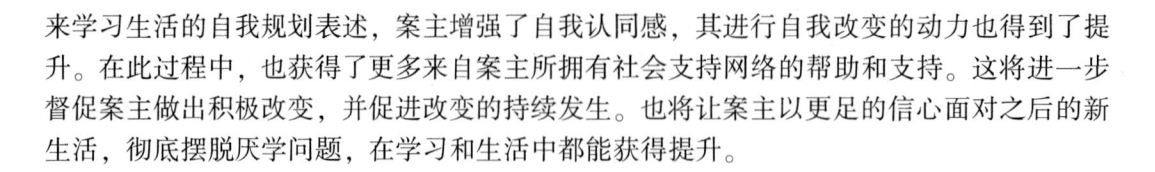

来学习生活的自我规划表述,案主增强了自我认同感,其进行自我改变的动力也得到了提升。在此过程中,也获得了更多来自案主所拥有社会支持网络的帮助和支持。这将进一步督促案主做出积极改变,并促进改变的持续发生。也将让案主以更足的信心面对之后的新生活,彻底摆脱厌学问题,在学习和生活中都能获得提升。

七、评估与结案

(一)评估

社会工作的评估需要运用科学的评估方法和技术来评价服务对象的进展与介入目标的实现程度并总结整个介入过程来考察社会工作的介入是否有效,是否达到了预期目的与目标的过程,以此总结工作经验来改善实务工作技巧,提升服务水平,通过社会工作评估的知识和经验来发展社会工作理论的本土化。

本个案采用结果评估方法来进行评估。对案主的在服务前后的表现进行评估,通过一个表格来展示服务前后的结果(见表5-2)。

表5-2 个案结果评估

接触对象	行为	表现:经常、偶尔、很少、没有	
		介入前评价	介入后评价
监护人	是否与家人沟通	很少	经常
老师	是否会请教老师	偶尔	经常
	是否主动回答问题	很少	经常
同学	是否与同学沟通	很少	经常
	是否参与活动	很少	经常
案主	学习成绩	不想继续读书	班里前20名
	目标	出去打工挣钱	到北京上大学

当个案结束时,案主获得了积极的自我叙事,摆脱了厌学情绪,也拥有了积极向上的良好心态,内心不再充满被放弃的不安感,建立了心理环境的安全感。面对之后的学习和生活,案主充满自信,也对自己有了积极的自我认同,与父母老师的关系都有缓和,可以维持交流。并对自我的未来有所规划,不再拒绝进入学校,开始努力补上落下的功课,对自己提出了在期末考试上重回班级前20名的目标,并开始为之努力奋斗。厌学问题得到了解决。

(二)结案

在访谈中社工已提前向案主说明结案的日期。在后期的访谈中,社工了解到了案主取得的在生活与学习上的状态改善,对案主的表现给予了鼓励与支持,肯定案主取得的成效和较好的学习状态。目前,案主的性格、学习热情和信心,以及与父母老师的关系都得到了提升和改变。最后,社工对案主提出了新的期待,希望案主在离开社工独立面对生活时，能够更好地应对生活和学习中的挑战，以此进行结案。

经过了两个多月的努力，在结案前对案主的老师、父母进行的最后一次访谈中，笔者了解到案主的厌学情绪已经消除，厌学行为也不再发生，厌学问题得到了有效解决。

第四节 结 论

一、结论

在社会工作者介入高中生厌学问题的过程中采用叙事治疗，听取围绕在案主身边的主流叙事和案主的自我叙事，并分析主流叙事对案主自我叙事的宰制，分析案主的处境，探索案主在其自我叙事中最在意的核心事件，进一步分析导致厌学的最初症结所在。将案主的这一段厌学经历外化，解构旧有的生命故事，从案主的自我叙事中寻找积极的例外事件，并以此为切入点，逐渐消除案主内心的敏感和脆弱，以一系列事件改写重构旧有故事，形成新的认知，以一系列事件不断丰富新故事。通过这一完整过程消除案主的厌学情绪，增强自我认同，并树立人生目标，彻底解决厌学问题。

方案的介入经历了聆听→外化→改写→见证四个环节。第一阶段是聆听旧有叙事中的主流叙事和自我叙事，从中找到宰制性的主流叙事，也就是"问题孩子的标签"和"高中生的叛逆标签"，这些主流叙事引发了案主自我叙事中的"懂事和叛逆情绪交织的问题孩子"，主流叙事中的重重标签让案主产生了强烈的自我否定，自我认同感降低，也造成了亲子关系的僵化，让案主内心充满矛盾与焦虑，感受到了强烈的被放弃感，进一步让其自我放弃，逐渐产生厌学，并且愈演愈烈。第二阶段是社工和案主直面问题，并将问题外化成"被放弃的人"，使案主与问题剥离，不将问题看作是自我能力的缺乏，能以旁观者的视角看待问题，分析问题的成因。第三阶段是在案主的叙事中找到了妹妹对其的关爱当作例外事件，以此为切入点引导案主发现更多的关心事件，并进一步剖析这些事件背后隐藏的爱意，在此过程中案主敏感、脆弱又失衡的内心逐渐被治愈，原本充斥整个内心的被放弃感渐渐消除。在随后与案主父母、老师的交流中重建了亲子、师生关系，改写了旧有叙事，重新建构了生命故事，并以之后的一系列事件丰富了这个新的故事。第四阶段邀请案主的好朋友作为局外的见证人，见证了案主对新生活的开启，增强了案主的信心，明确了人生目标，强化了积极的自我认知。

在方案介入结果的评估中，案主自我的价值观得到了改变，能积极应对生活中的挑战，并树立了重回班级前列，及最终考上好的大学的个人目标和理想。在服务的过程中，案主从消极、自我放弃逐渐变为积极向上、努力学习，在叙事改变过程中会出现案主寻找独特事件的困难，但通过更多的叙事引导，找到了一系列支线故事，使案主能够形成正确的自我认知和积极地面对生活的态度。总之，此次叙事治疗模式对高中生厌学情绪的介入在服务过程中存在不足，但在介入的整体效果方面，案主的厌学情绪得到明显改善，形成了积极的自我认知和个人目标，亲子、师生关系均达到缓和，能力和自信心得到提升，达到了预期目标的实现。

叙事治疗方式应用于社会工作者介入高中生厌学问题有其自然优势。首先，高中阶段的学生独立性强，能够做到独立思考，对于发生在自己身上的事件有自己的认识，叙事治疗能够倾听案主的自我叙事，社工在介入过程中也能以尊重、非评判的态度面对案主，有助于专业关系的良好维系。其次，高中生厌学问题的发生往往与其所在学校、家庭、社会息息相关，并且常以在这些方面发生的事件为厌学情绪的初始发作源头，叙事治疗分析主流事件对案主自我叙事的宰制，就是在研究这些事件如何对案主产生了影响，并进一步激发起案主的厌学情绪。再者，叙事治疗将问题外化，让案主作为自己的生命事件的旁观分析者，更能发现自己厌学情绪产生的根源事件，也避免案主过多地将问题自我归因从而陷入自我否定。社工在介入过程中采取先从案主自我叙事中发现例外事件，并以此为切入点先缓和案主情绪，逐步结构旧有叙事，以系列事件消融案主内心坚冰，平复对外界充满不信任和排斥的心理状态，改写旧有叙事，形成新的生命故事，很好地化解了这些事件对案主的消极影响，形成正面认知，真正消除了这类事件在案主内心留下的认同感降低、被伤害感被放弃感增加等消极投射。因此，社工在介入高中生厌学问题时采用叙事治疗方式是一种有效的方式。

二、研究局限与反思展望

以叙事治疗模式介入高中生厌学问题，摆脱了传统介入方法中的问题视角，而是致力于发现案主的优势和发掘案主的潜力。并且叙事治疗中的平等、平和的谈话方式不把辅导者置于权威位置，而是相信服务对象是自己问题的专家，自己具有在引导中发现问题的能力。这使得双方容易建立良好的合作关系，发掘服务对象的潜力，对帮助缓解服务对象的厌学问题也有更好的效果。但是在研究中也存在局限，而且对于厌学问题也只是阶段性的了解和解决，未来还有漫长的路要走。

（一）研究局限

一方面，叙事治疗对社工和案主都有较高要求。叙事治疗过程侧重谈话，对案主自身的表达能力和思维能力有要求，需要案主对自己较为了解，而且愿意讲述自己的故事，剖析自己的内心世界，并且能够以清晰直白的方式表达出来。旧故事解构和新故事建构的过程也要求案主能够在社工的引导下有所思考。这些都对案主的文化水平、表达能力和自我性格有所要求。

另外，社工在叙事治疗过程中要理性地对案主做出引导，不能轻易被案主带入案主的自我叙事情境中，在问题外化时也要对案主做出合理且让案主容易接受的引导。例外事件的发现更是要求社工十分敏锐且及时地捕捉信息，并且能够预判到案主对于这一例外事件的反应，识别此事件是否会对案主有所触动。新故事的建构要从薄到厚，逐渐丰富，对社工的能力要求也很高。综上所述，叙事治疗的应用有其自身的局限，对社工、案主和案例本身情况的要求较高，不具有很大范围的适用性。

另一方面，局限则在于社工的本土化。由于社工的本土化进程还在逐渐推进中，在一些社会工作未达到较高知名度的城市和社区，社工经常会被看作单纯的社会工作人员或者心理辅导者。在社工进行叙事治疗过程中，案主和其家人、老师经常忽略社工的专业身份，而是看作他们生活中的"熟人"，这会拉近社工与服务对象的关系，容易获得信任，但是这对于专业关系的维系是不利的。

(二) 反思及展望

虽然叙事治疗是心理学领域的常用治疗方法，但它与社会工作在价值观、理念、目标等很多方面相符。叙事治疗充分尊重每一个生命个体的独特性，耐心听取每位服务对象的生命故事，不以偏概全，不以群体标签定义服务对象。充分理解服务对象之间存在的差异，不对服务对象作指责和评判。这与社会工作价值观中的个别化和非评判要求是一致的。

叙事治疗主要就是聚焦于与服务对象的沟通交流，在这一方面，叙事治疗也与社会工作理念相符。社会工作介入对服务对象的功能在于挖掘案主潜能，帮助案主解决危机，促进案主正常生活，恢复社会功能。叙事治疗也很注重发掘服务对象的潜在能力，注重服务对象自身的能力和内心的力量，这与社会工作的本质——助人自助也是不谋而合。叙事治疗应用于社会工作领域是一种有益于社会工作本身发展的实践。

第六章 社区网格员职业压力个案介入研究

第一节 绪 论

一、研究背景

党的二十大报告提出，要完善社会治理体系，健全共建共治共享的社会治理制度，提升社会治理效能。社区治理是社会治理的基本单元，而社区是社区治理的重要切入点，也是政府各项政策落实"最后一公里"的重要环节。[1] 提升社区安全网格化服务管理是加强社会自治，提升社区本质安全水平的一种有效手段，也是党和政府密切联系群众、增进干群关系的有效途径。《党的十八届三中全会关于全面深化改革若干重大问题的决定》提出，要改进社会治理方式，创新社会治理体制，以网格化管理、社会化服务为方向，健全基层综合服务管理平台。[2] 这也是网格化管理首次出现在党的最高级别的文件中，从此，网格化管理也成了我国基层社会治理的重要方式[3]，作为一种新型的基层治理手段在全国各地实施。

当前，社区网格化管理的难度、广度、复杂度持续加大，应急管理工作要求不断提高，作为基层服务人员的社区网格员（以下简称"网格员"）面临更为严峻的挑战。社区网格员作为社区治理的"主力军"，是提供社区服务内容的基本力量，近年来，国家和政府越来越重视社区网格员在基层发挥的作用，高度关注网格员人才队伍建设。

随着社会转型发展，社会工作响应社区治理号召，将理论和实务的研究重点偏向社区[4]，社区工作在推动社区治理的过程中，能够有效地回应现阶段社会发展的问题。而社区网格员作为直接面对社区群众的基层服务人员，他们在本职工作中就承担着多重角色。

---

[1] 邱玉蓉. 浅谈加强社区网格员队伍建设 [J]. 安全与健康，2022（12）：51.
[2] 王云. 社区治理背景下的社区网格化管理研究 [D]. 山东大学硕士学位论文，2021.
[3] 吴蔚. 推进网格化管理和服务 提升农村社区应急管理能力 [J]. 决策咨询，2020（5）：85-88.
[4] 郑晓梅. 抗逆力视角下社区工作者职业压力应对研究 [D]. 贵州民族大学硕士学位论文，2022.

此外，当疫情发生时，网格员还是疫情防控一线工作者，化身信息采集员、检测助理员，配合医护人员完成各项工作。这些具有多重身份的群众守护者——社区网格员，他们负责各项联络工作，繁忙而艰苦，长期高负荷运转使得网格员的身心在工作中产生不适和压力感，甚至出现焦虑和忧郁等状态。

笔者于2022年6月在L社会工作机构开展了为期四个多月的专业实习。机构承接了政府购买的"五社联动"项目，包括X社区人才培养服务工作。在项目前期评估中，笔者对X社区26个小网格中的共30名网格员做了半结构式访谈后发现，就X社区而言，目前社区的工作基本上以网格化管理为主，着力推行"网格+N"的"八到位"闭环工作模式。在此，网格员起到承上启下的关键作用。他们是最熟悉社区情况的人，承担着很多角色，然而繁忙又琐碎的工作使网格员逐渐丧失对工作和生活的热情。尤其在疫情防控期间，由于工作强度和难度的增加使他们身心俱疲，压力巨大，产生严重的职业倦怠感。[1] 基于此，笔者本着社会工作的专业理念，通过L社工机构搭建的社区平台，分析X社区网格员职业压力现状，探讨社会工作介入社区网格员职业压力的必要性与优势，进而整合社区内外资源，并开展"艺术疗愈"为主题的小组活动，致力于最优化的缓解方法，以期提升服务对象的抗压能力，且在对干预过程和结果进行系统评估的基础上，总结提炼出对应社区网格员职业压力的建设性意见。

二、研究意义

（一）理论意义

网格员是社区服务的提供者，是社区与群众相联系的纽带。随着网格化社会治理模式落地社区，社区网格员的角色愈加多元，同时他们也面临着前所未有的压力和挑战。社区网格员职业压力问题已经成为当今社会普遍关注的热点问题。[2] 因为该群体工作效率的高低成为影响我国社区治理发展水准的关键因素，而工作效率的具体表现取决于网格员个人对工作压力的适应能力。

笔者将结合实习期间的专业实践具体情况，选择X社区的网格员作为研究对象，通过访谈收集网格员现实情况信息的基础上，分析社区网格员的职业压力现状，探讨社区网格员职业压力的来源，并以生态系统理论、小组动力理论为指导，试图通过"艺术愈疗"小组干预来缓解这一问题。笔者认为，小组工作介入社区网格员的职业压力问题是一个具有发展空间的研究领域，同时也希望更多的学者将为扩充小组工作理论与实践经验作出贡献。

（二）现实意义

本章研究所针对的群体比较特殊，是基层的社区工作者——网格员。由于受疫情影

---

[1] 王安琪,唐昌海,王婉晨,范成鑫,尹文强.协同优势视角下突发公共卫生事件社区网格化治理研究[J].中国卫生政策研究,2021,14（7）：26-31.

[2] 黄晓静.绘画治疗小组介入社区工作者职业压力研究——以肇庆市D街道为例[D].广州大学硕士学位论文,2022.

响，这类群体接触的服务对象群体庞大且复杂，需要解决的问题棘手且烦琐，社区网格员群体是与广大人民群众接触最密切、联系最频繁的群体[1]，因此，与其他职业工作人员相比，社区网格员这一群体更容易产生职业压力，选择这一群体的针对性更强。

本章从促进社区网格员职业长远发展和缓解他们职业压力的角度出发，针对社区网格员职业压力程度和压力来源，开展"艺术疗愈"小组活动，以艺术为手段和形式，引导社区网格员通过小组活动意识到缓解职业压力、保护心理健康的关键性，学会压力疏导的对策，提高其工作效率，推动社区网格员身心健康发展，希望在缓解社区网格员职业压力中能发挥作用。此外，借助小组活动，社区网格员在充当组员角色的同时，促使其内化小组工作技巧，并将所学到的工作知识与技巧运用到居民服务中。这种方法对于自身乃至生活环境都有着积极有效的现实意义。

三、文献综述

（一）关于艺术疗愈的研究

艺术疗愈可以简单地理解为一种通过艺术创作的过程[2]，去发现及修复人们的想法，帮助心理康复和建立自我认知，它被来自不同文化背景的人，以不同的方式使用。艺术疗愈最初将艺术作为辅助手段帮助精神病人完成治疗，之后逐步发展到服务于一般人群，成为普通人突破精神困境、完成认知与发展的方式。[3]

在国外相关领域中，艺术疗愈话题来自心理学的研究，"心理学"一词起源于古希腊对于灵魂的探索[4]，至今已有2500年的历史，著名心理学家卡尔·荣格（Carl Gustav Jung）认为，个体决定集体，集体也在背后支撑着个体，通过对于非语言图像的艺术表达探索个体潜意识的内容，从而达到疗愈的效果。[5] 国外艺术治疗理论先于国内，且拥有更系统完善的介绍，已经被广泛运用到自闭症、抑郁症、临终关怀、心理创伤、药物滥用等心理问题治疗中。[6] 美国超半数的大型医院以及医疗治疗中心、门诊、疗养院、学校均设有艺术治疗的相关项目，可以说在欧美等国家，艺术治疗已经覆盖到了多个领域。美国、英国、荷兰、韩国等国家已经把艺术治疗纳入教学，作为教育学科的一部分，并且在高等院校开设了艺术疗愈相关课程。艺术疗愈专业性人才已成为社会急需人才，艺术治疗的职业化和专业化日趋成熟。而中国大陆的艺术疗愈逐渐起步，缺乏专业的艺术疗愈型人才，其专业体系还有待完善。

笔者阅读相关文献发现，早期的艺术疗愈通常被默认为以绘画为主的治疗方式，因此在学术界关于艺术疗愈的研究中明显绘画疗愈的文献相对较多，而随着人类需求的多样化和兴趣爱好的广泛化，音乐、舞蹈、戏剧、手工、诗歌等也逐渐被运用于不同群体当中，

---

[1] 刘婧涵. 小组工作介入社区工作者职业压力研究——以C街道为例[D]. 天津理工大学硕士学位论文，2022.
[2] 邓爽. 浅论陶艺作为艺术治疗媒介对听障儿童的疗愈作用[J]. 陶瓷科学与艺术，2022，56（9）：26-27.
[3] 彭晓梦. 艺术疗愈和艺术创作[D]. 湖北美术学院硕士学位论文，2022.
[4] 弗里德里希·威廉·尼采（1844~1900），德国心理学家、哲学家，德国第一个心理实验室的创立者，构造主义心理学的代表人物。
[5] 卡尔·荣格（Carl Gustav Jung，1875~1961），瑞士心理学家。
[6] 江平. 五感艺术疗愈下自闭症儿童辅具设计介入的途径[J]. 三明学院学报，2022，39（4）：77-82.

这也极大地丰富了艺术疗愈的内容。在绘画疗愈中，冯莹等（2020）[1] 通过文献梳理探索绘画艺术治疗兴起及其疗愈机制，揭示了绘画艺术治疗的兴起具有特定的历史基础和实践发展过程。蒋洪涛等（2021）[2] 把绘画艺术疗法运用在特殊群体学生的团体心理辅导教学实践中，对新时代背景下高校学生工作如何精准育人进行了有益的实践探索。史琼（2018）[3] 以中国美术学院"儿童绘画疗愈项目"为例，探讨其在儿童心理成长教育中的应用方式与作用，该学者认为绘画创作本身就是疗愈的过程，它被儿童欢迎和认可，不仅能够激发他们的想象力和创造力，而且能使绘画来表达压抑的情绪，以实现内在智慧与内心的平衡。还有学者研究绘画疗法应用于大学生自我意识团体辅导的优势，提出绘画疗愈在一定程度上缓解他们内在的压力，帮助学生了解自身真实需求，处理内心的冲突，促进自我意识的完善和社会技能的提高的作用。[4] 除了以绘画为疗愈手段的研究以外，学者杜安然（2019）认为，"音乐疗愈"对改善老年人心理的作用，具有增加老年人社交参与、抚慰心理、提高修养、提升体质、防治疾病等。[5] 王思思（2020）在《论陶瓷艺术的心灵疗愈》[6] 中通过大量的作品与个人创作实践进行归纳和总结，论述陶瓷艺术在心灵疗愈上的方式与可能性。而随着艺术疗愈不断发展，还有学者将这些艺术形式有机结合在一起为有需要的人群提供服务。例如，徐晓晨等（2019）对情绪障碍儿童进行干预治疗中将"绘本疗法"和音乐、舞蹈、戏剧等相结合，为不同症状的儿童设计不同的治疗方案，并认为这种疗法能够最大限度地调动儿童的听觉、视觉、触觉、运动觉等多种感官，因此成为开展儿童心理康复治疗的最佳手段。[7]

目前在社会工作领域，"艺术疗愈"作为服务方法及视角的研究相对较少。但近年来社会工作也将试图通过"艺术疗愈"作为介入手法致力于解决困扰服务对象的问题。徐小杏等（2022）[8] 开展艺术疗愈小组，试图延缓老年人认知退化，以老人最擅长最感兴趣的诗歌朗诵为主要内容，运用小组专业技巧与方法使组员得到了一定程度的改变和成长，为研究老年人认知症障碍干预策略提供了较大的参考价值和研究价值。同时，他认为艺术疗愈在延缓老年人认知退化中"大有作为"，还可以多角度、深层次尝试其他领域的方式方法，充分发挥小组活动的功能和作用。李慧燕（2020）[9] 的研究以同质性较高的单亲母亲为研究对象，采取小组工作为实验形式，运用曼陀罗绘画，改善单亲母亲焦虑情绪，通过研究得出，以小组工作介入，为单亲母亲宣泄情绪提供了一个安全的环境，正确认识缓解焦虑情绪重要性，运用曼陀罗绘画，单亲母亲表达和宣泄了情绪，有效地改善了焦虑程度等，

---

[1] 冯莹，张浩. 作为治疗的艺术：绘画艺术治疗的兴起与作用机制的探究[J]. 医学与哲学，2020，41（24）：48-53.
[2] 蒋洪涛，郑茸，闵晓阳. 将绘画艺术疗法"精准"融入特殊群体团辅教学的实践与思考[J]. 心理月刊，2021，16（12）：203-204.
[3] 史琼. 基于儿童心理成长的团体绘画治疗实操性研究[J]. 艺术教育，2018（5）：114-115.
[4] 何冬妹. 绘画疗法在大学生自我意识团体辅导中的应用[J]. 辽宁教育行政学院学报，2021，38（1）：46-49.
[5] 杜安然. "音乐疗愈"对改善老年人心理的作用及建议——以沈阳师范大学艺术惠民工程为例[J]. 北极光，2019（3）：111-112.
[6] 王思思. 论陶瓷艺术的心灵疗愈[D]. 景德镇陶瓷大学硕士学位论文，2020.
[7] 徐晓晨，栗莉. 针对情绪障碍儿童的"绘本阅读疗法+奥尔夫音乐疗法"阅读疗愈实践研究[J]. 晋图学刊，2019（1）：51-56.
[8] 徐小杏，王新华. 艺术疗愈小组在延缓老年人认知退化中的运用[J]. 社会福利，2022（11）：49-50.
[9] 李慧燕. 小组工作在单亲母亲焦虑情绪改善中的运用[D]. 广州大学硕士学位论文，2020.

使单亲母亲以更好的精神状态面对生活。阳怀（2015）[①] 在《美术的疗愈功能探究》中也提到在社会工作领域艺术疗愈的应用现状，其一些非营利性社会组织利用绘画、摄影、黏土、手工、视频等美术形式为医院病人、精神病人、孤独症儿童、无家可归者、退伍军人、流浪者、老年人和儿童等特殊群体提供帮助，但他认为中国目前与国外相关领域的理论与实践研究相去甚远，其原因是缺乏专业的公益组织，缺乏专业人才，更缺乏对艺术疗愈功能的了解。

艺术疗愈不仅作为治疗心理疾病的一种手段，更是作为人类心灵净化、自我调节、追求平和的途径。作为一项人们喜闻乐见的文化形式，艺术疗愈相比传统的心理疗愈法更是受到人们的青睐，它通过艺术的疗愈性帮助人们在缓解情绪、恢复身心平衡、克服极端情绪等。而在本章中，笔者也是借助艺术本身具有的治愈作用，在实际当中通过鼓励社区网格员参与绘画创作、歌舞欣赏、手工制作、情景表演等形式多样的艺术活动，来帮助她们宣泄情绪并释放压力。

（二）关于职业压力的研究

职业压力是个人从事的工作所引起的紧张状态。在国内研究中，关于职业压力的研究在20世纪50~60年代就已经开始，许多增加的调查设计，致力于研究一些工厂中职业压力的影响，学者们广泛认识到职业压力对工人健康的影响。此后，从职业压力与身体健康相互出发的研究层出不穷。董宣（1989）[②] 从职业压力与发病率因果研究中认为，一些职业中疾病的发病率和危险程度的高低极可能是职业压力带来的原因，并将职业压力产生的原因归为三个方面，分别是环境因素、工作特点、工作能力及经历。刘霞等（1997）[③] 从职业压力与冠心病发病率之间的相互关系出发进行研究，得出职业与冠心有着某种内在的联系，即人们从事越来越复杂的工作，来自职业的压力就越来越大，而患冠心病的危险性相应地就越大。

而不同类型的职业与岗位也存在着不同程度的职业压力。至此，有一些学者从职业类别去研究职业压力，然而关于职业压力的研究，所涉及的领域逐渐扩大，在这些研究当中，对从事教育和医学工作者的研究偏多，此外对行政、企业、公安、体育、法律等行业工作者的职业压力研究也不少。在教育行业的相关压力研究主要集中在职业压力来源上。即国外学者 Kyriacou 等（1978）[④] 将教师压力源归因为时间不充足、条件不充分、学校学风不够浓厚、学生行为不良好等。国内学者姚籼竹等（2018）[⑤] 认为，教师职业压力的来源复杂多样，既包括来自社会、家长和学校的外在因素，又包括来自教师个人的内在因素，内外因相互交织、相互作用，导致教师职业压力问题日趋严重。近几年，由于新冠肺炎疫情的发生，奋战在抗击疫情一线的医护人员职业压力和心理健康，也成了众多学者们

[①] 阳怀. 美术的疗愈功能探究[D]. 中央美术学院硕士学位论文，2015.
[②] 董宣. 职业压力与发病率[J]. 职业与健康，1989（3）：23.
[③] 刘霞，宋文波，王利. 压力、压力的适应与冠心病[J]. 医师进修杂志，1997（2）：55-56.
[④] Kyriacou C, Sutcliffe J. Teacher Stress: Prevalence, Sources and Symptoms[J]. British Journal of Educational Psychology, 1978（48）：159-167.
[⑤] 姚籼竹，杨桐桐. 教师职业压力的问题审视与调适策略[J]. 教育理论与实践，2018，38（26）：36-38.

的研究课题。相关研究认为医护人员承受的压力显著高于一般人群的水平。[1] 国内学者王霄霄等（2021）[2] 通过采用工作压力测量量表分析医护人员职业压力，提示在新冠疫情突发的形势下，医护人员的职业压力普遍较高。在突发公共卫生事件下医护人员均面临巨大的心理压力，其不仅承担繁重的工作任务，要求熟练的专业技术，更要面对死亡患者带来的恐惧和被感染的风险。

以上研究结果显示，不同职业领域都会存在不同的职业压力，面对当前复杂、多元化的社会环境，人们的职业压力重点由于对自身所从事的工作表现不悦而产生情绪化的一系列情况，由于长时间不能疏导而慢慢导致产生不良情绪。因此，本章从社会工作专业视角出发，借助"艺术疗愈"小组的介入，试图完善丰富该领域的相关研究，为以后的学者提供借鉴参考。

（三）关于社区网格员的研究

国外没有"社区网格员"这一特定群体，而在国内有关社区网格员的研究也很少，但对于社区工作者的研究较多。从前人的研究来看，对于社区工作者的相关研究最早出现于20世纪70年代，而相关社区网格员的研究是最近几年开始逐渐增多。

近十年来，随着党和国家对基层治理的高度重视，学术界对基层治理、网格化管理和网格员的研究也越来越多，我国对于社区工作者职业压力的研究在逐步增加。[3] 之后研究者逐步深入地对社区工作者（网格员被包括在内）进行研究，取得了一定的研究成果。从现有相关文献中发现，学者们主要在网格员队伍建设、网格员能力提升、网格员化治理存在的问题等方面的研究较多。钱郸霓（2023）在《提升网格员媒介素养的意义与路径》[4] 一文中通过分析网格员工作特点和现状，提出加强和提升网格员整体素养的必要性与有效路径。方怡晖（2023）[5] 认为，目前全国基层治理体系发生变化，城市管理网格员作为基层治理体系的基本单位被各级政府大量需求，但是现实中网格员薪酬过低，晋升渠道还未完善，基层网格人员长期处于紧缺状态。邱玉蓉（2022）[6] 强调网格员队伍建设的重要性，并提出加强网格员专业技能培训、完善网格员激励保障制度的对策建议。姚雪（2022）[7] 认为，在网格化实践过程中，社区网格员队伍建设滞后、社会参与程度不高以及信息化平台建设不完善等问题都在一定程度上阻碍了社区服务水平的提升。李志东等（2023）[8] 基于深圳市A区的案例调研发现，基层网格化管理存在明显的权威统合缺失、基层网格职责泛化和网格员工作过载问题，并对此提出建立由区级主要领导进行统筹、具有足够权威的

---

[1] 谭健烽，禹玉兰，蔡静怡，万崇华，李鹤展．医护人员工作压力与生活质量和幸福感的相关分析 [J]．现代预防医学，2013，40（4）：684-686.
[2] 王霄霄，高鸿翼，孙建平，郜效梓．疫情防控期间医护人员职业压力及其影响因素 [J]．济宁医学院学报，2021，44（2）：111-115.
[3] 王菲，宋博文，薛朝霞，王卫平．SCI 职业压力文献可视化图谱分析 [J]．中国健康心理学杂志，2017（1）：33-37.
[4] 钱郸霓．提升网格员媒介素养的意义与路径 [J]．传媒，2023（4）：81-82.
[5] 方怡晖．新型职业：城市管理网格员未来基层治理的关键所在 [J]．小康，2023（11）：28-29.
[6] 邱玉蓉．浅谈加强社区网格员队伍建设 [J]．安全与健康，2022（12）：51.
[7] 姚雪．提升社区网格化管理服务水平的对策研究 [J]．大庆社会科学，2022（5）：128-131.
[8] 李志东，蔡锐星，杨竺松．基层网格化管理中的三重矛盾——基于深圳市A区的调研分析 [J]．海南大学学报（人文社会科学版），2024，42（2）：140-150.

部门负责协调和执行的网格化管理工作机制，推动各职能部门向基层网格工作下沉部门资源、夯实网格化管理基础的对策建议。此外，也有学者研究疫情背景下的社区网格化管理问题和完善路径。①

总之，网格化管理作为在中国普遍施行的基层治理手段，在维护社会稳定、及时解决群众问题、发布紧急信息等方面发挥着重要作用。② 而社区网格员作为网格化管理的实施主体③，其队伍的建设水平将直接关系到基层社会治理水平的高低。而本章通过小组工作方法，探索社会工作在社区网格员职业压力当中的实践性，在现有的研究基础上，进一步研究社区网格员群体，把关注点聚焦在网格员职业压力上，试图通过"艺术疗愈"缓解和减轻她们的职业压力。与此同时，强化社区服务功能和社会工作的专业推广，鼓励多元主体介入和社区资源的不断整合、建立专业化和职业化的社区网格员队伍。

（四）研究评述

近年来，社区网格化管理议题受到政府和学界的高度关注④，随之关于网格化与网格员的研究也增多，且内容逐步深化。从现有的文献来看，相关社区网格员的研究可分为三大类型：一是网格化管理中网格员所发挥的作用及角色定位，认为网格员是流淌在群众之间的血液⑤，是未来基层治理的关键力量。二是在研究网格化管理中存在的问题与对策时，强调提升网格员队伍素质的必要性，正如姚雪（2022）在《提升社区网格化管理服务水平的对策研究》中指出网格化管理存在人才队伍建设滞后的问题，并对此提出要提高网格员的薪资待遇、根据年龄结构合理配备工作、加强对网格员专业化培训力度三个方面的建议。⑥ 三是通过实地调查，着重介绍某一地区网格员管理具体情况。例如，刘海琴（2022）以太原市网格员队伍建设为例，并从基本情况、存在的问题与对策建议三个方面介绍太原市网格员管理相关内容。王馨笛（2022）⑧以沈阳市 L 社区为例，从网格化管理现状、困境、问题成因、优化路径等方面进行探讨。前人的研究成果对提高社区治理、提升网格化管理以及加强网格员队伍建设起着重要的指导作用。同时，促进了国家和社会各界对社区网格员职业特点的进一步认识，从而作出相应的调整和改进。

总体而言，从宏观上对社区网格化管理模式的研究比较多，但对社区网格员群体的研究相对较少，有的是聚焦在网格员能力提升这方面，而对网格员职业压力的相关研究屈指

---

① 鲁毅恒. 突发公共卫生事件下社区网格化管理完善路径——以 D 市 Z 社区抗击新冠肺炎疫情为例 [J]. 国际公关，2022（22）：91-93.
② 陶静惠. 社会工作视角下城市社区网格化治理的优化路径研究 [D]. 杭州师范大学硕士学位论文，2022.
③⑦ 刘海琴. 以制度建设为抓手 破解网格员管理难题——以太原市网格员队伍建设为例 [J]. 中共太原市委党校学报，2022（4）：78-80.
④ 侯日云，谭贤楚. 社区网格员的职业特点及发展策略——基于湖北省 Y 市 20 位社区网格员的访谈 [J]. 管理观察，2018（21）：50.
⑤ 方怡晖. 新型职业：城市管理网格员未来基层治理的关键所在 [J]. 小康，2023（11）：28-29.
⑥ 姚雪. 提升社区网格化管理服务水平的对策研究 [J]. 大庆社会科学，2022（5）：128-131.
⑧ 王馨笛. 无缝隙政府理论视域下城市社区网格化管理问题研究——以沈阳市 L 社区为例 [J]. 学会，2022（5）：35-41.

可数。笔者在收集本研究相关材料时发现，不少社工机构在宣传平台上发布过对社区网格员职业压力问题进行干预的内容，包括个案辅导、小组活动、社区服务等，但是将社区网格员职业压力作为研究问题的文章却很少。然而，社区网格员是当今社区基层治理的主要力量，在稳定社会秩序，促进社区发展中发挥着重要作用。因此，该群体的职业压力问题应该受到社会各界和更多学者的关注。

本章的主题聚焦于社区网格员的职业发展及职业压力问题，通过开展"艺术疗愈"小组，引导组员进行绘画、手工、音乐、舞蹈等艺术创作来表达出自己的想法和感受，帮助社区网格员重新建立起对未来的信心与良好心态，通过艺术创作的过程，释放压力、放松身心和自我调节。

四、概念界定与理论基础

（一）概念界定

1. 艺术疗愈

艺术疗愈（art therapy）是20世纪40~50年代兴起并快速发展起来的一门新型心理疗法，正如其命名所传达的那样，艺术疗愈是一门涉及艺术和心理医学的专业。[1] 而艺术疗愈与传统的艺术治疗法有所不同的是，艺术疗愈一般不需要特别的深入学习，因为艺术本身就有疗愈性。威尔伯特·M. 盖斯勒（Wilbert M Gesler）在《疗愈空间》（*Healing Places*）一书中指出疗愈应当包含多个方面，譬如物理、心理、情绪、社会等，泛指一个缓解压力，休息恢复的过程，并进一步促进更全面的健康状态。[2] 其特点是艺术疗愈适合在工作坊和团体活动中运用。

本章中笔者所指的"艺术疗愈"并非传统的，也不是心理学上作为治疗手段的艺术疗愈。而是作为社会工作者开展小组活动的一种形式，将以服务对象较为感兴趣的解压方式——歌舞表演、绘画制作、情景演绎等，借用艺术本身具有的疗愈作用优势，设计小组活动，使服务对象在团体陪伴中，通过自身体验或欣赏艺术所带来的愉悦感的同时放松心情，释放压力，从而达到减轻网格员职业压力的目的。

2. 职业压力

"职业压力"一词是随着对压力的研究，以及社会的不断发展开始出现的。[3] 职业压力（Occupational Stress），是指由于工作或者工作相关的因素造成的压力。[4] 由于切入点不同，不同的学者对职业压力也有不同的定义。从"职业压力"的定义来看，大多数人观点偏向于受个体的心理或者生理影响而引发了个体生理、心理与行为上的问题。[5] 国外学者

---

[1] 王浩阳，刘铁军. 艺术疗愈视角下的情绪信息家具设计研究［J］. 家具与室内装饰，2022，29（5）：1-4.
[2] Gesler W M. Healing places［M］. Lanham：Rowman & Littlefield，2003.
[3] 姜春红，何鹏. 普通高校青年教师职业压力对主观幸福感的影响：心理资本的中介效应［J］. 吉林工程技术师范学院学报，2022，38（8）：30-33.
[4] 闵韡. 高水平大学教师学术激情、职业压力与活力研究［D］. 华东师范大学博士学位论文，2020.
[5] 刘婧涵. 小组工作介入社区工作者职业压力研究［D］. 天津理工大学硕士学位论文，2022.

Chungkham 等（2013）认为，职业压力是高工作要求与低工作自主性结合的产物[①]，其中自主性包括技能裁量权与决策自主权，后期他又把社会支持考虑进去，提出了工作要求控制理论。个人—环境适配理论认为劳动者与职业存在一致性匹配和 。[②] 当两者之间匹配度不充足时能够引起生理、心理或双重压力。

经过研究和分析，笔者认为职业压力是指社区网格员在工作中产生的生理和心理负担，这种负担干扰了他们的正常生活。这是一种生理、心理和行为上的不平衡，当社区网格员的工作要求超过了个人应对能力范围，就可能会产生职业压力。

（二）理论基础

1. 生态系统理论

20 世纪初，玛丽·里士满等人在慈善组织会社和睦邻组织运动中分别以不同的方法推行"人在情境中"的理论范式，成为该理论的先导。[③] 20 世纪 80 年代杰曼等提出了社会工作的"生态模型"，修正侧重点在于人的观念，强调社会工作的干预焦点在于应将个人置于其生活的场景中，重视人的生活经验、发展时期与生活空间等有关个人与环境的交流活动。[④] 生态系统理论的焦点主要在于研究个人与环境之间的交流和转换，并且认为个人与环境是相互统一的系统，并把系统分为微观系统、中观系统、外部系统和宏观系统。[⑤]

社会生态系统理论强调将个人置于其生活的环境中是社会工作实务的焦点。[⑥] 而本章中，笔者依据网格员所处的生态系统将她们的职业压力形成原因分为微观、中观、宏观等三个方面来分析，具体来说从网格员自身与家庭等微观系统、社区以及网格员人际关系层面的中观系统和社会与政策等宏观层面切入探讨导致网格员出现职业压力的原因，并在干预这一问题之后，根据 X 社区网格员现实情况从个体、社区、社会等三个层面提出调适对策。

2. 小组动力学理论

小组动力学理论最早由美国心理学家库尔特·勒温（Kurt Lewin）于 1944 年提出，是小组工作最重要的理论，小组动力主要描述小组整个过程中，参与小组生命发展的各种力量及其交互作用和交互方式。[⑦]

小组动力是无形的，但是小组动力的变化贯穿在小组的形成、发展、成熟及结束的整

[①] Chungkham H S, Ingre M, Karasek R, et al. Factor Structure and Longitudinal Measurement Invariance of the Demand Control Support Model: An Evidence from the Swedish Longitudinal Occupational Survey of Health (SLOSH) [J]. PLOS ONE, 2013 (8): e70541.

[②] Suleman Q, Hussain I, Shtiaq, Shehzad S, et al. Relationship Between Perceived Occupational Stress and Psychological Well-being among Secondary School He Ads in Khyber Pakhtunkhwa, Pakistan [J]. PlOS ONE, 2018, 13 (12): e0208143.

[③] 陈晓东，郑明磊. 社会生态系统理论视角下基于个案的待业大学生社会工作介入研究 [J]. 社会与公益，2021，12 (4): 55-58.

[④] 中国社会工作者职业水平考试组. 社会工作综合能力：中级 [M]. 北京：中国社会出版社，2018：96-99.

[⑤] 吴春霖，孙志丽. 生态系统理论下社会工作介入精神扶贫的路径研究 [J]. 社会与公益，2020，11 (9): 34-35.

[⑥] 高晓雨. 社会生态系统理论视域下社会工作介入流浪青少年服务的思考 [J]. 现代商贸工业，2021，42 (29): 116-117.

[⑦] 刘梦. 小组工作 [M]. 北京：高等教育出版社，2003.

个过程之中，小组正是利用小组产生的动力来达到小组的目标，它是促使着组员的改变与成长的动力。社工要在实务中重视小组动力形成过程以及小组动力对于组员的影响，以促使小组工作方法能够发挥更大的效力。

本章运用小组动力学理论（见图6-1），将小组工作的过程作为是一个充满动力的过程，在小组活动过程中不仅关心小组成员个人的改变，同时关注小组的发展动态，通过小组的改变去达到影响个人的改变，社区网格员作为服务对象参与活动，依靠组内的能量，能够让社区网格员的需要获得满足且给她们搭建出朋辈支持网络，以期在将来为社区居民提供服务时能够互相支持与帮助，进而为社区居民提供更优质的服务。

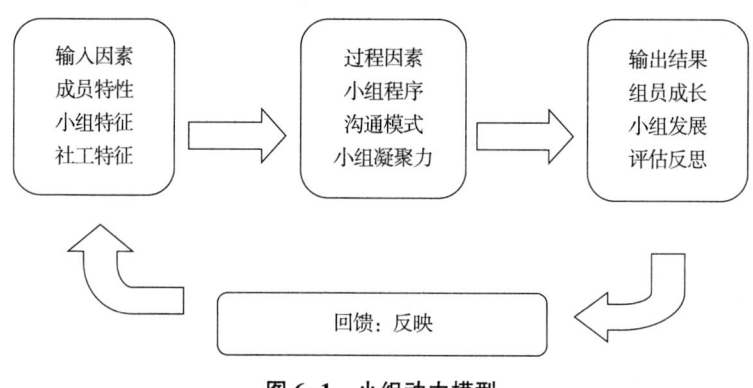

```
┌─────────┐     ┌─────────┐     ┌─────────┐
│ 输入因素 │     │ 过程因素 │     │ 输出结果 │
│ 成员特性 │ ──▶ │ 小组程序 │ ──▶ │ 组员成长 │
│ 小组特征 │     │ 沟通模式 │     │ 小组发展 │
│ 社工特征 │     │ 小组凝聚力│     │ 评估反思 │
└─────────┘     └─────────┘     └─────────┘
     ▲                                │
     │          ┌─────────┐           │
     └──────────│ 回馈：反映│◀──────────┘
                └─────────┘
```

图 6-1　小组动力模型

五、研究方法

本章研究主要运用实地研究法，通过半结构访谈、非参与观察、问卷等方法收集有关材料。

（一）半结构访谈法

访谈是一种研究性交谈，是研究者通过口头谈话的方式从被研究者那里收集第一手资料的一种研究方法。[1] 在本章中笔者运用半结构式访谈，围绕社区基本情况、社区网格化管理、网格员工作内容、职业压力等问题进行了解。

半结构访谈是介于结构和非结构访谈之间获取定性材料的方法，主要从受访者的经历和内心活动中获取案例或真实想法，并探究其深层含义。[2] 笔者在上次对X社区30名网格员进行访谈的基础上，拟定更为详细的访谈提纲，并从其中选取不同年龄、不同工作年限的12名网格员进行了一对一的深度访谈（见表6-1）。访谈开始前，笔者向受访者说明了访谈目的，并事先征得访谈对象的同意后对访谈内容进行了全程录音。[3] 为后面的小组工作服务对象选取和开展打下基础。

---

[1] 陈向明. 质的研究方法与社会科学研究 [M]. 北京：教育科学出版社，2000：165-405.
[2] 王远新. 访谈法在语言田野调查实践中的运用 [J]. 民族教育研究，2021，32（6）：58-65.
[3] 访谈内容对外绝对保密，笔者将以匿名形式只用在本研究当中。

表 6-1　X 社区网格员访谈内容概况

访谈内容概述	受访者职位及编号	访谈次数（次）	访谈时长（分钟）
网格化管理现状、存在的问题、网格员的角色定位、工作内容及其所发挥的作用等	社区书记 LH	1 次	17 分 31 秒
	社区副书记 ZC	2 次	32 分 57 秒
第一网格：基本信息、从事网格时长、从事网格工作原因、工作内容、专职或兼职等	网格长 GJ	1 次	26 分 07 秒
	网格管理员 ZYQ	2 次	43 分 18 秒
	网格长 WQ	1 次	31 分 00 秒
	专职网格员 LHR	1 次	19 分 14 秒
	网格长 JYQ	1 次	32 分 45 秒
	专职网格员 NZH	1 次	23 分 01 秒
第二网格：职业压力方面：（1）有无职业压力，如存在职业压力，希望社工为其提供哪些服务；（2）日常解压方式、是否存在职业倦怠、职业现状满意度等	网格长 WZ	2 次	42 分 13 秒
	网格管理员 LXH	1 次	29 分 30 秒
	专职网格员 GYN	2 次	36 分 09 秒
	专职网格员 YQ	1 次	15 分 22 秒
	专职网格员 MCY	1 次	23 分 06 秒
	网格长 LY	1 次	31 分 48 秒
	网格管理员 LJ	2 次	39 分 00 秒
	专职网格员 MQ	1 次	22 分 14 秒
	专职网格员 YXY	1 次	27 分 50 秒
	兼职网格员 XLF	1 次	12 分 02 秒
	网格管理员 ZHF	2 次	45 分 16 秒
	专职网格员 LFP	1 次	16 分 52 秒
	专职网格员 XYQ	1 次	14 分 39 秒
	兼职网格员 ZW	2 次	27 分 33 秒
第三网格：基本信息、职业压力方面、其他	网格长 SH	2 次	33 分 11 秒
	网格管理员 ZX	2 次	40 分 07 秒
	专职网格员 SLF	1 次	25 分 00 秒
	专职网格员 ZH	1 次	08 分 23 秒
	专职网格员 LXY	1 次	23 分 22 秒
	网格长 YJH	2 次	47 分 52 秒
	格管理员 CXT	1 次	34 分 09 秒
	专职网格员 LJ	1 次	15 分 43 秒
	专职网格员 HDM	1 次	19 分 36 秒

续表

访谈内容概述	受访者职位及编号	访谈次数（次）	访谈时长（分钟）
对网格管理的认识、对网格员群体的关注、对网格工作内容的了解	X 社区居民 1	1 次	06 分 32 秒
	X 社区居民 2	1 次	06 分 07 秒
	X 社区居民 3	1 次	02 分 56 秒
	X 社区居民 4	1 次	03 分 42 秒
	X 社区居民 5	1 次	05 分 19 秒
	X 社区居民 6	1 次	05 分 37 秒
共计	38 人	48 次	887 分 3 秒

（二）非参与式观察法

本章呈现的分析群体是笔者在硕士实习期间直接接触到的服务对象，笔者于 2022 年 6 月 27 日至 11 月 6 日在 L 社工站实习。在实习期内，笔者作为一名社会工作实习生深入参与到 L 社工机构的社区服务项目中，为 X 社区的网格员设计及开展个案、小组、社区等社会工作服务。在实习中，笔者深入地参与和了解社区网格员社会工作服务方案设计及实施过程。在服务过程中，笔者与服务对象、机构社工、服务对象家人（伴侣、子女）、同事等有一定的接触，对服务对象工作环境、生活环境等有一定的观察和了解。

（三）问卷法

通过问卷的方式获得呼和浩特市 X 社区网格员的基本信息，对于社区网格员职业压力问题进行界定。笔者结合主流的心理压力量表（PSTR）和相关研究对象信息收集问题设计出一份针对职业压力问题的调查问卷，问卷主要分为四大部分：个人基本情况、职业压力情况（职业压力测量表）、职业压力来源、职业压力造成的影响等。在机构内对于社区网格员进行发放填写回收，共计发放问卷 30 份，回收率为 100%，得到呼和浩特市 X 社区网格员职业压力的情况与数据。

六、研究设计与创新点

（一）研究设计

本章研究社区网格员职业压力问题，以呼和浩特市 X 社区网格员作为研究对象，通过问卷和访谈了解她们的需求，探讨 X 社区网格员职业压力现状，并基于生态系统理论分析 X 社区网格员的职业压力成因，且根据 X 社区网格员职业压力情况与特点设计"艺术疗愈"小组活动，试图以服务对象感兴趣的方式作为介入手段，来缓解她们的职业压力。小组活动结束后，对小组成员开展满意度和效果进行调查，以社会工作者提供的小组工作介入服务作评估以及反思（见图 6-2）。

图 6-2　本章研究思路

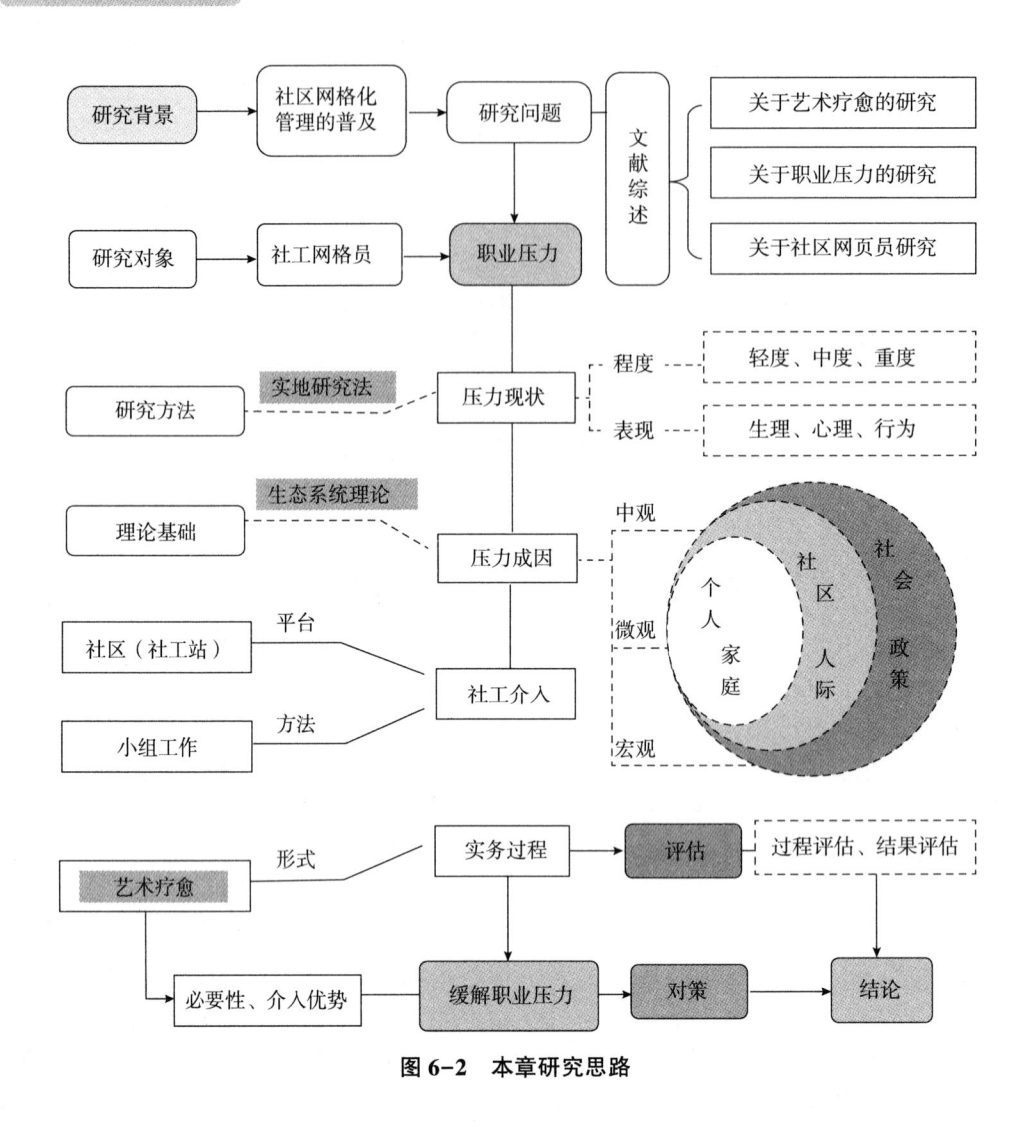

（二）创新点

根据目前研究压力群体的研究文献分析看出，教师、医务工作者、警察、行政工作者、企业工作人员等高压职业群体的工作人员极易成为研究对象，而把社区工作者作为研究对象的研究相对较少，以社区网格员为研究对象的更是凤毛麟角。因此，本章研究可以为研究社区网格员职业压力提供理论依据，通过小组工作的介入也为研究职业压力提供了新的研究方向和研究思路。

此外，笔者通过艺术疗愈介入社区网格员职业压力研究，不仅对社区网格员的职业压力相关研究起到一定的借鉴作用，而且通过实践证明了在小组中通过艺术媒介作为疗愈手段干预社区网格员的职业压力是有效的，且具有一定的可操作性。

第二节 社区网格员职业压力现状及其成因分析

一、X 社区及社区网格员基本情况

（一）X 社区基本情况

X 社区隶属呼和浩特市新城区东风路街道，南至京包铁路，北至爱民街，西至清芷园西路，东至站东路辖区占地面积 1.1 平方千米，服务居民总户数 9101 户，人口 21278 人，搭建起以 26 个服务网格为框架，以网格长、楼长、单元长队伍为基础的红色网格服务网，现有网格员 30 名（28 名专职网格员、2 名兼职网格员），楼长 81 人，单元长 276 人。社区以网格化管理为治理理念，实现社区的全覆盖管理与服务。

（二）X 社区网格员基本信息

根据访谈与调查结果对社区网格员的性别、年龄、学历、工作时长、收入情况等基本信息做了详细的统计，参加调查的网格员共有 90 人，均为女性工作者。在 90 名网格员中，20~30 岁的有 3 人，有 18 名处于 31~40 岁，36 名处于 41~50 岁，33 名处于 50 岁以上；专职 84 名，兼职 6 名；学历方面，81 名为专科及以下，9 名专科及以上；从工作年限来看，6 个月以下有 18 人，6 个月至 1 年有 27 人，1~3 年有 36 人，3~5 年有 6 人，5 年及以上有 3 人；月收入情况来看，2000 元以下有 27 名，2000~3000 元有 57 人，4001~5000 元有 6 人（见表 6-2）。

表 6-2 X 社区网格员基本信息

		人数（人）	百分比（%）
性别	男	0	0
	女	90	100
年龄	20~30 岁	3	3.33
	31~40 岁	18	20.00
	41~50 岁	36	40.00
	50 岁以上	33	36.67
学历	专科及以下	81	90.00
	专科及以上	9	10.00
工作年限	半年及以下	18	20.00
	6 个月至 1 年	27	30.00

续表

		人数（人）	百分比（%）
工作年限	1~3年	36	40.00
	3~5年	6	6.67
	5年及以上	3	3.33
月收入情况	2000元以下	27	30.00
	2000~3000元	57	63.33
	3001~4000元	0	0
	4001~5000元	6	6.67
	5000元以上	0	0

根据了解X社区为进一步探索党建引领城市基层治理有效途径，努力打造新时代加强社区建设推进市域化社会治理现代化新样板，社区从网格入手，探索出X社区网格闭环工作模式，创新性地提出"立足网格精细服务，为民解忧真情奉献"的网格工作理念，着力将基层社会治理现代化与社区"网格员管理"相联合，立足社情，依托网格，以"小网格"提升"大服务"，寓服务于治理，提优社区形象，提升民生福祉，探索符合时代特征、满足人民需求（见图6-3）。

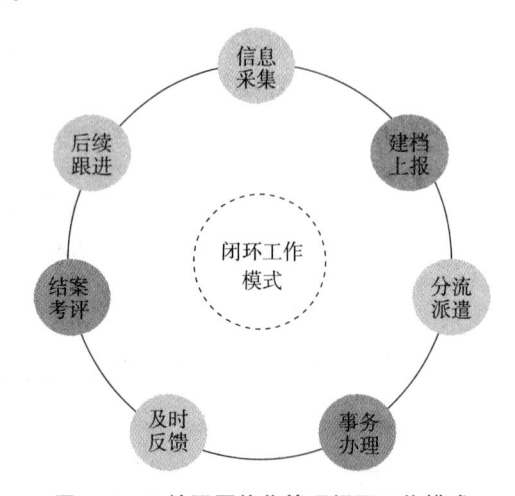

图6-3　X社区网格化管理闭环工作模式

笔者通过访谈了解到X社区网格员的工作内容主要有以下八个：①政策宣传向网格内居民宣传党的方针、国家法律法规、移风易俗等宣传活动；②信息采集，按照"一人一格、综合履职"要求，全面负责网格内采集居民基本信息；③日常巡查，对网格内基础信息的变动情况；④问题排查，常态化开展网格内矛盾纠纷、社会治安、安全生产、建筑设施、危旧房屋、食品药品、生态环保、宗教领域等隐患进行排查；⑤民意收集，需要入户走访了解居民需求；⑥代办服务，落实便民服务措施；⑦巡查监督；⑧党建职能，落实社区党组织工作计划。此外，还要负责社区常态化疫情防护以及其他工作安排（见图6-4）。

```
                    "网络+N"职责八到位
   ┌────┬────┬────┬────┬────┬────┬────┬────┐
 政策宣传 信息采集 日常巡查 问题排查 民意收集 代办服务 巡查监督 党建职能
```

图 6-4　X 社区网格员职责

二、X 社区网格员职业压力现状

（一）压力程度

为更好地了解 X 社区网格员压力程度，笔者通过压力量表测量，从表 6-3 可知，X 区社区网格员职业压力普遍较高，职业压力测量结果指数为 0~15 分的有 24 人，占 26.67%，压力程度为轻度；16~45 分的有 51 人，占 56.67%，压力程度为中度，其中 16~30 分的人有 33 个人，占 36.67%，31~45 分的有 18 人，占 20%；40~60 分的有 15 人，占 16.67%，压力程度为重度。据调查发现，总体来说，X 区社区网格员大多存在中等偏上级别的工作压力，轻微压力和高度工作压力的相对较少，其中围绕在等级 16~30 分的人数最为密集，而且在工作时长方面有明显的差异，一些工作年限较长的网格员压力程度比工作时长较短的网格员职业压力自评分数偏低。

表 6-3　X 社区网格员职业压力程度测量表

压力分值（0~60 分）	压力程度（轻—中—重）	人数（90 人）	占比（%）
0~15 分	轻度	24 人	26.67
16~45 分	中度	51 人	56.67
40~60 分	重度	15 人	16.67

（二）压力表现

本章研究立足于调研 X 社区从事网格员工作的社区工作者，他们的服务对象是社区管辖所属的社区居民，作为社区网格化建设的具体实施者，他们的工作包罗万象，肩负着政策宣传、信息采集、矛盾纠纷调解、社会事务管理、疫情防控等，"小网格"发挥着大作用，为打通服务群众"最后一公里"贡献了巨大的力量。同时还要与政府部门以及各街道协调和配合完成相关工作，在工作中面临着非常大的压力。笔者在实习期间，疫情发生时被抽调到 X 社区协助网格员做疫情防控工作，连续一周组织居民做核酸检测，每天早上 5：00 集合忙到天黑，是对于精神以及身体的双重考验。社区网格员长期处于压力状态中，超负荷的工作量使网格员们产生职业压力，因未能得到有效的释放出口，而陷入不健康的状态，在生理、心理、行为等方面都频频出现问题。通过调查问卷和访谈得知：①身体上，一些网格员因职业压力导致身体不适，出现头晕头疼、犯困或失眠、慢性疼痛、局部疼痛、炎症和免疫功能下降等症状；②心理上，遇到情绪失控、焦虑郁闷、缺乏自信心、自我效能感低、工作没有成就感，甚至产生职业卷等心理障碍；③行为上，有逃避问题、做事拖延、注意力难以集中、思考和判断力下降、行动力减弱的表现。详细数据分析结果及描述如表6-4所示。

表6-4　X社区网格员产生职业压力的具体表现　　　　　　　　　单位：人，%

		非常同意		比较同意		一般同意		不太同意		很不同意	
		人数	比例	人数	比例	人数	比例	人数	比例	人数	比例
生理方面	头晕头疼	6	6.67	12	13.33	42	46.67	18	20.00	12	13.33
	犯困或者失眠	6	6.67	18	20.00	24	26.67	39	43.33	3	3.33
	慢性疼痛、局部疼痛	9	10.00	6	6.67	39	43.33	21	23.33	15	16.67
心理方面	情绪失常、焦虑郁闷	3	3.33	15	16.67	42	46.67	18	20.00	12	13.33
	缺乏自信、无助孤单	6	6.67	6	6.67	42	46.67	21	23.33	15	16.67
	自我效能感低	3	3.33	21	23.33	24	26.67	27	30.00	15	16.67
	产生职业倦怠感	6	6.67	24	26.67	21	23.33	36	40.00	3	3.33
行为方面	对待同事和服务对象逐渐失去耐心和表达欲	9	10.00	15	16.67	24	26.67	39	43.33	3	3.33
	工作中与人交流时容易冲动、相处不融洽	6	6.67	12	13.33	42	46.67	18	20.00	12	13.33

通过以上数据可以看出职业压力对X社区网格员的身体和心理都带来了不同程度的伤害。其在生理反应中犯困与失眠的表现最为突出。

做基层难，千项工作一肩担，尤其是在创建文明城市和疫情防控期间我们几乎都没有休息时间，起早贪黑，包括周末也在加班，最初只是想着做点事打发时间，不想和社会脱节，结果现在都没空着家了，哎！整天睡眠不足。(对网格员ZX的访谈)

做网格员工作以来即使是在休息也不敢关机手机，一接到工作任务电话就紧张得呀，发生突发事件需要我们过去处理，我们就得随叫随到，都不敢早睡，睡也睡不踏实呀，有时想着想着就失眠了，尤其是这个疫情的发生，你知道我们社区好多都是铁路工作人员，感染的可能性也高，一旦有感染的就得及时组织隔离，迁移密接，事儿多多呀。(对网格员GYN的访谈)

在X网格员职业压力表现的心理障碍中，最为明显的是产生情绪失控、焦虑抑郁。社区网格员的工作总是需要处理很多与人相关的繁杂事务，当遇到不太配合工作的居民，他们更多是选择隐忍，而长时间积累的委屈会产生情绪低落，这种不良情绪会导致网格员出现职业压力，再而持续高强度的职业可能会带来职业倦怠，具体表现为对工作产生抵触和逃避的心理，没有工作热情、对服务群众失去耐心、对自身失去信心，得过且过的浑水摸鱼状态，这会影响到整体的工作有序开展。

总是觉得力不从心，最近忙得晕头转向，家都顾不过来了，我老公说："我家大忙人直接搬到社区去住得了"，我都想要辞职不干了，但是要走这会儿也没人跟我对接工作，甩也没人甩呢。(对网格员WZ的访谈)

在行为方面，由于网格员作为网格中的核心人物，大多数时间都在与人打交道，难免会出现很多矛盾，当矛盾得不到及时的解决时，社区网格员就可能会出现职业压力，随之而来的就是处于人际关系紧张的状态中，有时与同事意见相左也会出现人际关系紧张问题，导致影响正常工作和生活，严重则出现一些头疼、胸闷、失眠等身体上的反应或动不动发火、摔东西、对任何事物都不感兴趣等精神上的不正常表现外对于同事或服务对象逐渐失去耐心和表达欲，表现出难相处或者拒绝沟通的行为。

做这工作有时也是真糟心，碰见个不讲道理的居民，我理都不想理，好说歹说都不通，就不想管了，我碰到过好几回呢，气得我呀。(对网格员 GJ 的访谈)

三、X 社区网格员职业压力成因分析

生态系统理论重视人类行为与社会环境的互动关系。[①] 社区网格员在工作中也会受到不同程度的环境的影响。根据生态系统理论，职业压力造成的各种问题是由职业压力引起的，压力源可以是来自压力受体本身，也可能来源于个人所处环境，是人体内部平衡被打破所引发的应激反应。社区网格员职业压力是由于网格员自身与环境互动过程中的不和谐而导致的。从生态系统理论的角度，笔者将从微观系统、中观系统和宏观系统三个层面分析社区网格员的职业压力。

(一) 微观系统分析

1. 在个人层面

根据访谈内容分析与调查问卷结果显示，社区网格员出现职业压力问题与个人能力不足有着很大的关系。个人情绪调节能力不足、工作胜任力不足、人际沟通能力不足等都使其产生职业压力。通过访谈得知 X 社区大多数网格员年纪都较大，普遍学历不高，做社区网格员的工作只是想找事情做，不想待在家里闲着。然而社区网格员的服务对象是社区居民，网格员需要拥有良好的人际沟通能力，性格开朗、积极社交的人在网格工作中往往能够更快速地融入到居民当中，当遇到问题时也能够很好地解决掉，反而性格内敛、不太愿意麻烦他人的网格员在工作当中遇到问题时更倾向于靠自己，自我解决能力有限，无法孤身一人去完成时难免会产生不良情绪，而这样的情绪得不到释放，问题也从小变大、从少变多，也会导致产生职业压力原因之一。

我是从社区信息栏上看到咱们社区招网格员，因为我觉得我这个性格还蛮适合干这个工作的，比较喜欢和人打交道，所以日常与居民接触的时候没多少压力，但只要走进办公室写材料、填各种表格时就可心烦了，对这方面我也不太熟练，所以偶尔也会感到有压力的。(对网格员 WQ 的访谈)

2. 在家庭层面

如何平衡家庭与职业一直以来是困扰很多人的难题。很多社区网格员也是如此，通过访谈得知网格员职业压力有一部分来源于家庭，家庭是每个人收获支持与成长的归宿。然而，有些网格员的家人不太支持他们在社区工作，在他们看来网格员的工作任务重，待遇

[①] 梁国利，管可可，李贺. 社会生态系统理论视角下社会工作介入戒毒人员回归社会的困境与路径 [J]. 社会福利 (理论版)，2020 (1)：25-28+51.

又不好，工作的不规则性影响到家庭生活时，他们就会遭到反对，甚至会产生家庭矛盾。

有时工作和生活上碰到一些麻烦事，心情不好，就一直想着这件事，带着情绪工作，导致出差错时会觉得自己什么都处理不好，对自己感到失望，也会把这些负面情绪带到生活中，会影响身边人，家人最受影响了，从而导致出现家庭矛盾，也会产生压力。（对网格员 YQ 的访谈）

（二）中观系统分析

1. 在社区层面

从图 6-5 可以看出，在 90 位网格员中，表示职业压力源于工作内容多的网格员有 63 人（非常同意 21 人、比较同意 27 人、一般同意 15 人），占总数的 70%。表示职业压力源于工作时间长的有 66 人（非常同意 18 人、比较同意 27 人、一般同意 18 人），占总数的 73.3%。长时间处于多线作战的工作方式对社区网格员的精力消耗很大。社区网格员每天不仅要忙自己网格内的事情，还要与民政部门以及街道工作人员打交道的情况十分频繁，工作中既要完成社区分内的事情，还要完成其他行政类工作。X 社区由于人手有限，社区网格员往往需要身兼多职，有时候她们不得不使用"分身术"，而身兼多职的情况导致社区网格员面临职能不清、角色模糊的问题。此外，大量的工作挤压了网格员的休息时间，这不仅会使她们产生疲劳感，而且也会导致工作效率低下，这也是职业压力形成原因之一。

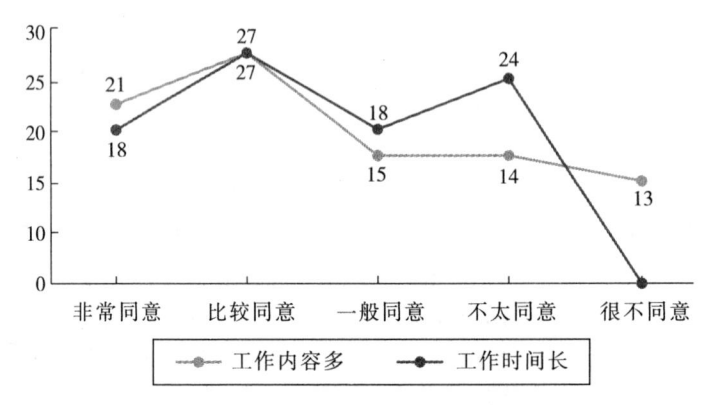

图 6-5　X 社区网格员产生职业压力成因分析

我们挺忙的，过了年从正月十六开始周六日就没正常休息过，真的，半个月能休一天就可高兴了。有时连孩子都顾不上了，晚上回去时他已经睡了，然后他早上醒之前我就上班了。（对网格员 ZHF 的访谈）

双休也没有，正月那俩月就没休，这疫情防控期间我们网格员做的工作真的不亚于医务人员，早晨 4:00 多就得到位，医务人员是做核酸，我们是信息采集、通知居民、维护秩序，还跑前跑后，啥都得我们跑。（对网格员 CXT 的访谈）

最近社区比较忙，每天巡逻完一圈回来，还得打流调电话，我一天得有好多少个电话，还得随时准备被叫去忙别的事，那做的根本不是咱网格内的事儿，太烦人了，最近睡眠质量也不太好。（对网格员 MQ 的访谈）

话说我们网格员有周末，还是双休，可只有周末上门，居民才会在家，我们才能采集

到信息，周末对我们来说没多大意义。（对网格员 XLF 的访谈）

从整体调查结果来看，一些职业压力较大的社区网格员工作效率也较低。说明长时间的工作和超负荷的工作量对大多数网格员都产生了压力感，而职业压力会影响人的身心健康，长时间的职业压力会使人出现无助感、焦虑、愤怒、职业倦怠，重则抑郁等负面情绪，当职业压力大到使人无法正常工作、生活时，就会选择离职，经调查一些职业压力较大的网格员，早已对工作提不起任何兴趣，即使在岗也是，人在心不在或心有余而力不足的状态中，想要离职解脱职业压力。

我去年刚大学毕业，因为没考上公务员，才来这边做网格员工作，想着一边工作一边复习，没想到网格员工作这么忙，而且我是年轻人，需要跑腿的、技术活儿都是我包揽，我天天可忙了，但就是瞎忙活碌碌无为的感觉，根本没什么空闲时间可以学习，好难，我迟早是要离职的，不想在这里耗下去了。（对网格员 YXY 的访谈）

2. 人际关系

人在生活和工作当中会遇到很多适应环境和人际关系处理问题。而社区是网格员工作中最重要的场所，社区应该在日常工作中对于职业压力较大的网格员及时给予鼓励与关怀，重视营造良好的社区工作氛围。根据笔者观察与访谈结果，X 社区缺少对于网格员的支持关怀，尤其是对于职业压力较大的网格员的支持关怀不够。社区网格员在工作中总是会面对来自多方面的压力，加之繁重的工作任务，很容易出现不良的情绪。社区网格员由于工作性质会被安排独自管理与负责一个网格的工作，所以很多事情都需要自己独立完成，当遇到难以处理的棘手问题，自身无法解决时不免会产生孤独感与疲惫感，这也是造成职业压力的缘由之一。

我知道我弟媳她在的那个社区就经常开展一些文艺活动啊茶话会，那样真挺好，能有个互相了解的机会，碰到个节假日社区还给网格员发月饼、茶叶、洗衣液之类的，前两天还发朋友圈晒来着。（对网格员 LFP 的访谈）

（三）宏观系统分析

1. 在社会层面

虽然社区网格化管理在现阶段经过多方大力支持和推广，但是大众对于社区网格化工作的了解程度依旧不够高，从而造成网格员的社会认知度和职业认同度较低的"尴尬"局面。社区居民普遍认为网格员的工作就是低学历、低能力的人员所从事的服务，在社区居民看来网格员的工作与"社区大妈"没什么区别，"不起眼""打杂"是居民对网格员群体的标签，而这些片面的评价，有形无形地打击着网格员的信心、削弱着她们的工作热情。

网格员就是社区里打杂的群体，我看好多都是年龄比较大点的女性，她们就在社区里帮居民联系物业啊，做做宣传啊，解决大家一些生活上的问题，我们一般就叫她们社区大妈。（对 X 社区居民 1 的访谈）

2. 在政策层面

在前期的调查中发现，X 社区网格员每月只有 2000 元的生活补贴，连工资都算不上，远低于本市社会服务行业的月平均收入水平。而工资待遇一直是人们在找工作过程中比较关心的话题。在访谈当中，谈及职业压力来源，多数网格员都有提到工资待遇这一影响因素。

这点补贴真没有我们干的活儿多,我觉得至少给我们交社保、工伤保险这些,虽然说为人民服务,但总得让我们这些工作人员也有个兜底保障吧,我要是能碰到更适合自己然后待遇也比现在好的工作就会离开这边。(对网格员 XLF 的访谈)

此外,X 社区两个书记也均提及网格员待遇方面的问题。

需求方面的话,我希望能给这些网格员再提升一下待遇,她们干劲儿足了,老百姓也受益。(对社区书记 LH 的访谈)

我们这些网格员每天确实挺辛苦的,但是都拖家带口的不容易,这待遇不好就留不住人,年轻的吧就是暂时找不到合适的工作,在这边过渡一下,干不长时间就走了,要是待遇好点,交个五险一金之类的还好说一点。(对社区副书记 ZC 的访谈)

社区网格员承受着日常繁杂的工作内容与巨大的工作量,然而保障社区网格员福利待遇的制度,收入水平却通常与付出不成比例,难免会产生心理不平衡,甚至会影响生活质量而引发不同程度的职业压力,这一现实情况是很多网格员干不久就离职的主要原因。

本节选取的访谈片段是笔者在访谈过程中具有代表性的片段筛选,通过与这些网格员的交流和观察,她们普遍存在的是由沟通不顺畅、不良情绪、情绪舒缓活动少和服务技能匮乏带来的职业压力,进而影响自身的身心健康。职业压力大带来的负面效应更进一步影响到服务对象的职业生涯的进步。而网格员的职业压力形成原因各不相同,所以需要多元主体共同努力,促使网格员更好地投入到工作当中,而社会工作作为"助人"的专业,在缓解社区网格员职业压力问题中大有可为,下一节将详细分析社会工作介入社区网格员职业压力的必要性及优势。

第三节 小组工作介入网格员职业压力的必要性及优势

一、小组工作介入社区网格员职业压力的必要性

根据上一节分析 X 社区网格员职业压力现状来看,职业压力对网格员的生理健康和精神状态都造成了不同程度的伤害,也影响着网格员工作质量和职业发展,因而不管是从网格员个体需求出发还是作为"助人"的社会工作使命来看,介入这一问题并提供相应的服务已成为当务之需。

(一)网格员个体需求

笔者以访谈形式收集 X 社区网格员职业压力缓解方面的需求,作为开展介入工作的前提。根据分析访谈内容,将 X 社区网格员关于缓解职业压力所引发的需求进行了以下划分:疏导不良情绪的需求、加强人际沟通的需求、提升服务技能的需求、开展放松活动的需求。

1. **疏导不良情绪需求**

笔者与网格员的访谈中了解到网格员在与社区居民互动中会产生消极的情绪,主要表

现在心理焦虑、紧张不安与急躁。社区网格员在工作的过程中会因各种原因产生无助、焦虑的负面情绪。这些负面情绪没有通过合适的方法调节，进一步对社区网格员的身心健康造成影响，导致产生职业压力，甚至影响正常生活。

有时工作做不完或者没做好就特别影响心情，有压力也得做下去，尽量做好吧。（对网格员 GJ 的访谈）

2. 加强人际沟通需求

人与人之间的交往作为以个人为中心的情感支持，是缓解职业压力最有效的办法。在职场中，有效沟通与良好人际关系的重要性体现在可以及时获取信息和传递信息，增强相互之间的了解，奠定互相帮助的基础。而笔者与访谈对象交流过程中发现，社区网格员在日常工作中的沟通存在两个问题：①沟通方式不恰当，有些网格员没有把自己当成服务者，而是持着以居民管理者的身份与他们沟通相处，自然很难与他们建立良好关系，导致工作很难进行。有些在与领导和同事达不成共识时选择拒绝沟通或以敌对的态度进行沟通时双方都会产生不适。②沟通内容上缺乏工作相关的交接，容易激发矛盾。个别社区网格员表示日常沟通的内容大部分工作以外的事情，涉及工作上的内容仅仅是聊一下自己负责的片区和情绪上的问题，彼此之间没有更多的交际。

我性格比较直接，总是说错话得罪人，我是想到啥就说出来了，和她们（其他网格员）也出现过矛盾，就这性格我自己也苦恼的，我得学着委婉地表达自己的想法，好像会说话的人都比较受欢迎，是吧？（对网格员 CSL 的访谈）

平时大家都是和自己办公室的同事交流比较多，和其他人不怎么来往，在街上碰见不太熟悉的同事都不知道要讲什么……（对网格员 WQ 的访谈）

3. 提升服务技能需求

X 社区网格员大多数处于中年，在日常服务居民方面，已经积攒了很多经验，但对于精细化管理、精准化服务、特殊服务等工作不能顺利开展，以学习的形式提升自己的服务能力，缓解因引导方式的错误或者不会根据居民需求情况开展合适的服务上产生的冲突，这需要进一步的培训和改进。

我呀，因为年龄大了，一些需要在电脑上做的内容不太熟练，但是现在好多工作都需要在手机或者电脑上完成，想向其他人请教吧，大家平时也都在忙，顾不上帮我弄啊什么的，我就会感到无助或有压力，我还挺希望你们这些年轻人能教教我呢。（对网格员 LXH 的访谈）

4. 开展放松活动需求

缓解压力除了需要自身的心理疏导、调整工作方法以外，还可以通过参加团体活动、娱乐和运动等形式释放压力。团体活动可以通过彼此之间的互动交流方式互相学习、增进双方的关系，以更好地适应和发展。据访谈了解到 X 社区网格员参加的团体活动以培训为主，但培训也很少，而且以放松为主的娱乐性活动更是少之又少。

来到办公室就是干活，没有放松可言，最多就是和大家聊聊天，我知道我弟媳在的那个社区就经常开展一些文艺活动啊茶话会，那样真挺好，能有个互相了解的机会，碰到个节假日社区还给网格员发月饼、茶叶、洗衣液之类的……（对网格员 GYN 的访谈）

通过访谈得知，社区网格员有主动减轻压力的渴望，希望能将负面的压力结果转化为正面效应，通过与他人的互动来改变和提升自己，更好投身于网格员化管理与社区服务中。

（二）社会工作的使命

社会工作作为一种科学的助人实践活动，帮助人走出困境是其基本功能。"助人自助"是社会工作的核心价值观，帮助人类满足需求、提高社会福祉也是社会工作的重要使命。[①]

在微观层面，社会工作发挥的是助人功能，主要救难、解困与发展。社会工作者在分析社区网格员职业压力现状的前提下，针对她们存在的职业压力问题开展小组介入工作。在介入过程中，"艺术疗愈"小组工作功能的发挥体现在社会工作者通过挖掘社区网格员潜能，以促进个人能力的发展，缓解职业压力，提升服务质量。

在宏观层面，社会工作可通过解决、预防和修订政策维持社会秩序。社区网格员高强度的职业压力在一定程度上影响社区的服务水平，对打通服务群众的"最后一公里"造成一定的阻碍，进一步影响着社区网格化管理与治理的发展。社会工作者通过压力问题的介入，提出解决压力的措施来缓解压力，在一定程度上提高服务质量，促进社会群体对社区网格员群体的关注与认可。

二、"艺术疗愈"小组介入 X 社区网格员职业压力的优势分析

小组立足于社区网格员在缓解压力方面的需求和工作环境，以系统理论与小组动力学理论作为理论基础，并结合 X 社区网格员迫切需要解决的调整认知、放松身心方面的方式，为社区网格员搭建沟通交流的平台，通过参与小组发挥个人潜能，在与他人互动的同时与同辈群体建立良好的社会支持网络，达到改变的目的，促使组员获得学习和成长的经验。

小组活动具有很强的可操作性与实用性，本节小组以做游戏的方式，调动小组成员的积极性，能够让组员在娱乐中，学习解压技巧的同时释放压力。而且小组的形式很符合缓解网格员职业压力的现实条件，因她们工作的环境与内容大致相同，因此她们面临问题也基本相似，组员具有高度的同质性，社工能在有限的时间内聚焦网格员职业压力问题设计小组并集中解决，相比个案能惠及的人数较多，而组员在小组中互相支持与帮助，获得更多的成长与改变。

本节中的"艺术疗愈"小组是根据心理学中的艺术治疗和社会工作中的小组方法相结合，试图借助艺术本身具有的疗愈作用来缓解社区网格员的压力，这里更多是以社会工作专业技巧的方式体现，而非心理学的治疗手段。

在这个意义上，小组并不是为了治疗组员的问题，而是为组员的个人成长和能力提高创造一个良好的环境。[②] 而艺术作为深受社区网格员青睐的娱乐方式，有"先天"的优势，能够在缓解她们职业压力方面发挥一定的作用。此外，小组介入社区网格员职业压力中社工角色优势尤为凸显，在小组中，社会工作者一般承担多重角色，且随着小组的发展，（理想情况下）社工能够根据小组的实际情况和组员的需求而灵活变动，促使小组顺利开展。小组是一个有机体，其以一套系统的知识为基础，在价值观的指导下，社会工作者按

[①] 郑璐. 社会工作在解决留守妇女心理困境中的使命与角色[J]. 法制与社会，2020（1）：115-116.
[②] 刘梦. 小组工作[M]. 北京：高等教育出版社，2013.

照特定的工作程序、步骤，遵守专业伦理并配合专业技巧之运用，适用性较强。

（一）角色优势：小组中社工角色较为灵活

小组的过程是个人与环境的交流与互动，在这个过程中社会工作者需秉持专业伦理，具备专业知识和技巧，为组员提供服务。社会工作者在小组的整个过程中处于动态的可变角色[①]（见表6-5）。

表6-5 小组工作者在小组发展过程中的不同角色与位置

小组过程	初期	聚会	形成	冲突	成熟	结束
位置	中心	中心	轴承	轴承	边缘	中心
角色	基本角色		可变角色		催化角色	基本角色

在小组初期（开始阶段）社会工作者需要根据组员的问题及需求设计小组，会集组员协助制定小组目标，这时社会工作者在小组中处于中心位置即扮演组织者、鼓励者、协调者等基本角色。但在小组中社会工作者与组员应该是平等——互为主体的"同行"关系。在小组集会期，社会工作者仍然处于中心位置，与组员建立良好专业关系的同时，以协助者、引导者、支持者的身份促进组员之间互相了解。在小组形成和冲突期（转折阶段），社会工作者在小组中的作用逐渐变弱，其位置是轴承的，可变的角色，而在这个阶段社会工作者应该善于决定、解释及修正自己在小组中的角色，鼓励组员充分表达自我感受或发泄情绪，引导组员选出小组领导者并带领大家积极参与各个环节。当小组进入维持期（成熟阶段），它本身是一个整体，有能力自我调节、自我发展，这时社会工作者的角色是资源的提供者和协调者，处于小组边缘位置，具有催化作用。小组进入后期（结束阶段），组员凝聚力下降时，社会工作者又回到基本角色和中心位置，对小组整体发展过程进行总结和评估。

在本节研究中社会工作者也随小组发展过程需要灵活转变角色，小组初始以组织者身份致力于为社区网格员搭建良好的沟通桥梁，为建立有效的沟通机制和良好的小组氛围协助组员制定小组契约，增进组员之间的人际关系。在小组转折及成熟期根据社区网格员感兴趣的艺术形式设计丰富多彩的小组活动，以满足小组不同阶段的多种需求，扮演充分利用机构或社区可用资源为社区网格员提供服务的资源链接者、及时对组员的成长和变化给予回馈的支持者、能够妥善处理小组内外冲突的协调者等多重角色。在小组结束期，社会工作者将发挥引导者、评估者、支持者的作用，以专业且合理的方式提供相应的服务。此外，社会工作者也致力于倡导社区乃至社会，对网格员的职业压力问题给予更多的关注，采取科学有效的援助方法，及时对社区网格员的职业压力问题进行干预。

（二）结构优势：小组是一个有机的互动体

小组一般以有着共同需求或相似问题的群体组成，它本是一个关系体系，同时也是组员之间互相依赖、互相支持的互助系统，是个人和社会功能得到培育和协调的空间。在小组过程中，组员之间的经验交流不仅可以使她们重拾信心，而且小组情境也可以协助组员

[①] 林万亿. 小组工作 [M]. 台北：三民书屋，1995.

相互分享，互相学习，从而应对自己面临的问题与挑战。

小组是一个动态的生态系统。表6-6可以看出一个小组构成要素可以分为内部结构与外部结构，其内外部各构成要素之间相互作用，使小组具有自身的结构特性，而这些特性会深刻影响小组工作的各个过程。[①] 因此，小组工作者在小组中深入分析小组的结构，从静态的结构要素和动态的过程要素两个方面来把握小组的构成，从而制定工作目标，设计小组方案。

表6-6 小组构成要素（结构）

内部结构（静态结构）			外部结构（动态过程）	
小组目标	小组目标	①治疗；②预防；③发展	小组规模	组员围坐而相互看到对方且听到对方的声音
	组员目标	①解决个人问题；②促进个人发展；③寻求心理支持；④实现社会参与		小组人数控制在8~10人，组员之间能够充分地交流与沟通，认识与建立良好的关系
	机构目标	①反映社会发展趋势；②维护社会大众利益		
	工作者目标	秉持小组价值遵守专业伦理，运用专业理论与技巧向组员输送服务		社工在能力范围内能够掌握与控制
小组组员	组员的选择因素	①组员的年龄；②组员的性别；③组员问题性质	小组时间	小组期限（由小组目标、类型、机构资源等多种因素而定）
	小组成员的角色	①工具性或任务性角色；②情感性或表达性角色		活动时间长短（一般40~60分钟为宜）
				小组频率（一周一次为宜）
小组工作者		任务；能力	小组空间	活动空间；个人空间
活动内容		组员改变的关键载体	小组机构	行政和资金来源

小组工作实务过程中社工需要秉持专业价值观、运用专业技巧为服务对象提供帮助时也需要遵守专业伦理。在理念和价值方面上社会工作倡导的是以人为本、人民至上，与社会工作利他主义的思想指导和服务原则有着本质联系。秉持着"以服务对象为中心"的理念，与服务对象一起寻找解决问题的方法。开展减压服务时，通过把服务对象的能力发掘、心理调适、社会支持扩展的三个维度的整合，提升个人缓解职业压力能力。另外，社会工作者不评判服务对象观点的正确与否，尊重服务对象本身的思维方式，专注倾听服务对象关于职业压力的需求，使社区网格员能够以轻松舒适的态度与社会工作者建立专业关系，这些专业技巧的使用以便更好地开展服务。且在服务过程中时刻坚守专业伦理，尊重组员的隐私权与保密权，并注重组员在小组中的主体作用，让组员在小组中充分表达自我。而在小组过程中，社会工作者也给组员提供更多的参与、沟通、交流、决策机会，培养其组员民主参与和决策能力，使组员积累经验的同时增强信心，促使组员成长。因此，在实务中，社会工作者将以专业价值观作为行动指南、以专业理论与技巧为支撑，以专业伦理为约束，为组员解决问题，使其健康生活与工作（见图6-6）。

---

① 张洪英. 小组工作 [M]. 济南：山东人民出版社，2012.

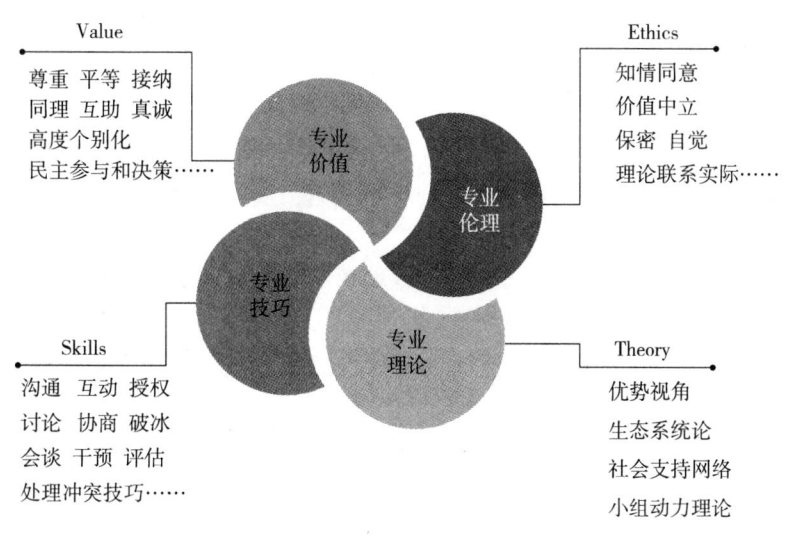

图 6-6 小组工作实务"指南"

社工在小组中将合理运用小组价值观、专业理论与技巧、专业伦理，并通过小组本身具有的动力促进组员的成长，使互动为主小组发挥结构优势，增强组员的归属感与幸福感，有效地缓解社区网格员职业压力。此外，小组注重对组员潜在能力的发掘与增强，组员通过参与小组活动增强自身缓释职业压力的能力的同时也发掘了自身的潜在能力，有利于她们的未来发展。

第四节 "艺术疗愈"小组工作介入社区网格员职业压力的实务过程

在实习初期，笔者向机构督导说明自己的研究计划，并在机构的同意和支持下收集本研究相关数据和资料。在实习进入中期，社工在对组员有一定了解的基础上，设计小组方案，并与 X 社区负责人对接有关活动事宜，并得到了社区领导的鼎力相助与社区网格员积极配合，而小组活动尽量安排在不耽误网格员正常工作的前提下进行。本节主要详细描述"艺术疗愈"小组介入社区网格员职业压力的实务过程，由小组准备、设计、介入、评估四个阶段组成。

一、小组工作准备阶段

（一）小组理念

在专业的社会工作理论的指导下，将呼和浩特市 X 社区网格员作为研究目标群体，以缓解职业压力互助学习小组为平台，开展贴合社区网格员实际需要的缓解职业压力的小组活动，从而帮助社区网格员舒缓职业压力。

（二）小组目标

1. 总目标

通过专业社会工作方法的介入，帮助社区网格员寻找职业压力源并客观分析自身压力，运用小组动力帮助她们缓解压力，学会释放压力，从而更健康、更专心地投入到工作当中，获得成长与幸福。具体目标有三个：

（1）引导服务对象正确认识压力，掌握合理减压的科学方法，学会释放压力，丰富服务对象减压方法及娱乐方式，缓解职业压力。

（2）通过小组活动环节的设计，给社区网格员创造一个良好的相互交流和学习的平台，使服务对象提升与他人之间的交往能力。

（3）通过唤醒社区网络支持系统，帮助网格员挖掘自身优势、链接社会及社区资源，扩大支持网络，以至改变组员现状。

2. 组员的选取

（1）选取原则。通过访谈、系统分析结果需要提供服务的同质性人群，并且遵循研究对象自愿参与活动的原则选取组员，性别不限。

（2）组员招募形式。首先，在取得社区和社区网格员意愿的前提下，对社区内的网格员进行了访谈；其次，通过访谈结果筛选出符合活动设计的社区网格员，在社区领导与社工机构的支持与帮助下，与社区网格员详细讲解举办此次小组的目的及其具体的活动规则，在和每一位小组组员签订活动知情同意书之后，组成呼和浩特市X社区网格员缓解职业压力小组。

小组共有10名成员，其中面临重度职业压力的有4名，中度职业压力的有5名，轻度职业压力的有1名，小组成员的基本信息如表6-7所示。

表6-7 小组成员的基本信息

序号	组员	年龄	工作时长	压力程度	其他描述性内容
1	ZYQ	45岁	1年	中度	
2	LHR	46岁	1.5年	中度	睡觉、发呆，没有特别解压的方式
3	WZ	25岁	5个月	重度	听音乐、跳舞，俏夕阳舞蹈队成员
4	LJ	41岁	2.5年	中度	吃饱饭散步、遛狗
5	ZHF	49岁	2年多	轻度	打扫房间、整理衣物、做手工
6	ZW	36岁	2年	中度	逛街、按摩
7	SH	47岁	1.5年	重度	平时没有特定的解压方式，家里不太支持做网格员工作
8	ZX	39岁	3年	重度	听音乐、唱歌，由于社区人手紧缺不仅要负责本职工作还需要做网格员的工作
9	YJH	37岁	9个月	重度	看电影、看搞笑视频
10	HDM	42岁	3.5年	中度	跑步、跳舞

二、小组工作设计阶段

本次社区网格员职业压力缓解小组活动的设计,采用成长小组的学习和发展模式,共制订了包括小组名称、小组倡导的观念、小组的特点、组员的选取和招募原则在内的具体计划,并通过七次小组活动的开展更好地推动总目标和具体目标的实现。

(一)小组活动设计

(1)小组名称:"释压力、绘生活"——"艺术疗愈"小组。
(2)小组类型:成长小组、封闭小组。
(3)小组形式:招募的固定服务对象构成。
(4)活动次数:七节小组活动。
(5)活动时间:每星期三、星期五下午15:00~17:00。
(6)活动地点:呼和浩特市X社区党群活动中心活动室。
(7)小组组员:X社区10名社区网格员(均为妇女)。
(8)工作人员:社工(笔者)、机构内督导(项目负责人)、机构外督导(心理咨询师)、小组辅工/观察员(机构一线社工)。

小组可预计的困难及对策见表6-8。

表6-8 小组可预计的困难及对策

预计困难	解决对策
网格员工作繁忙,不愿参加小组活动	提前了解网格员工作强度以及时间,与网格员协调选定时间开展活动
活动进程和预期有差距	在设计内容时多备用一些活动避免缺内容,活动进行时把控时间不要超出预期用时
小组成员有变动	在发布招募信息时提前告知小组成员需要持续参与

(二)小组活动计划

本次小组经过X社区领导和社工机构项目负责人的讨论与决定,社区提供活动场地,社工机构提供专业指导,在双方大力支持下,笔者策划小组方案,考虑到组员繁忙的工作性质,将本小组活动的次数定为七小节(次),每次控制在1个小时左右,具体活动内容安排如表6-9所示。

表6-9 小组活动计划

单元(次)及名称	单元(次)目标	开展形式	主要内容
第一次:破冰	①使组员了解活动整体安排、相互认识;②提高组员积极性,确立小组目标,制定小组契约	讨论分享	①工作人员介绍;②手口不一;③积极讨论屋;④订立契约;⑤守护神环节;⑥分享与总结

续表

单元（次）及名称	单元（次）目标	开展形式	主要内容
第二次：认识压力	①感受处于压力过程中身心的变化；②系统地了解职业压力，树立组员压力梳理的意识；③通过讨论交往技巧，提升组员人际交往能力	绘画疗愈	①你说我画；②什么是压力；③绘画疗愈——画出自身压力部位；④分享与总结
第三次：直面压力	①讨论社区的事务，提高组员对社区工作的热情；②通过专业知识学习以提升社会工作专业知识与技巧	情景表演	①改编版萝卜蹲；②情景演绎——"心声"对对碰；③看我这样做；④平静时刻；⑤分享与总结
第四次：释放压力	①加强组员之间的互动，使组员释放压力；②通过渐进式肌肉放松训练，缓解紧张感，增强积极性	手工制作	①捉虫；②手工制作——"剪纸我在行"；③我的资源；④分享与总结
第五次：心心相印	①鼓励组员积极互动；②通过听歌、唱歌释放压力	音乐疗愈	①击鼓传花；②音乐疗愈——"心声"对对碰；③减压我能行；④分享与总结
第六次：管理压力	①社工向组员介绍解压方法，激发组员的兴趣，使组员掌握科学合理的解压方法；②社工带领组员通过绘画解压的方式使组员放松身心，缓解压力	舞动疗愈	①手指操；②比比谁最美——跳"无价之姐"；③舞蹈疗愈——"禅舞"；④分享与总结
第七次：压力拜拜	①回顾前几期内容，加深过程中所学知识和技巧的印象，提升组员信心；②肯定组员的成长与改变，解决离别情绪	回顾总结	①回顾活动内容；②拍七游戏；③压力拜拜；④活动影集观赏；⑤小组收尾仪式

三、小组工作介入阶段

在对研究对象的职业压力进行测试评估的基础上，设计小组活动。小组活动计划开展七次，在寓教于乐的小组活动过程中，社区网格员在表演艺术、欣赏艺术、享受艺术所带来的力量的同时释放出压力，并将在之后的工作和生活中能够从容应对职业压力所带来的困扰。

（一）第一次小组活动

（1）活动主题：破冰——"相识相知"。
（2）活动时间：2022年8月10日下午16：30～17：30。
（3）活动地点：呼和浩特市X社区党群活动中心活动室。
（4）活动成员：社工（笔者）、机构内督导（项目负责人）、机构外督导（心理咨询师）、小组辅工/观察员（机构一线社工、实习社工）。
（5）活动目标：互相认识、确立小组目标、制定小组契约（见表6-10）。

表 6-10　第一次小组活动

具体环节	时长	主要内容	所需物资/备注
小组活动介绍 社工与组员 相互自我介绍	10 分钟	①社工与组员互相介绍；②介绍本次小组活动的整体安排、预期达到的目标和效果	PPT 定屏
手口不一	10 分钟	社工讲解活动规则	话筒
积极讨论屋	15 分钟	①请组员初步分享工作经历和心路历程，帮助组员了解自我，明确目标；②表达自己对本次小组活动的愿景，然后把自己感受压力的情景（第三次活动要用）与愿景记录在白纸上，投入准备好的"积极"纸箱中封存	纸、箱子
订立小组契约	15 分钟	①组员们一起讨论团队规则，制定组员的目标；②邀请组员依次分享与描述小组希望都能够实现什么样的目标，自己希望能够实现什么样的改变；③组员一起共同决定遵守的小组规范，并由社工与组员分别签字	大白纸、彩笔
我来守护 Ta	5 分钟	社工提前准备带有所有小组成员的纸箱，并组织大家抽签，抽到谁就在接下来的小组中默默守护 Ta，给予帮助与支持	纸盒
分享总结	5 分钟	①社工带领组员回顾本次活动的内容，邀请组员提出对小组运行有利的建议和期望；②开展总结与分享（讨论下一场活动的知识内容：情绪管理、沟通技巧、压力事件、解压方式等）	话筒

1. 小组活动过程记录

本节小组活动为小组的初次相会，社工在小组开展之前通过群发通知组员活动时间及地点，组员们提前十分钟进入活动场地签到就座，纷纷表示很少自己作为服务对象参加小组活动，很多时候都作为活动组织者开展社区活动，为居民提供服务。活动伊始社工向大家自我介绍、组织组员相互认识（网格员之间虽然是同事，但不是同一个办公室或年龄相差较大的彼此不太熟悉，甚至还没怎么说过话）。在破冰游戏中，社工发现组员都十分拘谨，小组成员 WZ 表示："第一次参加小组活动，有点紧张有些不自在。"社工鼓励道："这很正常，大家都非常理解您现在的心情，要相信当我们慢慢了解其他小组成员、知道小组是怎么回事之后，就不会有紧张感了。"接着在社工与其他小组成员的帮助与鼓励下，她积极地参与到各个环节，逐渐找到状态，也可以在分享环节中充分地表达自我。积极讨论屋环节后小组成员 SH 表示："平时工作忙得根本没有时间顾及情绪，只觉得工作压力好大，很少有放松的时候。"社工表示组员要在小组中放下工作中的身份，将自己转化为解压小组组员，投入角色。在制定与规范小组契约环节中，起初组员都保持沉默，这时社工给大家解释了制定小组契约的必要性与重要性并展示之前做小组时签过的契约书，这才使组员们积极主动表达自身的想法与观点，社工尽力让小组组员们成为小组的主体。小组契约在大家的共同努力下制定完成后，组员们对于小组也有了一定的认同感与归属感。在最后总结分享环节中，组员们明显比小组刚开始活跃多了。小组成员 ZW 表示："今天很开心能来参加小组，觉得开展这样的小组我们是受益者，和一群站在统一战线的姐妹们坐在一起交流交谈，就是不一样，有共同话题，能更好地接纳彼此，聆听其他人的分享的时候我也在做回顾和反思，我会珍惜和大家在一起的时光，我也相信我们肯定会越来越好。"接着"守护神"环节的设置有利于整个小组周期建立同辈帮扶关系的效果。最后社工对本节小组进行总结，并带领组员重温小组目标与小组契约，也提前通知了下节小组开展的具体时间和大致内容。

2. 小组活动反思

小组第一次活动目标基本达成，小组已具雏形，组员之间相互认识，制定了小组契约，在大家共同的努力下开展较为顺利。但由于是第一节小组，有的组员没有完全地打开心声，像局外人，置身于外围，不够积极主动，所以，作为小组主持人的社工应当起到积极引导的作用，对于不够投入的组员给予重点关注，及时鼓励组员表达自身的想法与建议，运用小组动力来促进组员的参与感。小组观察员的反馈，作为主持小组的社工，在发言时声音不够洪亮，不具感染力，表现有些怯场，导致部分组员也产生紧张感，听不清活动流程，对于这些不足，社工要在小组中需要多加注意并进行改正。

3. 下一次跟进

继续发挥小组组员相互熟悉的优势，将讨论环节进行细化，减少沟通的无效性和混乱程度，使讨论原有的功效发挥最大化的优势，根据组员所提出的需求安排下一小组的内容。

（二）第二次小组活动

(1) 活动主题：绘画疗愈——认识压力。

(2) 活动时间：2022 年 8 月 12 日下午 16：30~17：30。

(3) 活动地点：呼和浩特市 X 社区党群活动中心活动室。

(4) 活动成员：社工（笔者）、机构内督导（项目负责人）、机构外督导（心理咨询师）、小组辅工/观察员（机构一线社工）。

(5) 活动目标：使组员感受处于压力过程中身心的变化，通过短视频帮助组员们了解、感知与感受压力；系统地了解职业压力，树立组员压力梳理的意识；通过讨论交往技巧，提升组员人际交往能力（见表6-11）。

表 6-11　第二次小组活动

具体环节	时长	主要内容	所需物资/备注
回顾篇	5 分钟	回顾上节小组活动内容	小组契约书
热身环节 你说我画	10 分钟	①主持人先根据几何图形组成的图画进行描述；②组员根据形容的语言作画，倾听者展示完成画作；③选择画的较准确的和特别离谱的倾听者分享感受；④选择另一个组员进行描述体验	纸、笔
认识压力	10 分钟	播放视频详细讲解，方便组员了解职业压力，并树立压力疏导意识	科普视频、音响
画出自身压力部位	30 分钟	①组员在纸上画出自己认为压力最大的身体部位并涂上颜色，并与组员交流压力的感受和原因。②压力之所以给人们带来很大困扰，主要原因是由它的无形感引发的无助感造成的。当选择某个部位，实际上就已经将压力义务化的方式暴露出来，然后再通过与组员的交流使得压力逐渐清晰，也就是一种解压	大白纸、彩笔
分享总结	5 分钟	①回顾本次活动的内容；②分享与讨论	

1. 小组活动过程记录

本节小组为第二次小组活动，有了第一节的经验与总结，本节活动开展较为顺利。活动开始，社工带领组员回顾上节小组活动内容，接着进行了热身游戏——"你画我猜"，设置此环节的主要目的是活跃气氛，同时培养组员之间的默契，逐渐建立小组凝聚力。在观看职业压力科普视频过程中，社工观察到组员 LHR 一直在用手机拍照记录做笔记，她表示："各行各业都有自己或多或少的压力，在工作中感到有压力，需要及时解决问题，释放压力，不然真会影响正常生活，甚至有损身心健康。"在绘画疗愈环节中，社工组织大家进行自画像，组员在纸上画出自己，并将自己认为压力最大的身体部位涂上颜色，随后与组员交流压力的感受和原因，当选择某个部位，实际上就已经将压力以物化的方式暴露出来，然后再通过与组员的交流使得压力逐渐清晰，也就是一种解压。通过此环节组员 SH 表示："从事社区网格员工作以来一直都挺有压力，在工作中总感觉力不从心，我想改变现状，但又不知怎么摆脱这样的状态。原先只觉得自己有压力，但从来没有这样感受过自己身体的哪个部位承受最大的压力，更没有想过要怎么放松。"组员 ZYQ 回应道："是呀，我刚刚在画画时一直在感受身体的每个部位，我发现我的神经总是紧绷绷的，我在感受到的同时也有在试着放松，放松下来的感觉真好。"接着社工让组员们围绕职业压力进行探讨，让大家分享何时会觉得有职业压力、分析自身的职业压力来源于什么方面等问题，组员 LHR 表示："在使用电脑做表格之类的技术活的时候会感到有压力，因为年纪大了，不太会操作电子产品。"组员 ZW 表示："我在面对不太熟悉的同事或居民的时候总是不知所措，用现在流行的话来说就是'社恐'，遇到问题时不到万不得已时不太敢麻烦其他同事，哎！"社工表示，意识到自己的职业压力来源于什么是好事，只要发现问题源于什么，就有办法解决，有职业压力是正常的，何况作为社区"万金油"的网格员，只要及时释放压力，减轻负担，就不会影响生活与幸福感。在最后分享环节中社工向组员们推荐讲解有关提升人际交往能力的书籍——杨绛《老王》、鲁迅《藤野先生》等。鼓励大家在工作中感到有压力的时候可以通过绘画或阅读获得力量，释放压力。

2. 小组活动反思

本次小组活动相比上一次小组活动，各方面都更加成熟，社工的组织与引导力有所提升，组员们也逐渐进入佳境，氛围较为活跃，使得小组动力进一步增强。小组组员可以正确认识职业压力、思考职业压力来源并试图解压放松，积极地分享心得体会。

但是小组观察员发现还是有一两个组员注意力不够集中，对于小组的部分环节参与不积极，建议社工在小组中如有发现及时进行沟通，了解情况并进行调整或改进。

争取做到调动每个组员的积极性与参与感。

3. 下一次跟进

第三次小组活动当中首先要避免讨论的无序性，注意规则的提前建立，发挥某些成员在小组行进过程中的引导和带头作用，回应小组成员提出的增加人际沟通的方法等诉求。

（三）第三次小组活动

(1) 活动主题：情景表演——直面压力。
(2) 活动时间：2022 年 8 月 17 日上午 10：20~11：20。
(3) 活动地点：呼和浩特市 X 社区党群活动中心活动室。

（4）活动成员：社工（笔者）、机构内督导（项目负责人）、小组辅工/观察员（机构实习社工）。

（5）活动目标：通过情景表演使小组成员感受不同角色身份所面临的压力，也从第三者的角度观察当他人演绎自身角色时如何面对压力和解决问题（见表6-12）。

表6-12　第三次小组活动

具体环节	时长	主要内容	所需物资/备注
回顾篇	5分钟	回顾上节小组活动内容	PPT定屏
热身游戏——改编版萝卜蹲	10分钟	①游戏规则与萝卜蹲大致相同。②开始时，某一组员说："熊猫（组名）吹，熊猫吹完骆驼吹。"骆驼立刻便要作出回应，但不可再弹回熊猫。直至某一位组员接不上，或点错名，便为输（最后胜利者担任本次小组活动临时小组长，协助社工开展活动）	
"心声"对对碰	30分钟	①将第一节小组中组员们封存的"积极"纸箱中抽出纸条，演绎组员们所经历的压力事件；②从游戏中产生两组人员，依据剧情进行演绎，并尝试用学习到的理论知识去解决；③邀请大家对情景提出看法，鼓励组员将理论运用到现实中	纸、箱子
看我这样做	5分钟	①组员间互相分享与讨论提高工作效率的工作方法；②组员互相分享生活中可以达到的减轻压力的方法，互相学习，将有效的减压方法运用到生活中	
平静时刻	5分钟	组员在座位上坐好，播放"渐进式肌肉放松训练"的冥想音频，组织组员进行冥想放松	
分享总结	5分钟	①社工带领组员回顾本次活动的内容，邀请组员提出对小组运行有利的建议和期望；②开展总结活动	

1. 小组活动过程记录

通过前两节小组，组员们的相互更加熟悉，在小组开始之前现场就十分热闹。小组进入运作阶段，组员们逐渐放开，开始向彼此袒露心声，愈加配合社工开展小组工作。热身游戏之前，社工提议在游戏中最后获得胜利者担任本节小组活动的临时小组长，协助社工开展活动，得到了组员们的一致赞同。在经过十分精彩的热身游戏之后，组员ZW作为游戏最后的胜利者担任了本节小组组长，她表示："哎呀，我也没当过官，让小W当嘛！"成员SH表示："你要相信你能做好，不要担心。"社工发现小组内的气氛愈加和谐融洽。在接下来的情景演练中组员ZW作为组长表现很积极，小组成员ZYQ与小组成员ZW两人分别扮演社区网格员和社区居民，ZYQ在面对不配合工作的居民，无可奈何时，其他组员在下面给她支招，使她顺利完成工作，而她在分享环节中说道："在平时遇到类似的情况，我也会像刚刚那样手足无措，我很感谢姐妹们帮我支招，希望在以后的工作当中也请大家多给我支招，真的很谢谢！"而扮演社区居民的ZW表示："不管在刚刚的表演，还是在现实生活当中，我也都是社区居民，我希望的是，社区网格员作为服务群众的工作人员，主要以服务为重，可别是像完成任务一样，以管理者的身份对我们的生活指指点点，这样居民很难接受，即使是出于对我们好的角度出发也是要注意态度。"然而ZYQ再补充道："有的居民真的是好说歹说都不听，好好说话就欺负人。"其他组员也吐槽起各自的不易，但在"看我这样做"环节中小组成员 LHR 分享道:"工作时认真做工作,下班时间只要走出办公室就尽量不去想工作上的事情。"小组成员 YJH 表示:"我是喜欢用听音乐来缓解压力,我可以给大家推荐几首比较放松的歌曲。""在平静时刻"播放"渐进式肌肉放松训练"的冥想音频,组织小组成员进行冥想放松,放空大脑,感受呼吸,释放压力。之后,对本节小组进行回顾与总结,并交代下次小组活动的大致内容。

2. 小组活动反思

小组进入中期,社工发现组员之间互动更加频繁、关系愈加亲密,小组凝聚力逐渐提升,社工经过反思,将从小组主导位置退到边缘,"下放"权力,并认为在之后的小组中应该赋予组员更大的自主性。

第三次小组活动总体进行情况较好,使小组成员对于职业压力以及如何缓释有了清晰的了解。但由于设置了太多的知识讲解的环节,在小组的推进过程中感受到了小组成员对所分享的事物不感兴趣,以及在小组过程中频繁玩手机的举动充分表明了本节小组活动所设置的环节是小组成员所不感兴趣的,个别组员出现注意力不集中、走神的情况,部分环节有个别组员不愿意参与,且社工当时并未主动邀请其参与互动。因此,在后续的小组活动中社工要特别注意不爱发言的小组成员,协助其融入小组参与互动。

3. 下一次跟进

社工要针对组员感兴趣的内容和话题适时地调整工作策略和小组计划书,在环节设计当中要考虑到组员的特点和需求。

(四)第四次小组活动

(1) 活动主题:手工制作——释放压力。
(2) 活动时间:2022 年 8 月 19 日下午 16:30~17:30。
(3) 活动地点:呼和浩特市 X 社区党群活动中心活动室。
(4) 活动成员:社工(笔者)、机构内督导(项目负责人)、机构外督导(心理咨询师)、小组辅工/观察员(机构实习社工)。
(5) 活动目标:加强组员之间的互动,使组员释放压力,增强组员间的社会支持网络(见表 6-13)。

表 6-13 第四次小组活动

具体环节	时长	主要内容	所需物资/备注
回顾篇	5 分钟	回顾上节小组活动内容	PPT 定屏
热身游戏——捉虫	10 分钟	社工给向组员讲游戏规则	游戏规则
剪纸我在行	25 分钟	剪纸环节:社工给组员介绍剪纸的方法与技巧,并提供工具,组员可自主创作,也可选择社工提供的图案	剪刀、剪纸图案、纸、笔
我的资源	15 分钟	社工组织小组成员梳理自己所拥有的资源,可以是自身所具备的资源,例如记性好、身体壮等,也可以是自身所处环境所拥有的资源	大白纸箱、彩笔
分享总结	5 分钟	①社工带领组员回顾本次活动的内容,邀请组员分析感受;②开展总结活动	话筒

1. 小组活动过程记录

第四次小组活动正常开展，社工带领大家进行热身游戏之后，带领大家进行手工制作——剪纸，社工先向小组成员展示几个成品，讲解注意事项以及材料包每个工具的作用和使用方法，小组成员 LHR 表示："已经迫不及待地想要上手了。"在整个手工制作环节中小组成员们互相帮助，互相提意见，现场一片其乐融融，小组成员 ZW 表示："剪纸的过程特别解压，一剪一刀感觉在剪走烦恼，而且好享受完成一个作品的成就感啊！"社工鼓励其他小组成员也积极发表自己的感受。随后，小组成员 YJH 表示："在剪纸的过程中我的注意力特别集中，也是像 ZW 说的那样，特别享受这个过程。"在手作中小组成员们与自己对话，通过手中的作品和内心去连接，感受这个过程，也是转移注意力、忘却烦恼、放松解压的过程。在梳理自身资源环节中，社工深入浅出地为小组成员介绍生态系统理论，然后带着大家梳理自己处于哪些系统中以及各系统如何对她们产生影响。并从专业角度为小组成员讲述社会支持网络的重要性和当面临职业压力时如何运用自身的资源以及社会支持网络来寻求帮助，缓解压力。小组成员 SH 感叹道："原来我有这么多资源啊，那我还烦恼什么呢？"社工补充道："我们在座的各位也都是彼此的资源与支持者，我们是'命运共同体'，我们要相信彼此，相信明天。"在小组成员们热烈鼓掌下，社工邀请一直沉默寡言的小组成员 WZ 与大家分享感受，成员 WZ："我是一个比较慢热的人，但是我有被大家的热情所感染，也一直在向大家学习。"社工鼓励小组成员 WZ 勇敢表达自我，最后总结本次小组活动，并提前告知下一次活动的大致内容。

2. 小组活动反思

本次小组活动运用手工制作放松解压的同时帮助小组成员梳理自身所拥有的资源与社会支持网络，让小组成员意识到这些资源对于职业压力问题可以起到积极的缓解作用。通过三节小组活动，大部分组员已经发生了很大改变，但仍存在部分组员融入小组困难的情况。经复盘分析认为是由于本次活动是大家围着桌子坐的缘故，彼此间隔较远，社工无法顾及较远的组员，致使其出现走神的情况，对此社工在下一节当中通过挪动桌椅位置，重调组员位置来应对。本节小组活动目标基本完成，小组组员的解压能力得到进一步提升。观察员反馈到，从这一节能够看出组员的表现力有所改善，社工要对表现积极的组员给予肯定，并适当地提示给其他成员表现的机会，对此社工表示很赞同，且认为在小组中出现意见不相同情况时，小组领导者的角色是非常重要的，所以社工在观察与培养小组领导者，并想运用同辈群体的力量促进小组成员的成长，让小组成员们从接受帮助到相互给予再到接受关系中受惠，而从给予的行为本身有所收获是建立本小组的目标之一，社工认为小组正朝着更好的方向发展。

3. 下一次跟进

组员之间有了一定的认识之后，小组逐渐出现次团体，而这次团体的出现使小组讨论环节出现混乱的情况，社工将在下一节当中通过随时更换座位的方式打破次团体，使组员之间的联系不单是自己的熟人，这有利于提升小组凝聚力。

（五）第五次小组活动

（1）活动主题：音乐疗愈——心心相印。

（2）活动时间：2022 年 8 月 24 日下午 16：30~17：30。

（3）活动地点：呼和浩特市 X 社区党群活动中心活动室。
（4）活动成员：社工（笔者）、机构内督导（项目负责人）、机构外督导（心理咨询师）、小组辅工/观察员（机构实习社工）。
（5）活动目标：通过享受音，放松心情、缓解压力（见表6-14）。

表6-14　第五次小组活动

具体环节	时长	主要内容	所需物资/备注
回顾篇	10分钟	回顾上节小组活动内容	PPT定屏
热身游戏——击鼓传花	10分钟	大家围成圆圈坐下，某一组员拿小物件；社工背着大家击鼓，鼓响时众人开始依次传花，至鼓停为止	小玩偶
音乐疗愈——心心相印	15分钟	社工带领组员合唱彼此都熟悉的歌曲，在培养组员的感情的同时让组员欣赏音乐，用音乐表达情绪从而放松心情，释放压力，接着一起观看线上视频，让组员对于音乐艺术疗愈有初步认识，并亲身感受音乐的魅力	纸、箱子
解压方法大全	15分钟	①介绍各类解压道具，让组员说明如何使用，其他人补充，达到促进所有组员一起思考的作用；②组员在纸上写下减压小组的活动中学到的减压方法，并交流心得，表达在小组活动中的感受与收获；③社工进行补充	大白纸、彩笔
分享总结	10分钟	①社工带领组员进行完整的小组活动回顾，回顾小组全过程，协助组员保持在小组中获得的经验并邀请组员提出对小组运行有利的建议和期望；②开展总结活动	

1. 小组活动过程记录

小组第五次，鉴于组员日常喜欢唱歌，社工播放几首不同类型的音乐，播放完后社工请组员们分享听到音乐的感受，同时分享日常生活中喜欢听什么音乐，一般在什么情景下听这首音乐，让组员意识到原来音乐包含很多种类别，不同类别的音乐可以带来不同的情绪体验。随后由社工从预选歌单中抽取数首歌曲，进行播放，让组员在听的过程中根据自己的感觉为这些歌曲贴上"快乐""伤心""鼓励自己"或"兴奋"的便签，从实际互动中，知道如何善用音乐，利用音乐调节自己的情绪，充分了解音乐对情绪的作用。通过观看线上艺术疗愈视频，加深了解音乐对情绪的作用。这一环节结束后，小组成员 LHR 表示："音乐具有神奇的力量，好听的音乐总能使我的心情愉悦起来，我喜欢用听音乐或唱歌来放松心情。"社工反馈道："是啊，希望各位在日后感到有压力时，可以听听音乐、哼哼小曲来愉悦心情、疗愈内心、释放出压力。"随后，带领组员们齐唱《明天会更好》，耳熟能详的曲调、抑扬顿挫的歌声进一步拉近了小组成员之间的距离。本节小组在欢快的歌声中轻松愉快地进行着，在最后总结与分享环节中小组成员 LJ 表示："感觉堵在胸口的压力好像被激情澎湃的唱歌吓跑了哈哈哈，好像气通了，呼吸顺畅了也舒服多了。"社工鼓励大家说："我们每个人都是歌手，欣赏艺术、欣赏自己，因为我们是自己生活的专家，我们就是要体验不同的快乐，享受不同的经历，不拘泥于烦恼之中，好好生活！"

2. 小组活动反思

本节小组目标基本达成，小组各个环节进行得非常顺利，离不开每个组员的努力与付出。从这节小组的进行情况来看，社工发现组员们更喜欢一些娱乐性、释放性的活动，相对而言对培训方式的活动不是很喜欢。有的组员对于互相沟通、学习型的减压感兴趣。通过分享环节，社工认为本节小组愈加增进了组员之间的沟通，小组的沟通模式倾向于开放式沟通，使讨论环节不再出现冷场等情况；反而在自由讨论环节呈现出多点开花的趋势，工作者存在难以控制现场的情况，组员与周围同事积极讨论的情况多有发生，会耽误小组正常的进度；比策划预估计的时间长，出现超时间等情况。然而，小组氛围愈加活跃、凝聚力逐渐提升，在这过程中组员收获了情感支持。同时，在缓解社区网格员职业压力方面，达到了预期的效果。

3. 下一次跟进

下一次可以继续沿用这一次的活动设置，选用小组成员感兴趣的小组推进方式，要回应小组成员提出的希望有改善睡眠的方法和运动小组等诉求，着手处理小组的离别情绪，鼓励组员自主地学习和使用在小组中学习到的减压方法。

（六）第六次小组活动

（1）活动主题：舞动疗愈——管理压力。

（2）活动时间：2022年8月26日上午10：20~11：20。

（3）活动地点：呼和浩特市X社区党群活动中心活动室。

（4）活动成员：社工（笔者）、机构内督导（项目负责人）、机构外督导（心理咨询师）、小组辅工/观察员（机构实习社工）。

（5）活动目标：通过运用身体的自由舞动，伸展手脚、释放压力、疗愈内心（见表6-15）。

表6-15 第六次小组活动

具体环节	时长	主要内容	所需物资/备注
回顾篇	15分钟	回顾上次小组活动内容	PPT定屏
热身环节无价之姐	15分钟	社工提前学习《无价之姐》广场舞，带领参与者跳"开场舞"，以此消除参与者之间的陌生感，使大家活跃起来，更好地为接下来的比拼做准备	纸、箱子
舞动疗愈——禅舞	15分钟	①舞动疗愈——禅舞；②社工播放视频让小组成员了解"禅舞"，并学会通过舞动身体，释放压力	大白纸、彩笔
分享总结	15分钟	社工带领组员回顾本次活动的内容，邀请组员提出对小组运行有利的建议和期望	

1. 小组活动过程记录

第六节小组活动，社工设置了舞动疗愈，热身游戏——手指操作为铺垫，社工教大家跳"无价之姐"，其轻松欢快的动作使组员们兴奋起来，随后社工又与大家一起跳禅舞，这与一般有意编排的舞蹈不同，它没有事先的刻意安排，不需要有专业的舞蹈水平，不是表演给别人看的，只是随着音乐，让身体自发地舒展，去疗愈和沟通身心，是在心无挂碍的状态下，身、心、音乐融为一体而自发产生的一种舞蹈。小组成员LHR讲道："没有舞蹈基础的我之前从来没有想过要用跳舞来释放压力，今天一顿跳跳跳，感觉身心舒畅。"组员们在这节小组中通过在外修内悟，内修外展，放松自我、感知自我，释放压力。最后在总结分享环节中组员 ZW 讲道："我今天的收获就是明白了当有情绪或感受生起，不管那是快乐愉悦的，还是悲伤难受的，知道，却不陷入其中，仍然活在当下，清楚知道一切的发生，且坦然接受。"社工肯定了小组成员的改变与进步，并强调小组即将结束，请组员们做好分别的心理建设。

2. 小组活动反思

随着小组活动的深入，组员由最初的胆小、拘谨变得大方、从容、自信，上台分享声音变得洪亮，内容也从简单的句子深入到自身的感受、心得、收获以及将来的行动，组员的自我认同感逐渐上升。通过最后活动总结与分享环节的反馈来看，社工发现组员们认为通过艺术疗愈主题来做减压小组是有效果的。组员通过了解艺术、欣赏艺术、表演艺术的过程来学习情绪释放疗法、模拟健康反应的方式帮助自己缓解压力，学会了压力管理方法。活动的愉悦性也很适合服务对象的年纪。最后小组观察员提出有的组员需要做小组离别情绪处理，社工意识到小组已不知不觉中接近尾声，自己也需要做结束小组工作的心理准备，自己梳理好情绪之后对小组成员进行情绪开导，并为组员们加油打气。

经过前面五次小组活动的开展，参与小组的妇女网格员对如何缓解压力、如何提高人际交往能力等方面有了明显的提升。系列小组活动的开展提升了小组成员的社会功能，搭建了良好的社会支持网络，促进个人能力提升，提高社区网格员的工作积极性，更好地服务社区居民，促进社区发展。

3. 下一次跟进

小组接近尾声，社工要协助组员回顾小组整个过程的同时要帮助组员处理离别情绪。

（七）第七次小组活动

(1) 活动主题：压力拜拜拜。
(2) 活动时间：2022 年 8 月 31 日上午 10：20~11：10。
(3) 活动地点：呼和浩特市 X 社区党群活动中心活动室。
(4) 活动成员：社工（笔者）、机构内督导（项目负责人）、机构外督导（心理咨询师）、小组辅工/观察员（机构一线社工、实习社工）。
(5) 活动目标：让组员发现自身的改变，增强小组成员应对职业压力能力（见表6-16）。

表 6-16　第七次小组活动

具体环节	时长	主要内容	所需物资/备注
回顾篇	5 分钟	回顾上节小组活动内容	PPT 定屏
热身环节拍七	10 分钟	社工讲解活动规则	话筒
压力拜拜	15 分钟	社工组织组员在纸上写出自己的压力事件，再放进气球，踩掉，可以互相踩。或者折成飞机丢进垃圾桶，并对压力说拜拜	气球、纸、笔
分析总结	10 分钟	社工将播放本次小组活动剪辑的视频，带领组员回顾本次活动的全部内容，并总结整个小组活动，巩固学习内容	活动视频
小组收尾仪式	10 分钟	收集小组成员对小组的意见反馈	话筒

1. 小组活动过程记录

最后一次小组活动按照预定的时间正常开始，通过热闹的"拍七"热身游戏之后，社工将进入主题，与大家讨论相关职业压力的话题，组员 HDM 回忆小组刚开始时的心情，说道："时间过得好快，好像一眨眼的工夫，小组就要结束了。"随后，社工让组员在卡片上写下让自己感到有压力的事件，再放进气球，踩的同时喊出"压力拜拜"，在这个环节组员们格外激动，有的组员在踩的时候太过用力，差点把鞋子丢掉，现场一片欢笑声，有的直接做成纸飞机丢向垃圾桶，社工暗示组员，这样的行为意味着我们把压力和烦恼都解决，以轻松愉快的姿态面对工作与生活。接着，社工引导组员分享参与小组之后的感受与收获，组员 YJH："通过参加小组我学习到了好多释放压力的方法。"组员 LHR："通过小组对身边这些同事有了更进一步的了解，从她们身上收获了很多积极的能量。"组员们表示在小组活动中学到了很多东西，身心得到放松，学习了很多专业的知识和理论，人际交往能力和工作能力也有了很大的提升。在小组接近尾声时，社工将本节小组之前制作的小视频播放给组员，并邀请组员将对彼此的祝愿写在卡片上，互相赠送。

社工带领组员进行完整的小组活动回顾，回顾小组全过程，协助组员保持在小组中获得的经验，并表示："小组的结束并不意味着我们的联系就断了，小组的开展给了我们互相认识了解的契机，我们应该珍惜这样的缘分，即使是本次小组结束了，我们依旧是朋友，在未来，如果有遇到难题时，要记得想起社工，我们会竭尽全力为大家解决困难，让我们一起加油，走向美好生活吧！"至此，本次小组工作的介入部分正式告一段落。

2. 小组活动反思

最后一次小组活动，目标基本得到实现。经过小组过程总结本次小组的收获与不足：一是组员通过分享与谈论环节充分表达了自己的感受的同时了解到了其他组员对职业压力的看法，也学习了更多应对职业压力的办法。二是小组的开展为组员提供了提升人际关系的平台，扩大了组员的社会支持系统，但是社工发现也有一两个组员从开始到结束始终不太投入，对于她们社工计划在小组结束后，如果她们愿意接受服务的话，持续提供个案或其他方面的支持，以达至缓解职业压力的目标。

3. 小结

在本次小组初期存在组员不愿意表达自己想法的情况，而在后续的小组开展过程中逐步敞开心扉，积极参与小组活动。七次小组活动共计花费 196 元用于采购小组活动物资，前后共有 5 个工作人员根据小组策划中的人员安排，从不同的角色定位发挥各自的作用，为小组的开展提供人力资源，在服务对象与工作人员的共同努力下，小组活动顺利开展，效果良好。

四、小组工作评估阶段

（一）小组评估的目的

小组评估的作用是在于确定活动是否达到目标，小组评估对社会工作实务的帮助很大，通过对组员的分析、目标完成度、前后测结果、组员满意度等了解小组开展效果，组员的意见、社工的反思、督导的评价、观察员的反馈都是小组评估的重要组成部分，而小组评估结果可以更真实地反映小组存在的问题，检测出小组干预成效，有利于社工反思与总结整体效果。

(二) 小组介入的过程评估

1. 组员的表现

小组是一个互动的过程,在本次小组初始,由于大部分组员对小组的概念较为模糊,而表现得十分拘谨,说话做事非常小心谨慎。此时,社工作为活动主持人组织组员相互认识和了解,但这时的组员对彼此还是客气又礼貌,不少组员保持沉默的状态,观望他人,在自我介绍环节中社工让组员简单介绍自己,大部分组员只是说了自己的名字、年龄、住处等基本信息,整个小组的氛围较为平静,组员们对社会工作者的依赖性很强,视其为小组中心,表现出遵从倾向。对此社工通过热身游戏打破僵局,显然在游戏环节过后组员的积极性有所提升,部分组员开始融入小组。进入中期,随着小组次数的增加组员之间的了解与互动也越来越多,逐渐变得有默契又和谐,但是仍然有几位组员表现出游离在小组外无法集中的状态,在小组中处于边缘,不太愿意自我表达,放不开的状态。对此社工选择"赋权",隐退小组,让组员轮流当小组领导,带领其他组员完成活动的方式来吸引她们参与小组,显然,有了权力的"领导"对小组的关心会更多,对愿意倾听其他组员的分享,开始主动社交,这也逐渐让组员对小组产生归属感。与此同时,组员的表现也十分积极,使小组凝聚力增强。而进入小组后期时,组员之间已经建立起更为牢固的支持系统,她们对彼此的信任与依赖也愈加强烈,组员具有了自己点流程,开展活动的地步。到最后一节小组时多位组员表示舍不得结束,组员从开始对小组陌生又有点排斥到最后的熟悉与不舍,这足够能证明组员在此期间有很多成长与改变。

2. 社工运用专业技巧的运用

在小组工作当中社工学会灵活运用专业技巧尤为重要,合理运用专业技巧不仅能够促进组员的成长,而且对实现小组目标具有非常重要的意义。

在小组初期(小组活动第一、二次),由于社工缺乏一定的实务经验,表现不太自信,设计小组方案花费了大量时间和精力,阅读相关话题的书本、文献并在机构督导与一线社工的指导下完成。小组刚开始,组员有许多疑问想要得到解释与澄清,而作为"菜鸟"社工,在第一次小组中表现得很紧张,导致组员的状态也不是很放松,但是也按照原先的计划,一环扣一环完成了小组。第二节开始,小组氛围随着活动环节的增多愈加轻松起来,组员之间开始有了一些交流和分享,小组逐渐产生公认的契约与目标。

在小组中期(小组活动第三、四、五次),社工和组员相比初期明显放松了很多,组员之间原先经过前两次的破冰小组之中的沉默逐渐减少,小组成员也会开始接受其他小组成员的影响与支持。在这个过程中,小组观察员将自己观察到的问题及时反馈于社工,社工积极采纳观察员及机构其他社工的意见与反馈,不断优化小组服务,使小组的成熟度加深,组员之间的话题更为深入,互动更加频繁。其中,社工运用自我披露的技巧,通过讲述自身感受与经历来引导和鼓励组员充分表达自我,而在小组形成阶段,社工将从小组初期的主导角色向小组边外倾斜,将小组中的主导权"下放"给组员,然而授权技巧的作用就是让组员在小组中感受到主体意识,且对小组有更多的归属感与责任感。这个阶段也是小组容易出现冲突的阶段,由于组员对小组和其他人有了一定的了解之后,开始关注小组的权力,"本我"逐渐暴露,组员之间产生不同的意见和相左的价值观,这时社工运用了价值澄清技巧，对起冲突的双方给予互相了解和沟通的机会，帮助组员化解矛盾，从而增强小组凝聚力。

小组进入后期（小组活动第六、七次），社工为巩固之前活动效果，协助组员回顾在小组中的学习成果，运用4F动态引导反思法，分享参与小组的过程、感受、发现以及对未来的展望。通过开放式讨论、角色扮演等，引导组员给彼此更多的鼓励与支持，加强同辈支持网络。而在小组进入结束阶段，有部分组员出现分离焦虑时，社工则通过一些仪式或游戏的设置协助组员做好离组的准备，鼓励组员将小组中学习到解压方式运用于现实生活中。最后，社工全方面收集资料，使用多种评估工具对小组进行评估与跟进。

3. 小组目标达成情况

每个正式的小组工作都会根据组员的需求与特点制定小组目标，而小组往往都是以有着共同问题与需求的群体组成。小组目标能够促进小组开展，是小组成员共同努力的方向，小组的干预是否有效、对组员的影响程度如何都能通过小组目标来衡量和评估。"艺术疗愈"小组活动目标达成情况见表6-17。

表6-17 "艺术疗愈"小组活动目标达成情况

目标	衡量的指标	指标完成情况
组员学习到解压方式	至少习得2种适合自身的解压方式	①基本完成；②8位组员已找到最优解压方式
组员得到人际交往锻炼	每位组员在小组中分享感受的机会	①已完成；②每位组员至少分享过3次
扩大组员社会支持网络	组员对自身所拥有的社会支持网络有一定的了解与分析并积极维护和运用于工作与生活中	①基本完成；②多数组员通过参与小组结识了新朋友，发现了自身的优势与资源

（三）小组介入的结果评估

小组活动完成后，社会工作者使用职业压力量表再次对小组组员进行评估，来检测参加组员的变化，经过比较可以看出，在小组中缓解社区网格员职业压力是有一定效果的。除前后测之外，还对小组活动评估和小组组员对自身的评估，运用了小组活动实施效果评估表和服务对象满意度调查表。

1. 组员职业压力的前后测试结果分析

笔者在小组活动前后，对10名组员进行了心理压力测试。通过对比测试前和测试后的数据表6-18以及数据的变化来评估小组工作在缓解社区网格员职业压力方面的效果。

表6-18 职业压力前后测数据及对比差值

序号	小组成员	前测总分（T1）	后测总分（T2）	对比差值（T1-T2）
1	ZYQ	36	32	4
2	LHR	44	39	5
3	WZ	53	41	12

续表

序号	小组成员	前测总分（T1）	后测总分（T2）	对比差值（T1-T2）
4	LJ	18	11	7
5	ZHF	10	8	2
6	ZW	29	27	2
7	SH	51	48	3
8	ZX	47	33	14
9	YJH	46	40	6
10	HDM	13	10	3

通过比较测试前和测试后的数据以及数据的变化，可以评估小组工作对缓解一线社区网格员职业压力的效果（见表6-18），4名小组成员在参加小组活动前的压力得分在46~60分，有较高的职业压力，这种压力已经开始影响自己的身体、情绪、行为，也影响到其他人。4名组员的压力分值16~45分不等，参加小组活动后，这4名组员的压力分值都有不同程度的下降，最高下降了14分。通过评估发现，小组成员的压力水平在不同程度上因小组活动而降低。从结果上看，前测试分数较高的小组成员通过小组活动后，数值分值下降幅度较大，说明"艺术疗愈"小组工作方法在一定程度上可以起到缓解社区网格员职业压力的作用。

2. 小组活动效果的评估

虽然通过小组进行的前后测评可以对小组的工作效果进行一定的评估，但鉴于在进行前后测评时会有难以控制的干扰会影响问卷客观性的因素，结果可能不太准确，为了更好地评估小组活动的效果，笔者在评估方法中加入小组成员对小组活动效果的评估（见表6-19）。

表6-19 小组活动效果的评估

评估指标	描述性内容
组员出席情况	出勤率达100%且组员之间彼此已都认识，目标达成
目标达成情况	通过对组员职业压力测试可知小组已达成目标
小组影响力度	受来访领导、其他社区、社工机构的关注与肯定

评估小组活动的效果从组员出席情况、小组目标达成情况、小组的影响力度三个方面组成。根据小组整体呈现来看，在小组进行当中部分组员有出现过迟到、早退的情况，但保证了出勤率100%；而通过对组员压力程度的测量可知小组在缓解组员职业压力方面起到了一定的作用；此外，小组的开展得到社区的高度支持，也受来访领导、其他社区、社工机构的关注与肯定，起到良好的宣传作用和社会影响力。

3. 小组活动组员满意度调查

在结束本小组活动全部环节之后，社工通过满意度调查表来评估组员对本节小组开展情况的满意程度，共设五个问题，组员根据自身体验进行评分，小组组员满意度结果见表6-20。

表 6-20 小组活动组员满意度调查

组员	小组主题设置的满意度	小组整体内容设置的满意度	小组氛围的满意度	小组游戏设计的满意度	对社工表现的满意度	对自身产生的积极影响度	总分
ZYQ	5	5	5	4	5	5	29
LHR	5	5	5	5	5	5	30
WZ	4	5	5	4	5	4	27
LJ	5	5	5	5	4	4	28
ZHF	4	5	5	5	5	5	29
ZW	4	4	4	4	5	4	25
SH	5	5	5	5	5	5	30
ZX	5	5	4	3	5	4	26
YJH	5	5	5	5	5	5	30
HDM	5	5	5	4	5	5	29

经过分析组员对小组活动的满意度调查可以看出，在10名组员中有3名对小组的主题设置、内容设置、氛围、游戏设计、社工表现、对自身产生的积极影响度等方面都持非常满意，得分为满分（30分）。有7名组员对小组主题设置非常满意、3名比较满意；有9名组员对小组整体内容感到非常满意、1名比较满意；有8名组员对小组氛围评出非常满意的分数、2名比较满意；有5名组员对小组游戏设计非常满意、4名组员比较满意、1名组员选择一般满意；9名组员对小组社工持满意态度、1名比较满意；有6名组员对自身产生积极影响方面非常满意、4名组员比较满意。从总体评分程度来看，组员对小组的满意度较高，但还是在一些没有得到全部组员非常满意的部分需要再加强，小组游戏设计作为满意度最低的一项，需要社工反思在整个小组计划或执行当中出现的问题，并总结出得分低的原因，也需要聆听小组督导、观察员以及组员的反馈，这对于整个小组的评估是必不可少的过程，也是最容易忽略的内容。

第五节 社会工作介入社区网格员职业压力的反思与建议

通过第四节小组工作介入干预社区网格员职业压力问题的实务过程，发现"艺术疗愈"小组工作在干预缓释社会网格员职业压力问题方面具有一定的效果，本节对于小组工作介入社区网格员职业压力的研究进行反思，主要反思不足之处，进而从个体、社区、社会三个层面提出缓解社区网格员职业压力的个人建议。

一、反思

通过评估可知"艺术疗愈"小组的介入对社区网格员产生了一定的积极影响，但由于诸多原因仍然存在不少问题，接下来主要从小组整体情况和社会工作者两个方面进行反思与探讨。

（一）小组工作影响维度相对有限

社区网格员产生职业压力问题的成因很多，有微观、中观、宏观三方面的影响，甚至三者共同作用导致网格员职业压力的产生。然而小组工作介入这一问题能够影响的范围相对有限。一方面，由于小组自身特征，其只能对参与小组的组员产生直接的影响，难以惠及社区其他工作人员；另一方面，小组一般都只围绕一个主题为重点去开展，因此在小组过程中能够帮助组员做改变的地方并不多，在微观层面给予的帮助和支持较为明显，在中观以及宏观层面却难以产生有效改变。此外，小组服务周期较短，而组员个体之间存在差异性，有的组员能够在短期内，从小组中获得成长，而有的组员适应性较慢，无法在经过几次小组之后真正获得改变，这也是小组工作的局限之一。

（二）社工专业服务能力有待提高

在小组活动开展进程中，社会工作者的服务能力尤为重要。笔者虽然经过本科与研究生两个阶段的社会工作专业的系统教育，学习与掌握社会工作的专业理论和知识，但是由于在学习过程中能够得到专业实践的机会非常难得。然而，在现实中开展社会工作服务不仅需要理论的指导，更重要的是要求社会工作者具备较强的实务操作能力。因此，作为实践经历不多的实习社工来说，本次小组开展，并非轻车熟路，而是在不断挫败中反思与总结不足的基础上，一遍又一遍地修改计划、调整策略，并和不同的人寻求帮助，才得以进行下去。因此，在日后的学习中笔者仍然需要不断提升自我能力。

二、建议

本章研究发现，X社区网格员出现职业压力的因素是多方面导致的，笔者在充分了解X社区网格员职业压力的基本情况下，设计"艺术疗愈"小组，为网格员开展缓解职业压力活动，活动之后通过评估发现，"艺术疗愈"小组在网格员职业压力问题上能够起到有效缓解作用，因此笔者根据调查结果与实务经历，从个体、社区、社会三个方面为减轻网格员职业压力提出调适对策。

（一）在个体层面：提升综合能力

个人能力的高低是导致社区网格员出现职业压力的原因之一。能力包括很多方面，每种职业都有它根据自身性质而需要具备的能力，社区网格员主要是做人的工作，她们在工作中需要具备与社区居民沟通交流的良好社交能力、表达能力，能够妥善处理矛盾和危机的应变能力、协调能力，能够高效完成工作的行动能力、适应能力、学习能力、抗压能力，等等。当一些网格员因缺乏这些能力而导致工作效率不高、工作不顺利时，就会产生职业压力，甚至是职业倦怠。正确的压力管理是将压力转化为动力，适度的压力甚至可以帮助提高工作效率和动力，起到促进个人成长与发展的作用。但是经过研究，一些网格员在面对职业压力时，并未做出很好的压力释放，也没有分析过职业压力来源，只是陷入压力中，埋怨自己、指责他人、愤恨社会来表达内心的不满，对此社会工作对个别较为特殊

（压力程度较高、压力来源繁杂）的网格员提供个案服务，有共同减压赋能需求的网格员开展小组工作，社区服务与管理等直接服务，社工也可以倡导社会关注网格员群体、发挥资源链接者的角色为网格员争取更多有利于缓解职业压力的资源与信息。同时，鼓励网格员积极面对职业压力，学会用恰当的方式与渠道释放压力，找到适合自己的缓解职业压力的技巧，有意识地培养自己多方面的兴趣爱好，并学会有效转移注意力来缓解工作中的紧张和疲劳，必要时还需要积极寻找外部支持。

社会工作者要帮助社区网格员培养积极乐观的心态，学会及时自我的调整，在对工作压力有充分了解的基础上，学习如何用合理的思维和实用的技能来调节工作，减少工作中的压力。此外，还需要鼓励社区网格员积极建立属于自己的圈子，并帮助他们强化对自己初级支持网络的归属和联系，形成一个有力的支持体系。而当正式支持系统因为社会排斥不能获得时，可以通过非正式支持网络的增权作用，支持他们去争取和追求公正的社会政策和社会服务等正式支持系统的改善，帮助他们扩大人际交往圈子，提升人际交往能力。

（二）在社区层面：提供发展空间

新时代的社区工作不仅要求社区网格员具有高度的专业能力和责任感，还需要在情感上有极大的投入。[①] 良好的职业上升渠道和清晰的职业发展规划作为有效的激励手段，往往可以提高工作积极性，提升工作效能。

本章研究发现，X社区一些网格员强烈希望自己的工作能得到社会群众及社区领导的认可，并在此基础上获得更好的职业发展机会，但他们目前的社区工作无法满足他们自我实现的需求。因此，社区需要对这些网格员给予更多的关注与关怀，提供多样化、多阶段的职业发展途径，为满足他们的需求而做努力。应采取以下两项措施：一是为社区网格员的职业发展争取应有的法律和政策保障，为一些态度积极表现、有责任心、有能力的社区网格员开放一定数量的公务员或者事业单位岗位，并尽可能提供系统的职业培训，来增加社区工作的含金量，鼓励社区网格员提升自我能力，争取为她们提供更多的资金支持与成长平台。二是重视社区工作，使其成为具有高度社会认可的职业。通过努力营造良好的社会舆论氛围，让人民群众认识到社区工作在国家社会治理的伟大事业中是起着不可或缺的作用的，认同及肯定社区网格员是社区建设和发展的实践者、推动者和促进者的重要角色。

（三）在社会层面：改善福利待遇

人们在选择职业时往往都会考虑到工资待遇这一方面，如今随着网格化管理水平的提升，对网格员的工作能力要求也越来越高，而网格员群体也不断年轻化，但是，网格员的福利待遇却迟迟跟不上，这会导致网格员群体产生无力感和倦怠感，对自身和工作的认同不高，工作没有热情和动力，这不仅不利于网格员自身发展，而且对社区氛围的营造也会产生阻力影响。因此，希望改善网格员待遇是社区与网格员群体共同的诉求。

本章研究发现，X社区网格员的工作量大，工作时间长，但福利待遇却较低。被调查的社区网格员对工资大多都表示不太满意，而社区工作的推进，离不开社区网格员的辛勤

[①] 赵聚军，高天琦. 政府雇员视域下的社区工作者职业化研究——以天津市T街为例[J]. 上海城市管理，2021，30（5）：18-22.

付出。因此，为社区网格员提高福利待遇不仅是为了社区进一步成长发展，也是加强社区建设的重要一部分。加强社区建设作为改善民生工作之一，敢于突破制约社区建设的"难点"和"瓶颈"，为社区网格员营造良好的工作环境，有助于培养社区网格员爱岗敬业的职业精神。而提高社区网格员的福利待遇，不仅是现实的要求，也是适应社会发展的一种趋势。通过优化福利保障，通过政策调整等形式对社区网格员的福利进行调整，特别是在体检、医疗保险、住房保险等方面对这一群体给予适当的优惠，可以缓解或在一定程度上减轻他们面临的经济问题，可以帮助他们减少压力，使他们能够带着满足感、热情和对工作的自豪感参与到社区治理中。

第六节 结 论

社会工作作为增进人类社会福祉的学科以及其助人的特点，去回应社会群体，尤其社会弱势群体的问题是义不容辞的。而网格员作为服务群众的一线工作人员，他们责任多、权力少、工作节奏快、劳动强度大，而福利待遇并不高，社会上认可度不高，处于弱势地位。

本章对 X 社区网格员群体进行调查，了解基本情况，探索网格员的真正需求，发现网格员大部分存在不同程度的职业压力。对此，笔者分析他们的职业压力现状，包括压力程度、压力表现、压力形成因素等方面的基础上，本着社会工作"以人为本""需求为导向"的理念开展缓解职业小组，以艺术形式进行的活动深受网格员喜爱，用寓教于乐的方式很好地调动了组员的积极性与表现力。"艺术疗愈"小组的介入，对于职业压力情况起到较为明显的缓释作用，在艺术表达的过程中不知不觉受到感染和影响，与此同时，小组是一个相对安全的创作氛围，有助于她们情绪表达，而在小组活动进行期间，机构的督导与小组活动观察员（机构一线社工、MSW 实习社工）也将小组中存在的问题及时反馈于笔者，使小组更加成熟。

本章中所使用的"艺术疗愈"的形式主要包括绘画、情景演绎、音乐、舞蹈、手工等，与传统的语言性小组工作干预相比，通过艺术疗愈释放压力小组具有三个独特鲜明的特点：①减压小组利用艺术的非语言性和象征性的手段（如绘画、手工）来表达潜意识中被压抑的情绪，使社区网格员通过参与艺术的形式探索自我，在包容、安全、接纳的团体氛围中感受放松、缓解焦虑、释放压力。②在减压小组中组员通过表演或欣赏艺术，增加个人的积极情绪，因为积极情绪能加快从消极情绪中的复原，扩展心智视野，增加包容性和创造力，使人更健康长寿，并在与组内其他人的合作和情感关系中得到更好的成长与发展。③通过将个人内心世界和外在世界的连接，将潜意识层面的东西呈现出来，从而提高自我觉察、自我认知等，甚至实现自我疗愈。

笔者认为，要做到真正减轻社区网格员职业压力还需要专业的个案辅导以及社区服务的支持与协助，这也是社会工作值得更深入研究的问题。而随着社会工作专业的不断发展壮大，相信网格员群体的职业压力问题也将在多方面共同努力之下在未来得到很好的解决。[1]

---

[1] 崔睿姝. 小组工作介入儿童护理员工作压力缓解的研究——以内蒙古 H 市儿童福利院为例[D]. 内蒙古师范大学硕士学位论文，2022.

第七章 照顾脑瘫儿童者的亲职压力个案介入研究

第一节 绪 论

一、研究背景

脑瘫是儿童肢体残疾主要病因之一,残疾儿童在生理等方面存在先天的不足,大多数脑瘫儿童都长时间在医院治疗或家中康复训练,社会参与程度偏低。脑瘫又称大脑性瘫痪(Cerebral Palsy,CP),是指婴儿在出生前后因多种原因导致的非进行性脑损伤所引发的综合症,其主要表现为姿势异常以及中枢性的运动障碍,此外也有大量群体伴随着智力发育迟缓以及感觉障碍等一系列症状。[1] 据世界卫生组织数据统计,每年有0.5%的新生儿发生脑瘫。[2] 在日常生活、社会生活以及各个方面中,脑瘫儿童与同龄人相比都存在较大差异。他们往往不能自行参与社会活动或者与人正常交往,因此脑瘫儿童对照顾者的依赖性很强。《中国残疾人事业"十二五"发展纲要》指出,"十二五"期间要初步实现残疾人"人人享有康复服务"的目标。[3] 脑瘫儿童在各类儿童残疾中,是最为严重的残疾之一[4],众多的家庭也因此背负上沉重的负担。此类现象的出现不仅严重地影响孩子们的身体健康,也会给其家庭以及社会带来较为沉重的压力。据研究,脑瘫患儿一生会给家庭带来的经济压力,会使家庭因病致贫、返贫的事例不计其数。而且我们注意到,在有脑瘫患儿的家庭中,脑瘫患儿的照顾者大多数都是其母亲,母亲往往会承担起更多,付出也更多,同时身心承受着更大的压力。每个脑瘫儿童都是无辜的,但是让他们过上正常的生活意味着需要有人24小时不间断地看护。这意味着他们需要照顾者日复一日的日常生活起居照顾、康

---

[1] 林庆,李松,刘建蒙等. 我国六省(区)小儿脑性瘫痪患病率及临床类型调查分析[J]. 中华儿科杂志,2001,39(10).
[2] 范晓霞. 社会工作介入脑瘫儿童家长服务的研究[D]. 安徽大学硕士学位论文,2015.
[3] 蔡慧娟. 特殊儿童康复产品界面可用性研究与应用[D]. 上海交通大学硕士学位论文,2011.
[4] 中国社会工作者职业水平考试组. 中国残疾人事业"十二五"发展纲要(摘要)[J]. 中国残疾人,2011(7):20-21.

复训练陪伴等，意味着家庭长期的医疗费用支出。这些都可能会击垮一个普通家庭。

当前，我国有关脑瘫疾病的相关数据反映不够充分，还不能很好地运用数据有效量化地反映出脑瘫儿童这个弱势群体的整体状况。[1] 李巧秀（2018）对郑州大学第三附属医院中的脑瘫患儿家属进行了调查分析，研究表明，脑瘫儿童照顾者会随着治疗时间的增长，出现焦虑、抑郁甚至绝望的心情特征，而且被调查的照顾者对治疗费用高且支付困难是普遍认同的。[2] 脑瘫病症的康复治疗具有长期性和持续性特征，并且这种疾病的治愈率低，具有不可根治性。疾病的难以治愈和长期性治疗给照顾者带来的则是更多的照顾任务，再加上康复训练成本过高，就会给患儿家庭带来沉重的经济负担，使照顾者和整个家庭在生理和心理上都遭受重大影响，一个拥有脑瘫患儿家庭中的照顾者要比正常家庭中的照顾者有更大的亲职压力。[3]

本章主要以实践基地的儿童福利项目为依托，在个案服务的过程中，发现脑瘫儿童照顾者的压力问题，通过个案走访跟进研究对象，基于社会工作视角，对脑瘫儿童照顾者给予一定的专业性帮助，使其以良性的状态面对生活，缓解其亲职压力，获得处理未来亲职压力的能力。

二、研究意义

（一）理论意义

第一，本章不是以脑瘫儿童本身为研究对象，而是介入脑瘫儿童的照顾者的压力状况为研究对象。主要运用生态系统理论，从三个层面来分析脑瘫儿童照顾者面临的亲职压力。采用生态系统理论视角进行个案需求分析，与个案工作相结合，探索新的研究视角，将脑瘫儿童照顾者亲职压力作为研究重点，帮助照顾者缓解亲职压力，从而帮助一个家庭。

第二，有利于丰富已有研究，主要依据个案工作在社会实践中的具体应用展开分析，利用个案工作的具体方法和技巧对真实案例展开实务分析。从研究主体来看，研究大多集中在留守儿童、流动儿童、单亲家庭儿童等特殊群体身上，关于脑瘫儿童照顾者这一群体的关注较少，相比之下研究也较少。笔者以2010~2022年通过中国知网以"脑瘫儿童照顾者"为主题词进行检索，共20篇。其中在干预方法上只有一篇文献使用的是个案介入研究，因此，主要运用个案工作的介入方法，对脑瘫儿童照顾者的亲职压力进行深入探讨，在弥补以往对脑瘫儿童照顾者个案研究中的不足，对其亲职压力的研究提供理论依据。

（二）现实意义

第一，以北京市M区儿童福利项目进行中发现的个案为例，以案例中脑瘫儿童照顾者为研究对象，通过个案走访了解他们承受的亲职压力，并使用专业的亲职压力量表进行

---

[1] 崔巍. 河北省脑瘫患儿生存质量状况调查与经济负担评价［D］. 吉林大学硕士学位论文，2014.
[2] 李巧秀. 脑瘫患儿家属心理健康状况调查［J］. 河南预防医学杂志，2018，29（3）：229-230+246.
[3] 朱昱颖. 个案工作在舒缓脑瘫儿童家长亲职压力中的运用［D］. 西北师范大学硕士学位论文，2017.

评估。采取社会工作方法和技巧介入了解需要解决的问题，帮助脑瘫儿童照顾者缓解亲职压力，提供专业性服务。

第二，希望能通过个案服务的介入研究，了解脑瘫儿童照顾者的想法与需求。通过挖掘案主的潜能，激发案主的自身优势，充分利用自助的方法来解决遇到的问题，从而提升自信心，更好地面对亲职压力，融入社会生活。

第三，在参与北京市M区困境儿童项目的实地调研过程中，充分调动理论知识深入实践探索，反思自身存在的问题和日常工作中的不足。在实践中思考如何提供更有效的服务，将社会工作的专业方法和技巧合理运用到脑瘫儿童照顾者的服务中。希望研究的实务经验和方法能引起政府部门和社会各界爱心组织对脑瘫儿童照顾者这一特殊群体的关注，为他们在政策的扶持上提供可借鉴之处，为其营造更加舒适的社会环境。

三、文献综述

笔者通过查找资料发现，近年来由于脑瘫儿童数量的不断增长，逐渐引起相关领域的研究者对脑瘫儿童的关注，但对于脑瘫儿童照顾者的研究依旧不足。在社会工作介入特殊儿童照顾者文献中，特殊儿童大多是自闭症或肢体残疾的患儿，对于脑瘫儿童照顾者的研究较少。随着大家对脑瘫儿童的认识逐渐加深，越来越多的家庭陷入脑瘫儿童照顾的困境之中，父母不仅会担心孩子未来的康复和生活问题，同时自身的照顾压力也随之而来，甚至影响自己的工作、生活、家庭和睦、人际关系等。国内有学者研究脑瘫儿童照顾者的亲职压力问题，也有从社会工作专业角度介入脑瘫儿童照顾者的研究文献。国外文献多数集中在脑瘫患儿的医学领域、特殊教育和社会政策方面，对于脑瘫患儿照顾者的文献相对较少。以下分别从社会工作介入脑瘫儿童照顾者的研究和亲职压力的研究两个维度分析研究现状。

（一）社会工作介入脑瘫儿童照顾者的研究

1. 关于脑瘫儿童的文献综述

自1888年Burgess在发表的文章中首次提出了脑性瘫痪就一直沿用至今。脑性瘫痪指发育中的胎儿或婴幼儿由于各种原因造成脑部的一系列非进行性损伤，简称脑瘫。1998年9月，全国小儿脑瘫学术研究会在佳木斯召开，在此次会议中确定了我国的脑瘫定义："脑瘫指的是从出生前到出生后1个月以内因各种原因所致的非进行性脑损伤，主要表现为中枢性运动障碍及姿势异常，同时经常伴有其他如智力低下、语言障碍、癫痫等并发障碍。"[1]

在我国，社会科学领域对脑瘫儿童的研究主要集中在康复治疗方面，王辉（2004）[2]主要阐述了脑瘫儿童在康复治疗方面的发展及其多样化的特点。在医疗技术领域，针对脑瘫儿童的研究主要是对脑瘫儿童病情的治疗和康复的探讨与深究。黄霞（2003）[3]提出中医方面的治疗方法，通过针灸按摩等方式对脑瘫儿童身体进行舒筋活血，在医学上发挥了

---

[1] 卢庆春. 脑性瘫痪的现代诊断与治疗 [M]. 北京：华夏出版社，2000：15-20.
[2] 王辉. 国内脑瘫儿童康复研究的现状及趋势 [J]. 中国特殊教育，2004（2）：86-91.
[3] 黄霞. 小儿脑瘫的传统医学治疗进展 [J]. 中国康复，2003（6）：381-382.

重要的作用。随着脑瘫儿童数量逐渐增多，所引发的社会问题逐步引起社会的关注。因此，我国的社会工作者也着手从社工的角度去分析研究脑瘫儿童在治疗康复中的相关问题。朱韶英（2007）[①]收集了脑瘫儿童的需求，运用社会工作的角度对其进行全面评估，然后根据需求使用社会工作的方法——小组工作，设定目标并制定实施方案，运用小组工作的介入方法有效证明了社会工作的介入对脑瘫儿童康复成长具有积极作用。

国外对于脑瘫儿童的研究，主要集中在运用大数据和医疗技术等手段，通过专业的医疗技术和相关学科对脑瘫儿童的问题进行研究。但大部分文献是专业学科对脑瘫儿童自身的生理和心理的研究，在康复领域中社会工作的研究文献寥寥无几，运用社会工作方法介入并研究分析的也不是很多。

2. 关于脑瘫儿童照顾者压力的文献综述

西方国家早在20世纪时，就开始对照顾者压力进行多维度的调查研究。1966年"照顾者负荷"的概念被George等提出，主要指家庭成员在照顾患者时所感受到的生理、心理、情感、社会及经济方面的问题。通过查阅文献，国内外学者主要从三个层面对脑瘫患者照顾者压力进行了分析。

在生理方面，过往的一些研究主要关注照顾者的身体健康情况。研究表明，脑瘫儿童的照顾者在身体方面大多数都存在身体素质低下、体能不足等问题。Anderson等（1995）指出一些照顾者自身本就有身体疾病，由于全身心的照顾脑瘫患儿，常常容易忽视自身的身体问题，从而造成病情恶化的情况。[②] Brehaut等（2004）的研究调查发现，大多数的脑瘫儿童照顾者都会有一些头痛、身体不适、精神不振等身体不适的症状。[③] Tal-Hatu等（2007）通过数据统计表示患有其他疾病的患者照顾者身体健康状况要比脑瘫患者照顾者的好。[④] King等（2002）通过研究发现，脑瘫患者照顾者由于照顾持续时间长，耗费精力大，从康复治疗锻炼到日常起居照顾，任务繁重，压力大，会经常出现食欲不振、身体不适的情况，长期如此就会导致自身健康情况急剧下滑，疾病发病率大大提高。[⑤]

在心理方面，发现大量文献在测量脑瘫儿童父母在抑郁、焦虑等心理因素上都是通过相关的心理症状自评量表，得出一定分数来研究分析的。所得结果都处于较高水平，根据测量结果来评估心理健康状况，发现脑瘫儿童父母的心理健康情况是明显落后于正常儿童父母的。学者发现，脑瘫儿童家庭父母长时间高强度的照顾，使其不仅身体经常感到虚弱无力，整个人疲惫不堪，甚至新陈代谢紊乱[⑥]，并且在社会中地位低下，长期的封闭生活

[①] 朱韶英. 残疾儿童康复服务小组工作方案及其实施——以脑瘫儿童的服务实践为例［J］. 中国社会导刊，2007（16）：32-35.

[②] Anderson C, Linto J, Stewart-Wynne E G. A Population-based Assessment of the Impact and Burden of Caregiving for Long-term Stroke Survivors［J］. Stroke, 1995（26）：83-84.

[③] Brehaut J C, Kohen D E, Raina P, Walter S D, et al. The Healthy of Primary Caregivers of Children with Cerebral Palsay: How Does it Compare with Thay of Other Canadian Caregivers?［J］. Pediatrics, 2004（2）：82-91.

[④] Tal-Hatu K, Hamzat and Eluemuno L Mordi. Impact of Caring for Children with Cerebral Palsy on the General Healthy of Their Caregivers in an African Community［J］. International Journal of Rehabilitation Research, 2007（3）：191-194.

[⑤] Hartke R J, King R B. Analysis of Problem Types and Difficulty among Older Stroke Caregivers［J］. Topics in Stroke Rehabilitation, 2002（1）：16-33.

[⑥] 武霞. 脑瘫康复患儿主要照顾者的照顾体验［J］. 泰山医学院学报，2016，37（1）：36-39.

极容易使他们在社会中受到歧视，难以融入社会群体，产生孤立感，给心理造成巨大的压力。[1] 通过一些权威的自评量表进行调查，发现脑瘫儿童的父母在各项指标中与正常分值都存在较大差异，因此认为脑瘫患儿父母在心理方面，都存在一定的问题。

在社会方面，主要从照顾者的经济负担、生活满意度和社会交往三个层面分析研究的多。Gray（2002）通过研究发现，由于脑瘫患者的病情具有不可根治性，而且可能会随着时间而越发严重，康复治疗难度也更加艰巨，因此病情不见好转给脑瘫患者的照顾者带来的照顾任务也随之增加，这就导致很多照顾者将自己所有的时间都投入到照顾患者中去，放弃了自己的娱乐社交时间，调查发现付出更多的也大多数是家庭中的女性照顾者。[2]

调查显示，我国的一半以上脑瘫儿童家庭年收入在整体收入的平均水平之下，虽然收入低但脑瘫儿童家庭需要支付的治疗费用却很高。脑瘫治疗的昂贵的医疗费用让许多脑瘫家庭背负着沉重的经济压力。李润洁等（2010）发现，脑瘫患儿家长对生活的满意度比正常儿童家长对生活的满意度低，研究主要通过对脑瘫患儿家长的生活满意度分析来得出结论，并且发现其生活质量与正常儿童家长相比来说也比较差。[3] Hutton等（2005）则通过数据分析得出，脑瘫患者的照顾者由于照顾脑瘫患儿的生活起居，而丧失掉自己的社交时间，通常没有空闲时间能去参加聚会或者其他娱乐活动，因此自己的生活和工作都会受到不同程度的影响。[4]

大量研究表明，之前很多如ZBI、CBI、CSI等问卷量表最开始都是运用于其他病症患者的照顾者身上测量使用的，大多是老年人护理人员和患有阿兹海默症的患者照顾者，后来随着研究群体不断丰富，量表应用到的群体范围也逐渐扩大。国内一些学者开始将这些量表翻译为中文，并对中文版量表的效度和信度进行了研究。例如，在孟庆慧等（2007）的研究中，将患者和照顾者分开，使用不同的量表对其进行测量评估，每一个问题设置了五个不同的等级，并相对应不同的分值，这使最终的得分结果具有良好的信度和效度。Zarit照料者负担问卷（ZBI）：采用ZBI完整修订版（1985年修订），在国外的评估中，此问卷是评估痴呆患者照料者负担最常用的，对照顾者的各方面指标进行综合评估，得到的总分越高，负担越大。ZBI的内部一致性极好，Cronbach's在0.800以上具有良好的信度，而孟庆慧的研究中ZBI的Cron-bach's为0.854，因此具有良好的信度；流调用抑郁自评量表（Center for Epidemiological Survey, Depression Scale, CES-D）是1977年由美国国立精神卫生研究所Sirodff编制，其中Cronbach'α和折半系数均大于0.9，代表有较好的效度，在研究中CES-D量表的Cronbach'α系数为0.872[5]。

3. 社会工作介入脑瘫儿童照顾者压力的文献综述

在社会工作这一学科领域中，一些学者通过分析压力产生的相关因素来研究脑瘫儿童

---

[1] 李嘉仪. 脑瘫儿童家庭现有问题和社会福利需求调查——以汕头市为例［J］. 长沙民政局职业技术学院学报，2015，22（4）：40-45.

[2] Gray D E. Ten Years on: A Longitudinal Study of Families of Children with Autism［J］. Journal of Intellectual & Developmental Disability, 2002, 27（3）: 215-222.

[3] 李润洁，杨颖，曹春京. 脑性瘫痪患儿家长生活满意度调查及相关因素分析［J］. 中国中西医结合儿科学，2010，2（5）：469-470.

[4] Hutton A M, Caron S L. Experiences of Families with Children with Autism in Rural New England［J］. Focus on Autism Other Dev Disabil, 2005（3）: 180-189.

[5] 孟庆慧，陈玉芳，张梅. 居家痴呆患者照料者的健康状况分析［J］. 中国全科医学，2007（1）：47-49.

照顾者的压力。例如，在董超群等（2016）的研究中，认为脑瘫儿童治疗的效果与脑瘫儿童照顾者的身心健康密不可分，照顾者的身心健康值越理想，脑瘫患儿的康复治疗越有保障。研究中患儿照顾者需要进行不同方面的心理调适，对今后研究给出一些启示，认为研究需要广泛探索其他因素（如社会支持、认知评价等）对脑瘫患儿照顾者进行心理干预，从而更加全面地认识脑瘫儿童照顾者的心理调适过程。[1] 马晓琴（2016）通过对农村脑瘫患者家庭进行访谈研究，从社会支持理论出发，从正式的社会支持方面，有政府提供的相关福利政策，有为患者家庭发放慰问基金和节假日礼品等；在非正式支持方面，主要关注患者的亲友和邻居，从他们身上获得精神慰藉。[2] 但关于社会工作的介入照顾者压力的文献主要侧重于问题的原因和分析，对于具体怎么缓解脑瘫患者照顾者压力问题涉及较少。

在运用社会工作方法介入脑瘫儿童照顾者方面，高楠（2017）主要以不同的社会工作理论为基础，以个案工作、小组工作的介入方式，为脑瘫患儿困境家庭链接社会资源，帮助家庭成员能力的开发，加强解决问题的能力，增强其社会支持网络，开展有独特性的个性化服务。[3] 史梅（2013）通过运用社区工作的方法，在社区内开展对脑瘫儿童照顾者的帮扶活动，以社区的力量减轻脑瘫儿童照顾者的压力。[4] 董清（2005）通过开设治疗小组，为脑瘫患者照顾者搭建互助小组，构建其支持网络，使脑瘫儿童照顾者在减轻压力的同时，提升社会交往能力，与小组成员互帮互助，互相治愈。小组活动的形式，提升了脑瘫患者照顾者心理素质，减轻了心理压力[5]。范晓霞（2015）将专业技术与正式支持系统相结合，用新的结合方式，为脑瘫患者照顾者所在社区举办活动，通过社区活动提倡社区加强和完善基础设施，为脑瘫患者及家庭照顾者的康复训练提供便利，这样更有利于减轻脑瘫患者家庭照顾者在康复方面的压力负担[6]。

总而言之，在社会工作领域对于脑瘫患者照顾者压力的研究比较多，亲职压力的研究也很丰富，但针对脑瘫儿童照顾者的亲职压力相关文献就比较少。在对研究脑瘫患者照顾者压力的文献中，既有对压力种类进行分析的文献，也有分析导致压力产生的相关因素的文献，还有一部分文献则是运用专业的压力量表来评定照顾者压力确实在高水平的文献。但以上这些文献对于在实践中，缓解照顾者的压力问题的具体方法却很少提及。目前大部分针对脑瘫患者照顾者的研究主要是个案、小组、社区的方式较多，还有一部分是运用模式介入，但是却未对个案、小组与社区工作方法中运用的理论、方法进行详细描写，服务过程简略。对于个案工作的介入也大多集中在照顾者的心理压力方面，通过心理测量量表等方式对照顾者压力现状的研究评估，更加偏向心理学方向。因此，从社会工作的角度，运用个案工作的方法深入走访，结合理论视角分析存在的问题，制定独一无二的个案服务方案，帮助照顾者减轻亲职压力，研究脑瘫患者照顾者亲职压力问题的形成和应对对策，还有很大的丰富空间。

---

[1] 董超群, 刘一苇, 许秀军, 周春聪, 宋莹, 陈婷婷, 邵佳淼, 肖盼盼. 脑瘫患儿家长心理调适及其影响因素研究 [J]. 护理学杂志, 2016, 31（21）: 75-83.
[2] 马晓琴. 浅析农村脑瘫儿童家庭的社会支持——以宁夏 G 村为例 [J]. 社会工作与管理, 2016（5）: 81-86.
[3] 高楠. 脑瘫患儿困境家庭的社会工作介入研究 [D]. 苏州大学硕士学位论文, 2017.
[4] 史梅. 脑瘫患儿家属社区工作方案设计——以武汉市社区为例 [D]. 华中师范大学硕士学位论文, 2013.
[5] 董清. 运用小组工作方法开展脑瘫患儿家长社会康复的探索 [J]. 中国康复理论与实践, 2005（11）: 2.
[6] 范晓霞. 社会工作介入脑瘫儿童家长服务的研究 [D]. 安徽大学硕士学位论文, 2015.

（二）关于亲职压力的文献综述

1. 亲职压力的文献综述

国外心理学家 Abidin（1990）将亲职压力定义为：父母在育儿过程中所承受的亲子系统压力。随后又补充了这一概念的定义，认为亲职压力就是父母在履行角色时，受到了自身的个人特质、子女特质、外部因素以及亲子互动过程中，感受到的压力统称为亲职压力。[1] 本章中对于亲职压力的研究就是以这一定义为载体。Abidin（1995）指出，特殊儿童在日常生活中会更需要父母承担更多的照顾任务，与正常儿童的父母相比，需要耗费更多的时间、物质精力，这会给原本正常的家庭中的父母，带来许多生活上的影响。[2] 当亲子系统处于高压力状态时，家庭中的父母亲职功能则会下降甚至出现异常问题，当压力不能有效缓解和处理时，甚至可能带来家庭危机。[3] Gibson（1999）认为，父母的心理变化和情绪不稳定大多是因为孩子患病造成的，这些孩子的父母不仅要为日常生活中的事情所操心，还需要考虑孩子的康复、治疗和照顾以及由此对自己时间精力的付出所带来的事业、家庭关系、社会关系、经济方面的影响。因此，过多的生活负担和压力可能会导致家庭模式的改变以及家庭关系受到影响，从而带来一系列的问题。[4] Dubois-Comtois 等（2013）认为，在家庭中母亲具有比其他亲属更高的亲职压力值，因为不仅担负着教养责任还有更多的照顾责任。此研究侧重的主要是母亲的亲职压力和儿童的社会能力的相关程度，通过实验发现父母亲职压力跟孩子的社会能力高低是有关系的。[5]

国内对亲职压力的研究主要从父母双方压力研究和父母一方的压力研究两个部分。父母一方的研究比如只针对母亲或者父亲单方面的压力研究。王凤（2020）[6] 研究发现，父母的亲职压力与孩子的学习适应能力息息相关，通过研究得出父母的压力越大其孩子的学习适应能力就越差的结论，同样孩子的学习适应能力越好父母的亲职压力也越小。王英杰等（2020）[7] 只针对母亲的亲职压力研究，他们认为母亲在家庭中对孩子具有重要的教育作用，母亲的亲职压力大小将直接影响到家庭中孩子的健康成长和身心良性发展。通过对上海 205 名儿童及其母亲的调查发现，母亲的亲职压力程度会影响到孩子的语言表达能力和词汇接受能力。因此通过调查研究最终证明了学者们的结论。一个家庭中的母亲角色，应该加强与孩子的有效沟通和互动，对于培养孩子的语言能力具有不可忽视的作用。另外，国内关于亲职压力的研究集中在患有疾病或一些弱势群体的照顾者身上，关文军等（2015）通过阅读发现国内研究亲职压力的群体大多集中在特殊群体照顾者。由于一些孩子患有特殊疾病，自身带有残疾或其他功能障碍，与正常孩子的差异较大，会给父母造成

---

[1] Abidin R R. Parenting Stress Index Short Form—Test Manual [M]. Charlottesville：Pediatric Psychology Press，1990.

[2] Abidin R R. Parenting Stress Index-professional Manual [M]. Lutz, FL：Psychological Assessment Resource，1995.

[3] Abidin R R. The Determinants of Parenting Behavior [J]. Journal of Clinical Child Psychology，1992，21（4）：407-412.

[4] Gibson C H. Facilitating Critical Reflection in Mothers of Chronically-ill Children [J]. Journal of Clinical Nursing，1999，8（3）：305-312.

[5] Dubois-Comtois K，Moss E，Cyr C. Behavior Problems in Middle Childhood：The Predictive Role of Maternal Distress, Child Attachment, and Mother-child Interactions [J]. Journal of Abnormal Child Psychology，2013，41（8）：1311-1324.

[6] 王凤. 学习适应性与亲职压力关系的研究 [J]. 科教文汇（中旬刊），2020（5）：156-157.

[7] 王英杰，张美霞，朱晶晶，李燕. 母亲亲职压力与学前儿童社会能力的关系：教养方式的中介作用 [J]. 中国临床心理学杂志，2020，28（3）：571-575.

很大的亲职压力和负担，不管对父母的心理还是生理方面都带来了重大的影响。[①]

2. 脑瘫儿童照顾者亲职压力的文献综述

国内对于脑瘫儿童照顾者的亲职压力研究大多依托具有专业性的量表，来评定和分析照顾者的亲职压力程度。敖美卿等（2008）在对脑瘫儿童的照顾者研究时，则利用心理学上较为常见的两个量表：抑郁量表（SDS）和焦虑自评表（SAS）进行专业测算。结果表明，导致大部分的照顾者产生焦虑的原因主要先体现在治疗、康复的过程中。首先是在长期的治疗中，有脑瘫儿童的家庭需要有大量的资金后盾来为治疗奠定基础，然而许多的家庭很难长期地承受经济上的压力，从而产生焦虑。其次是照顾者对脑瘫的相关知识了解不够，面对脑瘫儿童的康复和照顾有些手足无措，没有专业的培训和知识，不知该如何帮助孩子。最后是社会上的声音，由于外界对于病情的不了解，会导致父母遭受一定的舆论压力，带来更多的亲职压力。[②]

大量研究表明，脑瘫患儿父母的亲职压力水平普遍较高，照顾者需要付出自己大量的时间和精力照顾脑瘫儿童，由于疾病给孩子带来的影响，让他们与正常儿童相比有更多特殊的需求。照顾者的亲职压力中表现较明显的压力来源就是愁苦压力，绝大部分的照顾者面对病情的袭击，都可能出现惆怅、焦虑等压力，这方面的压力来源不光取决于个人性格的特质，还有一部分是因为照顾者角色转变不适应以及认为自己无法胜任这巨大的压力造成的。这样的情形也很容易给照顾者带来消极的情绪，并无意间将不良情绪传播给患儿，不仅会影响脑瘫家庭关系、康复效果和治疗信心，也会对脑瘫儿童造成二次伤害。唐月红等（2015）[③]在对脑瘫患儿的父母进行亲职压力调查中研究证明，绝大多数的脑瘫儿童照顾者都有着较高亲职压力。脑瘫患儿照顾者的亲职压力普遍处于较高水平，已达到70%以上，处于正常压力水平的父母占比较小。

因此，在面对脑瘫儿童这一特殊群体的研究中，我们不仅要关注到脑瘫儿童的康复治疗问题，还要注意到脑瘫儿童照顾者群体，从专业的角度去帮助他们，了解他们的需求，帮助他们有效地舒缓压力。目前，从社会工作专业角度对脑瘫患儿照顾者这一特殊群体的亲职压力研究还比较少，本章所研究的脑瘫患儿病情程度更为严重，因此会比正常孩子和一般脑瘫患儿对照顾者有着更深的依赖感。本身亲职压力较高的照顾者家庭，由于脑瘫儿童的病情复杂和家庭关系的破裂，会让照顾者亲职压力水平居高不下，对以后的生活造成更深的影响。因此，要及时对亲职压力进行有效缓解。

（三）文献评述

本部分主要通过总结上述研究的特点和局限性，以期望得到对研究的启发，探索本章研究的方向。在有关脑瘫问题的研究中，国外的学者更多地将研究重点集中在了脑瘫患者本身，涉及的研究内容也主要在医学、心理等方面。我国针对脑瘫儿童情况的研究大多数集中在护理学、特殊教育学、临床医学方面，对于脑瘫儿童的照顾者的关注度远远不够，而关于照顾者压力的介入，研究的群体最开始主要针对阿尔兹海默症患者和精神障碍患者

---

① 关文军，颜廷睿，邓猛. 残疾儿童家长亲职压力的特点及其与生活质量的关系：社会支持的中介作用［J］. 心理发展与教育，2015，31（4）：411-419.
② 敖美卿，李小瑜，陈少君. 脑瘫患儿父母的心理状况调查及对策［J］. 现代临床护理，2008（2）：10-11.
③ 唐月红，王新. 脑瘫患儿父母的亲职压力现状调查［J］. 全科护理，2015，13（20）：1991-1992.

的照顾者问题上，后来才逐渐应用到一些特殊群体，例如，自闭症儿童、残疾儿童等。这些以往的研究虽然有成果，数量规模也在逐年扩大，研究的关注点也比较丰富，但是依据个案研究的文献仍不够深入，研究视角也大不相同，包括理论的运用和方法的选择，对象的独特性，依旧有一些问题没有很好地得到关注。

在研究视角方面，笔者运用生态系统理论和社会工作实务相结合的分析方法。从生态理论角度分析脑瘫儿童照顾者的亲职压力问题，注重脑瘫儿童照顾者与外在环境的关系，从微观、中观、宏观三个系统层面分析亲职压力。通过社会工作实务介入到三个层次的服务需求中，探索生态系统理论视角下帮助脑瘫儿童照顾者减缓亲职压力的对策和建议。将理论和实务相结合，使社会工作"助人自助"理念应用到这一群体的生活中，通过与照顾者的沟通、参与到他们所在家庭的日常生活，了解他们的基本需求，用专业能力帮助他们尽可能地减缓压力，使其更好地适应生活。

在研究方法上，之前有关脑瘫问题的研究，大多运用小组工作、社区工作的方法，对于脑瘫患者照顾者压力的研究比较侧重于分析问题，介入的内容不光有心理压力，还有经济压力、社会支持压力、康复治疗压力等，使用个案工作介入脑瘫儿童照顾者的文献，研究的主要内容照顾者的心理压力。然而，照顾者对于患者的康复及正常生活投入的时间精力最多，压力的来源往往不单单在心理方面，还有很多自身系统之外的影响因素。因此，将脑瘫患者照顾者亲职压力作为研究内容，通过生态系统理论视角，分析产生压力的相关因素，采取个案工作介入脑瘫儿童照顾者的亲职压力研究是一个很好的研究方法和方向。

本章在以往研究的基础上，以北京市 M 区儿童福利项目为依托，脑瘫儿童患者个案为例，介入脑瘫儿童的照顾者亲职压力研究，在生态系统理论视角的指导分析下，从微观、中观、宏观三个方面对脑瘫儿童照顾者的亲职压力进行详细分析。通过相关理论视角和社会工作的个案工作方法结合，帮助脑瘫儿童照顾者制定合理的个案服务目标，有计划地开展服务，并对脑瘫儿童照顾者亲职压力研究内容进行撰写，期望能为在社会工作领域，为脑瘫儿童照顾者的亲职压力开拓出新的研究角度，丰富研究成果。

四、概念界定

（一）脑瘫儿童

脑瘫是大脑在生长发育完成以前受到损伤，产生永久性的但是可以变化的姿势和运动异常，同时可伴有很多并发症，是当今儿童致残的主要疾病之一。[①] 这一定义最早是在全国小儿脑瘫学术会上提出的。脑瘫儿童一般在出生一个月左右，会突然因为各种原因导致脑性瘫痪，表现为肢体不协调、姿势异常等不寻常的行为特征，严重的脑性瘫痪会带来语言障碍、智力发育不良和视力障碍等特征。

（二）脑瘫儿童照顾者

目前来说，关于家庭照顾者的界定还未形成统一的概念，家庭照顾者和专业护理人员

---

① 王辉. 脑瘫研究现状 [J]. 中国康复理论与实践，2004（5）：38-41.

所不同的是，家庭照顾者具有无偿性，通常被称为非正式照顾者（Informal Caregiver）。[1]本章将脑瘫儿童照顾者定义为：对患病儿童进行贴身照顾的人，并且所提供的服务是无偿的，通常为其父母、祖父母和外祖父母。当家庭中存在对患者照顾的人员出现多位时，选取照顾时间和精力付出最多的照顾者为研究对象。

（三）亲职压力

亲职压力（Parenting Stress，PS）是指个体在履行为人父母角色时，由于个人因素、家庭因素以及社会因素的影响，伴随焦虑、挫折与自责的负性心理感受，感受到一定的压力体验。亲职压力是每个家庭中父母都会面临的问题，但特殊儿童的父母、照顾者的亲职压力比正常儿童的父母亲职压力更大，由于特殊儿童所带有的疾病和特征，导致其父母将面临超过正常负荷的亲职压力。

本章研究不是以脑瘫儿童为目标群体，而是将关注点放在因此导致亲职压力较高的照顾者身上，接触到的案主主要是脑瘫患儿的家人。因此，主要将脑瘫儿童的照顾者作为案主，通过社会工作的专业方法和技巧，帮助脑瘫儿童照顾者舒缓亲职压力。

五、研究方法

（一）个案研究法

本章研究通过运用社会工作的个案方法，应用专业的个案工作介入程序和技巧来缓解Y照顾者的亲职压力问题。通过收集资料，聆听旧有叙事，将案主过去的经历和家庭的变故等生活事件串联起来，找出造成亲职压力的多方面的因素，帮助案主重新正确认识亲职压力，分析案主身边的潜在支持系统，在家庭成员支持和见证下持续改变，努力帮助案主缓解亲职压力问题。通过此个案研究总结出脑瘫患儿照顾者应对亲职压力问题的相关建议。

（二）实地研究方法

（1）参与式观察法。笔者深入到研究对象的生活情境中，实际参与观察研究对象的日常生活状态，了解研究对象的亲职压力和社交情况，获得研究所需的原始材料。在研究过程中，通过近距离观察脑瘫儿童照顾者的生活状况和长期的接触和追踪，从工作中获取家庭内部的互动状态，获取服务对象亲职压力表现、特征等实践资料，尝试探寻照顾者亲职压力的深层原因以便于进行后续个案介入服务和论文撰写。

（2）无结构访谈法。笔者对访谈设置大致范围和主题，不事先设计问题和具体程序等，双方在这个范围内进行自由访谈。通过与服务对象进行深入细致的访谈，获得生动丰富的资料，归纳概括出更多细致的资料。本章的研究对象为实习机构儿童福利项目中的个案，通过与案例中的照顾者访谈来获取相关资料进行需求预估，尽最大可能收集有用信息和了解造成亲职压力的各个方面的因素，在一定程度上保证了论文资料的客观性与真实性，为后期相关学者的研究提供更多参考。

---

[1] 郝薇薇. 智障儿童家庭女性照顾者的社会支持网络建构[D]. 华南理工大学硕士学位论文，2018.

(三) 文献分析法

确定研究选题后，笔者运用文献分析法搜集、阅读和整理以往研究的文献，对所研究问题形成较为完整的认识。通过查阅资料，了解到目前学术界对于脑瘫儿童照顾者、亲职压力、个案工作介入的研究现状和成果，进一步明确了本次研究的主要内容和方向，为今后开展实务与撰写论文提供了坚实的理论基础，进一步丰富了研究的思路。

六、研究思路

本章从生态系统理论视角出发，着眼于脑瘫儿童照顾者的亲职压力问题，根据个案工作的展开深入探索导致脑瘫儿童照顾者的亲职压力的因素，然后通过多次个案会谈，帮助服务对象缓解压力情绪，建立良好的生活秩序，提出关于特殊群体照顾者社会适应的对策建议，使其能在社会各界的共同努力下，尽快恢复正常生活。研究思路如图7-1所示。

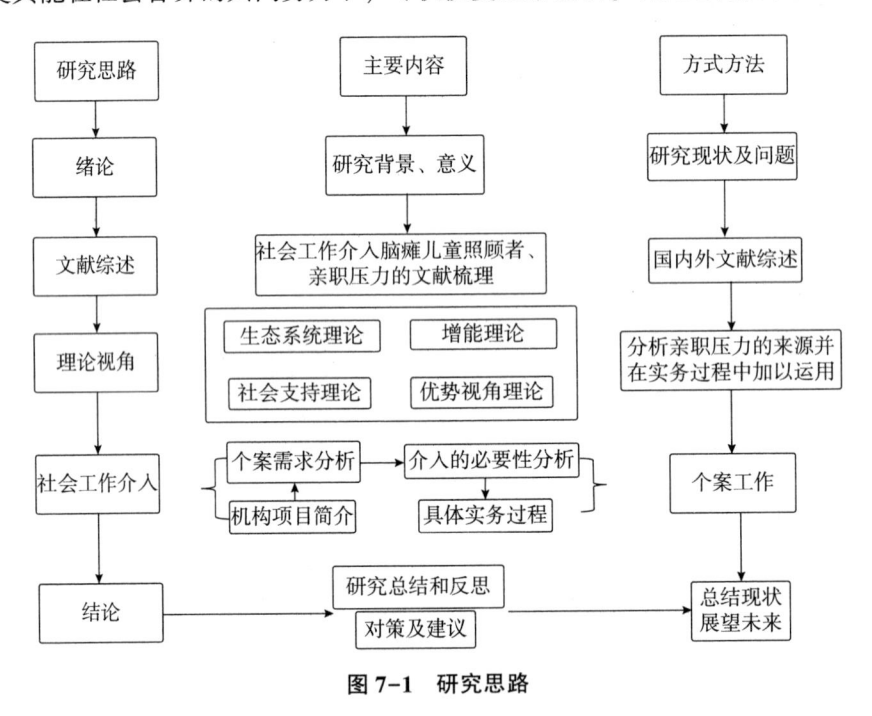

图7-1 研究思路

七、理论视角

(一) 生态系统理论

由著名的心理学家布朗芬布伦纳提出的生态系统理论，改变了传统的对于儿童发展环境方式，从此开始深入思考会影响儿童发展的不同系统和类型[①]，每个人都是需要有自己

---

① Shaffer D R. 发展心理学：儿童与青少年［M］. 邹泓译. 北京：中国轻工业出版社，2005.

的系统和空间的，不然将无法拥有自己的生态系统。[①] 家庭系统在脑瘫儿童的康复过程中有很重要的作用，建立亲密的家庭关系，有利于减轻自身的照顾压力，从而促进脑瘫儿童康复治疗。生态系统理论丰富了对于造成脑瘫儿童照顾者的分析不单单局限在个人层面，也将其范围扩展到脑瘫儿童照顾者所处的环境情况和社会整个大层面中去分析。

（二）社会支持理论

社会支持理论最早出现在西方20世纪60年代的中后期，持有社会支持理论的学者把社会支持分为正式支持和非正式支持，是指那些除了自身之外的所有支持[②]。社会工作者致力于为那些在社会中缺乏社会网络资源的人提供一定的帮助，扩大社交支持网络并提高他们使用社交网络的能力。当一个家庭中的儿童患有脑性瘫痪，他们的家庭会陷入各种各样的困境，这些困境不仅来自自身的照顾压力，还包括家庭矛盾、经济困难、社会交往不适和社会压力等，这些都会影响他们。因此，从各种角度来看，本章认为在脑瘫儿童照顾者的研究中，个人的力量对于亲职压力的减轻是远远不够的，社会各方面的支持对于脑瘫儿童照顾者及其家庭都有着重要的作用，使用社会工作的方法介入，通过帮助服务对象构建新的社交支持网络，从而减轻亲职压力，具体通过依靠社会支持网络中的亲人、朋友和社区等的力量舒缓脑瘫儿童的照顾者的亲职压力。

（三）优势视角理论

"优势视角"是一种关注人的内在力量和优势资源的视角。Dennis Saleebey（2005）在《优势视角：社会工作实践的新模式》一本书中强调，优势视角认为每个人都有无限的潜力相信人是可以改变的，只是有些优势还没被发掘出来。在社会工作中，不仅要求社会工作者要以积极的心态看待案主，而且要深入挖掘案主的优点，并引导案主使其认识到自己的优势，相信自己有解决问题的能力。

在个案的实务过程中，笔者运用优势视角相信案主存在的优势和潜力，发现案主将生活安排得井井有条，引导案主看到自己的优势力量，继续发掘自己的能力，认识到自己存在的优势。另外还引导案主意识到自己身边还有很多资源可以利用，例如，社区、病友亲属群、亲戚朋友等，尽力缓解案主的无助感，运用优势视角看待生活和自己所面临的问题，将其注意力从消极方面转移向积极方面发展，从而在一定程度上减轻家长的亲职压力。

（四）增能理论

增能理论（Empowerment Theory）又译为激发权能、增权理论，产生于20世纪70年代。美国哥伦比亚大学学者所罗门（Solomon）提出对被歧视的美国非洲裔黑人增能的工作，并著有《黑人增权：受压迫社区中的社会工作》[③]。本章社会工作者通过与案主互动，充分挖掘案主潜在的优势能力，为案主提供资源链接渠道。脑瘫儿童照顾者的增能干预，

[①] 朱眉华. 社会工作实务手册 [M]. 北京：社会科学文献出版社，2006：43-44.
[②] 张友琴. 社会支持与社会支持网络——弱势群体社会支持的模式初探 [J]. 厦门大学学报（哲学社会科学版），2002（3）：94-100+107.
[③] 姚金丹. 社会工作增能视角下失独家庭的分析 [J]. 社会工作，2012（10）：24-27.

主要从个人、社会支持、社会三个层面出发进行思考。个人层面即提升案主的意识与能力；社会支持层面增强案主与社会的互动关系，增强社交能力；社会层面则利用社会资源，改善所处环境，提出政策建议，解决困扰。

第二节 机构项目简介与脑瘫儿童照顾者概况

一、机构项目简介

（一）社工机构介绍

北京市 M 区 T 社工事务所是区民政局批准注册的社会工作专业服务机构，成立于 2016 年，于 2019 年被评为 M 区 5A 级社会组织，并于 2020 年 10 月成立了中共北京市 M 区 Z 街道 T 社工事务所党支部。T 社工目前拥有全职员工 36 人，其中专业社工 22 人，中级社工师、助理社工师 16 人，心理咨询师 3 人；另有会计、法律、数字媒体艺术等跨专业人才，组成多领域、复合型专业支持团队，为项目服务提供多元化支持。自成立以来，承接各级政府购买服务项目 60 余个，其中市、区级政购项目约占 1/3。自启动服务以来，开展个案服务 210 个，共计服务 1680 次；开展主题活动 900 余场，共计服务 45000 人次。机构专业社工的构成与发展、专业服务项目与服务领域的不断拓展，为机构的专业服务能力打下了坚实的基础。T 社工事务所主要以承接政府项目为导向，为辖区内的各个群体提供个性化、精准化的专业社工服务。

（二）儿童福利项目简介

M 区政府为推动困境儿童和留守儿童保障工作，维护儿童健康成长权益，民政局开展了"M 区儿童福利服务项目"。这项计划主要针对区域内的困境儿童服务，计划在乡镇、街道实施全覆盖的儿童成长工作。政府委托专业的社会服务机构，通过购买社会组织服务的方式，在第三方服务主体的帮助下运营儿童成长驿站和儿童之家，建设普惠型的儿童福利和保护体系。

2020 年 M 区儿童福利服务项目通过购买服务方式，引入专业社工及社会力量，摸清全区儿童底数和需求，以那些辖区内的困境儿童和留守儿童为重点开展服务对象，做到从基层设立有需求就有服务的场所，为困境儿童和留守儿童提供意识提升、自我保护等宣传教育，提供能力提升、社会融入和资源链接等精准救助服务，确保困境儿童和留守儿童得到妥善监护照料。项目依托全区儿童成长驿站及儿童之家开展儿童保护相关主题的社区活动，为包含困境儿童在内的全体儿童及其家庭开展权益保护、自护教育、亲职教育、政策倡导等主题活动，并开展社区动员，提升公众儿童保护意识，营造儿童友好的社区氛围。此次将着重于进一步丰富 M 区儿童福利保护专业服务内容，提升困境儿童个案服务质量，充分发挥区内儿童成长驿站、儿童之家作为儿童友好空间、儿童发展、儿童保护和搭建社区交流平台的核心功能，以达到最大范围和更高质量的惠及 M 地区的儿童。

此次项目,项目组的主要任务就是调查和整理困境儿童个数,摸排困境儿童实际情况,将其信息归档上报,鉴定困境儿童是否需要社会工作的帮助,是否需要短期或长期的个案服务需要,做好档案的记录和整理。

二、脑瘫儿童照顾者概况

本章首先对研究者居住街道的家庭进行走访和观察,在对这些家庭的访谈与观察过程中筛选出一名受亲职压力较高的脑瘫儿童照顾者个案——张女士作为案主,通过阶段性的个案走访和访谈、收集较为客观的资料,其次对收集到的资料进行系统的整理与分析,运用社会工作的个案工作方法介入,最后通过介入缓解脑瘫儿童照顾者的亲职压力,使其更好地在社会中生活。

(一)服务对象基本资料

张女士,女,41岁,离异,性格外向,待人热情。个人及家庭情况:张女士与其丈夫是多年的同学,两人在长达七年的恋爱长跑后步入婚姻的殿堂,2016年诞下女儿,在孩子满月后,出现抽搐中风等不正常现象,一直未究其原因,但直到丈夫将所有过错都怪到张女士身上,并表示不要孩子,在很快要求离婚时,张女士为了给自己一个证明和清白,在北京市某医院做了医学诊断。经过诊断是由于父亲的隐性基因造成孩子脑瘫。自孩子被诊断为脑瘫之日起张女士和其母亲就带着孩子四处求医,但是孩子的父亲,却对这件事情置之不理,依旧想着抛弃孩子和家庭,最终在孩子还在求医、治疗的过程中,就与张女士提出离婚。这样的消息无疑对张女士造成一定的打击。张女士除了要担负起照顾孩子的重任,还面临着巨大的经济压力,由于孩子的病情,无奈之下张女士辞掉工作。家庭的分崩离析,孩子病情的难以治愈,使张女士背负着过高的亲职压力。由于张女士父亲的去世,张女士的母亲也承受失去亲人的痛苦,因此家庭成员之间沟通较少,家庭关系平淡。在后来近七年对孩子治疗的康复过程中,张女士的家庭支持薄弱,社交系统薄弱。

患病孩子情况:小小,女,2014年4月出生,由于孩子经常眼睛上翻,因此带孩子去眼科检查,医生告知可能是神经方面的问题,7月检查结果为婴儿痉挛症最严重的情况。由于父亲携带的隐性基因,天生脑部发育不良,出生一个月后被诊断为脑瘫患儿。目前存在智力障碍、语言障碍等多种功能障碍,只能发出咿咿呀呀的声音。孩子的大脑无法支配肢体,肢体不协调,脖子立不起来,长期的治疗和服药导致身形干瘦,体重只有30多斤。除此之外,还伴随着每隔半月至少有一次癫痫发作,需要终身服用安定药,预防大脑兴奋时病症发作。发作时表现为三天三夜不合眼看房顶,拳头攥紧,会吐舌头、流口水。因为其喉软骨发育不健全,会时不时地发出呼噜呼噜的声音。刚5个月大时从右胳膊肘进针穿出右锁骨附近才能输液,双手、双脚抽不出血就剃掉头发在头皮扎针抽血。小小从出生就一直跑遍各大医院,扎针抽血已成为常态,从来没有哭闹过。4岁前每年都会去医院进行大检查,抽血、脑电图等,现在孩子的病情已经变成常态化,不再去医院折腾,只在家定期服药。

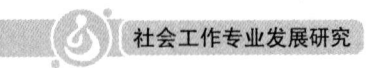

（二）服务对象生活资料

张女士，北京人，2006年领证结婚，婚后六年多开始准备要孩子。孩子确诊脑瘫儿童后，同年10月，孩子的父亲提出离婚，从此孩子由母亲抚养，经过协商孩子父亲需每月支付2000元的生活费。直到目前为止，每月除了2000元转账信息，张女士与孩子的父亲没有其他任何的沟通。

当社工走访时，正是张女士带着孩子和孩子外祖母搬到新住址不久，经过了解，一家人目前打算至少在这里租住4个月，租房的原因是随着张女士父亲的去世以及家里老人重新安置后，之前一家七口人住的150平方米的大房子没有了用途，为了缓解经济压力以及节省开支，将大房子卖掉，重新买了小房子。三个人相依为命，共同生活。

在访谈过程中张女士多次提到自己这辈子因为这个孩子毁了，但是作为母亲，她从来没有放弃过这个孩子。对于今后的规划也是一家三口相依为命，不考虑再婚。在整个访谈过程中，很愿意和社工分享生活的经历，心态良好，面对生活积极向上。

张女士社交活动少，平常只出门采购生活用品，与朋友聚会少。由于张女士名下有一份房产份额，不满足申请低保的条件。因此家中经济主要来源于孩子父亲每月支付的2000元生活费和家庭存款。

第三节　脑瘫儿童照顾者个案需求分析及介入的必要性

一、脑瘫儿童照顾者个案需求分析

本章是运用生态系统理论的视角去分析社会工作计划介入的脑瘫儿童照顾者的个案，在查尔斯·扎斯特罗看来，人类所处的社会生态系统主要可以分为微观、中观、宏观三个方面。笔者在具体分析个案的需求时，依据生态系统理论做好的分层分类，并结合服务的个案的具体情况，遵循"人在情境中"的基本方法，将脑瘫儿童照顾者的压力来源放在微观、中观、宏观这三个系统中去分析，笔者结合案主张女士所处的生态系统，对其服务需求分析如下。

（一）在微观层面

1. 家长自身的个人特质

每个人都是与众不同的，由于性格特征不同，每个人在面对事件时的表现也极其不同。首先，案主自身个性特质鲜明，习惯性压抑自我情绪，为了不让自己的母亲担心，张女士习惯性将负面情绪压在心里，长时间积累，会使张女士内心无法承载过多的超负荷能量，造成亲职压力大。其次，张女士自身对于孩子患病存在的错误认知，在患病初期张女士总是怀疑是自己怀孕时总去医院照顾患病的父亲，医院的医疗器械对孩子有辐射，因此才让孩子出生后遭受苦难，再加上婆家一直认为就是张女士的原因才导致孩子的病情，让张女士内心一直自责不已。加之家庭关系的破裂，服务对象会因为家庭角色的缺失而失落，从此以后自己将成为单亲妈妈，出现自卑心理。开始抵触与人社交，讨厌别人对孩子表现出怜悯，对自己表现出同情心，对外界的声音存在错误认知，认为他们只会歧视自己。长此以往，将会产生不良情绪，在没有合理的缓解方式之前，容易出现情绪焦虑抑郁、心理负担沉重、亲职压力大等一系列问题。

2. 儿童患病对照顾者亲职压力的影响

目前，儿童脑瘫是导致残疾的主要原因。脑瘫的难以治愈性，更是对一个家庭的重大考验，会给家庭带来难以估量的问题，是我们常人所难以想象的。如今张女士不仅面临孩子的病情无法治愈，还面临着由于孩子的病情带来的家庭支离破碎。所以对于这个原本幸福的家庭无疑是雪上加霜，无论是在经济上还是在家庭照顾上，患有脑瘫儿童家庭的不完整性会使照顾者的亲职压力都会成倍增长。

3. 日常生活照料中的亲职压力

张女士在长达七年的照顾中，一直扮演照料为主的工具性角色，她将自己所有的时间都花费在照料孩子上，经常得不到个人的自由空间，因而表现出极大的亲职疲惫。在日常生活照料中，病情一直不见好转和由于缺乏专业的照顾方式带来的亲职压力，一次又一次地打击着张女士的信心，整个过程中无不体验到亲职中的无助感。

（二）在中观层面

1. 家庭关系的变化

由于男方家重男轻女的传统封建思想影响，在孩子刚出生时，对方家庭看到生下来的是女孩，觉得没有完成给他们家传宗接代的任务，就开始表现得不甚满意，对孩子的到来就表现得毫无波澜。偏偏在孩子刚满月不久，就发现异常。经过几番确诊，诊断为小儿脑瘫。从天而至的疾病，让整个家庭陷入情绪阴霾，每个人都承受着巨大的精神压力，此时张女士的丈夫提出离婚，对于孩子的病情开始逃避，不想负责。这对这个短暂享受到拥有孩子的幸福家庭无疑是一种致命的打击，由于病情的不稳定性以及面对永无止境的长期治疗，无疑加重了经济上的负担和家庭成员的照顾任务。在家庭中，孩子的父亲本应该是家庭顶梁柱，但面对现实的打击，家庭关系的变化，导致一家之主的位置缺失。整个家庭的重担，突然都落在张女士一人身上，令其对生活更加悲观。短时期内经历的重大家庭变故，使张女士感到亲职压力达到了前所未有的高度，伴随着巨大的压力，张女士开始出现失眠、焦虑等症状，那段时间将生活和自己过得一团糟，对生活完全失去信心，这令她感到十分绝望。

2. 角色分担失调

张女士的婆家与张女士在孩子的抚养、救治问题上从一开始就存在分歧，对方主张放弃对孩子的治疗，并且将孩子患病的一切原因都归于张女士。可是张女士不忍心放弃小生命，并且对于对方无证据的指责，内心倍感煎熬。所以在后期的治疗中，婆家并未帮助张女士做过任何照顾分担，包括自己的丈夫。最终张女士不愿再消耗彼此，同意离婚，决定独自抚养孩子。从始至终只有张女士的母亲一直陪伴在她身边。从孩子患病到离婚大概有一年的时间，都是张女士独自履行照顾孩子的责任和义务，亲属角色分担严重失调。

(三) 在宏观层面

1. 支持网络

由于张女士十分好强又爱面子，结婚六年一直没有怀孕，自然受到周围人的诸多关注，当有了孩子后孩子的病情，又让人很苦恼。张女士从心里觉得会遭到外人的嘲讽，一方面担心孩子会被别人瞧不起，另一方面觉得自己也会被看不起。因此导致张女士与朋友之间的联系逐渐变少，出去聚会也会明显感到难以融入朋友们讨论的话题，所以从此以后便很少向亲戚、朋友诉说自己的情况，很少社交。作为一个完整的社会人，我们每个人都需要与周围人的相处交往来更好地完成社会化进程，如今张女士将自己封闭起来，缺少这方面的支持，自然觉得自己的压力很大。

2. 福利制度

当前，我国关于儿童福利体制还不够完善，对于不同的群体缺乏相应的救助措施，脑瘫儿童在治疗康复方面存在着诸多问题，导致很多家庭自身难以承受。案例中的脑瘫儿童家庭，长期面对庞大的医疗费用和生活开支，一直处于经济拮据的状态，因此，从经济角度考虑，我国应该更加完善关于残疾儿童家庭的保障，从一定程度上帮助其缓解经济压力。帮助残疾家庭就是在帮助家庭中的照顾者，福利制度的实施，可以有效减轻他们生活的压力，将更多时间精力投入到照顾中去。无论从福利政策角度还是照顾者角度，国家制度的完善将会给残疾家庭带来帮助。因此，制度的缺失和不完善也是造成照顾者亲职压力的一个主要原因。

二、社会工作介入脑瘫儿童照顾者亲职压力的必要性

(一) 专业价值观的要求

王思斌 (2006) 认为，社会工作的指导思想是利他主义，是一种运用科学方法、以科学的知识为基础的助人服务活动。[①] 除此之外，学术界还有许多学者对社会工作概念进行过界定。例如，朱眉华等 (2006) 在描述社会工作的概念时，站在不同的视角下，综合各方面为出发点，将社会工作重新描述定义为在遵循助人自助的价值理念指导下，运用个案、小组、社区、行政等专业方法，以帮助机构和他人发挥自身潜能，协调社会关系，解决社会问题，促进社会公正为职业的一项专业性工作。[②] 作为一个助人的专业，社会工作者应该秉持利他主义，对脑瘫儿童的照顾者面临的许多问题，伸出援助之手，充分体现专业"助人自助"的价值观要求。

(二) 脑瘫儿童照顾者的迫切需要

国内外对脑瘫儿童照顾者的亲职压力做了一些研究，研究结果都表明与正常儿童父母的亲职压力相比较，脑瘫儿童照顾者的亲职压力处于很高的水平。本研究通过走访对脑瘫儿童照顾者的亲职压力测量，证实了这些家长在照顾过程中，亲职压力值确实处在较高水

---

① 王思斌. 社会工作概论 (第二版) [M]. 北京：高等教育出版社，2006：12.
② 朱眉华，文军. 社会工作实务手册 [M]. 北京：社会科学文献出版社，2006：3.

平。实习期间的走访加深了与照顾者们的接触和交流，切实感受到了他们的焦虑、担忧与抑郁。到目前为止，小儿脑瘫还是一种无法治愈的疾病，大部分儿童患病后生活都不能自理，需要人终身照顾。情况良好的脑瘫儿童，可以进行康复治疗，但是效果却微乎其微；情况较差的脑瘫儿童，由于病情的不稳定，无法控制甚至都无法进行康复治疗。由此可见，脑瘫儿童照顾者的亲职压力不同于一般家长的亲职压力，并且这种压力是长期的。由于脑瘫儿童在肢体、语言发展等方面存在障碍，因此他们大多都没有社会交往的能力。他们也无法像正常儿童一样对父母表现出明显的依恋，这让很多脑瘫儿童的父母难以体验到正常父母所拥有的家庭幸福感。再加上脑瘫儿童常常伴有癫痫发作，每隔一段时间便会失眠、口吐白沫、无法进食等，这些都使脑瘫儿童照顾者倍感压力。长此以往，脑瘫儿童的照顾者累积着巨大的压力，自我时间的缺失使他们难以找到合理的释放压力的方式。因此，有效地减轻脑瘫儿童照顾者的亲职压力必须采取专业的方法，利用专业的工作理念、价值观和助人方法能够给脑瘫儿童父母提供一些切实有效的帮助。一个家庭中，有一个脑瘫儿童这无疑对整个家庭来说是一场灾难，这样的打击对任何人来说都是沉重的，单靠个人的力量很难从中走出来。总而言之，脑瘫儿童照顾者迫切地需要帮助。

第四节 个案工作介入脑瘫儿童照顾者的实务过程

一、接案与建立关系

在 T 机构实习期间，有几位监护人的亲职压力已经很高。其中，本研究对象所处的家庭类型更为特殊，家庭角色的缺失给案主带来的亲职压力的影响更大，当事人自己想做出改变。因此，在导师和督导的共同指导和帮助下，开始对其进行初步评估，然后确定工作者的能力能够帮助她缓解亲职压力后，逐步与案主建立专业关系正式接案。

（一）案主的选择

2021 年 7 月初，工作者在社会工作事务所实习期间，参与了儿童福利项目，接触的孩子大多是困境儿童。工作初期，主要是为困境儿童建立档案、补全信息等。工作者在督导的带领下，与困境儿童及其家长进行了几次简单接触，通过量表测量和主动挖掘的过程中，发现有几位照顾者的亲职压力水平达到了 90 分以上，案主得分为 111 分，处于非常高的水平。在契合本章研究内容的基础上，结合困境儿童照顾者的基本情况和个人知情同意后，工作者选取了一名特殊典型案例，案主的女儿（下文中简称为小小）患有脑性瘫痪，这位案主就是典型的脑瘫儿童照顾者，以亲职压力水平较高的脑瘫儿童照顾者作为本章研究的对象，并为其制订合适的服务计划，在案主表示同意之后，决定为其提供个案介入服务。

（二）建立专业关系

在建立专业关系前，工作者依靠儿童福利项目的推进，一直与案主所在的街道社区进行了解，在推动儿童福利项目的实施过程中，与案主建立联系，鼓励并引导案主多参与活动。因此，工作者与案主并不算陌生，这也为专业关系的建立奠定了一定的基础。在机构督导的指导下，工作者与案主开始了第一次会谈。第一次会谈主要是工作者向案主通俗的介绍社会工作专业，并解答案主的一些疑问。

工作者："张姐，你好。我是内蒙古大学社会工作专业的研究生。这次来这边的机构进行专业实习，和您建立深入的交谈一方面是因为我毕业论文的主题和您的情况比较接近，就是关于家长在照顾孩子时候产生的压力；另一方面也是想用专业的知识帮助你们。"

张女士："社会工作具体是做什么的啊？"

工作者：社会工作就是坚持助人自助的宗旨，简单说就是帮助人们学会帮助自己，授人以渔，运用一些专业的知识、技能和方法，协助我们的案主解决问题。他与志愿者、义工都不同，有自己专业的伦理规范和核心价值理念，是一门专业的学科。

工作者向案主简单介绍了自己、来意和目的，并解释何为社会工作，是具有一定专业性的学科。最后还表示希望可以通过一些具体的服务来帮助她缓解压力。

张女士："我觉得我没什么特别的，为什么会是我？"

工作者："想要帮助你的契机是因为通过前期和您的接触，了解到您的亲职压力算是比较高的，但是经过这段时间的观察，发现您虽然有时也会向孩子发脾气，可是等冷静下来后就去哄小小，说明您的良苦用心。您的亲职压力也是影响您情绪的重要因素。希望可以通过我们的帮助让您的生活更加美好。"

张女士："那你准备怎么帮我呢？"

工作者："我现在只能对您的需求有个初步的评估，具体的计划需要深入了解情况以后才能确定。虽然在经济上我可能没有办法更好地去帮助你，但目前我们先可以从压力方面入手，主要是缓解亲职压力，让您能更好地生活，您可以再考虑一下。"

由于前期有过个案走访和项目的访谈，此时案主已经开始慢慢信任工作者，能感觉出案主逐渐放下戒备。工作者通过自我披露等方法，和服务对象说明情况，对案主一系列的疑问给予合理的理由与回答，争取打消疑虑，获取案主的信任，努力与案主建立舒适、愉快、信任的关系，推动专业关系的建立。

在经过第一次会谈后，案主与工作者的交流有所增多，慢慢建立起一定的熟悉感。工作者决定开展第二次会谈，此次会谈的主要目的是继续引导案主敞开心扉争取案主的信任，对案主的经历与感受表现出对案主的尊重，创造良好的会谈氛围，让案主感受到是安全的、温暖的。

从孩子出生，就不招他们家人待见，重男轻女的思想太让我心寒了。孩子刚满月时生病，他们家人就从来没有帮过我，他每天下班后偶尔给我送顿饭，也就回家了。医院里只有我自己照顾孩子，她奶奶也不管这个孙女，只有我母亲会来帮我。

我这也不是什么英雄事迹，虽然平常带孩子挺辛苦的，但是她很乖，平常不会哭闹。不过最近小小又开始犯病，几天几夜不睡觉，不吃饭。我看着她就着急。

案主在为孩子治疗的过程中积累了很多压力。经过工作者的努力，案主开始信任工作者，并愿意同工作者分享自己的以往经历和感受。

张女士："最近刚搬到新家，开始收拾东西。孩子每天也挺乖的，不会给我找麻烦，但是最近不知道怎么回事，已经连续三天不睡觉了，就盯着天花板看，也不吃饭，不喝水。"

工作者："之前有过类似的情况吗？您有没有采取什么方法？"

张女士："之前也有过，那是她癫痫发作时，没有这次这么严重，持续时间比以前会久。"

工作者："有没有可能和换了一个新的环境有关。您最近的情绪不稳定是不是也和这件事情有关？看得出来您对孩子是非常上心的。最近是不是压力太大了？"

张女士："唉，确实是因为她啊。我这几天本身就火气大，她还老不吃饭，我那天就打了她几下。不过后来我发现确实是我的问题，看见她难受吃不下去，我也很难受，压力也很大。"

工作者："我认为您说的这些反常的情况与您的压力大是有关系的。从客观角度来看，您的负面情绪会投射到孩子身上，容易出现情绪波动，对孩子也会有影响的。"

针对案主提出最近生活上出现的困难，工作者给予正面的回复，并通过澄清来向案主解释模糊概念，让案主对自己有更加全面的认识。从这段对话中可以看出，案主虽然对孩子的照顾非常细心，但亲职压力高会难免带来情绪波动，在一定程度上会对孩子造成伤害。工作者对于问题所在提出自己的看法，提醒案主可能是因为自身的压力而影响到生活和孩子。后来工作者分析具体事件，以及对案主生活产生的副作用，用举例的方式让案主认识到自己存在的亲职压力。

通过两次会谈，工作者在督导的指导下，运用专业知识与技巧，着手了解到案主的基本情况与个人特质，基本消除了案主的戒备，建立了良好的专业关系。工作者认为案主目前存在的一些问题，归根结底可能还是由于案主亲职压力水平高。会谈中工作者观察到案主在第二次会谈中情绪不太稳定，不过案主也及时认识到自身状态存在问题。并答应及时调整，看到案主的积极改变也为后续服务的开展奠定了基础。

二、预估

社会工作者首先在日常的个案走访中对案主的基本信息进行了全面的收集，了解其性格特征，观察其生活状态。接着，工作者对案主所处的生态系统进行信息收集，通过了解案主的生态系统以及各个系统之间的互动次数，评估案主所拥有的生态系统是否能提供有效帮助。根据这些信息的收集，有利于为社会工作者之后的工作提供针对性的帮助。在每次的走访过程中，社会工作者都会认真观察案主的变化和状态，对于案主主动叙述的事件及信息进行及时记录并深入挖掘。对于遗漏信息，工作者要主动询问，避免错过重要的信息。

本章主要根据接案阶段所收集的资料，进一步扩大相关信息的收集，并对一些信息更加细致地分析，在对案主的不同系统预估分析的基础上，制订服务计划，为开展个案服务做好准备。

（一）对案主自身系统的预估

1. 个人特质中存在的优势

（1）张女士从个性来看，是一位独立且坚强的女性，个性要强，十分要面子。孩子确诊为婴儿严重性痉挛，诊断为脑瘫儿童后立马办理了辞职，医院下发过几次病危通知书，建议放弃对小小的医治，并且孩子的父亲也要放弃小小，只有张女士坚持抢救孩子，对小小不抛弃不放弃，是一位称职的母亲。虽然孩子的病情无法治愈，也没有好转，再精心的照顾也避免不了不定时的癫痫发作，再加上孩子父亲逃避责任，在关键时刻选择离婚，孩子的病情以及家庭的变故对她的打击十分大，对张女士无疑是雪上加霜，让张女士心理有很强烈的自责和内疚，亲职压力程度逐渐加重。

（2）张女士在和社工诉说痛苦的经历时的情绪管理能力比较强，虽然生活让她承受着很多不公和重担，诉说时会流露自己的情绪，但也会很快调整，恢复平静。

（3）在了解基本的情况后，张女士表示需要减缓亲职压力，愿意接受帮助，并和社工一起探索解决问题的办法，主动寻求改变适合的方式，具有很高的积极性。

2. 个人特质导致其亲职压力大的方面

（1）习惯性压抑情绪，为了不让自己的母亲担心，张女士习惯性将负面情绪压在心里，长时间积累，会使张女士内心无法承载过多的超负荷能量，造成亲职压力大。

（2）对于孩子患病存在错误认知，在患病初期张女士总是怀疑是自己怀孕时总去医院照顾患病的父亲，医院的医疗器械对孩子有辐射，因此才让孩子出生后遭受苦难，再加上婆家一直认定就是张女士的原因才导致的孩子的病情，让张女士内心一直自责不已。

（3）服务对象会因为自身的情况感到和别人不同，出现自卑的心理，开始抵触与人社交。家庭角色的缺失增长了内心的失落感。在现实生活中，讨厌别人对自己表现出同情心，对孩子表现出怜悯，认为外界的关心都是带有歧视的，这些错误认知从而使其产生不良情绪，没有正确合理的方式解决现状，造成服务对象张女士情绪焦虑抑郁、心理负担沉重，亲职压力大。

（二）成长背景对亲职压力的影响

张女士从小性格大大咧咧，行动力强，虽然家中有一个姐姐，但基本上都是她在照顾姐姐。小时候会跟着父亲摆弄螺丝，修水管，修线路样样精通。家里人都觉得她像个男孩儿，做事利索，懂事听话，父母都很疼爱她。在张女士刚刚成年时，由于父亲得了一场重病，姐姐在外学习，她与母亲两人在病房外整整守了两个月，每天一封病危通知书让小小年纪的她提前面对残酷的现实。父亲病情好转后，也无法离开人，家里又有奶奶和姑姑需要照顾，因此，她便提前步入社会开始工作。由于母亲一人无法照顾一大家人，张女士就辞职全身心为了整个家庭忙前忙后。家中的变故使案主早早背负上了家庭的重担，照顾压力逐渐增长。后来张女士组建家庭后，父亲再一次病重，怀着孕的她依旧在和母亲轮流看护，生理、心理上都承受着巨大的压力。由于服务对象的成长环境和家庭变故，让张女士过早地面对家庭照顾压力，对以后亲职压力大也造成一定影响。

（三）对案主所在家庭系统的预估

家庭系统中的优势：在张女士与丈夫离婚后，张女士的母亲一直陪伴在她的身边。从孩子出生起，外祖母便一直在身旁照顾，给予张女士很大的支持。张女士的母亲是她的精神支柱，也是她的退路。如果没有母亲的支持，张女士不知道该怎么面对。虽然与公婆关系紧张，丈夫也逃避责任，但是因为有母亲的存在，给了张女士莫大的心理安慰。除此之外，姐姐也一直对张女士的做法表示支持态度，这些都是服务对象所拥有的潜在家庭支持资源。

家庭系统中存在的不足：家庭结构不完整，缺少父亲的角色。孩子的父亲离异后这么多年除了给孩子打必需的生活费外，与孩子没有任何联系，对于张女士来说，不管在物质上还是在心理上都是失望的。孩子患有脑瘫，无法行走，存在智力障碍、语言障碍，需要人无时无刻的陪伴。不仅需要全天候看护，还要定期带孩子做康复训练，监督孩子吃药。虽然有母亲的帮扶，但是张女士仍然需要承担大部分的家务活和日常生活照顾，况且母亲也逐渐年老，也需要张女士的照顾和关心。这样的家庭分工状态会长期一直持续下去。另外，张女士也十分担忧孩子的未来，不管是如何维持现状，还是以后她自己怎样生活，服务对象都很苦恼。张女士辞去工作后，家庭每月收入几乎为零，靠着家里的积蓄和自己的存款维持生活，政府每月补贴400元，是家里的唯一收入。面对治疗费用和日常开销，对于没有工作的张女士来说，是很大的支出部分，经济状况的不乐观让张女士在经济方面倍感压力。

（四）对案主支持系统的预估

支持系统的优势：服务对象所在的街道和社区居委会定期摸排居民情况，对社区内困难群体比较关注，会给予一定的照顾和帮助，例如，疫情防控期间会送一些防护用品和消毒物品，提醒大家注意防护。街道也会与机构联合，在社区内组织一些公益活动，鼓励附近居民参与，这对于服务对象来说，在社区内接触这些支持资源相对来说比较容易，机会也比较多。除此之外，街道将其信息已上报登记到民政局系统内，便于政策的照顾和帮扶。

支持系统的劣势：服务对象张女士很少出门，除了购买生活必需品以外，几乎不离开家。社交范围狭窄，来自朋友的支持比较薄弱。张女士也从不参加社区邻里间的活动，搬入新家不久的一家人和邻里几乎没有交集。通过收集资料发现，服务对象的支持系统中，不管是正式系统还是非正式系统目前都十分薄弱，这在一定程度上造成张女士的照顾压力、经济和心理负担的增长。工作者应尽可能地支持和鼓励服务对象重启并拓宽自己的支持系统，为缓解沉重照顾压力做出一些努力。

（五）案主的家庭结构

案例中案主的家庭结构如图7-2所示。

（六）案主问题界定

通过实习期间的走访和跟进，笔者与服务对象面对面地深入交谈，根据其目前的情况和需求，对案主的问题作出以下四个方面总结：

1. 心理压力大

（1）个人特质方面。张女士个性要强，面对孩子的病情，一时无法接受。案主的自尊心强，不愿意让别人可怜她，也拒绝由于同情孩子的处境而带来的话题。因为小小的病情已经基本定型，无法做康复的小小让张女士心里少了一层保障。而自己的年龄也越来越

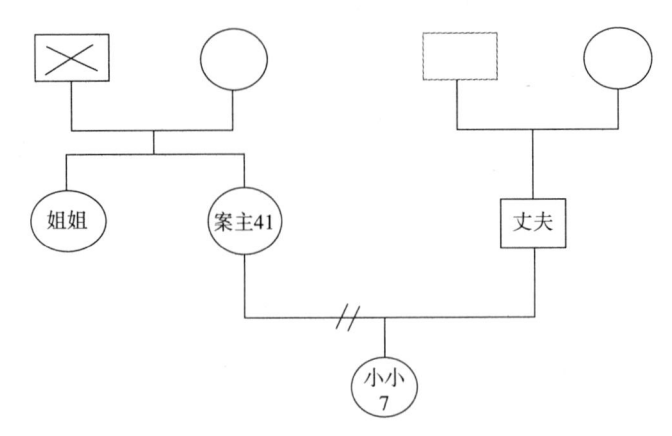

图 7-2　家庭结构

大，对孩子抱有的期望现在感觉到有些绝望。她不知道如果有一天她离开孩子后，孩子自己要如何生存下去。张女士的心理是害怕的，同时她也是痛苦的，这样的无力感，有时会让张女士认为都是自己的问题，自己心理负担加重。

(2) 家庭关系方面。张女士与其丈夫结婚六年，孩子的到来让他们很开心，但刚出生不到一个月就确诊为脑瘫，让这个原本幸福的家庭仿佛遭遇了灭顶之灾。之后的家庭关系就发生了重大的变化。原本恩爱的丈夫突然变了脸，开始准备离婚，逃避责任。婆家人不顾孩子的状况，将一切缘由归咎于张女士，完整的家庭逐渐分崩离析。在心理上，给服务对象带来了灾难性的打击。

2. 亲职压力大

家庭中脑瘫患儿的出现，无疑给家庭在照顾上带来巨大的挑战。张女士因为要照顾孩子，失去了工作，减少了社交频率，没有了自己的生活空间，照顾孩子变成了她生活的全部。即使张女士没有工作，也经常会出现手忙脚乱的情况，照顾压力的沉重使得服务对象亲职压力高，生理和心理上都感到巨大的压力。

3. 经济压力大

由于丈夫的离开，张女士要独自承担照顾孩子的责任，也抽不出时间去工作，所以整个家庭就仅仅依靠家庭积蓄维持生计，虽然每月有政府补贴的残疾人津贴，但是对于整个家庭的开支来说是单薄的，家庭经济收入几乎为零。一直没有收入来源不是一个长久之计，是难以支撑孩子长期的药物治疗费用和生活开支。因此造成张女士生活拮据，经济负担沉重。

4. 社会活动受限

脑瘫儿童病情的难以治愈和持续性，需要脑瘫照顾者每时每刻地陪伴在身旁，这就导致照顾者的活动范围变小，社会交往能力变弱。在孩子确诊后，案主将时间精力都投入在照顾孩子身上，参加社交活动较少，自我满足感较低，导致张女士无法更好地融入社会，与朋友的聚会次数也逐渐减少，人际关系紧张，朋友间话题也越来越少，与原先的朋友渐渐疏远，社会交往频次变低。良好的人际关系支持可以为服务对象提供很好的情绪价值，帮助服务对象提供调节不良情绪、提供建议等。案主应该积极扩展自己的社交圈，丰富人际关系网，改变自己的社交现状。

三、介入

（一）个案工作目标

1. 在微观层面

（1）引导服务对象树立正确的缓解压力的意识，学习正确有效地处理情绪的方式和释放压力的方式，疏导案主的不良情绪。

（2）挖掘案主潜能，提高案主的能力，形成积极乐观的生活方式。

（3）帮助案主恢复社交网络，提高社会交往能力，建立良好的人际关系。

2. 在中观层面

（1）正确面对家庭关系变化，缓解案主自行照顾患儿的压力，让案主认识到家庭系统能给自身带来帮助。

（2）加强家庭成员互相协作，缓解案主照顾压力，营造良好的家庭氛围。

3. 在宏观层面

（1）关注案主的社会融入情况，提升外部环境系统对案主及家庭支持力度。

（2）倡导社区风气的改善，减少对脑瘫儿童的歧视和标签。

（3）链接有效资源，调动社会各界的力量参与到脑瘫儿童的救助工作中来，完善福利体系的建立，形式高效的服务机制。

（二）实施计划

第一阶段：建立良好的专业关系，收集基本资料，进行亲职压力测量。

第二阶段：引导案主客观分析原因及事实情况，缓解焦虑情绪和压力。

第三阶段：增强家庭关系的纽带，减轻照顾压力。

第四阶段：丰富社会支持网络，鼓励案主多与亲属、朋友交流，提升社交能力。

第五阶段：挖掘案主的自身优势，构建有效的正式支持网络，增加家庭收入，提高案主面对困境的能力。

第六阶段：强化服务对象积极正向的改变，进行亲职压力前后测对比，巩固已有成果。

（三）介入过程

（1）第一阶段：建立良好的专业关系，收集基本资料，进行亲职压力测量。

时间：2021年7月8~15日

地点：北京市G社区服务中心、服务对象张女士家

主要任务：这一阶段主要是要与案主建立良好的专业关系，通过沟通减少彼此的陌生感，建立案主对工作者的信任。初次见面接触，首先，要了解案主的基本情况，在服务过程中，全面系统地收集案主的各方面资料，分析造成案主亲职压力的原因，了解案主的需求并进行需求分析。其次，对案主进行亲职压力的前测，为之后的工作打下基础。通过工作者之前的个案走访，已经与服务对象有一个初步的了解，但是都停留在表面，对于想要

介入找到问题的深度还远远不够。最后，工作者为了个案的顺利展开，再次对自己的身份和目的进行澄清和解释，为了进一步打消服务对象的疑虑和不安全感，取得服务对象的信任。与案主的第一次会谈地点是在其家中，是服务对象所熟悉的环境，但是服务对象依旧有些紧张和慌乱，有些语无伦次，不能完整表达自己的情况。针对这一问题，工作者运用尊重、同理、倾听等技巧缓解案主的不适，得到案主的支持与配合。在服务的初始阶段，工作者的主要任务就是与案主建立良好的专业关系，为后续服务开展打下坚实的基础。

社工：姐，在这之前，您有听说过社工吗？（为了与服务对象张女士的关系更加紧密，社工称其为姐）

案主：我知道社工，你们和之前来家里的残联不是一样的，是吧？

社工：不一样的，简单说残联主要是鼓励残疾人群体能够平等地参与社会活动，指引生活变得更加有意义。而社工是运用专业的方法来帮助解决问题，但是都是为了让人们能够有更好的面对生活的信心和能力。您以后就是我的案主，您的所有资料和情况都会严格保密。

案主：好的，我了解了。

社工：之前残联来家里，是因为孩子的情况吗？

案主：是的，我家孩子是2014年出生的，马上就7岁了。刚满月就被确诊为脑瘫患儿，从5个月开始就吃治疗药，那个药是专门抑制脑神经抽搐发病的，最近几天她又开始犯病了。

社工：孩子犯病具体有什么表现吗？

案主：现在犯病就是三天三夜不睡觉，就盯着天花板，也不吃不喝，不哭不闹，连水也不喝。搞得我很心烦。

社工：那您平常需要专门给她弄其他食物吃吗？

案主：那倒不用，她在饮食上和我们也没有什么区别。一般都会弄一些粥、挂面之类的。孩子不会嚼，面条我基本会给她剪碎或者吃米饭拌点菜之类的，弄得都比较碎，怕她呛着。

社工：您真的是一位很伟大的母亲，那在孩子的养育过程中都存在过什么问题？

案主：孩子刚出生的时候对方家就表现得不太开心，他们家属于重男轻女，据我妈说，得知孩子是女孩的时候，他爸直接就蹲在角落里不说话了。后来孩子生病，也都是我自己，他们家的人从来没来看过孩子，也没有实质性的帮助，治疗费用都是我自己的存款。因为这孩子的病我不知道跑了多少家医院，看过多少医生，真的是时刻都紧绷着。这几年好多了，我妈一直帮着我照顾，刚开始真的是非常艰难。

社工：您说的意思就是孩子出生以后，他们家人都表现得不开心就是因为性别原因吗？

案主：他爸之前就和我说过，说什么他们家三代单传，不能在他这断了。你说刚出生孩子好好的，什么毛病都没有就不待见孩子，还不是因为我生的是女儿。

社工：那您当时心里怎么想的？

案主：我当时管不了男孩女孩，疼得要命。但是我一直觉得不管男女都是我身上掉下来的肉，我心里没有任何其他想法。

社工：看来这些年您过得确实很不容易。一方面，孩子的出生没有给家庭带来很多的幸福感，家庭关系紧张；另一方面，又查出孩子的病情。您是不是经常会出现焦虑的感觉？

案主：这些年过得确实很辛苦，孩子从一个月开始出现不同寻常的症状，那时候开始我就带着孩子去北京的各个医院挂号、诊断，可是都是一个结果。那段时间我整个人都很颓废（案主的情绪泛滥），经常失眠、胸闷，觉得每一天都过得很痛苦。

社工：好的，我了解了。姐，非常感谢您愿意和我说这么多，通过前面的谈话，我也对您的情况有了基本的了解，我觉得您的亲职压力水平处于很高的状态，我们下一次一起来帮您舒缓亲职压力，我会尽我所能帮助您的。

此次会谈，笔者对服务对象的家庭基本情况有了一个了解，整个过程采用倾听、同理心、积极回应、鼓励等方法引导服务对象吐露心声，获得服务对象的信任，并根据前期的收集资料和分析，进行了简单预估，认为目前造成案主亲职压力高的原因主要是案主本身、孩子的病情以及家庭支持系统的支持。为了更加准确地了解服务对象目前的压力程度，笔者还运用 Abidin 所编纂的《亲职压力指标简表》（见附录）对服务对象进行了测量，第一次的测量结果为 111 分，属于较高的亲职压力范畴。在此基础上，根据服务对象目前的需求，调整个案服务目标和计划，制定可以更有效地舒缓案主的亲职压力方案。

（2）第二阶段：分析案主问题及原因，缓解不良情绪。

时间：2021 年 7 月 21~28 日

地点：北京市 G 社区服务中心、服务对象张女士家

社工：姐，好久不见啦，最近状态感觉怎么样呢？

案主：上次和你聊过以后，整个人感觉轻松了不少。因为平时我的生活就是很单一，很少有聊天的人，基本上也很少跟人交流，生活的重心都在孩子身上。在家就我和孩子两个人，也没人能和我说话。能跟你谈谈我的情况，我觉得对我来说也不是一件坏事情，感觉说完以后心情还挺好的。

社工：真的吗？真的很感谢您对我的信任。最近孩子的情况怎么样啊？

案主：上次不是犯了几天病吗，又持续了一两天就好了。就又开始恢复正常了，也让我舒了一口气。

社工：那就好。那孩子出现这样症状的情况大概多久一次呢？

案主：差不多一个多月两个月一次吧，也不固定，发病反反复复的让人很烦躁。

社工：那确实还挺频繁的，除了药物治疗，您还有没有采取过什么其他措施治疗吗？

案主：有啊，之前想给她做康复治疗，像很多小孩都去做康复治疗。但是她不符合，连康复治疗都做不了。

社工：具体医生是怎么说的呢？为什么她不能做康复治疗？

案主：主要就是因为她的癫痫老是犯病，医生说要三个月不犯病才能够做康复，不然会对她的身体有损害。所以她就什么都不能做，只能靠药物来维持、抑制。

社工：嗯嗯，了解了了解了。她的病情不稳定确实怕治疗过程中给她造成二次伤害。那关于孩子的情况，您有没有和家里其他人倾诉过，或者朋友之类的？

案主：没有。我家孩子这情况，除了我和我妈以外，其他人是不知道的，再加我姐，其他人我从来都不说。我这个人吧，自尊心也挺强的，不愿意同别人说这些。你说我如果和他们说吧，他们的反应除了可怜就是同情，让我感到很不舒服，要不然就是大家也聊不

到一起，我也不想把自己的这些糟心事给别人说，再给人家搞出什么负能量，也挺没意思。所以我什么都不说。

社工：确实，我懂您的感觉。这样的事情，放在谁们家也不好受，您的状态已经很好了，把家里收拾得井井有条。

案主：最难的时候都过来了，现在就看开了就好了。刚离婚那会儿，只有我自己照顾小小，我也什么也不懂，我也害怕啊。但是有什么办法，没有人可以替我照顾她，只有我自己。那时白天黑夜的颠倒，她时不时地就出现点什么异常，我就得一直看着她，她不睡我就不能睡，她睡着了我也不敢睡。现在相信，那段时间真的是地狱般的日子，我整个人都不好了。

社工：当时只有您自己照顾孩子，压力一定很大。但是您真的很坚强，现在都挺过来了。

案主：我也是没办法啊，当时我妈还需要照顾我奶奶和姑姑，我还摊上一个不是正常小孩的孩子需要照顾，我没有可以依靠的人。

社工：那您之前是干什么工作的？后来是辞职了是吗？

案主：我之前也不是什么正式的活儿，我什么都干过，商场卖货的、超市收银员、管理人事的等等，但自从我爸开始病，我工作的不就变得断断续续吗，后来有了孩子就更别说了，彻底什么都干不了了。她的情况你也看到了，需要我每时每刻地陪在身边，我根本什么都干不了。

社工：小小的情况特殊，您也是没办法。那您没有工作以后怎么维持家里的开支呢？

案主：我不工作以后，基本上家里没有任何收入。这些年就靠着家里的积蓄过着呢，现在我妈和我住在一起了，有时我还啃啃老，花她的钱呢。(案主有些不好意思)

社工：小小有享受到什么政策福利吗？

案主：她有个残疾证，每个月政府会给往里边打400元，对于她的情况来说，起不到任何作用。但是有总归比没有好，也能缓解一下经济压力。

社工：是的，残疾人津贴也是政府对于这个群体提供的一些福利，希望能帮到大家一点是一点。那现在您母亲和您住到一起了，您平常会出去散散心吗？

案主：我平常都不怎么出门。基本上就在家待着，除了买点生活用品会下楼，都窝在家里。

社工：您和您的朋友也不会经常见面吗？

案主：不会，我也没什么朋友，可能一个月会见一次算是最短的见面频率了。

社工：好的，我大概了解了。我们聊了这么多，您还记得我们上次测试过的亲职压力表，您的得分是处于较高水平的。今天听您说下来，我大概总结了一下，您的亲职压力大概主要来自以下四个方面：一是您自身自尊心高，您的个人性格特质造成您的一部分亲职压力的增加。二是比较重要的一方面，就是对小小的照顾压力，从对话中可以了解到，您曾经包括现在都承担了大部分的照顾责任，再加上小小病情的不可治愈性，造成亲职压力居高不下。三是您的另一部分亲职压力可能来自您的经济情况，由于您没有工作，收入不太乐观，造成您的一些心理压力。四是您的社会交往情况也是您亲职压力只增不减的重要原因，您与朋友见面次数少，很少向朋友倾诉，平常不与朋友家人聊天，导致您的情绪无法宣泄，长时间积压在心里，造成焦虑、抑郁等不良情绪产生。

通过这一阶段的访谈，了解到案主的亲职压力主要来自自身性格原因、照顾孩子的压力、经济压力以及社会交往情况四个方面。接下来，工作者要着重从这四个方面深入了解问题产生的原因，从中找出案主的最主要的问题需求，帮助案主解决不良情绪的产生，缓解案主的亲职压力。由于案主的遭遇比较特殊，加之脑瘫患儿本身给家庭带来的问题就层出不穷，家庭的不完整性，让案主陷入困境。工作者接下来深入分析案主的家庭系统和社交系统，评估案主的支持系统。在今后的工作计划中，继续鼓励案主敞开心扉，面对压力，发现自己的潜能。

（3）第三阶段：增强家庭关系，分担照顾压力。

时间：2021年8月9~15日

地点：北京市G社区服务中心、服务对象张女士家

这一阶段由于疫情，暂缓了一段时间个案的跟进，但是与案主有电话的访谈与联系，并在疫情结束后，再次来到案主家里，除了因为项目的活动给案主送去防疫物资，还继续进行完成本阶段的个案访谈目标。

社工：哈喽，姐，最近疫情导致我们的个案无法如期进行，我们负责这个项目现在给您送一些防疫的物资，您可以囤起来出门的时候备用。

案主：好的，谢谢你们啊。现在真的是太好了，前两天社区还打电话问我们有没有什么需要。

社工：是吗，确实现在街道社区工作做得都很好，您有什么生活上的需要可以随时联系他们的工作人员。

案主：你们也挺不容易的，这么辛苦地跑过来，你们也要好好注意防护啊。

社工：好嘞好嘞，没问题。您也是，最近就尽量减少外出，出去也做好防护，以防万一嘛。

案主：好的。（案主对社工的到来表现得很开心，对社工非常热情）

社工：您现在是自己住吗？

案主：是的，现在搬来这里后就我和孩子两个人。

社工：那您的母亲呢？也是自己住吗？

案主：我爸去世后，没过多久我奶奶也就去世了，然后和我们住在一起的姑姑也就被孩子们送去养老院了。我这种情况，也没办法和我母亲一起再照顾别人。再说，我母亲年纪也大了，我也希望她不要太累，之前都是一直在一起的。

社工：是这样啊，我也记得您之前说起来都是一直和母亲在一起的。

案主：前段时间她也在呢，最近去我姐家帮忙去了，这不正好赶上疫情，管得比较严，我就没让她瞎跑，就先在那待着吧。

社工：嗯嗯，疫情反反复复的，你们还是要多加注意。我想问一下，当时关于您离婚这件事，您母亲是什么态度？

案主：我妈一直都是比较支持我的，她也看得见对方是什么态度，所以她当时也是希望我不要再继续耗下去，让我不要在不值得的人身上浪费时间。

社工：看得出来您的母亲是很支持你的。

案主：是的，不瞒你说，如果不是我妈支持我，我也不敢想我现在的生活是什么样。我妈是我的所有决定的退路，她是我的精神支柱，我很庆幸我妈是支持我的。

社工：您这样说我也能充分感受到，您母亲在您生活中占有重要性的角色。那你们是现在暂时搬到这儿住吗？

案主：是的，之前我爸还活着的时候，我们一家七口都住在大房子里。后来不是我爸也去世了，我奶奶也不在了吗，那会我也一直闹离婚，当时就准备把房子卖掉。因为就剩下我和我妈还有孩子，三个人用不了那么大的房子。现在那边也卖掉了，我们就买了个小房子，但是一直在准备装修呢，所以先租的这个房子住。(案主起身给社工介绍房子的布局)

社工：确实，三个人有这么个大小就正好。您也很爱干净吧，看您把家里收拾得这么干净。

案主：是的，一直以来的习惯。而且我收拾得干净点，总感觉会对孩子的身体更好。而且我妈也爱干净，她和我的想法一样。

社工：我觉得您说得很有道理，孩子的生活环境好对他们的身体健康一定是有益的。您和母亲的关系也一定很好，平常您母亲肯定也会对您的生活起到一定的帮助吧。

案主：是的，我妈妈和小小现在就是我最重要的人。没有她们我也觉得过得没什么意思。

社工：您和您母亲，平常也可以多多交流表达一下情感。

案主：我这个人也不怎么喜欢说话，很少和她说这些。

社工：生活每一天都是一样的，但是我们多多向身边爱的人，表达爱意会让生活变得五彩斑斓，您下次可以试试。

案主：好的，因为我妈确实也很不容易，她对小小比我还上心，从出生开始，她基本一直都在小小身边。那时候对方那家人不帮我轮流照顾孩子，就只有我妈天天来替我照顾，看着她。

社工：那看来孩子姥姥对孩子也是非常关心的。那这几天不见孩子，小小的姥姥一定也想她了吧？

案主：是啊，这不也离开没几天，天天打电话问我有没有好好照顾，她还嘱咐我怎么照顾呢。(谈到这里，案主流露的感激的情绪，眼睛微微泛红)

社工：您母亲是您的最大的支持动力，也是您现在唯一的家里的大人。我可以感受到你们之间那种浓浓的情感联系。你们住在一起，您母亲也帮助您不少吧？

案主：是的，我妈平常帮了我太多太多了。她帮我照顾小小，减轻了我的很多压力，她的存在让我能有时出去一趟也不害怕孩子有什么意外发生，让我很安心。我每天最大的幸福就是看见她们两个都在我身边。

社工：那过几天您母亲回来了，您可以尝试一下将您对她的爱意表达出来。

案主：好的，我会试试看的。

在本阶段，主要任务是深入分析案主的家庭系统，了解到案主所拥有的家庭支持资源。通过鼓励案主表达情感并布置任务的方式，让服务对象大致领悟到了家庭支持系统对她的影响的重要性。经过这段时间的接触交流，服务对象已经开始向工作者吐露心声和堆积已久的压力负担。服务对象自己表示"正是因为我母亲的支持，我才可以走到今天这一步。如果没有母亲的帮助，我现在一定很痛苦，照顾的压力也一定很大。现在这么多年过去了，我感到自己逐渐适应了这样的生活，整个人状态也好了很多"。看到服务对象意识到了家庭支持对她的重要，并且在逐渐学会表达自己的感情，在慢慢变好，相信其家庭关系会进一步增强，社工的心里也感到十分欣慰。这次会谈的交流和互动让服务对象对社工更加信任，对缓解自己的亲职压力也更加有信心。

（4）第四阶段：丰富社会支持网络，提升案主社交能力。

时间：2021年8月22~29日

地点：北京市G社区服务中心、服务对象张女士家

家庭支持系统的完整对于服务对象来说是很重要的一个释放压力的渠道，为了帮助案主减轻亲职压力，工作者在这一阶段准备帮助服务对象改善社交情况，丰富案主的社会支持网络，提升社会交往的能力。在这一阶段，工作者首先通过儿童福利项目的开展，鼓励服务对象积极参加活动，让服务对象认识更多有相同经历的人群。然后，通过在社区中举办书法、剪纸的活动，增进服务对象与社区邻里之间的相互了解，建立更多的支持关系。

社工：张姐，这周末咱们街道要在公园要举办一场公益画展，主题是关于脑瘫儿童的，到时候您可以去看看，还能认识一些具有相同经历的家庭和具有共同话题的家长朋友。

案主：好的呢，你把时间发给我。

社工：嗯嗯，那我把具体的时间、地点发给您。（工作者电话告知案主主题活动，鼓励案主积极参与）

社工：张姐，最近感觉状态如何？上次给您推荐的活动您去参加了吗？

案主：我出去买东西的时候去看了一圈，感觉人还挺多。我就简单看了看，听见家长讨论的都是和小小差不多的孩子的情况。我觉得大家应该都挺有共鸣的，我就加入了他们的微信群，刚刚看见群里的人还在说孩子的康复问题呢。我也刚搬过来这边，不了解这些，都不知道还有这种活动。

社工：现在社区经常会和机构合作举办一些有意义的活动，您可以多参加参加，丰富生活，还能交到朋友。

案主：嗯，这些活动的信息只有你们知道吗？

社工：不是的，社区一般都是有群通知。您可以从社区的群里了解到最近的社区活动，另外您还可以关注一下您社区的公众号，及时看到社区的一些信息。我也可以给您推荐几个公众号微信，您可以关注一下。

案主：嗯，好的，谢谢你。

社工：除此之外，您还可以和朋友们多聚一聚，出去散散心。

案主：最近这不是我妈回来了吗，两个人照顾孩子我就能轻松一点，这样我才有机会出去和朋友逛逛。

社工：嗯嗯，您和您的母亲一起照顾孩子一定会分担不少压力。那您有时间就可以和朋友约一约。平常在家也可以让您的母亲多下楼溜达溜达，邻里之间也可以认个熟脸，熟悉熟悉。

案主：我们娘俩都不怎么喜欢出去。我妈平常都不下楼，我俩就除了买买菜，就都窝在家里。现在这附近的人也都不认识，都像陌生人一样。

社工：家庭是每个人最舒适最温暖的地方，您家现在这么和谐幸福，想待在家也是可以理解的。但是我们毕竟是一个社会人，都需要社会化的，不能封闭自我，要多出去走走，这样自身的压力可以多方面地发泄出去，有时候可能多和别人交流交流，困扰您的事

情也变得没有那么重要了。您觉得呢？

案主：我知道你的意思，我有一个固定的朋友是一直陪着我的，但是我也不想老是打扰她的生活，所以我们就偶尔约一约，出去看看电影什么的。我感觉确实很开心。

社工：是吧，你们不光可以出去聊天、逛街，现在通信这么发达，您也可以在社交平台上互相关心，聊聊生活中鸡毛蒜皮的小事和看到的有意思的事情。不光对您来说是有益的，我相信您的朋友也会是感觉到开心的。

案主：嗯嗯。谢谢你教我这么多。

社工：您不用客气，我也是给你一些建议。您可以尝试一下。您那天在活动上加的孩子家长的微信群，也是很好的与外界交往的渠道。

案主：是啊，我也发现了，我最近很多消息就是从群里知道的，感觉大家都很好，会互相帮忙。

这一阶段，前期与服务对象进行电话沟通，鼓励服务对象积极参与社区活动。在这次活动中，案主也收获到了许多，例如，新加入了家长的群聊，认识了同样都是脑瘫儿童的家长。通过群聊的方式互动，互相分享信息，共享经历，彼此之间多了一个渠道去倾诉，给服务对象提供了一定的情感慰藉。后期在个案访谈中，深入分析了解案主的社交网络，发现案主尽管迈出了社交的第一步，参与社区活动，但也能明显感受到服务对象对社交的排斥态度，处在社交群体的边缘，不会主动询问和参与。因此，工作者建议服务对象可以先与自己亲密的朋友之间的状态有所改善，引导服务对象与朋友之间主动询问和分享生活。然后，逐渐将这种状态转移到生活中，慢慢融入其他社会群体。在工作者的支持和鼓励下，服务对象在网上初步建立了简单的朋友圈，有了一些共同话题的朋友，有效缓解了自己的社交状态，开始进行网络社交。整个服务，在一定程度上丰富了服务对象获得情感慰藉的方式和渠道，增强了案主的社交能力，建立起自己的社交网络。

（5）第五阶段：挖掘案主的自身优势，提高案主面对困境的能力。

时间：2021年9月1~12日

地点：北京市G社区服务中心、服务对象张女士家

此阶段主要任务为根据案主的工作经验，为案主链接和提供线上就业的渠道，重新拥有获得经济来源的方式，进一步帮助案主挖掘自身优势与潜能，减缓经济压力。

社工：这段时间与您交流下来，我发现您真的是一个很伟大的母亲。让我从内心佩服您的抗压能力。我觉得很少有人与您的经历一样能做到您这个境界的。

案主：真的吗？之前我从来没觉得我像你说得这么厉害。（案主表现得很谦虚，但是依旧能看出来听到工作者这样说非常开心）

社工：众所周知，不管是谁面对这样的生活变化都会遭受很大的打击，您之前说您也经历过黑暗的阶段。但是您依靠您自身强大的能力和身边的支持系统对您的支持与影响，将生活回归正轨，还过得井然有序，这也许是您自己都不知道的能力。

案主：谢谢你，我也是在和你聊过天以后，慢慢地看到了自己的不足与优点，我现在有时候会开始审视自己的行为和情绪了，我好像也知道怎么去释放自己的压力了。这些我认为都是多亏了你。我也说不上来具体什么，但是就是觉得你的方式和对生活的态度也影响到了我，是你的鼓励和引导才让我能更好地面对生活。

社工：如果真的是这样我也感到很开心。您平常闲下来有什么兴趣爱好吗？

案主：我之前没事干还会写写日记，现在基本上就是看看抖音，刷刷网页。

社工：您是会写日记记录生活吗？

案主：那是上学那会喜欢做的事情。之前我会写一些平常在网上看到的护理小技巧，积累一些有利于脑瘫儿童康复治疗的方式等。后来不是她也用不了，我就只写一些我自己护理的注意事项。

社工：那您的这个习惯坚持了多久呀？

案主：也就两三年吧，后来她的病情也知道就这样了，平常也不会有什么不同，就再也没写过了。

社工：您还说您是个大大咧咧的人，我发现您真的是个非常细心的人。您的这些护理技巧和注意事项，其实也可以分享给一些需要的人的。比如：您在群里认识的那些家长朋友，有很多都是无从下手的新手父母，如果有需要，您也愿意的话，可以互相交流一下。

案主：嗯嗯，好的好的。我也挺希望自己的可以帮到她们的。

社工：您应对困境的能力是非常宝贵的，如果有机会的话，您可以给很多家长分享一下您面对困境的经验，讲一讲您是如何调整心态，渡过难关的。如果有这样的机会，您愿意吗？

案主：我还是有些社交恐惧的，我可以分享分享，但是让我讲我也讲不出来。

社工：好的，没关系的。您愿意分享已经很感谢您了。那下次有这样的机会我邀请您。

案主：好的。你下次提前联系我。（此时快递敲门）

社工：我帮您开门吧。

案主：这些都是给小小买的补钙的，她现在脖子那儿的脊椎有些弯，医生也是建议补补钙。还有这些奶酪什么的，她比较喜欢吃这一种，这次给她多买了点。（案主边拆快递边向工作者介绍物品）

社工：目前您感觉在生活中有什么困难吗？

案主：现在也没什么难的了，最难的时候都过去了。可能最大的问题就是经济方面吧，因为我们现在家里边没有收入，都靠着一些积蓄，心里还是挺没有底的。

社工：那您有没有了解过一些可以赚钱的工作和渠道？

案主：我之前看到网上说招聘线上的一些工作，但是我当时也没看到合适的，后来就忙得也就搁置了。

社工：是的，现在很流行线上平台工作赚钱。您如果想尝试一下的话，我可以帮您根据您的情况和需要，筛选一些合适的工作任务，您可以看一看。

案主：那就最好不过了。那麻烦你了。我还挺想有一份兼职工作试试的。

社工：好的。因为您还有孩子需要照顾，时间上可能需要一些灵活性的工作，所以可能没有很正式的工作，您要有这个心理准备。

案主：没关系，我知道的。你们帮我去选一些出来我就很满意了，到时候我看有没有合适的，有的话我就试一试，没有也没关系了。我这种条件我自己知道的。

通过这一阶段的访谈，首先，工作者挖掘出案主的优势，利用案主的护理技巧和注意事项的记录，帮助案主将这种优势扩大化，为案主建立平台，鼓励案主分享自己的经验和技巧，并且传授自己是如何面对困境的方法。一方面，帮助案主提升信心和自尊心；另一方面，可以帮助更多有相同经历的人挺过来。其次，帮助案主链接就业渠道，分享一些合适的就业信息给服务对象，让其能在增加经济收入的同时，减轻自己的照顾压力。

（6）第六阶段：进行亲职压力前后测对比，巩固已有成果。

时间：2021年9月15~25日

地点：北京市G社区服务中心、服务对象张女士家

社工：经过这一段时间的个案服务，看到您的状态也逐渐好转，基本上我们就到了工作尾声了。在结案之前，我们先对我们的整个过程进行一个回忆和总结吧。

案主：好的。时间过得可真快啊，都过去两个多月了。（案主有些不舍）

社工：我们最开始制订计划之前，主要做的就是了解您的基本情况和信息，我们在前几次的聊天见面时候，就测量了您的亲职压力。然后在我们的协商下，制订了我们具体的服务计划。接着我们就建立的互相信任的良好关系，开始了我们的阶段性访谈。

案主：是啊，转眼间就过去这么久了。这段时间和你的交谈，让我变得很开心，也运用了一些你给我的建议，我觉得自己舒畅了不少。

社工：是吗，那就好。我们制订的服务计划，就是通过您的家庭内在支持系统和社交系统的重新建立，帮助您减轻照顾压力，鼓励您自己增强家庭关系和朋友之间的联系。另外通过您的自身优势与经验，挖掘您的潜能，希望能得到最大限度的发挥，从而提升您的自信心。除此之外，我们还为您链接了一些就业资源。希望您可以在结案后，没有我们的帮助依旧拥有自己解决问题的能力，增加您未来生活的信心，从经济方面减少您的照顾压力。您认为我们的目标是否实现？

案主：是的，没想到这段时间我们做了这么多啊。这样细细想来确实从一开始你鼓励我与母亲多表达，增强了家庭关系，母亲的帮助也帮我减轻了大部分的照顾压力。还有通过你的介绍，我去参加了社区的活动，新认识了很多志同道合的家长。我也与自己的朋友在日常生活中建立了更多的联系。真的很谢谢你，我觉得我现在的心态以及状态都和以前不同了。

社工：嗯嗯，我认为我们的目标基本都达成了。您赞同吗？

案主：我赞同。

社工：那接下来我们再做一次亲职压力的测量。

本阶段访谈的结束代表着个案服务即将告一段落，最后通过亲职压力的再次测量，与之前的测量分值进行对比，在评估阶段是对个案服务有效性的重要数据。工作者通过与案主共同对服务过程进行回顾，核对目标完成的情况以及案主的收获，互相分享感受。工作者希望通过这个过程能够让案主看到自己所做出的改变和成就，增强案主以后自己面对生活的信心。

案主：那我们的服务不能再延长一段时间吗？你以后都不会再来了吗？

社工：姐，经过这一段时间您其实已经有了很大的变化。您想想在缓解家庭关系上，您与母亲积极表达爱意，让家庭关系变强，母亲的分担也使您照顾压力有所减轻。在人际交往中，您参与了社区的活动，结识了一些经历相同的家长等等。这些证明您已经很棒了，我的作用就是帮助您更好地认识自己，树立信心，让您能更好地面对生活。

案主：这段时间我确实改变了很多，有了家人的分担、朋友和社区的支持，感到自己不是那么紧绷绷了。

社工：是吧，您完全有能力独自开启新的生活。和您相处的这段时间我也感到很开

心，您面对生活的态度也影响到我，教会我很多。现在可能因为一说到结束会有一些不舍，是很正常的。以后您也可以常来机构参加活动，我们还会见到的。

案主：嗯嗯，这段时间真是太感谢你了，以后我们要常联系。

社工：嗯嗯，保持联系。之后我们还有对个案的跟进和回访，我们到时候再见！

起初，案主表现出一定的结案情绪，对社工也表现得有些不舍。工作者通过对案主鼓励，运用同理心的技巧感同身受，理解案主的感受，并作出回应，让案主逐渐消除分离情绪。在整个服务过程中，工作者看到了服务对象的成长，虽然现状无法改变，孩子的疾病无法痊愈，但是有家人支持和逐渐建立的社交网络系统，在一定程度上已经大大减轻了服务对象的亲职压力，能够轻松愉快地享受生活。最后，经过工作者与督导的一致商量，并与案主双方确认后，均认为计划已基本完成，决定结案，同时与服务对象约定后期会进行跟进回访。

四、评估

（一）服务阶段评估

在个案服务开始前，工作者首先收集了案主各方面资料，对案主的基本情况有了初步的了解。其次在每次个案会谈前，提前将会谈资料和谈话内容做好准备，策划好服务计划，做好服务计划随时改变的应对措施。在第一阶段中工作者采用专业的工作技巧，让案主充分感受到了工作者的专业态度，因此顺利地建立了良好的专业关系。此外，工作者利用亲职压力表为切入点，让案主了解亲职压力的概念以及影响，认识到自身现状的问题和需求，为后续的服务做更好的铺垫。但是由于工作者的专业实践能力不充足，专业关系也刚刚建立，所以在这个阶段工作者会出现话题中断、思路不清晰的现象，容易让案主产生不信任感。

个案介入前期，工作者在督导的指导下，根据案主的资料分析了问题的成因，在具体实施过程中，工作者以轻松愉快的话题为起点，让案主的状态不那么拘谨，整个人放松下来。随着社工的努力和帮助案主理清问题，使案主逐渐加深了对工作者的信任，相信我们是在真正地帮助她。此阶段的案主开始主动向工作者讲述以往的经历，表达内心所想。

个案介入中期，工作者开始从主要的三个方面介入，分别是家庭关系、社会支持网络以及挖掘案主潜能减缓经济压力，通过案主的描述，及时发现问题，按照案主的话语深入挖掘相关信息。在这一阶段中，工作者在督导的教学下，会使用一些社会工作的专业技巧方法，希望通过工作者的疏导和帮助，可以让案主与亲属建立起更加亲密的关系，加强与朋友的人际关系，不断地重新认识自己，提升自己的自信心。同时，案主也通过社区活动认识了不少家长，增强了案主的支持，在工作者的积极鼓励下，案主将自己的照顾经验和技巧也分享给了其他家长，让案主重新认识自己，看到自己可以给他人带来积极影响，让案主真正实现了从"受助者"向"助人者"的角色转变。工作者主要扮演关系协调者和资源链接者的角色。

个案介入后期，主要目的是帮助服务对象提供就业信息渠道，结合案主的实际情况提供了一些社会资源，帮助案主提升自身面对困境的能力，从经济上减轻亲职照顾的压力。除此之外，通过亲职压力的测量以及个案服务的回顾，对案主的能力进行肯定，给予案主一定的面对生活的建议，希望案主继续发挥自己能力，持续地巩固亲职压力的成效。此阶段中，案主和社工之间已建立了牢固的专业关系，对彼此拥有很强的信任感。最后，工作者与案主说明在服务结束后，机构仍会对她的情况进行跟进与回访，降低案主的离别情绪，减少结案带来的情绪低落感。

（二）结案阶段效果评估

1. 目标实现情况

根据六个阶段正式的个案访谈，工作者通过每次个案服务的访谈和观察服务对象的情绪变化、行为态度转变和反映在实际生活中的表现，了解收集到了服务对象在介入期间所发生的变化。为了证明介入的有效性，工作者通过与其家人、朋友和社区邻里的谈话，由他们对服务对象日常生活的信息反馈，收集他们对于服务对象改变的评价，可以看出个案服务基本已经达成。

首先，目标达成的首要层面，表现在案主可以客观认清事实情况，及时调整自己的情绪，适当地缓解自己的焦虑情绪和压力。其次，服务对象开始增进与家人的沟通，与家人关系缓和，主动改善家庭关系，使家庭关系变得更加亲密，进一步增强了家庭关系，建立了良好的家庭氛围。在母亲的帮助下，为自己分担了一部分照顾压力，减轻了亲职压力。然后，服务对象在工作者的鼓励和引导下，开始关注社区活动，并积极参与。经过几次社区活动，结识了一些具有相同经历的家长，建立了全新的社交网络。同时在网络平台中参与了他们的群讨论，彼此互相鼓励，互相扶持，互相分享生活中的艰难与美好。服务对象利用社交圈，有效地降低了自己在照顾孩子过程中的亲职压力，并且与社区建立起积极的联系，在群里开始主动关注社区活动和有关信息。最后，工作者通过就业资源的链接，帮助案主从另一方面缓解照顾压力，希望通过减轻经济压力有效缓解服务对象的亲职压力。总之，通过个案服务的介入，让服务对象形成了主动解决问题的意识，对待生活更加积极向上，心态逐渐乐观，面对生活变得更加有信心。

2. 量表前后测分析

为了对案主的亲职压力水平变化情况有所了解，准确反映本次实务效果。在服务的结束阶段，工作者对案主的亲职压力进行再次测量。根据前期资料中的压力值、工作者初次接触时以及在预估时期的3次测量为标准，建立基线。介入阶段一共收集到案主亲职压力测量值4次，将介入前的数据与结案时测量的数据进行对比，以此来评估个案介入的效果。案主七次亲职压力测量表见图7-3。

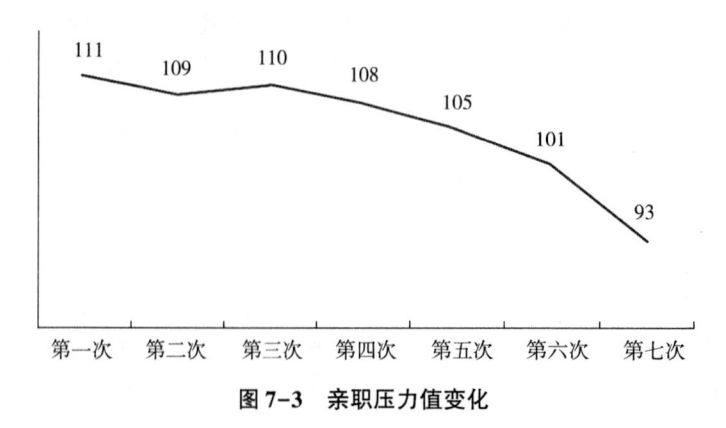

图7-3 亲职压力值变化

由图 7-3 可知，开展个案服务前，案主的亲职压力测量结果分值在 111 分，处在较高水平。正式开始介入至结案，工作者对案主一共进行了六次测量，从测量结果看，前三次的测量结果基本保持在 109 分，没有太大的变动，整个个案服务也属于前期评估收集资料和简单介入时期。从第五次测量开始，案主压力水平发展趋势整体向好，降幅明显，分值出现变化。由 105 分降至 93 分，这表明个案介入具有积极效果。虽然案主的压力水平依旧处于临界水平，但是由于案主的特殊情况，所遭受的困境程度，再加上外界其他因素的干扰影响，需要案主在之后的日常生活中继续注意自身压力状况并积极应对。

3. 服务对象满意度评价

整个服务过程，案主与社会工作者建立了良好的专业关系，配合工作者从收集资料到制订计划、实施计划，态度积极并且愿意为自己做出一定的改变。对于工作者给出的建议也积极尝试和完成，与工作者共同探讨计划目标等，减缓亲职压力效果明显，对于服务也打出了较高的满意度（见表 7-1）。

表 7-1　服务对象满意度调查

	非常不满意	不满意	不确定	满意	非常满意
态度					√
专业度				√	
目标达成					√
介入效果				√	
满意度					√

五、结案

（一）巩固案主已习得的技巧

经过计划的实施和干预，服务目标基本达成，服务效果明显，使工作者可以与案主正式进入结案阶段。首先，工作者通过制作简单的服务记录与案主共同回忆个案服务过程，肯定案主已经获得的成就和变化，和案主共同巩固已习得的技巧和方法。工作者用四个问题询问和启发案主：①您能回忆一下这段时间您的变化吗？②您觉得哪些方面还需要改进？③您认为您的能力有所增强吗？可以展开具体说一说。④今后您觉得您需要做些什么来巩固您已经取得的进步？

在此次改善脑瘫儿童照顾者的亲职压力的个案服务中，根据科学的服务计划协助案主了解压力来源，改善家庭关系、社交关系，并帮助案主进行调整。在督导的专业指导下，工作者充分发挥自身价值，调动专业能力，引导和帮助案主重建自信，乐观积极地去面对现实。案主与其母亲也进行了坦诚、有效的沟通，彼此说出了真实的想法，增强了家庭内部关系的协调，母亲的分担使案主重拾对生活的信心，家庭结构更加稳定。个案工作程序中的结案并不意味着对案主的服务戛然而止，而是在结案后还会安排对服务对象的跟进，以此确认案主自身有足够的面对未知生活的信心和解决问题的能力，持续巩固已经取得的进步。

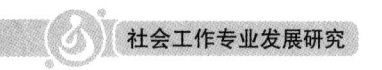

（二）处理未完成的工作

由于工作者即将结束实习工作，因此与案主的结案基本也是工作者工作的结束。在最后阶段，工作者重新整理每个阶段的内容，与督导进行交接，希望接下来的跟进工作可以持续下去。除此之外，关于案主的心态和压力测量还需要定期进行回访和观察，将这些全都列成工作交接清单，完成对未完成工作的处理。

（三）处理离别情绪

个案结案时，案主可能会一下子难以接受服务的终止而出现一些负面情绪。因此，工作者在结案来临时，提前给案主打离别的"预防针"告知案主结案的时间，让案主做好心理准备。当案主出现离别情绪时，工作者要有效安抚案主的情绪，对案主的离别情绪反应正确，肯定服务对象的离别情绪是正常现象，合理安抚。接着可以与案主一起回顾整个服务的过程，肯定案主的改变和已经获得的成就，转移案主的注意力，带领案主走出情绪困扰，让案主能逐渐接受服务结束的事实。对于案主的情绪反馈工作者要给予积极的回应，让案主感受到并不是工作者放弃了案主，而是因为案主自己已经具备足够的能力去面对生活，工作者正是看到了她的改变，相信案主有自己处理的能力才进入结案的。同时，在这个阶段，工作者也要把握好自己的情绪，避免过度的情感介入，影响结案进程。

第五节 总结及反思

一、研究总结

经过阅读大量文献和实际情况相结合，笔者发现现阶段我国关注的脑瘫患者的焦点依旧在其医疗政策方面，对于脑瘫患者的家属和照顾者的情况，研究了解得较少。由于这种疾病还无法治愈，康复治疗也需要较长的时间、人力、物力和财力。所以脑瘫问题，我们不光要关注患者本身，同时还应该关注其亲人、家属以及照顾者，关注脑瘫患者的家庭，用实际有效的方式帮助他们。

目前，脑瘫患者照顾者在社会中处于弱势群体的地位，他们的情况并没有得到应有的关注，但是他们在生活中却面临着多重困境，例如，照顾脑瘫孩子的亲职压力、由于脑瘫患儿出现带来的家庭关系的变化、经济承受能力的降低和社交网络的范围缩小等。

在对脑瘫患者照顾者的亲职压力进行分析的基础上，笔者采用了个案工作的方法介入了照顾者的亲职压力，帮助服务对象制订计划，找到压力源并实施干预，结果显示取得了良好的效果。因此，笔者认为运用生态系统理论视角，从微观、中观、宏观三个方面分别在帮助脑瘫患者照顾者舒缓亲职压力、增进家庭关系、改善社会支持网络和制度等方面对亲职压力因素进行分类分析是有效的，并且在此基础上个案工作的介入具有一定的优势，脑瘫儿童照顾者就是一个特殊的个体，用个别化也就是以一对一的方式，了解其特殊化的问题，满足他们自身不同层面对亲职压力的缓解的需求，提供更有针对性专业服务。个案工作的方法，更能与案主深入接触，了解到案主内心深层的问题，了解存在的实际困难。同时一对一的方式也更能为服务对象保守隐私提供保障，论证了个案工作介入脑瘫儿童照顾者的可行性。

二、服务反思

（一）理论知识在实践中运用不流畅

在此次实务中，工作者主要利用生态系统理论分析预估服务对象的问题，以社会支持理论作为理论基础，在整个个案服务中，充分发挥社会工作者的角色，帮助服务对象解决困境。但是在运用过程中却有些问题存在。虽然从介入结果来看，设定的目标已基本达成，案主的亲职压力也的确有所缓解，但工作者在过程中理论的运用和方法的实施有些生搬硬套，没有灵活体现出来。例如，工作者向案主解释一些专有名词时，都是书本中的知识照搬，不能很好地与实际相结合，也没有考虑到案主的接受能力，对案主理解程度没有进一步确定，对于案主对这些专业词汇的想法了解也不够深刻。

（二）缺乏专业方法

由于工作者的实务经验少，因此对相关工作技巧与方法在实务当中的运用不够熟练，理论知识难以熟练地运用到实践中，掌握程度也远远不够，独自辅导个案的能力不足，在处理具体问题时思考不够全面和妥帖，欠缺考虑，缺乏足够的专业性。首先表现在工作者制订服务计划很顺利，但是在每阶段实施衔接时就会出现一些问题，给案主造成一些手忙脚乱的不安感，直接影响到专业关系。其次是在会谈中，工作者对每次个案访谈时间把控不准确，会出现跟着案主的进度走，一些问题还没问完时间就已经超出预计时间了，导致时间延长，可能会给案主带来疲乏感。最后是针对服务效果的考核，亲职压力测量的前后对比来评估案主的改变情况，其他系统的评估只通过一些亲属朋友的言语表述来体现效果，在一定程度上降低了服务效果的可信度，缺乏可靠的数据支撑。

第六节 对策建议

一、个人层面

通过与服务对象接触的过程中，笔者首先感受到的是服务对象的一些焦虑、自责的情绪，经过深入接触后，慢慢发现服务对象除了负面情绪外，还有一定的经济和照顾压力。经过阅读大量文献，发现特殊群体的照顾者通常都面临着多重困境，不仅自身存在一些抑郁、自责的倾向，在家庭中、社交上都存在大部分困境，并且由困境带来的压力之间也相互联系、相互影响。因此，脑瘫儿童的照顾者在日常生活中，首先，要有合理的信念，面对问题要采取积极的态度，压力的舒缓带来的照顾者心态和行为的正向改变有利于促进其他相关问题的解决，因此要学会运用正确的方式缓解压力。其次，要巩固和稳定自身的支持网络，构建自己舒适的社交圈，有效排解压力情绪，逐渐健全支持网络，使自己不再是孤身一人面对问题。最后，可以利用所在的街道、社区资源，积极沟通交流，筛选与自己情况相匹配的资源加以运用。

目前脑瘫儿童照顾者的亲职压力问题仅仅依靠社会组织、政府等的力量是远远不够的，因此，照顾者要从自身做起，合理调整自己的状态，建立可以帮助自己缓解压力的舒适社交圈，同时也要重视家人支持的重要性，增强和改善此类的支持，帮助照顾者分散照顾注意力，减轻亲职压力，更好地融入社会。

二、社会层面

（一）发展专业的社会工作人才

在实践中，要积极地发展专业化的社会工作者队伍，深入了解服务对象的问题，探寻其真正的需求。社会工作者在其中发挥着重要的作用，社会工作者使用专业的社会工作方法与技巧，关注服务对象的问题，个案工作为服务对象提供一对一的专业化服务，尊重其独特性，有专业的伦理道德和原则。患有特殊疾病的家庭往往需要照顾者消耗更多的精力去照顾患者。因此，社会工作者在介入这类家庭时，不仅可以缓解照顾者的压力，同时还能利用专业的方式引导服务对象自主挖掘自己的优势及身边的可用资源，提高自身的能力，让服务对象有信心面对生活中的困难，提供全面的帮助。

（二）完善相关福利政策，提供喘息服务

Griffith 在 1993 年提出，喘息服务是为慢性病或失能患者的主要照顾者提供短暂性、间歇性的计划，从而让其获得短暂休息的一种服务。[1] 最初的喘息服务就是指一些志愿者为患病的患者提供的一种缓解其照顾者照顾任务的一种服务。在本书的研究中，脑瘫儿童照顾者就是因为长时间、高强度的照顾任务，导致完全丧失了自我的时间，每日的照顾需求，使其与患者寸步不离。再加上家庭变故、家庭关系的变化和孩子病情的持续性，让服务对象在生理、心理上都感到筋疲力尽，造成了高的亲职压力，影响到了正常的生活状态，产生不良情绪。由于喘息服务目前在国内并没有得到重视和推广，因此在服务对象的周边和地区都没有专业的喘息服务。为了缓解照顾者的亲职压力以及困境，笔者通过社会工作介入，通过改善家庭关系，让家人分担照顾任务的方式，给服务对象以喘息的机会，帮助服务对象重新建立社交圈，重新认识自己，改变自己的不良情绪和认知，增进自己的家庭关系和社交情况。因此，服务对象的家庭关系增强，社交情况得到了改善，面对生活积极向上，有了良好的介入效果。由此可见，我们可以利用服务对象的正式和非正式支持来实现喘息服务，解放照顾者的同时，促进其他系统的完善。

社会要根据实际情况，提倡政府完善相关福利政策，为特殊儿童的照顾者提供专业的喘息服务，合理借鉴国外喘息服务模式，大力培养一支具有专业性的喘息服务人才队伍，呼吁全社会对此模式的重视，引起社会各界人士对建立规范的喘息服务体系的迫切要求，

---

[1] Griffith D. Respite Care [J]. British Medical Journal, 1993, 306 (6871): 160.

建立符合国情和社会的喘息服务规范体系。

三、国家层面

政府加大对脑瘫儿童家庭的政策扶持力度，将脑瘫康复治疗纳入医保范围。基于脑瘫疾病的特殊性和不可治愈性，需要照顾者长期的陪伴与照顾，给个人甚至家庭都带来巨大的影响。在大多数的脑瘫儿童家庭中，都是自费治疗的，医疗保障和补贴只能说是1‰的作用，残疾人联合会也是固定的补贴费用，但对于患有脑瘫疾病的家庭来说是入不敷出的情况。有些地方依靠基金会、捐赠、慈善活动等形式得到了救助，但是这些救助对于脑瘫儿童家庭来说，具有短暂性，只是一时的，并不能从根本上解决脑瘫家庭的经济问题。因此政府应该增加对于脑瘫患儿家庭的关注，不仅进行摸排信息，还应该在经济困难上给予一定的帮助，扩大我国的医疗保险救助范围，将优惠普及到脑瘫患儿的家庭中，减轻其治疗带来的经济压力，为脑瘫儿童家庭开设快速便捷的医疗通道，在医疗上促进脑瘫儿童治疗康复的进程，解决脑瘫儿童家庭看病难的困境和康复治疗压力，联合各方共同致力于脑瘫儿童家庭的问题。同时，可以设立针对脑瘫儿童的独立窗口，运用医疗救助帮助家长解放双手，促进家长社会中再融入再就业的情况，在为脑瘫儿童的康复提供更好的医疗条件的同时有效缓解脑瘫儿童家庭的经济压力。

国家为脑瘫儿童康复治疗制定了一套针对性的优惠政策，优惠政策可以包括减免部分康复治疗的费用或者国家补贴脑瘫儿童家庭医疗费用，为这样的困难家庭提供免费的医疗康复器具，对脑瘫儿童家庭照顾者提供专业的康复培训，减轻家庭的经济压力。除此之外，对于那些特别困难的家庭，自身没有能力为孩子进行治疗的家庭，国家应遵循对儿童保护的理念，提倡有关部门开展工作，必要时对其进行托底服务，对其医疗康复所产生的费用给予全额拨款。从而进一步为困难家庭救治孩子提供信心，减轻负担。不仅如此，对于那些病情轻微的脑瘫患儿家庭，应提供相应的社会融入服务，建立良好的生活氛围，让其尽快回归社会。

参考文献

一、英文文献

[1] Abidin R R. Parenting Stress Index Short Form—test Manual [M]. Charlottesville: Pediatric Psychology: Press, 1990.

[2] Abidin R R. The Determinants of Parenting Behavior [J]. Journal of Clinical Child Psychology, 1992, 21 (4): 407-412.

[3] Abidin R R. Parenting Stress Index-professional Manual [M]. Lutz, FL: Psychological Assessment Resource, 1995.

[4] Barroso Nicole E, Mendez Lucybel, Graziano Paulo A, Bagner Daniel. Parenting Stress through the Lens of Different Clinical Groups: A Systematic Review & Meta-Analysis [J]. Journal of Abnormal Child Psychology, 2018, 46 (3): 449-461.

[5] Adam Weaver. The Mcdonaldization Thesis and Cruise Tourism [J]. Annals of Tourism Research, 2004 (6): 132-137.

[6] Anderson C, Linto J, Stewart-Wynne E G. A Population-based Assessment of the Impact and Burden of Caregiving for Long-term Stroke Survivors [J]. Stroke, 1995 (26): 83-84.

[7] Arnon Baron. When Assumptions on Fieldwork Education Fail to Hold: The Experience of Botswana [J]. Social Work Education, 2001 (1): 123.

[8] Branko Slivar. The Syndrome of Burnout, Self-Image, and Anxiety with Grammar School Students [J]. Horizons of Psychology, 2001, 10 (2): 21-32.

[9] Brehaut J C, Kohen D E, Raina P, Walter S D, et al. The Healthy of Primary Caregivers of Children with Cerebral Palsay: How Does It Compare with Thay of Other Canadian Caregivers? [J]. Pediatrics, 2004 (2): 82-91.

[10] Carol Morris, Matt Reed. From Burgers to Biodiversity? The McDonaldization of on-farm Nature Conservation in the UK [J]. Agriculture and Human Values, 2007 (24): 112-113.

[11] Catherine B Healey. Book reviews: C. H. Myer (Ed.), Social Work with the Aging. Silver Springs, MD: National Association of Social Workers, Inc. [J]. Journal of Applied Gerontology, 1987, 6 (4): 489-492.

[12] Charles Guignon. Narrative Explanation in Psychotherapy [J]. American Behavioral Scientist, 1998 (41): 558-577.

[13] Christa Fouche, Kathy Martindale. Work Life Balance: Practitioner Welil-Being in the Social Work Education Curriculum [J]. Social Work Education, 2011 (20): 88-90.

［14］ Kam C, Fluit D V. Combining the Enneagram and Narrative Therapy for Adult Ego Development［J］. Current Psychology, 2023, 42（1）: 406-415.

［15］ Chungkham H S, Ingre M, Karasek R, et al. Factor Structure and Longitudinal Measurement Invariance of the Demand Control Support Model: An Evidence from the Swedish Longitudinal Occupational Survey of Health (SLOSH)［J］. PLOS ONE, 2013（8）: e70541.

［16］ Collings J A, Murray P J. Predictions of Stress Amongst Social Workers: An Empirical Study［J］. British Journal of Social Work, 1996（35）: 43.

［17］ David A Cabonero, Rosielyn M Austria. The Awareness and Applicability of McDonaldization in an Academic Library in the Philippines［J］. Library Philosophy and Practice, 2019（16）: 81-84.

［18］ Di Gursansky, Eddie Le Sueur. Conceptualising Field Education in the Twenty-First Century: Contradictions, Challenges and Opportunities［J］. Social Work Education, 2012（37）: 914.

［19］ Dubois-Comtois K, Moss E, Cyr C. Behavior Problems in Middle Childhood: The Predictive Role of Maternal Distress, Child Attachment, and Mother-child Interactions［J］. Journal of Abnormal Child Psychology, 2013, 41（8）: 1311-1324.

［20］ Gesler Wilbert M. Healing Places［M］. Littlefield: Rowman & Littlefield, 2003.

［21］ Gibson C H. Facilitating Critical Reflection in Mothers of Chronically-ill Children［J］. Journal of Clinical Nursing, 1999, 8（3）: 305-312.

［22］ Gray D E. Ten Years on: A Longitudinal Study of Families of Children with Autism［J］. Journal of Intellectual & Developmental Disability, 2002, 27（3）: 215-222.

［23］ Griffeth R W, Hom P W. The Employee Turnover Process［J］. Research in Personnel & Human Resources Management, 1995（13）: 245-293.

［24］ Griffith D. Respite Care［J］. British Medical Journal, 1993, 306（6871）: 160.

［25］ Hartke R J, King R B. Analysis of Problem Types and Difficulty among Older Stroke Caregivers［J］. Topics in Stroke Rehabilitation, 2002（1）: 16-33.

［26］ Hutton A M, Caron S L. Experiences of Families with Children with Autism in Rural New England［J］. Focuson Autism and Other Dev Disabil, 2005（3）: 180-189.

［27］ Iarskaia-Smirnova E, Romanov P. A Salary is not Important Here: The Professionalization of Social Work in Contemporary Russia［J］. Social Policy & Administration, 2002, 36（2）: 123-141.

［28］ Joann Ivry. Innovations in Gerontological Social Work Education Field Work Rotation: A Model for Education Social Work Students［J］. Hunter College School of Social Work, 1992（23）: 35.

［29］ Justin Waring. McDonaldization or Commercial Re-stratification: Corporatization and the Multimodal Organisation of English Doctors［J］. Social Science & Medicine, 2013（4）: 22-26.

［30］ Koebach Anke, Carleial Samuel, Elbert Thomas, Schmitt Sabine, Robjant Katy. Treating Trauma and Aggression with Narrative Exposure Therapy in Former Child and Adult Soldiers: A Randomized Controlled Trial in Eastern DR Congo［J］. Journal of Consulting and Clinical

Psychology, 2021, 89 (3): 143-155.

[31] Kyriacou C, Sutcliffe J. Teacher Stress: Prevalence, Sources and Symptoms [J]. British Journal of Educational Psychology, 1978 (48): 159-167.

[32] Larry D Terry. From Greek Mythology to the Real World of the New Public Management and Democratic Governance (Terry Responds) [J]. Public Administration Review, 1999, 59 (3): 272-277.

[33] Robert H Haveman. A Decade of Federal Antipoverty Programs: Achievements, Failures, and Lessons [M]. New York: Academic Press, 1977.

[34] Maslach C, Leiter M P. The Truth about Burnout [M]. San Francisco, CA: Jossey-Bass Publishers, 1997.

[35] Michael White, David Epston. Narrative Means to Therapeutic Ends [M]. W. W. Norton & Company, 1990.

[36] Munson C E. Handbook of Clinical Social Work Supervision (3rd eds.) [M]. New York: The Haworth Press, 2002.

[37] M Catherine Benner. Robert H. Haveman A Decade of Federal Antipoverty Programs: Achievements, Failures and Lessons. [J]. Social Service Review, 1978, 52 (2): 338-339.

[38] Nelsen, J. Positive Discipline [M]. New York: Random House Inc., 2007.

[39] Norma M Riccucci. The "Old" Public Management Versus the "New" Public Management: Where Does Public Administration Fit in? [J]. Public Administration Review, 2001, 61 (2): 172-175.

[40] Peter M Blau, Otis Dudley Duncan. The American Occupational Structure [M]. New York: John Wiley & Sons, Inc., 1967.

[41] Peter Mortola. Jon Carlson Collecting an Anecdote, the Role of Narrative in School Consultation [J]. The Family Journal, 2003, 11 (1): 7-12.

[42] Phoebe Chiller, Beth R Crisp. Sticking around: Why and How Some Social Workers Stay in the Profession [J]. Practice, 2012, 24 (4): 211-224.

[43] Price J L, Mueller C W. A Causal Model for Turnover for Nurses [J]. Academy of Management Journal, 1981, 24 (3): 543-565.

[44] Ron Baker. Fieldwork Teaching in Social Work: Some Concepts, Strategies and Issues [J]. Australian Social Work, 1977 (2): 11.

[45] Royse D, Dhoope S, Rompf E. Field Instruction—A Guide for Social Work Students [J]. New York Longman, 1999 (15): 83.

[46] Rusbult C E, Farrell D. A Longitudinal Test of the Investment Model: The Impact on Job Satisfaction, Job Commitment, and Turnover of Variations in Rewards, Costs, Alternatives, and Investments [J]. Journal of Applied Psychology, 1983, 68 (3): 429-438.

[47] Shaffer D R. 发展心理学: 儿童与青少年 [M]. 邹泓译. 北京: 中国轻工业出版社, 2005.

[48] Svetlana Davydova. The McDonaldization of Society: Irrational Rationality [J]. Atlantis Press, 2019 (5): 27-28.

［49］Tal-hatu K，Hamzat，Eluemuno L，Mordi. Impact of Caring for Children with Cerebral Palsy on the General Healthy of Their Caregivers in an African Community［J］. International Journal of Rehabilitation Research，2007（3）：191-194.

［50］Frances Fox Piven，Richard A. Cloward Reviewed Work：Regulating the Poor：The Functions of Public Welfare［M］. American Journal of Sociology，1972：444-447.

［51］Wilmar Schaufeli，D Enzmann. The Burnout Companion to Study and Practice：A Critical Analysis［M］. London：Taylor & Francis Ltd.，1998.

［52］Wolfberg P J，Schuler A L. Integrated Play Groups：A Model for Promoting the Social and Cognitive Dimesions of Play in Children with Autism［J］. Journal of Autism & Developmental Disorders，1993，23（3）：467-489.

二、中文文献

［1］敖美卿，李小瑜，陈少君. 脑瘫患儿父母的心理状况调查及对策［J］. 现代临床护理，2008（2）：10-11.

［2］安馨. 小组工作介入易地搬迁儿童不良行为习惯的研究［D］. 青海师范大学硕士学位论文，2021.

［3］白丽娜. 我国劳动力职业流动的影响因素及其对收入的影响研究［D］. 山东大学硕士学位论文，2013.

［4］白振忠. 小组工作介入失依儿童不良行为矫治的实施策略——以"温暖小组"为例来探讨［D］. 郑州大学硕士学位论文，2013.

［5］［美］彼得·凯普泽奥. 打造一流团队——团队管理技巧（第一版）［M］. 赵丰跃译. 长沙：湖南科学技术出版社，2001.

［6］毕宇飞. 管理主义理论综述［J］. 黑龙江史志，2010（9）：199-200.

［7］边玉芳. 传统"家事"上升为新时代的重要"国事"——"双减"背景下全社会如何支持家长为促进儿童健康成长而教［J］. 人民教育，2021（22）：26-30.

［8］［美］布罗菲. 激发学习动机［M］. 陆怡如译. 上海：华东师范大学出版社，2005.

［9］蔡禾，张东. 中国城镇劳动力市场中的职业流动及收益——基于CLDS 2012年和CLDS 2014年数据的实证研究［J］. 江海学刊，2016（3）：94-102.

［10］蔡慧娟. 特殊儿童康复产品界面可用性研究与应用［D］. 上海交通大学硕士学位论文，2011.

［11］蔡雨娟. 社会工作专硕学生在专业实习中的角色冲突及其调适——以H高校为例［D］. 华东理工大学硕士学位论文，2017.

［12］曾华源. 社会工作实习教学——理论、实务与研究［M］. 台湾：台湾五南图书出版公司，1987.

［13］曾永富. 生命中不能承受之轻——三位男性直接服务社会工作者生涯抉择与实践历程之叙说［D］. 台北大学硕士学位论文，2011.

［14］［美］查尔斯·H. 扎斯特罗. 社会工作实务：应用与提高［M］. 晏凤鸣译. 北京：中国人民大学出版社，2005.

［15］陈典菊. 新公共管理理论及其借鉴意义［J］. 现代经济信息，2019（4）：102.

[16] 陈红莉. 叙事治疗在团体工作中的运用与思考 [J]. 社会科学家, 2011, 26 (1): 114-116.

[17] 陈金凤. 流动儿童学业拖延行为的小组干预研究 [D]. 华东理工大学硕士学位论文, 2021.

[18] 陈涛. 慕课教学的"麦当劳化"倾向及其超越 [J]. 教学研究, 2017 (4): 49-52.

[19] 陈天祥, 郑佳斯. 双重委托代理下的政社关系: 政府购买社会服务的新解释框架 [J]. 公共管理学报, 2016, 13 (3): 36-48+154.

[20] 陈微微. 中学生厌学矫正社会工作介入的个案研究 [D]. 河北大学硕士学位论文, 2014.

[21] 陈为雷. 社会服务项目制的建构与效应分析 [D]. 南开大学硕士学位论文, 2011.

[22] 陈向明. 质的研究方法与社会科学研究 [M]. 北京: 教育科学出版社, 2000.

[23] 陈晓东, 郑明磊. 社会生态系统理论视角下基于个案的待业大学生社会工作介入研究 [J]. 社会与公益, 2021, 12 (4): 55-58.

[24] 陈学军. 心理学经典理论应用书系——管理心理学 [M]. 杭州: 浙江教育出版社, 2015: 142-148.

[25] 陈振明. 评西方的"新公共管理"范式 [J]. 中国社会科学, 2000 (6): 73-82+207.

[26] 程慧丽. 个案社会工作介入脑瘫儿童慈善救助研究 [D]. 华中师范大学硕士学位论文, 2014.

[27] 崔航. 本科生厌学问题的小组工作介入研究 [D]. 西北农林科技大学硕士学位论文, 2014.

[28] 崔佳颖. 组织行为学 (双语教材)(第二版)[M]. 北京: 经济管理出版社, 2015.

[29] 崔睿姝. 小组工作介入儿童护理员工作压力缓解的研究——以内蒙古H市儿童福利院为例 [D]. 内蒙古师范大学硕士学位论文, 2022.

[30] 崔巍. 河北省脑瘫患儿生存质量状况调查与经济负担评价 [D]. 吉林大学硕士学位论文, 2014.

[31] 戴剑岚. 消费的麦当劳化——对网络购物成交量攀升的研读 [J]. 市场研究, 2019 (23): 62-63.

[32] [美] 戴维·罗伊斯等. 社会工作实习指导 (第六版)[M]. 何欣译. 北京: 中国人民大学出版社, 2012.

[33] 戴鸯鸯. 职高生厌学现象与社会工作介入研究 [D]. 华中农业大学硕士学位论文, 2013.

[34] 单文晓. 试论叙事治疗及其在社工领域的应用 [D]. 山东大学硕士学位论文, 2014.

[35] 邓家金. 部分农村中学生厌学化学原因分析及应对策略 [D]. 华中师范大学硕士学位论文, 2017.

[36] 邓捷. 初创期民办社工机构社工流失风险及规避对策——以四川省成都市三家社会工作服务机构为例 [J]. 社会福利 (理论版), 2019 (3): 47-53.

[37] 邓靖松. 虚拟团队生命周期中的信任管理研究 [J]. 中山大学学报 (社会科学版), 2005 (1): 109-113+128.

[38] 邓爽. 浅论陶艺作为艺术治疗媒介对听障儿童的疗愈作用 [J]. 陶瓷科学与艺

术, 2022, 56 (9): 26-27.

[39] 丁瑜, 肖礽. 从政府购买社工服务进程中的问题再思三元主体关系——以广州市为例 [J]. 社会工作与管理, 2017, 17 (2): 5-11.

[40] 丁召良. 小学高年级学生行为习惯养成方法 [J]. 现代中小学教育, 2013 (6): 93.

[41] 董超群, 刘一苇, 许秀军等. 脑瘫患儿家长心理调适及其影响因素研究 [J]. 护理学杂志, 2016, 31 (21): 75-83.

[42] 董清. 运用小组工作方法开展脑瘫患儿家长社会康复的探索 [J]. 中国康复理论与实践, 2005 (11): 2.

[43] 董鑫. 叙事治疗方法在个案工作中的应用——以李嘉诚基金会宁养项目为例 [D]. 沈阳师范大学硕士学位论文, 2015.

[44] 董宣. 职业压力与发病率 [J]. 职业与健康, 1989 (3): 23.

[45] 董泽芳. 教育社会学 (修订本) [M]. 武汉: 华中师范大学出版社, 2009.

[46] 杜安然. "音乐疗愈"对改善老年人心理的作用及建议——以沈阳师范大学艺术惠民工程为例 [J]. 北极光, 2019 (3): 111-112.

[47] 杜国宝. 民办社工机构项目化运作中人力资源管理策略研究 [D]. 华中科技大学硕士学位论文, 2018.

[48] 段红霞, 郑毅敏. 人力资本水平与西部农村青年的职业流动 [M]. 北京: 中国社会科学出版社, 2017.

[49] 樊志敏. 广州市城市生活垃圾分类回收管理问题研究 [D]. 广州大学硕士学位论文, 2013.

[50] 范国平. 不良行为儿童个案研究及思考 [J]. 社会心理科学, 2001 (4): 47-49.

[51] 范晓霞. 社会工作介入脑瘫儿童家长服务的研究 [D]. 安徽大学硕士学位论文, 2015.

[52] 范雅娜. 规制与自主: 一线社工的项目实施逻辑 [D]. 上海大学硕士学位论文, 2016.

[53] 方怡晖. 新型职业: 城市管理网格员未来基层治理的关键所在 [J]. 小康, 2023 (11): 28-29.

[54] 方英. 青年社工流动性的现状、原因及对策分析——以广东为例 [J]. 青年探索, 2015 (2): 31-38.

[55] 冯佳. 广州市生活垃圾分类体系现状及对策研究 [J]. 再生资源与循环经济, 2018, 11 (10): 14-18.

[56] 冯俊文, 高朋, 王华亭. 现代项目管理学 [M]. 北京: 经济管理出版社, 2009.

[57] 冯亚乾. 社会工作人才发展与人才流失问题的反思 [J]. 管理观察, 2015 (21): 34-35.

[58] 冯莹, 张浩. 作为治疗的艺术: 绘画艺术治疗的兴起与作用机制的探究 [J]. 医学与哲学, 2020, 41 (24): 48-53.

[59] 付锋林. 壮大社工队伍有助于和谐社会建设 [J]. 中国报道, 2007 (3): 72-77.

[60] 付延发. 学校社会工作介入高中留守女生厌学问题研究 [D]. 井冈山大学硕士

学位论文，2018.

[61] 高晶晶．试论高等教育的麦当劳化［J］．价值工程，2013（14）：288-289.

[62] 高利兵．中学生厌学的归因与矫治［J］．教育科学研究，2004（7）：53-55.

[63] 高楠．脑瘫患儿困境家庭的社会工作介入研究［D］．苏州大学硕士学位论文，2017.

[64] 高双．小学生不良行为习惯的现状及对策研究［D］．西南大学硕士学位论文，2014.

[65] 高婷婷．宪法视域下我国家庭教育促进立法研究［D］．西南政法大学硕士学位论文，2018.

[66] 高晓雨．社会生态系统理论视域下社会工作介入流浪青少年服务的思考［J］．现代商贸工业，2021，42（29）：116-117.

[67] 耿立．社工团队建设项目运作分析——以X机构扬帆项目为例［D］．苏州大学硕士学位论文，2013.

[68] 谷中原．社会学理论基础［M］．长沙：中南大学出版社，2004.

[69] 关培兰．组织行为学［M］．武汉：武汉大学出版社，2008.

[70] 关文军，颜廷睿，邓猛．残疾儿童家长亲职压力的特点及其与生活质量的关系：社会支持的中介作用［J］．心理发展与教育，2015，31（4）：411-419.

[71] 民政部；财政部．关于政府购买社会工作服务的指导意见［J］．农村财政与财务，2013（1）：43-45.

[72] 桂如新．公益组织孵化器中的社会工作团队研究［D］．安徽大学硕士学位论文，2015.

[73] 郭秀丽，葛玉辉．团队生命周期视角下TMT特征与团队绩效的关系研究［J］．科技与管理，2014，16（6）：86-91.

[74] 郭禹希．高中生心理问题的成因和改善策略浅谈［J］．课程教育研究，2019（2）：204-205.

[75] 中华人民共和国国务院办公厅．国务院办公厅关于加快推进行业协会商会改革和发展的若干意见［J］．牙膏工业，2007（4）：14-15.

[76] 国务院办公厅关于政府向社会力量购买服务的指导意见［J］．中国社会组织，2013（10）：36-38.

[77] 韩春萌．"麦当劳化"与谍战影视文学的突围［J］．创作评谭，2012（6）：58-59.

[78] 韩蕾．脑瘫儿童家长心理状况的调查分析及护理干预［J］．世界最新医学信息文摘，2018，18（52）：137-144.

[79] 韩展羽．城镇小学生不良行为习惯的现状与对策研究［D］．广州大学硕士学位论文，2016.

[80] 郝薇薇．智障儿童家庭女性照顾者的社会支持网络建构［D］．华南理工大学硕士学位论文，2018.

[81] 何冬妹．绘画疗法在大学生自我意识团体辅导中的应用［J］．辽宁教育行政学院学报，2021，38（1）：46-49.

[82] 何杰．社工组织及团队建设问题研究［D］．华南理工大学硕士学位论文，2012.

[83] 何欣璐．"笼子"中的呐喊——读《社会的麦当劳化》［J］．传播力研究，2019（5）：196-198.

［84］何彦婷．社会工作专业硕士（MSW）的实习过程研究——以 H 高校为例［D］．华东理工大学硕士学位论文，2014．

［85］侯日云，谭贤楚．社区网格员的职业特点及发展策略——基于湖北省 Y 市 20 位社区网格员的访谈［J］．管理观察，2018（21）：50-52+55．

［86］侯荣庭．从"教"实务到"做"实务：社会工作实务课程改革探析［J］．教育教学论坛，2018（19）：105-106．

［87］候中英．政府购买服务中项目社工的自主性研究［D］．华中师范大学硕士学位论文，2019．

［88］胡东芳．论创新教育的"麦当劳化"倾向［J］．集美大学教育学报，2000（2）：57-61．

［89］胡方．小学生良好行为习惯的养成教育研究［J］．山东师范大学硕士学位论文，2011．

［90］胡杰成．社会组织承接政府购买社会服务的实践探索——广州市"家庭综合服务中心"调查报告［J］．社会建设，2016，3（2）：46-55．

［91］胡培．慈善与社会工作之助人自助的特点比较与价值分析［J］．华中师范大学研究生学报，2007（2）：33-35．

［92］胡文彬．项目化管理在本土社会工作机构的应用探究［D］．复旦大学硕士学位论文，2013．

［93］胡永红．小学生不良行为习惯表现与对策研究［J］．基础教育，2007（6）：89-90．

［94］胡真一．"出院计划"跨领域团队中社工角色弱化的困境研究［D］．吉林大学硕士学位论文，2018．

［95］［澳］怀特，［新西兰］艾普斯顿．故事、知识、权力——叙事治疗的力量［M］．廖世德译，徐永祥编．上海：华东理工大学出版社，2013．

［96］黄文静，梁艳嫦，王运转等．塔克曼团队发展模型分析社区多学科临终关怀团队的发展研究［J］．中国全科医学，2021，24（S1）：1-5．

［97］黄灿灿．政府购买社工服务背景下社工机构行动策略"表演化"研究［D］．中央民族大学硕士学位论文，2019．

［98］黄静．社会工作的麦当劳化［J］．商，2016（3）：39．

［99］黄楠．青少年厌学的家庭影响因素分析及对策研究［J］．中国教育技术装备，2016（4）：30-31．

［100］黄锐．论叙事治疗模式的形成及其运用［J］．社会工作社工方法，2009（4）：27-29．

［101］黄书琳．浅谈我国社会工作人才流失的原因及对策［J］．青春岁月，2013（1）：465．

［102］黄霞．小儿脑瘫的传统医学治疗进展［J］．中国康复，2003（6）：381-382．

［103］黄晓静．绘画治疗小组介入社区工作者职业压力研究——以肇庆市 D 街道为例［D］．广州大学硕士学位论文，2022．

［104］江平．五感艺术疗愈下自闭症儿童辅具设计介入的途径［J］．三明学院学报，2022，39（4）：77-82．

[105] 姜春红，何鹏．普通高校青年教师职业压力对主观幸福感的影响：心理资本的中介效应［J］．吉林工程技术师范学院学报，2022，38（8）：30-33．

[106] 姜地忠，曲岩．社会工作专业实习的实施样态、客观约束与完善路径［J］．教育教学论坛，2019（33）：30-32．

[107] 姜伦．社会工作专业人才流失现象分阶段分析及对策探讨［D］．西北大学硕士学位论文，2014．

[108] 蒋洪涛，郑茸，闵晓阳．将绘画艺术疗法"精准"融入特殊群体团辅教学的实践与思考［J］．心理月刊，2021，16（12）：203-204．

[109] 焦燕琴．脑瘫患儿家庭主要照顾者负提及其影响因素的研究［D］．南昌大学硕士学位论文，2012．

[110] 金辉，钱焱．团队生命周期的模型修正［J］．科学学与科学技术管理，2006（3）：119-122．

[111] 金璟．电视民生新闻的麦当劳化——以《直播南京》为例［D］．南京航空航天大学硕士学位论文，2016．

[112] 金太军．新公共管理：当代西方公共行政的新趋势［J］．国外社会科学，1997（5）：21-25．

[113] 康丽颖，李媛．家庭教育当合"规"合"道"［J］．人民教育，2021（22）：31-34．

[114] 孔令柱．城市社区学龄期儿童行为问题的社会工作介入研究［D］．青海师范大学硕士学位论文，2019．

[115] 邝兵成．叙事治疗介入随迁农民工子女厌学矫正研究［D］．吉林农业大学硕士学位论文，2017．

[116] 乐园．公共服务购买：政府与民间组织的契约合作模式——以上海打浦桥社区文化服务中心为例［J］．中国非营利评论，2008，2（1）：143-160．

[117] 黎熙元．社区技术治理的神话：政府项目管理与社工服务的困境［J］．兰州大学学报（社会科学版），2018，46（3）：33-39．

[118] 李倍倍．基层实践的社会工作专业主体性探索与构筑——基于一项政府购买服务的行动研究［J］．社会工作，2019（3）：68-76+111．

[119] 李波．做好垃圾分类，共享绿色生活［N］．广州日报，2019-07-18．

[120] 李丹．脑瘫患者家庭照顾者的社会支持网络构建研究［D］．南京农业大学硕士学位论文，2019．

[121] 李海云，魏衍．我国留守儿童家庭教育现状及对策研究［J］．教育评论，2019（10）：53-57．

[122] 李焕．幼儿美术教育"麦当劳化"现象对策分析［J］．成才之路，2016（14）：64．

[123] 李慧燕．小组工作在单亲母亲焦虑情绪改善中的运用［D］．广州大学硕士学位论文，2020．

[124] 李嘉仪．脑瘫儿童家庭现有问题和社会福利需求调查——以汕头市为例［J］．长沙民政局职业技术学院学报，2015，22（4）：40-45．

[125] 李锦，王勇丽，万勤等．脑瘫儿童父母社会支持与亲职压力的关系——应对方式的中介作用［J］．岭南师范学院学报，2017，38（5）：61-66．

［126］李莉．高中生厌学的心理机制研究［J］．教学与管理，2015（18）：70-72.

［127］李敏杰，朱薇．学生学习倦怠的成因分析及消解措施［J］．教学与管理，2011（3）：79-80.

［128］李敏洁，周为吉．生活垃圾定时定点分类投放模式探析——以广州市花都区紫光园小区为例［J］．城市管理与科技，2019，21（1）：63-65.

［129］李明，杨广学．叙事心理治疗导论［M］．济南：山东人民出版社，2005.

［130］李宁宁．"麦当劳化"的研究生教育探微［J］．重庆科技学院学报，2010（12）：161-162.

［131］李巧秀．脑瘫患儿家属心理健康状况调查［J］．河南预防医学杂志，2018，29（3）：229-230+246.

［132］李青霞．社会工作实习参与者的角色与责任分析［J］．科教导刊，2011（8）：182-183.

［133］李润洁，杨颖，曹春京．脑性瘫痪患儿家长生活满意度调查及相关因素分析［J］．中国中西医结合儿科学，2010，2（5）：469-470.

［134］李伟．组织行为学［M］．武汉：武汉大学出版社，2012.

［135］李秀婷．学校社会工作视角下的留守儿童厌学分析——以乌兰察布市凉城县第三中学学生为例［D］．内蒙古师范大学硕士学位论文，2013.

［136］李莹莹．高中生厌学的叙事治疗：小娟的故事［D］．华东理工大学硕士学位论文，2014.

［137］李昀鋆．社工流失困境下的社会工作服务机构激励机制研究——基于双因素理论视角［J］．学会，2014（11）：11-21+33.

［138］李镇西．追随苏霍姆林斯基［M］．上海：华东师范大学出版社，2009.

［139］李志东，蔡锐星，杨竺松．基层网格化管理中的三重矛盾——基于深圳市A区的调研分析［J］．海南大学学报（人文社会科学版），2024，42（2）140-150.

［140］梁国利，管可可，李贺．社会生态系统理论视角下社会工作介入戒毒人员回归社会的困境与路径［J］．社会福利（理论版），2020（1）：25-28+51.

［141］梁淑平．我国大陆地区社会工作发展模式研究综述［J］．社会工作，2012（9）：94-96.

［142］梁雪斌，李明．当前高校网络教育"麦当劳化"的反思与超越［J］．教育与教学研究，2014（4）：86-89.

［143］林宝荣．地方政府职能转变过程中公共服务外包研究［D］．福建师范大学硕士学位论文，2012.

［144］林庆，李松，刘建蒙等．我国六省（区）小儿脑性瘫痪患病率及临床类型的调查分析［J］．中华儿科杂志，2001，39（10）：613-615.

［145］林万亿．小组工作［M］．台北：三民书屋，1995.

［146］林歆恩．新自由主义下的社工不自由［D］．台湾：暨南国际大学硕士学位论文，2013.

［147］刘放鸣．高校德育的麦当劳化探析［J］．江西社会科学，2004（6）：194-197.

［148］刘刚，谢丹．麦当劳化对邮轮旅游可持续发展影响研究［J］．纳税，2017

[149] 刘海琴. 以制度建设为抓手 破解网格员管理难题——以太原市网格员队伍建设为例[J]. 中共太原市委党校学报, 2022（4）：78-80.

[150] 刘继同. 社会工作"实务理论"概念框架、类型层次与结构性特征[J]. 社会科学研究, 2012（4）：78-88.

[151] 刘继同. 英美社会工作实务范围内容演变与现代社工实务概念框架建构[J]. 社会工作, 2013（3）：3-15+150-151.

[152] 刘继同. 英美社会工作实务模式的历史、类型与实务模式演变的历史规律[J]. 社会工作, 2014（5）：3-30+152.

[153] 刘继同. 英美社会工作实务体系的历史演变与社工专业发展的历史经验[J]. 社会福利（理论版）, 2013（4）：13-21+12.

[154] 刘婧涵. 小组工作介入社区工作者职业压力研究——以 C 街道为例[D]. 天津理工大学硕士学位论文, 2022.

[155] 刘莉. 技术治理下社会工作的麦当劳化——基于上海三个官办机构的质性研究[D]. 华东理工大学硕士学位论文, 2018.

[156] 刘梦. 小组工作[M]. 北京：高等教育出版社, 2013.

[157] 刘文瑞. 民办社工机构社工人才流失问题的分析与思考——基于北京深圳成都三地的调查[J]. 中国社会科学院研究生院学报, 2016（1）：63-64.

[158] 刘霞, 宋文波, 王利. 压力、压力的适应与冠心病[J]. 医师进修杂志, 1997（2）：55-56.

[159] 刘贤虎. 小学生不良行为习惯成因及对策[J]. 厦门广播电视大学学报, 2019（4）：86-89.

[160] 刘益东. 高等教育现代化中的"麦当劳化"及其消解[J]. 现代教育管理, 2017（10）：6-11.

[161] 刘煜晖. 个案工作介入武安市 H 小学儿童攻击性行为研究[D]. 大连海事大学硕士学位论文, 2020.

[162] 刘媛媛, 李树文. 校—政—机构合作背景下社会工作专业人才培养模式研究[J]. 中国社会工作, 2018（28）：31-32.

[163] 刘悦. 游戏治疗模式改善儿童行为习惯问题的研究——以武昌区青少宫 S 同学为例[D]. 华中科技大学硕士学位论文, 2019.

[164] 刘志辉, 杨书文. 政府购买社会组织公共服务的公共性论纲[J]. 理论月刊, 2019（10）：116-123.

[165] 刘志扬, 更登磋. 民族旅游及其麦当劳化：白马藏族村寨旅游的个案研究[J]. 文化遗产, 2012（4）：53-61.

[166] 卢庆春. 脑性瘫痪的现代诊断与治疗[M]. 北京：华夏出版社, 2000.

[167] 卢文渝, 王眸安, 张欢. 双督导、学生投入和 MSW 专业实习效果：影响和中介探析[J]. 社会工作, 2017（5）：97-109.

[168] 鲁建彪. 社会流动存在的问题及其对策[J]. 云南民族大学学报（哲学社会科学版）, 2007（3）：25-28.

[169] 鲁毅恒. 突发公共卫生事件下社区网格化管理完善路径——以 D 市 Z 社区抗击新冠肺炎疫情为例 [J]. 国际公关, 2022 (22): 91-93.

[170] 陆小媛. 社会学概论 [M]. 北京: 清华大学出版社, 2013.

[171] 罗滨, 陈颖, 李亦菲. 高中中等生学习心理品质现状调查分析——以北京市为例 [J]. 中国教育学刊, 2012 (2): 20-23.

[172] 骆诗然. 社工介入学业不良儿童问题行为小组计划书——以武汉市 DZQ 小学为例 [D]. 华中师范大学硕士学位论文, 2015.

[173] 马贵侠, 叶士华. 政府向社会工作机构购买服务的运作机制、困境及前瞻 [J]. 广东工业大学学报（社会科学版）, 2014, 14 (1): 49-55+92.

[174] 马万华. 民族地区特殊儿童家长心理压力及社会支持的个案研究 [D]. 西北师范大学硕士学位论文, 2018.

[175] 马晓琴. 浅析农村脑瘫儿童家庭的社会支持——以宁夏 G 村为例 [J]. 社会工作与管理, 2016 (5): 81-86.

[176] 马一波, 钟华. 叙事心理学 [M]. 上海: 上海教育出版社, 2006.

[177] 马志娟. 浅谈小学生良好行为习惯的培养 [J]. 学周刊, 2016 (2): 55.

[178] [英] 迈克·克莱尔顿. 管理模型 [M]. 上海: 上海交通大学出版社, 2015.

[179] 满梦影. 儿童攻击性行为小组工作介入研究 [D]. 山西医科大学硕士学位论文, 2020.

[180] 冒荣. 高等教育的大众化和"麦当劳化" [J]. 教育发展研究, 2002 (1): 74-75.

[181] 孟海宁. 小组工作介入高中生厌学的实务探究 [D]. 山东大学硕士学位论文, 2020.

[182] 孟庆慧, 陈玉芳, 张梅. 居家痴呆患者照料者的健康状况分析 [J]. 中国全科医学, 2007 (1): 47-49

[183] 孟圣御. 上海市民办社工机构社工人才流失问题研究 [D]. 复旦大学硕士学位论文, 2013.

[184] 孟翔飞. 高等教育"麦当劳化"趋势的反思与批判 [J]. 辽宁公安司法管理干部学院学报, 2013 (4): 112-114.

[185] 孟亚男, 栾文敬. 民国时期的社会工作实务及其本土化探索 [J]. 甘肃社会科学, 2016 (5): 34-38.

[186] 苗凤祥. 趣缘群体的社会互动研究 [D]. 浙江师范大学硕士学位论文, 2011.

[187] 苗青. 团队管理——理念与实务 [M]. 杭州: 浙江大学出版社, 2007.

[188] 民政部, 财政部. 民政部 财政部关于政府购买社会工作服务的指导意见 [J]. 大社会, 2019 (2): 66-68.

[189] 民政部. 中国民政统计年鉴 2014 [M]. 北京: 中国统计出版社, 2015.

[190] 闵韡. 高水平大学教师学术激情、职业压力与活力研究 [D]. 华东师范大学博士学位论文, 2020.

[191] 倪俊伟, 李彦章, 康晓东. 脑瘫儿童家长亲职压力与心理弹性、自尊的相关研究 [J]. 成都医学院学报, 2017, 12 (1): 92-96.

[192] 倪俊伟. 脑瘫儿童家长亲职压力特征及干预研究 [D]. 成都医学院硕士学位论

文，2017.

[193] 潘娟. 社会工作人才开发的路径选择——基于甘肃省民政系统社会工作人才队伍调研的结果分析 [J]. 社科纵横，2008（2）：72-74.

[194] 潘玉驹. 高校学生评价的"麦当劳化"及其超越 [J]. 高等工程教育研究，2016（6）：133-137.

[195] 彭未名，邵任薇，刘玉蓉，朱志蕙. 新公共管理 [M]. 广州：华南理工大学出版社，2007.

[196] 彭晓梦. 艺术疗愈和艺术创作 [D]. 湖北美术学院硕士学位论文，2022.

[197] 彭秀良，郭艳梅. 新中国70年基层社会治理格局的变迁 [J]. 社会工作，2019（6）：3-11+107.

[198] 戚安邦. 项目管理学 [M]. 北京：科学出版社，2007.

[199] 戚劲天. 来深建设者子女厌学的叙事治疗介入研究 [D]. 井冈山大学硕士学位论文，2019.

[200] 钱郫霓. 提升网格员媒介素养的意义与路径 [J]. 传媒，2023（4）：81-82.

[201] 乔世东. 新管理主义对社会工作的影响 [J]. 华东理工大学学报（社会科学版），2004（2）：30-34.

[202] [美] 乔治·弗雷德里克森. 公共行政的精神 [M]. 张成福等译. 北京：中国人民大学出版社. 2003.

[203] [美] 乔治·里茨尔. 社会的麦当劳化——对变化中的当代社会生活特征的研究 [M]. 顾建光译. 上海：上海译文出版社，1999.

[204] 邱红玉. 人本主义治疗模式下高中生厌学问题个案研究 [D]. 辽宁大学硕士学位论文，2020.

[205] 邱玉蓉. 浅谈加强社区网格员队伍建设 [J]. 安全与健康，2022（12）：51.

[206] 任敏. 西北高校社会工作专业硕士教育的状况及特点 [D]. 兰州大学硕士学位论文，2013.

[207] 任小娟. 农村小学生不良行为习惯的表现及矫正策略 [J]. 科学咨询（教育科研），2020（2）：102-103.

[208] [美] 萨拉蒙等. 政府向社会组织购买公共服务研究 [M]. 王浦劬译. 北京：北京大学出版社，2010.

[209] 申荪荣. 流动儿童学习行为偏差问题小组工作方案设计——以武汉市X小学为例 [D]. 华中师范大学硕士学位论文，2015.

[210] 申海岗. 社会工作实务中国化研究 [D]. 山东理工大学硕士学位论文，2012.

[211] 沈建萍. 小学生不良行为习惯的现状分析及转化策略 [D]. 上海师范大学硕士学位论文，2010.

[212] 施国恩. 二胎家庭小学生学习习惯培养的个案服务研究 [D]. 太原科技大学硕士学位论文，2021.

[213] 石丽媛. 高中生厌学心理辅导中的"五要" [J]. 教学与管理，2016（19）：34-35.

[214] 史柏年. 社会工作实务（中级）——全国社会工作者职业水平考试指导教材 [M]. 北京：中国社会出版社，2010.

[215] 史伯年，侯欣．社会工作实习［M］．北京：社会科学文献出版社，2003．

[216] 史梅．脑瘫患儿家属社区工作方案设计——以武汉市社区为例［D］．华中师范大学硕士学位论文，2013．

[217] 史琼．基于儿童心理成长的团体绘画治疗实操性研究［J］．艺术教育，2018(5)：114-115．

[218] 舒婷婷．高等教育的麦当劳化思考［J］．传承，2013(14)：140-141．

[219] 帅小龙．民办社工机构社工人才流失问题研究［D］．四川省社会科学院硕士学位论文，2013．

[220] 思培琴．从社会工作专业价值观解析民办社工机构团队内部的有效管理问题［J］．杨凌职业技术学院学报，2013(12)：77-82．

[221] 宋月丽．学校管理心理学：理论·应用·研究［M］．南京：南京大学出版社，1994．

[222] 苏超．从团队发展模型看项目团队管理策略［J］．水电站机电技术，2019，42(10)：67-69．

[223] 隋玉杰．个案社会工作［M］．北京：中国人民大学出版社，2007．

[224] 孙海燕．社会工作者职业发展困境与动力探析［D］．济南大学硕士学位论文，2018．

[225] 孙琪娜．教育与职业流动［D］．华中师范大学硕士学位论文，2012．

[226] 孙云晓．儿童教育就是培养好习惯［J］．中国教育报，2010(2)：12-13．

[227] 谭健烽，禹玉兰，蔡静怡，万崇华，李鹤展．医护人员工作压力与生活质量和幸福感的相关分析［J］．现代预防医学，2013，40(4)：684-686．

[228] 唐桂芳，王林雪．情境领导模型在项目团队生命周期各个阶段的应用［J］．经营与管理，2012(6)：105-107．

[229] 唐月红，王新．脑瘫患儿父母的亲职压力现状调查［J］．全科护理，2015，13(20)：1990-1992．

[230] 陶静惠．社会工作视角下城市社区网格化治理的优化路径研究［D］．杭州师范大学硕士学位论文，2022．

[231] 田蓉．新管理主义时代香港社会福利领域NGO之发展［J］．社会，2013，33(1)：195-224．

[232] 田宇．社会工作者人才流失问题研究——以西安市N社区为例［D］．西北大学硕士学位论文，2018．

[233] 王安琪，唐昌海，王婉晨，范成鑫，尹文强．协同优势视角下突发公共卫生事件社区网格化治理研究［J］．中国卫生政策研究，2021，14(7)：26-31．

[234] 王德洲，魏龙群．带好社区服务项目团队的初探［J］．中国科技期刊数据库(全文版)社会科学，2017(9)：122．

[235] 王菲，宋博文，薛朝霞，王卫平．SCI职业压力文献可视化图谱分析［J］．中国健康心理学杂志，2017(1)：33-37．

[236] 王凤．学习适应性与亲职压力关系的研究［J］．科教文汇(中刊)，2020(5)：156-157．

［237］王凤姿，谭华玉．叙事取向团体辅导对大学生学业自我效能感的促进［J］．校园心理，2020，18（6）：557-558．

［238］王凤姿．叙事治疗在我国社区心理服务中的应用及其文化适应性［J］．湖北开放职业学院学报，2019，32（21）：112-113．

［239］王浩阳，刘铁军．艺术疗愈视角下的情绪信息家具设计研究［J］．家具与室内装饰，2022，29（5）：1-4．

［240］王辉．国内脑瘫儿童康复研究的现状及趋势［J］．中国特殊教育，2004（2）：86-91．

［241］王辉．脑瘫研究现状［J］．中国康复理论与实践，2004（5）：38-41．

［242］王家合，赵琰霖．我国政府购买服务政策：演进、特征与优化［J］．学习论坛，2018（4）：55-60．

［243］王力平，许晓芸．"政校合作模式"下社会工作实习的实践及规范［J］．社科纵横，2012（10）：162-165．

［244］王萌．我国社会工作专业人才流失问题研究［D］．中共中央党校硕士学位论文，2015．

［245］王明刚，魏红梅．政府购买公共服务政策探析——以广州市为例［J］．特区经济，2013（4）：37-38．

［246］王青．团队管理（第1版）［M］．北京：企业管理出版社，2003．

［247］王瑞晴．城市隔代教养冲突对儿童行为问题的影响［D］．中国青年政治学院硕士学位论文，2019．

［248］王珊珊．关于小学生行为习惯的研究［D］．山东师范大学硕士学位论文，2016．

［249］王思斌，马凤芝．社会工作导论［M］．北京：北京大学出版社，2014．

［250］王思斌，阮曾媛琪，史柏年．社会工作教育的发展［M］．北京：北京大学出版社，2014．

［251］王思斌．社会工作参与社会治理创新研究［J］．社会建设，2014，1（1）：8-15．

［252］王思斌．社会工作本土化［M］．北京：北京大学出版社，2010．

［253］王思斌．社会工作概论（第三版）［M］．北京：高等教育出版社，2014．

［254］王思斌．社会工作者要加强自律［J］．中国社会工作，2019（25）：46．

［255］王思斌．试论我国社会工作的本土化［J］．中国社会导刊，2007（12）：11-18．

［256］王思思．论陶瓷艺术的心灵疗愈［D］．景德镇陶瓷大学硕士学位论文，2020．

［257］王甜甜．社会工作专业学生实习需求研究——以华中师范大学学生实习为例［D］．华中师范大学硕士学位论文，2011．

［258］王薇．我国政府购买社会工作服务的困境与对策管窥［J］．内蒙古统战理论研究，2016（5）：43-45．

［259］王霄霄，高鸿翼，孙建平，鄢效梓．疫情防控期间医护人员职业压力及其影响因素［J］．济宁医学院学报，2021，44（2）：111-115．

［260］王晓瑞．上海市高校社工专业毕业生就业情况调查分析及对策建议［J］．华东理工大学学报（社会科学版），2002（1）：67-72．

［261］王新平．项目制下政府购买社会工作服务研究——以南昌市福彩公益金项目为例［D］．江西师范大学硕士学位论文，2017．

［262］王馨笛．无缝隙政府理论视域下城市社区网格化管理问题研究——以沈阳市L社区为例［J］．学会，2022（5）：35-41．

［263］王秀萍．高中生厌学心理产生的原因与对策［J］．宁夏教育科研，2012（1）．

［264］王学梦，刘艳梅．社区社会工作发展的多维模式及其问题分析——基于上海、深圳、广州、杭州等地经验［J］．中共杭州市委党校学报，2018（1）：78-84．

［265］王英斌．日本中学生厌学数理［J］．外国中小学教育，2006（4）：18．

［266］王英杰，张美霞，朱晶晶等．母亲亲职压力与学前儿童社会能力的关系：教养方式的中介作用［J］．中国临床心理学杂志，2020，28（3）：571-575．

［267］王远新．访谈法在语言田野调查实践中的运用［J］．民族教育研究，2021，32（6）：58-65．

［268］王云．社区治理背景下的社区网格化管理研究［D］．山东大学硕士学位论文，2021．

［269］王振宁．基于团队生命周期的团队学习对团队绩效的影响研究［D］．天津财经大学硕士学位论文，2014．

［270］魏福海．服务学习理念下专业实习的反思——以G大学助残服务实习项目为例［D］．贵州大学硕士学位论文，2019．

［271］温耿元．儿童养成教育的心理学研究［J］．小学教育科研论坛，2004（2）：29-30．

［272］文军．论社会工作模式的形成及其基本类型［J］．社会科学研究，2010（3）：1-8．

［273］邬凡．儿童攻击性行为小组工作介入实践［D］．长春工业大学硕士学位论文，2017．

［274］吴春霖，孙志丽．生态系统理论下社会工作介入精神扶贫的路径研究［J］．社会与公益，2020，11（9）：34-35．

［275］吴铎，文军．社会学［M］．北京：高等教育出版社，2011．

［276］吴丽丽．个案工作介入青少年厌学问题研究［D］．辽宁大学硕士学位论文，2016．

［277］吴瑞熹，吴继敏．新时代下高中学生厌学的心理辅导策略［J］．名师在线，2017（1）：6-7．

［278］吴蔚．推进网格化管理和服务 提升农村社区应急管理能力［J］．决策咨询，2020（5）：85-88．

［279］吴熙绢．最新又潜力无穷的疗法：叙事疗法导读［M］．台湾：台湾张老师文化事业股份有限公司，2000．

［280］吴雪莹．小组工作介入偏差行为流动儿童的研究——以S市G社区为例［D］．中南民族大学硕士学位论文，2019．

［281］吴增基，吴鹏森，苏振芳．现代社会学（第五版）［M］．上海：上海人民出版社，2014．

［282］武霞．脑瘫康复患儿主要照顾者的照顾体验［J］．泰山学院学报，2016：36-39．

［283］向艳．跨专业团队合作模式中社工角色的探讨［D］．华中科技大学硕士学位论文，2014．

[284] 肖琴. 初中学生厌学问题的研究 [D]. 辽宁师范大学硕士学位论文, 2013.

[285] 谢栎盈. 社会工作者职业流动的影响因素研究 [D]. 深圳大学硕士学位论文, 2018.

[286] 谢棋君, 林志聪. 广州市政府购买公共服务的困境与完善路径 [J]. 行政与法, 2017 (9): 17-21.

[287] 徐小杏, 王新华. 艺术疗愈小组在延缓老年人认知退化中的运用 [J]. 社会福利, 2022 (11): 49-50.

[288] 徐晓晨, 栗莉. 针对情绪障碍儿童的"绘本阅读疗法+奥尔夫音乐疗法"阅读疗愈实践研究 [J]. 晋图学刊, 2019 (1): 51-56.

[289] 徐雪. 个案工作介入脑瘫患者照顾者压力缓解的实务研究 [D]. 郑州大学硕士学位论文, 2020.

[290] 徐永祥, 曹国慧. "三社联动"的历史实践与概念辨析 [J]. 云南师范大学学报 (哲学社会科学版), 2016, 48 (2): 54-56.

[291] 徐永祥, 刘振. 社会工作学科的先行者: 里士满学术思想述评——写在《社会诊断》问世百年之际 [J]. 学术界, 2017 (11): 221-231+328.

[292] 徐媛. 社会的麦当劳化呈现——对电视业"合理化"现象的分析 [J]. 视听界, 2015 (3): 73-75.

[293] 许莉娅. 个案工作 [M]. 北京: 高等教育出版社, 2013.

[294] 许莉娅. 学校社会工作 [M]. 北京: 高等教育出版社, 2009.

[295] 闫洁婷. 小组工作介入孤残儿童不良行为矫治的实务研究——以太原市B福利院特教学校为例 [D]. 太原科技大学硕士学位论文, 2018.

[296] 严光文. 高中生厌学心理问题的成因和改善策略探究 [J]. 课程教育研究, 2019 (36): 241-242.

[297] 阎剑平. 团队管理 [M]. 北京: 中国纺织出版社, 2005.

[298] 阳怀. 美术的疗愈功能探究 [D]. 中央美术学院硕士学位论文, 2015.

[299] 杨斌. 社工专业实习生在社区工作中的角色探讨——基于武汉市JS社区实习的反思 [D]. 华中科技大学硕士学位论文, 2016.

[300] 杨兰. 团体动力学视角下社工项目实施团队发展 [D]. 兰州大学硕士学位论文, 2017.

[301] 杨雅瑛. 社工专业实习生在养老服务机构中的角色定位——以A福利院为例 [D]. 首都经济贸易大学硕士学位论文, 2012.

[302] 杨英鹤. 小学生不良行为习惯的成因与对策分析 [J]. 亚太教育, 2016: 19.

[303] 杨悦. 供求关系视角下的深圳"社工荒"研究 [D]. 中南民族大学硕士学位论文, 2016.

[304] 姚金丹. 社会工作增能视角下失独家庭的分析 [J]. 社会工作, 2012 (10): 24-27.

[305] 姚籼竹, 杨桐桐. 教师职业压力的问题审视与调适策略 [J]. 教育理论与实践, 2018, 38 (26): 36-38.

[306] 姚雪. 提升社区网格化管理服务水平的对策研究 [J]. 大庆社会科学, 2022 (5): 128-131.

[307] 姚云云,李精华,周晓焱. 社会工作基础——理论与实务 [M]. 哈尔滨:哈尔滨工业大学出版社,2016.

[308] 叶倩. 从社会的麦当劳化到大学的麦当劳化 [J]. 法制与社会,2014(31):203.

[309] 尹睿阳."麦当劳化"的社会与快时尚文化研究 [D]. 吉林大学硕士学位论文,2015.

[310] 游洁. 对社会工作实习教学的反思 [J]. 湖北财经高等专科学校学报,2007(2):42-45.

[311] 于鸽. 社会工作服务机构团队激励机制研究 [D]. 西北大学硕士学位论文,2013.

[312] 余卉. 系统思维下高职学生厌学的成因及对策分析 [J]. 产业与科技论坛,2021,20(6):281-283.

[313] 孟四清等. 天津市中小学生厌学状况的调查 [J]. 天津市教科院学报,2009(3):46-49.

[314] 袁晓璐. 高职生厌学问题的社会工作介入研究 [D]. 西北农林科技大学硕士学位论文,2018.

[315] 岳经纶,郭英慧. 社会服务购买中政府与NGO关系研究——福利多元主义视角 [J]. 东岳论丛,2013,34(7):5-14.

[316] 岳经纶,王燊成. 社会服务管理中的管理主义与专业主义张力:基于政府购买社会服务的分析 [J]. 行政论坛,2018,25(1):34-42.

[317] 张晨阳. 脑瘫儿童康复治疗中的社会工作介入 [D]. 内蒙古大学硕士学位论文,2020.

[318] 张敦福. 年轻一代消费者与"麦当劳化"的社会 [J]. 青年研究,1999(1):3-7.

[319] 张海静. 童年期儿童行为问题干预研究 [D]. 哈尔滨师范大学硕士学位论文,2017.

[320] 张海忠. 农村学生厌学的原因分析及对策探讨 [J]. 教育教学论坛,2014(17):167-168.

[321] 张洪英. 小组工作 [M]. 济南:山东人民出版社,2012.

[322] 张金华. 基于项目团队生命周期的成员合竞行为分析 [D]. 西安电子科技大学硕士学位论文,2010.

[323] 张璟钰. 留守儿童厌学原因分析与社会工作介入——以保山市P小学为例 [D]. 云南大学硕士学位论文,2013.

[324] 张磊,李柱梁. 高职院校教学管理中的"麦当劳化"现象及其规避 [J]. 池州学院学报,2015(5):155-157.

[325] 张岭泉,彭秀良. 掩埋在历史风尘中的北平协和医院社会服务部 [J]. 档案天地,2010(3):47-49.

[326] 张群. 民族地区高校社会工作课程体系构建与创新实践研究——以X大学社会工作专业为例 [J]. 内蒙古农业大学学报,2017(2):57-61.

[327] 张群. 社会工作硕士专业研究生文化敏感能力培养研究 [J]. 内蒙古农业大学

学报，2019（4）：21-24.

[328] 张荣，龚晓洁. 高校社会工作专业本土化实习模式初探［J］. 黑龙江教育（高教研究与评估），2009（12）：78-79.

[329] 张世雯. 个人—团队价值观实现度匹配对团队效能的影响研究［D］. 天津财经大学硕士学位论文，2015.

[330] 张曙. 我国社会工作专业学生专业成长过程探析——以抗震希望学校社工志愿服务项目为例［J］. 人力资源管理，2010（11）：164-167.

[331] 张威. 国家模式及其对社会政策和社会工作的影响分析——以中国、德国和美国为例［J］. 社会工作，2016（3）：33-46.

[332] 张晓红. 社会工作本土化实践中的伦理困境——以广州市家庭综合服务中心模式为例［J］. 社会工作与管理，2015，15（4）：23-29+89.

[333] 张瑛. 深圳市南山区社工队伍建设问题及策略研究［D］. 哈尔滨工业大学硕士学位论文，2014.

[334] 张勇龙. 隔代教养儿童偏差行为的个案社会工作介入［D］. 西北师范大学硕士学位论文，2019.

[335] 张友琴. 社会支持与社会支持网络——弱势群体社会支持的模式初探［J］. 厦门大学学报（哲学社会科学版），2002（3）：94-100+107.

[336] 章义伍. 如何打造高绩效团队［M］. 北京：北京大学出版社，2004.

[337] 赵芳. 小组社会工作、理论与技术［M］. 上海：华东理工大学出版社，2015.

[338] 赵咏梅. 小学生行为习惯养成中的家庭因素研究［J］. 科技信息，2012（33）：684-685.

[339] 郑璐. 社会工作在解决留守妇女心理困境中的使命与角色［J］. 法制与社会，2020（1）：115-116.

[340] 郑晓梅. 抗逆力视角下社区工作者职业压力应对研究［D］. 贵州民族大学硕士学位论文，2022.

[341] 郑宇贺. Z社区流动儿童偏差行为矫正的小组工作介入［D］. 长春工业大学硕士学位论文，2017.

[342] 中国残疾人事业"十二五"发展纲要（摘要）［J］. 中国残疾人，2011（7）：20-21.

[343] 中国社会工作者职业水平考试组. 社会工作综合能力：中级［M］. 北京：中国社会出版社，2018.

[344] 钟华. 对青工职业流动的评价及疏导［J］. 青年研究，1986（9）：18-22.

[345] 钟舒扬，王阿憧. 对社会工作模式的反思［J］. 黑河学刊，2011（11）：190-192.

[346] 周国涛. 教育心理学专论［M］. 北京：中国审计出版社，1997.

[347] 周凌穹. 社会流动理论视域下CBA球员转会状况的研究［D］. 首都体育学院硕士学位论文，2016.

[348] 周沛. 关于社会工作发展中的几个问题［J］. 江苏社会科学，2003（3）：73-77.

[349] 周勇. 社会工作者专业能力发展路径研究：美国经验及对中国的启示［J］. 江海学刊，2010（4）：123-128.

[350] 朱健刚，陈安娜. 嵌入中的专业社会工作与街区权力关系——对一个政府购买

服务项目的个案分析［J］．文化纵横，2013（3）：15．

［351］朱眉华．社会工作实务手册［M］．北京：社会科学文献出版社，2006．

［352］朱美娟，葛玉辉．高管团队生命周期研究［J］．江苏商论，2014（1）：69-71．

［353］朱盘安．学生厌学心理及行为分析研究［J］．职业技术，2006（10）：59．

［354］朱韶英．残疾儿童康复服务小组工作方案及其实施——以脑瘫儿童的服务实践为例［J］．中国社会导刊，2007（16）：32-35．

［355］朱亚杰．隔代教育对农村留守儿童行为习惯的影响及社工介入研究［D］．沈阳师范大学硕士学位论文，2017．

［356］朱昱颖．个案工作在舒缓脑瘫儿童家长亲职压力中的运用［D］．西北师范大学硕士学位论文，2017．

［357］朱志胜，纪韶．职业流动多元化研究的理论架构与实证分析［J］．中国人力资源开发，2013（21）：85-90．

［358］祝平燕，黄珍伲．MSW实习的项目管理模式构建——基于实习实践的行动研究［D］．华中师范大学硕士学位论文，2016．

［359］邹朦．《中国好声音》的麦当劳化［D］．南京航空航天大学硕士学位论文，2014．

［360］左芙蓉，刘继同．美国社会工作者协会的历史变迁、结构功能与运作模式［J］．社会工作，2007（2）：5-11．